A SURVEY OF

French Literature

VOLUME THREE:
THE EIGHTEENTH CENTURY

A SURVEY OF

French Literature

VOLUME THREE:
THE EIGHTEENTH CENTURY

MORRIS BISHOP

THIRD EDITION

KENNETH T. RIVERS

focus Publishing
R. Pullins Co.

For Dianna Lipp Rivers

with added appreciation to
Beatrice Rivers and Alison Jolly

NOTE ABOUT ILLUSTRATIONS

One of the most easily noticed differences between this edition and its predecessors is the addition of extensive visual material. Nearly half the new illustrations included have come from the Bibliothèque nationale de France (the French National Library), which was of considerable help to the editor. The remaining illustrations are, except for the few noted otherwise, in the public domain and derived primarily from rare books in private collections. The line drawings illustrating each century are by Alison Mason Kingsbury; they constitute the only pictures carried over from the previous editions.

Table of Contents

(All works are complete unless otherwise indicated.)

Preface

The editors of this compilation have been guided by certain principles: to introduce the student to the greatest masters of French literature; to make a Survey of Literature rather than a course in literary history; to choose famous examples rather than obscure ones; to choose examples more for their merit, interest, and present vitality than for their "significance" or importance for other than literary reasons; to present one long selection in preference to a collection of tiny *morceaux*; and to make the entire text as user-friendly as possible for instructor and student alike.

Each of the five volumes represents a complete era or century. This division is designed to give the instructor maximum latitude in course utilization of the texts. Whether instruction is intended for a course spanning a year, a semester, a trimester or a quarter, the instructor can plan a syllabus using the number of volumes appropriate to the time allotted.

The editors have leaned toward inclusion rather than exclusion in deciding which literary texts to present. Even so, in the choice of selections, the editors have been compelled to make certain compromises, recognizing the impossibility of including everyone's favorites. And not every work that we admire has all the desirable qualities appropriate for an anthology, such as being famous, interesting, self-contained, and of convenient length. The editors will embark on no long defense of their own judgment, which others have every right to dispute. We have preferred Diderot to d'Alembert, and Fontenelle to Saint-Simon, for reasons which seemed to us good. With so many great writers demanding to be heard, we have inevitably excluded some of considerable merit. But over the course of our five volumes we have more than enough authors' works for anyone's needs.

Literary periods, usually centuries or half-centuries, and all the major individual authors have introductory material included. Biographical information about the writers has been presented in a concise, informative and hopefully entertaining fashion designed to help make the authors come alive for the reader. In addition to the essentials about these lives, we have also focused on how certain biographical facts may be relevant to the specific texts. The introductions provide such facts and generalizations as a student will need for reference, in view of examinations as well as overall comprehension. It is evident that today's student is often in need of background information about the historical, artistic, social, and geographical context of the literature. This we have tried to provide. For example, our presentation of Enlightenment-era literature in this volume begins with a point-by-point summary of what the literary Enlightenment was. The generalizations that we present are not meant to be taken by the student as absolute truth, but rather are intended to give the student a compact body of common knowledge and prevalent opinion; the student will then have something solid to agree or disagree with upon encountering the literature. And our contribution is designed to leave plenty of scope for the instructor's own commentary.

Introductions and footnotes are in English. Whereas classroom discussion is best held in French, a textbook all in French would not necessarily be ideal. It is necessary to consider the serious time restraints that life today has imposed on most students. When doing their reading, they desire to get through the introductory material as quickly as possible without the intrusion of language difficulties. They need not labor with an editor's French; they might better get on as fast as possible to the memorable words of the great authors. And

all the texts of the authors are presented with modernized spelling and punctuation, except where poetic concerns dictate otherwise.

In the footnotes, words and phrases which would not be in the vocabulary of a typical student are translated, and other aids to fluent reading and ready comprehension are given. Since footnotes should aid and not distract, the editors have struggled against the temptation to give superfluous information.

In the preparation of this Third Edition, the advice of many instructors and scholars has been heeded. By popular demand, there is now greater representation of women authors, including, in various volumes, the newly added Christine de Pisan, Louise Labé George Sand, and various twentieth-century notables. We have found it possible also to add other requested authors, such as Choderlos de Laclos, Bernardin de Saint-Pierre, Lesage, Vauvenargues, Sade, Maistre, Chénier, and Bonaparte, all of whom are now in this third volume. (Numerous more modern French and Francophone luminaries make their first appearance in subsequent volumes.) The selections from a few authors throughout the edition have been further abridged to make them more manageable for class assignments, and a handful of authors whose reputations have fallen have been excised. Footnotes have been amplified throughout, in order to assist students who may not have the strongest of vocabularies or much knowledge of French culture. The Time Lines have been augmented with additional information. The introductions have been expanded, updated, and reorganized. Bibliographical information is now included at the end of the volume. And numerous visual materials have been added, including, where possible, portraits of authors and pictures of their homes or home-town areas in order to give a sense of social context and make their work seem all the more real to the reader. Moreover, both the organization and appearance of our text have been modernized to enhance clarity and ease of use.

The kindness of French publishers who have permitted the use of copyrighted translations into modern French is acknowledged in footnotes at the beginning of each such selection.

Introduction

Literature is the best that man has ever thought and dreamed. As such, it has always been the substance of liberal education in the Western world, in ancient Greece and Rome, in Moslem lands, in China. It has served to form young minds according to the tradition of their culture and of the world. It has been welcome to the young, for it has given them access to understanding, strength, solace, and joy.

Among the literatures of the world, each nationality naturally chooses its own as the most helpful and harmonious to its spirit. For most of us, English literature, including American, is the richest and the most directly appealing. There may be some dispute as to which literature is second in importance. Some would elect Greek literature, some German; and other claims may be made. But for the great majority of educated Americans, French literature comes second to English for its past and present meaning.

Each national literature has its general characteristics, as well as its list of masterpieces.

In the first place, French literature, by comparison with others, is a *serious* literature. French writers have always been deeply concerned with the essential problems of man in his world, with the definition of his relation to Nature and to God, with the analysis of his behavior in society, with the understanding of his obscure emotions. French authors often cast their observations in a light and graceful form, but on the whole they are more interested in presenting a general contention about life than are their English or American counterparts.

The seriousness of the writer is matched by the seriousness of the French reader. The intellectual content of the average French book is greater than that of a corresponding American book. The French read books instead of magazines; the sale of serious books in proportion to the population is larger in France than in the United States. Every French newspaper reserves a section for literary articles and discussions, and even when, during the Second World War, the newspapers were reduced to two or four pages, the literary columns were preserved. The universal French respect for literature has given its authors a popular prestige which both rewards and stimulates them.

Secondly, French literature is a *rational* literature. It derives more from cold and sober reason than from the mysterious impulses of inspiration. It is a literature of the idea, of thought, rather than of the lyric outburst. Unlike Italian and English literature, it is supreme in prose rather than in poetry. The French seek in their reading more an intellectual pleasure than an emotional experience. (There are many exceptions to these statements, of course; that is the fault of all generalizations.)

French literature is, thirdly, a *psychological* literature. The center of its concern is man's nature as revealed by his actions. The first great monument of French literature, the *Chanson de Roland,* is a fine, stirring epic of battle and adventure; but even in this primitive tale the events are provoked by the character of the actors. This preoccupation with human psychology has continued to our own time. To the French, man is more interesting than external Nature, than machinery, commerce, the technics of civilization.

Fourthly, French literature is, relative to many others, *free.* Despite external restrictions imposed in certain periods, French writers have always been impelled to push their thought and observation to their logical ends. If their speculation brings them to perilous and unwelcome conclusions, if they discover evil and ugliness in the human spirit, they will not be deterred by convention from stating their conclusions. For this reason, more squeamish peoples than

the French have invested French literature with an aura of wickedness, with regard to both the radicalism of its thought and its frankness in reporting the relations of the sexes.

Fifthly and finally, French literature is *artistic*. The French are deeply conscious of form in all the arts. They admire good technique. They are trained in their schools to an exact appreciation of literary form by the remorseless word-by-word analysis of paragraphs and stanzas. Practically everyone who can read a newspaper has strong opinions about literary style. When Victor Hugo's *Hernani* was staged, a run-on line (in which the thought is carried from one line to the next without a break, contrary to classic rule) caused a riot in the audience.

As the public has a strong sense of literary form, the author typically is intensely concerned with questions of technique. He weighs his words, plays endlessly with *la coupe de la phrase*; he insists upon the *ordonnance,* or harmonious structure, of the whole. The result is that most literary judges regard French literature as the most notably artistic in the world. (In Camus' *La Peste* a would-be author spends his entire life working on the first sentence of his novel. The American reader finds this development absurd; to the French it is grotesque, but not absurd.)

Such are the most striking qualities of French literature, as they seem to your editor, after a lifetime of reading. His judgments are by no means final; they are to be taken as casts at truth, not Truth, not dogmas to be memorized for examination purposes.

The student should read with a free mind, accepting or rejecting the critical judgments provided, developing one's own critical judgment. Reading is itself a creative act. There is no reward in the dull repetition of secondhand opinions. Students should not let someone else do their reading for them.

The reward of reading is the literary experience by which one lends oneself to great writers, accepts as much as possible of their wisdom, shares in the story they tell, feels the delayed charge of their poetic emotion. What one should gain from the reading of this book is a greater understanding, if not wisdom. And what one should chiefly gain is pleasure. For intellectual pleasure, of a high, rare, and noble quality, is the chief end of literary study.

The editor congratulates you, the student, on the opportunity you will have, in reading this book, to gain understanding and delight. The editor envies you.

M. B.

❖ ❖ ❖

The beliefs that Morris Bishop expressed above were highly popular in the mid-twentieth century when he expressed them. Like others of his generation, he clearly believed that literature, even when secular, was something sacred and ennobling. In ensuing years, this belief became somewhat degraded in our society. Even some academics went so far as to see literature as corruptive of morals and wasteful of the precious resources of higher education. Similarly, the biographical approach that was synonymous with Morris Bishop fell into disfavor as formalists and post-structuralists often deleted "the author" from their studies and concentrated solely on the literary text in isolation. Now, the twenty-first century is seeing a strong revival of interest in biography and other historical studies designed to give the text an understandable context in which to be analyzed. And American universities are increasingly recognizing the need for students to have the literature of the world in their curriculum to help them become truly cultivated and aware citizens of the planet. The Bishop approach is back, and to good purpose. International understanding is the noblest of goals, and the study of French literature, central to Western culture and thought for over a thousand years, is definitely one of the finest places to start—and one of the most pleasurable as well. Congratulations to all of you who are about to experience this profound and stimulating literature for the first time, and also those of you who are back to experience it once again. Like my predecessor, this editor envies you.

K.R., 2005

The Eighteenth Century

Time Line of the Eighteenth Century

1700	1725	1750	1775	1800

HISTORY

1715. Death of Louis XIV
1715. —————— Louis XV —————— 1774
1715-23. Regency, Duc d'Orléans
1755. Lisbon earthquake
1756-63. Seven Years' War
1769. Watt's steam engine
1774-Louis XVI-1792
1778. France recognizes U.S.A., enters Revolutionary War
1789. États généraux: fall of Bastille
1793. Louis XVI executed
1794. Rule of Convention
1795. Directory
1799. Napoleon, First Consul

FRENCH LITERATURE

1715-34. Lesage: *Gil Blas*
1721. Montesquieu: *Lettres persanes*
1730. Marivaux: *Jeu de l'amour et du hasard*
1731. Prévost: *Manon Lescaut*
1734-. Voltaire: *Lettres philosophiques*
1746. Vauvenargues: *Oeuvres*
1748. Montesquieu: *Esprit des Lois*
1749 +. Buffon: *Histoire naturelle*
1750. Rousseau: *Discours sur les arts*
1751-80. *Encyclopédie*
1753. Buffon: *Discours sur le style*
1755. Rousseau: *Discours sur l'inégalité*
1758+. Voltaire at Ferney
1759. Voltaire: *Candide*
1761. Rousseau: *Nouvelle Héloïse*
1762. Rousseau: *Contrat social*
1762. Rousseau: *Emile*
1762. Diderot: *Neveu de Rameau*
1780. Choderlos de Laclos: *Liaisons dangereuses*
1782. Rousseau: *Confessions*
1784. Beaumarchais: *Mariage de Figaro*
1784. Rivarol: *Universalité de la langue française*
1788. Bernardin de Saint-Pierre: *Paul et Virginie*
1791. Sade: *Justine*
1794. Chénier: *Iambes*
1795. Condorcet: *Progrès de l'esprit humain*
1797. De Maistre: *Considérations sur la France*
1803. Chamfort: *Maximes et pensées*

OTHER LITERATURES

1719. Defoe: *Robinson Crusoe*
1726. Swift: *Gulliver's Travels*
1733. Pope: *Essay on Man*
1752. Goldoni: *La Locandiera*
1760-63. Macpherson: *Ossian*
1766. Lessing: *Laokoon*
1771. Goethe: *Götz von Berlichingen*
1776. Smith: *Wealth of Nations*
1781. Schiller: *Die Räuber*
1781. Kant: *Critique of Pure Reason*
1786. Burns: *Poems*
1789. Blake: *Songs of Innocence*
1791. Boswell: *Life of Johnson*
1798. *Lyrical Ballads*

The Enlightenment

The Eighteenth Century is widely known as the time of the Enlightenment, *l'Âge des Lumières*. Whereas the seventeenth century had been a time of impoverishment for Europe, the eighteenth saw a remarkable turnaround. Crop outputs, aided by a strongly warming climate and new technology, quadrupled. Throughout most of the century, the material aspects of life were continually improving. This caused the rise of a new, positive outlook. Optimism was the most popular feature of the prevalent mentality. In a throwback to Renaissance attitudes, humankind, instead of being seen as just a carrier of Original Sin, now was viewed as innately good. If kept free from harmful influences, humanity would now inevitably flourish and behave peacefully. Nature, long seen as an enemy to conquer, now was seen as a friendly and wonderfully harmonious system of life. Nature existed in order to be enjoyed through personal experience, studied through science, and utilized for the perpetual progress of all humanity. Sweeping aside everything unreasonable in our society would surely lead to utopian life on earth. Needless to say, this new philosophy was not shared by the ruling establishment. Revolution was the inevitable consequence of such thinking, although the revolutionaries and pre-revolutionaries had much disagreement about what kind of new political and social system should replace the *Ancien Régime*. A highly political and philosophical literature developed, filling the public with hope and fervor, leading directly to the French Revolution of 1789. This popular upheaval, which gave us the *Declaration of the Rights of Man and the Citizen*, rapidly turned into a decade-long Reign of Terror, until Napoleon took power as First Consul in 1799. How the cerebral Enlightenment led to the unleashing of violent passions is an issue still being analyzed and interpreted in various fashions to this day. The only thing certain is that eighteenth century philosophy turned out to be one very powerful and dangerous genie in the bottle.

As the sixteenth century may be labeled *Renaissance* or *humanistic* and the seventeenth *classic,* the eighteenth may be summed up as the *Age of Reason,* dominated by the *esprit philosophique.*

Reason was of course no new discovery of the incoming century. You will remember how Boileau harped upon the necessity of *la raison.* But there is an important distinction. The seventeenth century had appealed to reason for the interpretation of accepted certainties: revealed religion, the artistic perfection of ancient writers, and absolute government, divinely decreed. The eighteenth century called into question the bases of all faith: religious, political, social, aesthetic. Imbued with the scientific spirit, the eighteenth century believed that truth could be found by reason alone, employing the Cartesian method of observation, analysis, and synthesis.

Centuries in Contrast

Let us compare, in large and inevitably inaccurate terms, the seventeenth with the eighteenth century in France.

The seventeenth century was *traditionalist* in religion, politics, and art. The eighteenth is *free-thinking,* rejecting tradition in favor of free speculation.

The seventeenth century was *orthodox*, the eighteenth is *skeptical,* accepting nothing unproved by reason.

The seventeenth century was *national,* little conscious of the contemporary world outside France. The eighteenth is *cosmopolitan,* interested in England, Germany, Italy, and the New World, profiting by foreign thought and institutions. Travel becomes a great vogue, and the literary genre of the *voyage extraordinaire* rises to prominence.

The seventeenth century was *psychological,* seeking universal man under the diversity

of his aspects; the eighteenth is *metaphysical,* that is, concerned with abstract thought more than with the analysis of human character and behavior.

The seventeenth century believed in *stability,* the absoluteness and persistence of truth. The eighteenth believes in *change* and *progress,* even in the realm of abstract truth.

The seventeenth century was primarily *artistic,* deeply concerned with form and style. The eighteenth is *scientific* and *practical,* more interested in substance than in manner.

The influence of *science* deserves a word. Science had made great strides in the seventeenth century (witness Descartes and Pascal). But science was then a matter of individual exploration in separate fields. By the eighteenth century, science became an organized whole, resting on the explanations of the universe offered by Copernicus and Newton. In these systems, man was no longer the center and justification of the universe, he was an insignificant feature of it, an animal in the scale of animal life. This conception of man in the universe is implicit in the work of the new writers.

The Philosophes

An important group of new writers called themselves the *philosophes* and were animated by the *esprit philosophique.*

The *esprit philosophique* was the product of several influences. One was the *rationalism* of Descartes, that is, his method of discarding everything at all doubtful and arguing only from observed facts. Second was the influence of *English empiricism.* This is the doctrine that all knowledge comes to us by the agency of the senses. In French this is often called *sensualisme,* or sensationalism. Obviously it excludes the possibility of *innate ideas,* implanted in the brain at birth. Most influential in propagating these views was John Locke's *Essay Concerning Human Understanding* (1690), which posited that the mind of the human baby is born "*tabula rasa,*" Latin for "blank slate."

A third influence was that of *anti-Catholicism.* This had existed in various forms among the *libertins* of the seventeenth century, but it was usually surreptitious or disguised. With the eighteenth century the opposition to Catholic dogma and social control came into the open. Some of the new writers, for example the Baron d'Holbach, were outright atheists, while some, like Voltaire and Rousseau, were *deists,* believing in a beneficent Creator who abstains from divine intervention, but not necessarily believing in Christian doctrine.

As the century wore on, a new characteristic took form, that of *sensibilité,* sensitivity or emotionalism. This was in part a reaction against rationalism, in part a development of it. It was a reaction in that people found the life of pure reason dreary, unsatisfying and sought a release from it in emotionalism. It was a development in that reason itself recognized the importance of man's emotional life, and incorporated it in a higher synthesis. This *sensibilité,* rampant in the theater and the novel, led away from the classic principle and toward the Romanticism to come. Indeed, the period of Rousseau and his fellows is often called *le Pré-romantisme.*

The eighteenth century in France is marked especially by intelligence. Its literature is an *intelligent* literature, rather than imaginative or poetic. Many modern people find a spiritual refuge in that century, so brilliant, free-living, amusing, gay, well-mannered. We catch glimpses of its prosperity and elegance in the U.S. at Williamsburg and in other restorations and persistences. For those who were privileged by birth and fortune, the eighteenth century was a delightful time, both intellectually and materially. "Qui n'a pas vécu avant 1789 ne sait pas ce que c'est que le plaisir de vivre," said the famous politician Talleyrand. But curiously enough, the intellectualism of the eighteenth century tended constantly toward the destruction of its own *Plaisir de vivre.* The Revolution of 1789 bore on its banners the slogans of the *philosophes.*

1. Bernard de Fontenelle

[1657–1757]

99 years, 332 days

Bernard le Bovier de Fontenelle bridges the seventeenth and eighteenth centuries. He may be taken as the perfect exemplar of his period. For a hundred years a bachelor, he never fell uncomfortably in love. He never laughed, nor ran, nor wept. Said Mme de Tencin, poking him roguishly with her fan: "Ce n'est pas un coeur que vous avez ici; c'est de la cervelle, comme dans la tete." He smiled and did not deny the charge. His life was spent smiling, joking, paying court, and working, and only in working was he excessive. Someone asked him, on his deathbed, how he felt. "Je ne sens qu'une difficulté d'être," said M. de Fontenelle, and died on an epigram.

Under his graces and his courtly manners lay a deep fund of seriousness. He participated in most of the intellectual activities of his time. For forty-three years he was secretary of the *Académie des*

Bernard de Fontenelle. From a reproduction in L. Petit de Julleville's Histoire de la Langue et de la Littérature française, *volume VI, 1922*

Sciences, and in this role carried on a remarkable work of publication, of correspondence with the world's scientists, and of coordination of scientific enterprise. He was a one-man Foundation. Especially he made familiar to the world the idea of scientific progress.

Popularizing Science

He was not so much an original thinker as a *popularizer.* In such works as the *Dialogues des morts* (1682-1684), *L'Origine des fables* (1687), and *Histoire des oracles* (1687) he sought to undermine traditional opinions, respect for the past and for the authority of the ancients, and to substitute confidence in our own judgments. By attacking the prejudices we have received from the ancients, he was by inference discrediting all traditional beliefs in religion and government, hence the whole principle of authority.

The *Entretiens sur la pluralité des mondes* (1686) belongs, despite its date, to the spirit of the eighteenth century. It is an excellent example of scientific popularization. General knowledge of astronomy in France was backward, but the establishment of an observatory in Paris stimulated popular curiosity. To capture his public, Fontenelle cast his treatise in the form of a gallant dialogue between a gentleman and a lady in a moonlit park. It is graceful, amusing, and above all lucid; the simpering manner of the interlocutors is charming rather than irritating. And the lesson of the book, which readers could draw from it if they chose, was that the achievement of science is modern and is a proof of our superiority to antiquity; and that the Christian cosmogony is an antiquity, of which science is independent; and that our increase of knowledge in the future will be gained by scientific method, exploring the physical unknown.

Synthesized Progress

Fontenelle contributed greatly to the diffusion of the idea of progress, which dominated the nineteenth century. His other contributions have been well summarized by a more modern writer:[1] he fixed in the contemporary mind the idea that all Nature is subject to laws; that all the sciences join and mingle, and are different aspects of a single science; that this great science is a coordination of all phenomena by mathematical relations; and more, that the political as well as the physical world is regulated by weight, number, and measure. This thought lies at the base of modern social science, especially political science.

✣ ✣ ✣

ENTRETIENS SUR LA PLURALITÉ DES MONDES

[*In a brief introduction, the author tells how he came to spend a few days at the château of the lovely Marquise de G***. There were no other guests, and the author paid his court to the lady, as a gallant gentleman was expected to do.*]

PREMIER SOIR

La Terre: ses mouvements

Nous allâmes donc, un soir après souper, nous promener dans le parc. Il faisait un frais délicieux, qui nous récompensait d'une journée fort chaude que nous avions essuyée.[2] La lune était levée il y avait peut-être une heure, et ses rayons, qui ne venaient à nous qu'entre les branches des arbres, faisaient un agréable mélange d'un blanc fort vif, avec tout ce vert qui paraissait noir. Il n'y avait pas un nuage qui dérobât[3] ou qui obscurcît la moindre étoile; elles étaient toutes d'un or pur et éclatant, et qui était encore relevé[4] par le fond bleu où elles sont attachées. Ce spectacle me fit rêver, et peut-être sans la Marquise eussé-je rêvé assez longtemps; mais la présence d'une si aimable Dame ne me permit pas de m'abandonner à la lune et aux étoiles.

« Ne trouvez-vous pas, lui dis-je, que le jour même n'est pas si beau qu'une belle nuit?

—Oui, me répondit-elle, la beauté du jour est comme une beauté blonde qui a plus de brillant; mais la beauté de la nuit est une beauté brune qui est plus touchante.

—Vous êtes bien généreuse, repris-je, de donner cet avantage aux brunes, vous qui ne l'êtes pas. Il est pourtant vrai que le jour est ce qu'il y a de plus beau dans la nature, et que les héroïnes de roman, qui sont ce qu'il y a de plus beau dans l'imagination, sont presque toujours blondes.

—Ce n'est rien que la beauté,[5] répliqua-t-elle, si elle ne touche. Avouez que le jour ne vous eût jamais jeté dans une rêverie aussi douce que celle où je vous ai vu près de tomber tout à l'heure, à la vue de cette nuit.

—J'en conviens, répondis-je; mais en récompense, une blonde comme vous me ferait encore mieux rêver que la plus belle nuit du monde, avec toute sa beauté brune.

—Quand cela serait vrai, répliqua-t-elle, je ne m'en contenterais pas. Je voudrais que le jour, puisque les blondes doivent être dans ses intérêts, fît aussi le même effet. Pourquoi les amants, qui sont bons juges de ce qui touche, ne s'adressent-ils jamais qu'à la nuit dans toutes les chansons et dans toutes les élégies que je connais?

1. A. Laborde Milaà: *Fontenelle.* Paris, Hachette, 1905, p. 136.
2. *essuyée:* endured.
3. *dérobât:* hid from sight.
4. *relevé:* set off, made prominent.
5. *Ce n'est...beauté:* beauty is nothing.

—Il faut bien que la nuit ait leurs remerciements, lui dis-je.

—Mais, reprit-elle, elle a aussi toutes leurs plaintes. Le jour ne s'attire point leurs confidences, d'où cela vient-il?

—C'est apparemment, répondis-je, qu'il n'inspire point je ne sais quoi de triste et de passionné. Il semble pendant la nuit que tout soit en repos. On s'imagine que les étoiles marchent avec plus de silence que le soleil; les objets que le ciel présente sont plus doux; la vue s'y arrête plus aisément; enfin, on rêve mieux, parce qu'on se flatte d'être alors dans toute la nature la seule personne occupée à rêver. Peut-être aussi que le spectacle du jour est trop uniforme: ce n'est qu'un soleil et une voûte[6] bleue; mais il se peut que la vue de toutes ces étoiles semées confusément, et disposées au hasard en mille figures différentes, favorise la rêverie et un certain désordre de pensées où l'on ne tombe point sans plaisir.

—J'ai toujours senti ce que vous me dites, reprit-elle; j'aime les étoiles, et je me plaindrais volontiers du soleil qui nous les efface.

—Ah! m'écriai-je, je ne puis lui pardonner de me faire perdre de vue tous ces mondes.

—Qu'appelez-vous tous ces mondes? me dit-elle en me regardant, et en se tournant vers moi.

—Je vous demande pardon, répondis-je. Vous m'avez mis sur ma folie, et aussitôt mon imagination s'est échappée.

—Quelle est donc cette folie? reprit-elle.

—Hélas! répliquai-je, je suis bien fâché qu'il faille vous l'avouer: je me suis mis dans la tête que chaque étoile pourrait bien être un monde. Je ne jurerais pourtant pas que cela fût vrai; mais je le tiens pour vrai, parce qu'il me fait plaisir à croire. C'est une idée qui me plaît, et qui s'est placée dans mon esprit d'une manière riante.[7] Selon moi, il n'y a pas jusqu'aux vérités à qui l'agrément ne soit nécessaire.[8]

—Hé bien, reprit-elle, puisque votre folie est si agréable, donnez-la-moi; je croirai sur les étoiles tout ce que vous voudrez, pourvu que j'y trouve du plaisir.

—Ah! Madame, répondis-je bien vite, ce n'est pas un plaisir comme celui que vous auriez à une comédie de Molière; c'en est un qui est je ne sais où, dans la raison, et qui ne fait rire que l'esprit.

—Quoi donc, reprit-elle, croyez-vous qu'on soit incapable des plaisirs qui ne sont que dans la raison? Je veux tout à l'heure[9] vous faire voir le contraire; apprenez-moi vos étoiles.

—Non, répliquai-je, il ne me sera point reproché que dans un bois, à dix heures du soir, j'aie parlé de philosophie à la plus aimable personne que je connaisse. Cherchez ailleurs vos philosophes. »[10]

J'eus beau me défendre encore quelque temps sur ce ton-là, il fallut céder. Je lui fis du moins promettre, pour mon honneur, qu'elle me garderait le secret; et quand je fus hors d'état de m'en pouvoir dédire,[11] et que je voulus parler, je vis que je ne savais par où commencer mon discours: car avec une personne comme elle, qui ne savait rien en matière de physique, il fallait prendre les choses de bien loin, pour lui prouver que la terre pouvait être une planète, et les planètes autant de terres, et toutes les étoiles autant de soleils qui éclairaient des mondes. J'en revenais toujours à lui dire qu'il aurait mieux valu s'entretenir de bagatelles, comme toutes personnes raisonnables auraient fait à notre place. A la fin cependant, pour lui donner une idée générale de la philosophie,[12] voici par où je commençai.

« Toute la philosophie, lui dis-je, n'est fondée que sur deux choses, sur ce qu'on

6. *voûte:* vault (of the sky).
7. *riante: here*, amusing.
8. *il n'y a...nécessaire:* there is nothing, even truths, which does not need to be charming.
9. *tout à l'heure:* immediately.
10. Notice the ogling, *précieux* manner which has prevailed throughout this set of speeches. To fail to act like a lover was practically dishonorable.
11. *de m'en pouvoir dédire:* to back out of it.
12. *philosophie:* i.e., natural philosophy, physics.

a l'esprit curieux et les yeux mauvais;[13] car si vous aviez les yeux meilleurs que vous ne les avez, vous verriez bien si les étoiles sont des soleils qui éclairent autant de mondes, ou si elles n'en sont pas; et si d'un autre côté vous étiez moins curieuse, vous ne vous soucieriez pas de le savoir, ce qui reviendrait au même; mais on veut savoir plus qu'on ne voit, c'est là la difficulté. Encore, si ce qu'on voit, on le voyait bien, ce serait toujours autant de connu; mais on le voit tout autrement qu'il n'est. Ainsi les vrais philosophes passent leur vie à ne point croire ce qu'ils voient, et à tâcher de deviner ce qu'ils ne voient point; et cette condition n'est pas, ce me semble, trop à envier. Sur cela je me figure toujours que la nature est un grand spectacle qui ressemble à celui de l'opéra. Du lieu où vous êtes à l'opéra, vous ne voyez pas le théâtre tout à fait comme il est; on a disposé les décorations et les machines pour faire de loin un effet agréable, et on cache à votre vue ces roues et ces contrepoids qui font tous les mouvements.[14] Aussi ne vous embarrassez-vous guère de deviner comment tout cela joue. Il n'y a peut-être que quelque machiniste caché dans le parterre[15] qui s'inquiète d'un vol qui lui aura paru extra-ordinaire, et qui veut absolument démêler comment ce vol a été exécuté. Vous voyez bien que ce machiniste-là est assez fait comme les philosophes. Mais ce qui, à l'égard des philosophes, augmente la difficulté, c'est que dans les machines que la nature présente à nos yeux, les cordes sont parfaitement bien cachées, et elles le sont si bien, qu'on a été longtemps à deviner ce qui causait les mouvements de l'univers. Car représentez-vous tous les sages à l'opéra, ces Pythagore,[16] ces Platon, ces Aristote, et tous ces gens dont le nom fait aujourd'hui tant de bruit à nos oreilles; supposons qu'ils voyaient le vol de Phaéton[17] que les vents enlèvent, qu'ils ne pouvaient découvrir les cordes, et qu'ils ne savaient point comment le derrière du théâtre était disposé. L'un d'eux disait: « *C'est une certaine vertu secrète qui enlève Phaéton.* » L'autre: « *Phaéton est composé de certains nombres qui le font monter.* » L'autre: « *Phaéton a une certaine amitié pour le haut du théâtre; il n'est point à son aise quand il n'y est pas.* » L'autre: « *Phaéton n'est pas fait pour voler, mais il aime mieux voler que de laisser le haut du théâtre vide;* » et cent autres rêveries que je m'étonne qui n'aient perdu de réputation toute l'antiquité.[18] A la fin, Descartes et quelques autres modernes sont venus, et ils ont dit: « *Phaéton monte, parce qu'il est tiré par des cordes, et qu'un poids plus pesant que lui descend* ».[19] Ainsi on ne croit plus qu'un corps se remue, s'il n'est tiré, ou plutôt poussé par un autre corps; on ne croit plus qu'il monte ou qu'il descende, si ce n'est par l'effet d'un contrepoids ou d'un ressort; et qui verrait la nature telle qu'elle est, ne verrait que le derrière du théâtre de l'Opéra.

—A ce compte, dit la Marquise, la philosophie est devenue bien mécanique.

—Si mécanique, répondis-je, que je crains qu'on en ait bientôt honte. On veut que l'univers ne soit en grand que ce qu'une montre est en petit, et que tout s'y conduise par des mouvements réglés, qui dépendent de l'arrangement des parties. Avouez la vérité. N'avez-vous pas eu quelquefois une idée plus sublime de l'univers; et ne

13. An important step in the formulation of the modern scientific approach. Sir Arthur Eddington would develop much the concept in his *New Pathways in Science*, 1935.
14. The seventeenth century had remarkably developed stage machinery, so that in the opera flying characters, disappearances through trap doors, etc., were common.
15. *parterre:* standing room on ground level.
16. Pythagoras, Greek philosopher (sixth century B.C.), who speculated on the nature of the universe.
17. Phaëthon, son of Helios, the sun god, who attempted to drive his father's chariot, caught fire, and set the earth in flames. *Phaéton*, an opera by Lulli, 1683, featured sensational stage tricks.
18. A burlesque of various ancient theories accounting for the apparent defiance of gravity in the phenomena of the vacuum.
19. Reference to Descartes' theory of the *tourbillon*, or rotatory movement in nature.

lui avez-vous point fait plus d'honneur qu'il ne méritait? J'ai vu des gens qui l'en estimaient moins, depuis qu'ils l'avaient connu.

—Et moi, répliqua-t-elle, je l'en estime beaucoup plus, depuis que je sais qu'il ressemble à une montre: il est surprenant que l'ordre de la nature, tout admirable qu'il est, ne roule que sur des choses si simples.[20]

—Je ne sais pas, lui répondis-je, qui vous a donné des idées si saines; mais en vérité il n'est pas trop commun de les avoir. Assez de gens ont toujours dans la tête un faux merveilleux enveloppé d'une obscurité qu'ils respectent.[21] Ils n'admirent la nature que parce qu'ils la croient une espèce de magie où l'on n'entend rien; et il est sûr qu'une chose est déshonorée auprès d'eux, dès qu'elle peut être conçue. Mais, Madame, continuai-je, vous êtes si bien disposée à entrer dans tout ce que je veux vous dire, que je crois que je n'ai qu'à tirer le rideau, et à vous montrer le monde.

De la terre où nous sommes, ce que nous voyons de plus éloigné, c'est ce ciel bleu, cette grande voûte, où il semble que les étoiles sont attachées comme des clous. On les appelle fixes, parce qu'elles ne paraissent avoir que le mouvement de leur ciel, qui les emporte avec lui d'orient en occident. Entre la terre et cette dernière voûte des cieux sont suspendus, à différentes hauteurs, le Soleil et la Lune, et les cinq[22] autres astres qu'on appelle planètes, Mercure, Vénus, Mars, Jupiter et Saturne. Ces planètes n'étant point attachées au même ciel, ayant des mouvements inégaux, elles se regardent diversement et figurent diversement ensemble; au lieu que les étoiles fixes sont toujours dans la même situation les unes à l'égard des autres. Le Chariot,[23] par exemple, que vous voyez qui est formé de

ces sept étoiles, a toujours été fait comme il est, et le sera encore longtemps; mais la lune est tantôt proche du soleil, tantôt elle en est éloignée, et il en va de même des autres planètes. Voilà comme les choses parurent à ces anciens bergers de Chaldée,[24] dont le grand loisir produisit les premières observations, qui ont été le fondement de l'astronomie; car l'astronomie est née dans la Chaldée, comme la géométrie naquit, dit-on, en Égypte, où les inondations du Nil, qui confondaient les bornes des champs, furent cause que chacun voulut inventer des mesures exactes pour reconnaître son champ d'avec celui de son voisin. Ainsi l'astronomie est fille de l'oisiveté, la géométrie est fille de l'intérêt; et s'il était question de la poésie, nous trouverions apparemment qu'elle est fille de l'amour.

—Je suis bien aise, dit la Marquise, d'avoir appris cette généalogie des sciences, et je vois bien qu'il faut que je m'en tienne à l'astronomie. La géométrie, selon ce que vous me dites, demanderait une âme plus intéressée que je ne l'ai, et la poésie en demanderait une plus tendre; mais j'ai autant de loisir que l'astronomie en peut demander. Heureusement encore nous sommes à la campagne, et nous y menons quasi une vie pastorale; tout cela convient à l'astronomie.

—Ne vous y trompez pas, Madame, repris-je, ce n'est pas la vraie vie pastorale, que de parler des planètes et des étoiles fixes. Voyez si c'est à cela que les gens de L'Astrée[25] passent leur temps.

—Oh! répondit-elle, cette sorte de bergerie-là[26] est trop dangereuse. J'aime mieux celle de ces Chaldéens dont vous me parliez. Recommencez un peu, s'il vous plaît, à me parler Chaldéen. Quand on eut reconnu cette disposition des cieux que vous m'avez dite, de quoi fut-il question?

20. The effort of science is to reduce the complexity of phenomena to the simplicity of principles.
21. That is to say, many people prefer mystery to the quest for knowledge.
22. Only five planets are visible to the naked eye.
23. *Le Chariot de David*, which we call the Great Bear.

24. Chaldea, southern Mesopotamia (Iraq).
25. *L'Astrée:* immense, renowned pastoral novel (1610–27) by Honoré d'Urfé.
26. *bergerie:* may mean either "pastoral" (tale of conventionalized love-sick shepherds) or actual "sheepherding."

—Il fut question, repris-je, de deviner comment toutes les parties de l'univers devaient être arrangées, et c'est là ce que les savants appellent faire un système. Mais avant que je vous explique le premier des systèmes, il faut que vous remarquiez, s'il vous plaît, que nous sommes tous faits naturellement comme un certain fou Athénien dont vous avez entendu parler, qui s'était mis dans la fantaisie que tous les vaisseaux qui abordaient au port de Pirée[27] lui appartenaient. Notre folie à nous autres, est de croire aussi que toute la nature, sans exception, est destinée à nos usages:[28] et quand on demande à nos philosophes à quoi sert ce nombre prodigieux d'étoiles fixes, dont une partie suffirait pour faire ce qu'elles font toutes, ils vous répondent froidement qu'elles servent à leur réjouir la vue. Sur ce principe on ne manqua pas d'abord de s'imaginer qu'il fallait que la terre fût en repos au centre de l'univers, tandis que tous les corps célestes, qui étaient faits pour elle, prendraient la peine de tourner à l'entour pour l'éclairer. Ce fut donc au-dessus de la terre qu'on plaça la lune, et au-dessus de la lune on plaça Mercure, ensuite Vénus, le soleil, Mars, Jupiter, Saturne. Au-dessus de tout cela était le ciel des étoiles fixes. La terre se trouvait justement au milieu des cercles que décrivent ces planètes, et ils étaient d'autant plus grands qu'ils étaient plus éloignés de la terre, et par conséquent les planètes plus éloignées employaient plus de temps à faire leurs cours, ce qui effectivement[29] est vrai.

—Mais je ne sais pas, interrompit la Marquise, pourquoi vous semblez n'approuver pas cet ordre-là dans l'univers; il me paraît assez net et assez intelligible, et pour moi, je vous déclare que je m'en contente.

—Je puis me vanter, répliquai-je, que je vous adoucis bien tout ce système. Si je vous le donnais tel qu'il a été conçu par Ptolémée,[30] son auteur, ou par ceux qui y ont travaillé après lui, il vous jetterait dans une épouvante horrible. Comme les mouvements des planètes ne sont pas si réguliers qu'elles n'aillent tantôt plus vite, tantôt plus lentement, tantôt en un sens, tantôt en un autre, et qu'elles ne soient quelquefois plus éloignées de la terre, quelquefois plus proches, les anciens avaient imaginé je ne sais combien de cercles différemment entrelacés les uns dans les autres, par lesquels ils sauvaient toutes ces bizarreries. L'embarras de tous ces cercles était si grand, que, dans un temps où l'on ne connaissait encore rien de meilleur, un roi de Castille,[31] grand mathématicien, mais apparemment peu dévot, disait que si Dieu l'eût appelé à son conseil quand il fit le monde, il lui eût donné de bons avis. La pensée est un peu trop libertine; mais cela même est assez plaisant,[32] que ce système fût alors une occasion de pécher, parce qu'il était trop confus. Les bons avis que ce roi voulait donner regardaient sans doute la suppression de deux ou trios cieux superflus qu'on avait mis au delà des étoiles fixes. Ces philosophes, pour expliquer une sorte de mouvement dans les corps célestes, faisaient, au delà du dernier ciel que nous voyons, un ciel de cristal, qui imprimait ce mouvement aux cieux inférieurs. Avaient-ils nouvelle d'un autre mouvement, c'était aussitôt un autre ciel de cristal. Enfin, les cieux de cristal ne leur coûtaient rien.

—Et pourquoi ne les faisait-on que de cristal? dit la Marquise. N'eussent-ils pas été bons de quelque autre matière?

—Non, répondis-je; il fallait que la lumière passât au travers, et d'ailleurs il fallait qu'ils fussent solides. Il le fallait absolument, car Aristote avait trouvé que la solidité était une chose attachée à la noblesse de leur nature; et puisqu'il l'avait dit, on n'avait garde d'en douter. Mais on a

27. Piraeus, seaport of Athens.
28. Reference to doctrine of *final causes*, or *finalism*.
29. *effectivement:* in fact.
30. Ptolemy, Greek astronomer and geographer living in Egypt, second century A.D.
31. *roi de Castille:* Alfonso the Wise, reigned 1252–84.
32. *plaisant:* amusing.

vu des comètes qui étant plus élevées qu'on ne croyait autrefois, briseraient tout le cristal des cieux par où elles passent, et casseraient tout l'univers; et il a fallu se résoudre à faire les cieux d'une matière fluide, telle que l'air. Enfin, il est hors de doute, par les observations de ces derniers siècles, que Vénus et Mercure tournent autour du soleil, et non autour de la terre, et l'ancien système est absolument insoutenable par cet endroit. Je vais donc vous en proposer un qui satisfait à tout, et qui dispenserait le roi de Castille de donner des avis, car il est d'une simplicité charmante, ce qui seule le ferait préférer.

—Il semblerait, interrompit la Marquise, que votre philosophie est une espèce d'enchère,[33] où ceux qui offrent de faire les choses à moins de frais l'emportent sur les autres.

—Il est vrai, repris-je et ce n'est que par là qu'on peut attraper le plan sur lequel la nature a fait son ouvrage. Elle est d'une épargne[34] extra-ordinaire; tout ce qu'elle pourra faire d'une manière qui lui coûtera un peu moins, quand ce moins ne serait presque rien,[35] soyez sûre qu'elle ne le fera que de cette manière-là.[36] Cette épargne, néanmoins, s'accorde avec une magnificence[37] surprenante qui brille dans tout ce qu'elle a fait: c'est que la magnificence est dans le dessein, et l'épargne dans l'exécution. Il n'y a rien de plus beau qu'un grand dessein que l'on exécute à peu de frais. Nous autres, nous sommes sujets à renverser souvent tout cela dans nos idées. Nous mettons l'épargne dans le dessein qu'a eu la nature, et la magnificence dans l'exécution. Nous lui donnons un petit dessein, qu'elle exécute avec dix fois plus de dépense qu'il ne faudrait; cela est tout à fait ridicule.

—Je serai bien aise, dit-elle, que le système dont vous m'allez parler imite de fort près la nature; car ce grand manège-là[38] tournera au profit de mon imagination, qui n'aura pas tant de peine à comprendre ce que vous me direz.

—Il n'y a plus ici d'embarras inutiles, repris-je. Figurez-vous un Allemand nommé Copernic,[39] qui fait main-basse[40] sur tous ces cercles différents, et sur tous ces cieux solides qui avaient été imaginés par l'antiquité. Il détruit les uns, il met les autres en pièces. Saisi d'une noble fureur d'astronome, il prend la terre, et l'envoie bien loin du centre de l'univers, où elle s'était placée, et dans ce centre il y met le soleil, à qui cet honneur était bien mieux dû. Les planètes ne tournent plus autour de la terre, et ne la renferment plus au milieu du cercle qu'elles décrivent. Si elles nous éclairent, c'est en quelque sorte par hasard, et parce qu'elles nous rencontrent en leur chemin. Tout tourne présentement autour du soleil. La terre y tourne elle-même, et pour la punir du long repos qu'elle s'était attribué, Copernic la charge le plus qu'il peut de tous les mouvements qu'elle donnait aux planètes et aux cieux. Enfin, de tout cet équipage céleste, dont cette petite terre se faisait accompagner et environner, il ne lui est demeuré que la lune qui tourne encore autour d'elle.

—Attendez un peu, dit la Marquise, il vient de vous prendre un enthousiasme, qui vous a fait expliquer les choses si pompeusement, que je ne crois pas les avoir entendues. Le soleil est au centre de l'univers, et là il est immobile; après lui, qu'est-ce qui suit?

—C'est Mercure, répondis-je il tourne autour du soleil, en sorte que le soleil est à

33. *enchère:* sale.
34. *épargne:* economy.
35. *quand...rien:* even if this "less" is almost nothing.
36. This is the principle of least effort.
37. *magnificence:* lavishness.
38. *manège:* here, affair, business.
39. Copernicus, actually a Polish mathematician (1473–1543). He sought to prove through

mathematical calculation that the earth revolves around the sun, and not the other way around. Although he failed in his attempt, Copernicus was vindicated when astronomers using telescopes were able to confirm his ideas. Copernicus is credited with launching a revolution in thought about mankind's place in the universe.

40. *fait main-basse:* makes a clean sweep.

peu près le centre du cercle que Mercure décrit. Au-dessus de Mercure est Vénus, qui tourne de même autour du soleil. Ensuite vient la terre qui, étant plus élevée que Mercure et Vénus, décrit autour du soleil un plus grand cercle que ces planètes. Enfin suivent Mars, Jupiter et Saturne, selon l'ordre où je vous les nomme, et vous voyez bien que Saturne doit décrire autour du soleil le plus grand cercle de tous; aussi emploie-t-il plus de temps qu'aucune autre planète à faire sa révolution.

—Et la lune, vous l'oubliez, interrompit-elle.

—Je la retrouverai bien, repris-je. La lune tourne autour de la terre, et ne l'abandonne point; mais comme la terre avance toujours dans le cercle qu'elle décrit autour du soleil, la lune la suit, en tournant autour d'elle; et si elle tourne autour du soleil, ce n'est que pour ne point quitter la terre.

—Je vous entends, répondit-elle, et j'aime la lune de nous être restée lorsque toutes les autres planètes nous abandonnent. Avouez qui si votre Allemand eût pu nous la faire perdre, il l'aurait fait volontiers; car je vois dans tout son procédé qu'il était bien mal intentionné pour la terre.

—Je lui sais bon gré, lui répliquai-je, d'avoir rabattu la vanité des hommes, qui s'étaient mis à la plus belle place de l'univers, et j'ai du plaisir à voir présentement la terre dans la foule des planètes.

—Bon! répondit-elle, croyez-vous que la vanité des hommes s'étende jusqu'à l'astronomie? Croyez-vous m'avoir humiliée, pour m'avoir appris que la terre tourne autour du soleil? Je vous jure que je ne m'en estime pas moins.

—Mon Dieu, Madame, repris-je, je sais bien qu'on sera moins jaloux du rang qu'on tient dans l'univers, que de celui qu'on croit devoir tenir dans une chambre, et que la préséance[41] de deux planètes ne

sera jamais une si grande affaire que celle de deux ambassadeurs. Cependant la même inclination qui fait qu'on veut avoir la place la plus honorable dans une cérémonie fait qu'un philosophe, dans un système, se met au centre du monde, s'il peut. Il est bien aise que tout soit pour lui: il suppose peut-être, sans s'en apercevoir, ce principe qui le flatte, et son cœur ne laisse pas de s'intéresser à une affaire de pure spéculation.

—Franchement, répliqua-t-elle, c'est là une calomnie que vous avez inventée contre le genre humain. On n'aurait donc jamais dû recevoir le système de Copernic, puisqu'il est si humiliant.

—Aussi, repris-je, Copernic lui-même se défiait-il fort du succès de son opinion. Il fut très longtemps à ne la vouloir pas publier. Enfin, il s'y résolut, à la prière de gens très considérables; mais aussi le jour qu'on lui apporta le premier exemplaire imprimé de son livre, savez-vous ce qu'il fit? Il mourut.[42] Il ne voulut point essuyer toutes les contradictions qu'il prévoyait, et se tira habilement d'affaire.

—Écoutez, dit la Marquise, il faut rendre justice à tout le monde. Il est sûr qu'on a de la peine à imaginer qu'on tourne autour du soleil, car enfin on ne change point de place, et on se retrouve toujours le matin où l'on s'était couché le soir. Je vois, ce me semble, à votre air, que vous m'allez dire que comme la terre tout entière marche...

—Assurément, interrompis-je, c'est la même chose que si vous vous endormiez dans un bateau qui allât sur la rivière, vous vous retrouveriez à votre réveil dans la même place et dans la même situation à l'égard de toutes les parties du bateau.

—Oui; mais, répliqua-t-elle, voici une différence; je trouverais à mon réveil le rivage changé, et cela me ferait bien voir que mon bateau aurait changé de place. Mais il n'en va pas de même de la terre, j'y

41. *préséance:* precedence.
42. Indeed, Copernicus waited thirty years to publish his system, and received his author's copies only a few days before his death. His passing away spared him the attacks from the Church and the scientific establishment that Galileo was to endure.

retrouve toutes choses comme je les avais laissées.

—Non pas, Madame, répondis-je, non pas; le rivage est changé aussi. Vous savez qu'au delà de tous les cercles des planètes, sont les étoiles fixes; voilà votre rivage. Je suis sur la terre, et la terre décrit un grand cercle autour du soleil. Je regarde au centre de ce cercle, j'y vois le soleil. S'il n'effaçait point les étoiles, en poussant ma vue en ligne droite au delà du soleil, je le verrais nécessairement répondre à quelques étoiles fixes; mais je vois aisément pendant la nuit à quelles étoiles il a répondu le jour, et c'est exactement la même chose. Si la terre ne changeait point de place sur le cercle où elle est, je verrais toujours le soleil répondre aux mêmes étoiles fixes; mais dès que la terre change de place, il faut que je le voie répondre à d'autres étoiles. C'est là le rivage qui change tous les jours; et comme la terre fait son cercle en un an autour du soleil, je vois le soleil en l'espace d'une année répondre successivement à diverses étoiles fixes qui composent un cercle. Ce cercle s'appelle le Zodiaque. Voulez-vous que je vous fasse ici une figure sur le sable?

—Non, répondit-elle, je m'en passerai bien, et puis cela donnerait à mon parc un air savant que je ne veux pas qu'il ait. N'ai-je pas ouï dire qu'un philosophe qui fut jeté par un naufrage dans une île qu'il ne connaissait point, s'écria à ceux qui le suivaient, en voyant de certaines figures, des lignes et des cercles tracés sur le bord de la mer: *Courage, compagnons, l'île est habitée, voici des pas d'hommes.* Vous jugez bien qu'il ne m'appartient point de faire ces pas-là, et qu'il ne faut pas qu'on en voie ici.

—Il vaut mieux en effet, répondis-je, qu'on n'y voie que des pas d'amants, c'est-à-dire, votre nom et vos chiffres,[43] gravés sur l'écorce des arbres par la main de vos adorateurs.

—Laissons là, je vous prie, les adorateurs, reprit-elle, et parlons du soleil. J'entends bien comment nous nous imaginons qu'il décrit le cercle que nous décrivons nous-mêmes; mais ce tour ne s'achève qu'en un an, et celui que le soleil fait tous les jours sur notre tête, comment se fait-il?

—Avez-vous remarqué, lui répondis-je, qu'une boule qui roulerait sur cette allée aurait deux mouvements? Elle irait vers le bout de l'allée, et en même temps elle tournerait plusieurs fois sur elle-même, en sorte que la partie de cette boule qui est en haut descendrait en bas, et que celle d'en bas monterait en haut. La terre fait la même chose. Dans le temps qu'elle avance sur le cercle qu'elle décrit en un an autour du soleil, elle tourne sur elle-même en vingt-quatre heures; ainsi en vingt-quatre heures chaque partie de la terre perd le soleil, et le recouvre; et à mesure qu'en tournant on va vers le côté où est le soleil, il semble qu'il s'élève; et quand on commence à s'en éloigner, en continuant le tour, il semble qu'il s'abaisse.

—Cela est assez plaisant, dit-elle; la terre prend tout sur soi, et le soleil ne fait rien. Et quand la lune et les autres planètes et les étoiles fixes paraissent faire un tour sur notre tête en vingt-quatre heures, c'est donc aussi une imagination?

—Imagination pure, repris-je, qui vient de la même cause. Les planètes font seulement leur cercle autour du soleil en des temps inégaux, selon leurs distances inégales, et celle que nous voyons aujourd'hui répondre à un certain point du zodiaque, ou de ce cercle d'étoiles fixes, nous la voyons demain à la même heure répondre à un autre point, tant parce qu'elle a avancé sur son cercle, que parce que nous avons avancé sur le nôtre. Nous marchons, et les autres planètes marchent aussi, mais plus ou moins vite que nous; cela nous met dans différents points de vue à leur égard, et nous fait paraître dans leurs cours des bizarreries dont il n'est pas nécessaire que je vous parle. Il suffit que vous sachiez que ce qu'il y a d'irrégulier dans les planètes

43. *chiffres:* initials.

ne vient que de la diverse manière dont notre mouvement nous les fait rencontrer, et qu'au fond elles sont toutes très réglées.

—Je consens qu'elles le soient, dit la Marquise, mais je voudrais bien que leur régularité coûtât moins à la terre; on ne l'a guère ménagée; et pour une grosse masse aussi pesante qu'elle est, on lui demande bien de l'agilité.

—Mais, lui répondis-je, aimeriez-vous mieux que le soleil, et tous les astres, qui sont de très grand corps, fissent en vingt-quatre heures autour de la terre un tour immense; que les étoiles fixes qui seraient dans le plus grand cercle, parcourussent en un jour plus de vingt-sept mille six cent soixante fois deux cent millions de lieues? Car il faut que tout cela arrive si la terre ne tourne pas sur elle-même en vingt-quatre heures. En vérité, il est bien plus raisonnable qu'elle fasse ce tour, qui n'est tout au plus que de neuf mille lieues. Vous voyez bien que neuf mille lieues, en comparaison de l'horrible nombre que je viens de vous dire, ne sont qu'une bagatelle.

—Oh! répliqua la Marquise, le soleil et les astres sont tout de feu, le mouvement ne leur coûte rien; mais la terre me paraît guère portative.[44]

—Et croiriez-vous, repris-je, si vous n'en aviez l'expérience, que ce fût quelque chose de bein portatif qu'un gros navire monté de cent cinquante pièces de canons, chargé de plus de trois mille hommes, et d'une très grande quantité de marchandises? Cependant il ne faut qu'un petit souffle de vent pour le faire aller sur l'eau; parce que l'eau est liquide, et que se laissant diviser avec facilité, elle résiste peu au mouvement du navire; ou s'il est au milieu d'une rivière, il suivra sans peine le fil[45] de l'eau, parce qu'il n'y a rien qui le retienne. Ainsi la terre, toute massive qu'elle est, est aisément portée au milieu de la matière céleste, qui est infiniment plus fluide que

l'eau, et qui remplit tout ce grand espace où nagent les planètes.[46] Et où faudrait-il que la terre fût cramponnée[47] pour résister au mouvement de cette matière céleste, et ne s'y pas laisser emporter? C'est comme si une petite boule de bois pouvait ne pas suivre le courant d'une rivière.

—Mais, répliqua-t-elle encore, comment la terre avec tout son poids se soutient-elle sur votre matière céleste, qui doit être bien légère, puisqu'elle est si fluide?

—Ce n'est pas à dire, répondis-je, que ce qui est fluide en soit plus léger. Que dites-vous de notre gros vaisseau, qui avec tout son poids est bien plus léger que l'eau, puisqu'il y surnage?

—Je ne veux plus vous dire rien, dit-elle, comme en colère, tant que vous aurez le gros vaisseau. Mais m'assurez-vous bien qu'il n'y ait rien à craindre sur une pirouette[48] aussi légère que vous me faites la terre?

—Eh bien, lui répondis-je, faisons porter la terre par quatre éléphants, comme font les Indiens.

—Voici bien un autre système, s'écria-t-elle. Du moins j'aime ces gens-là d'avoir pourvu à leur sûreté, et fait de bons fondements; au lieu que, nous autres Coperniciens, nous sommes assez inconsidérés[49] pour vouloir bien nager à l'aventure dans cette matière céleste. Je gage que si les Indiens savaient que la terre fût le moins du monde en péril de se mouvoir, ils doubleraient les éléphants.

—Cela le mériterait bien, repris-je, en riant de sa pensée; il ne faut point épargner les éléphants pour dormir en assurance; et si vous en avez besoin pour cette nuit, nous en mettrons dans notre système autant qu'il vous plaira; ensuite nous les retrancherons[50] peu à peu, à mesure que vous vous rassurerez.

44. *portative: here*, movable.
45. *fil:* current.
46. This is Descartes' explanation, displaced by the publication of Newton's *Principia* in 1687, a few months after the *Pluralité des mondes* appeared.
47. *où faudrait-il...cramponnée:* where would the earth have to cling.
48. *pirouette:* top.
49. *inconsidérés:* heedless.
50. *les retrancherons:* will cut them off.

—Sérieusement, reprit-elle, je ne crois pas, dès à présent, qu'ils me soient fort nécessaires; et je me sens assez de courage pour oser tourner.

—Vous irez encore plus loin, répliquai-je; vous tournerez avec plaisir, et vous vous ferez sur ce système des idées réjouissantes. Quelquefois, par exemple, je me figure que je suis suspendu en l'air, et que j'y demeure sans mouvement, pendant que la terre tourne sous moi en vingt-quatre heures. Je vois passer sous mes yeux tous ces visages différents, les uns blancs, les autres noirs, les autres basanés,[51] les autres olivâtres. D'abord ce sont des chapeaux, et puis des turbans, et puis des têtes chevelues,[52] et puis des têtes rases, tantôt des villes à clochers, tantôt des villes à longues aiguilles[53] qui ont des croissants,[54] tantôt des villes à tours de porcelaine, tantôt de grands pays qui n'ont que des cabanes; ici de vastes mers, là des déserts épouvantables; enfin toute cette variété infinie qui est sur la surface de la terre.

—En vérité, dit-elle, tout cela mériterait bien que l'on donnât vingt-quatre heures de son temps à le voir. Ainsi donc dans le même lieu où nous sommes à présent, je ne dis pas dans ce parc, mais dans ce même lieu, à le prendre dans l'air, il y passe continuellement d'autres peuples qui prennent notre place, et au bout de vingt-quatre heures nous y revenons.

—Copernic, lui répondis-je, ne le comprendrait pas mieux. D'abord il passera par ici des Anglais qui raisonneront peut-être de quelque dessein de politique avec moins de gaieté que nous ne raisonnons de notre philosophie; ensuite viendra une grande mer, et il se pourra trouver en ce lieu-là quelque vaisseau qui n'y sera pas si à son aise que nous. Après cela paraîtront les Iroquois, en mangeant tout vif quelque prisonnier de guerre, qui fera semblant de

ne s'en pas soucier; des femmes de la terre de Jesso,[55] qui emploieront tout leur temps qu'à préparer le repas de leurs maris, et se peindre de bleu les lèvres et les sourcils pour plaire aux plus vilains hommes du monde; des Tartares qui iront fort dévotement en pèlerinage vers ce Grand-Prêtre qui ne sort jamais d'un lieu obscur, où il n'est éclairé que par des lampes, à la lumière desquelles on l'adore;[56] de belles Circassiennes, qui ne feront aucune façon d'accorder tout au premier venu, hormis ce qu'elles croient qui appartient essentiellement à leurs maris; de petits Tartares qui iront voler des femmes pour les Turcs et pour les Persans; enfin nous qui débiterons peut-être encore des rêveries.

—Il est assez plaisant, dit la Marquise, d'imaginer ce que vous venez de me dire; mais si je voyais tout cela d'en haut je voudrais avoir la liberté de hâter ou d'arrêter le mouvement de la terre selon que les objets me plairaient plus ou moins; et je vous assure que je ferais passer bien vite ceux qui s'embarrassent de politique, ou qui mangent leurs ennemis; mais il y en a d'autres pour qui j'aurais de la curiosité. J'en aurais pour ces belles Circassiennes, par exemple, qui ont un usage si particulier. Mais il me vient une difficulté sérieuse. Si la terre tourne, nous changeons d'air à chaque moment, et nous respirons toujours celui d'un autre pays.

—Nullement, Madame, répondis-je; l'air qui environne la terre ne s'étend que jusqu'à une certaine hauteur, peut-être jusqu'à vingt lieues tout au plus; il nous suit, et tourne avec nous. Vous avez vu quelquefois l'ouvrage d'un ver à soie,[57] que ces coques[58] que ces petits animaux travaillent avec tant d'art pour s'y emprisonner. Elles sont d'une soie fort serrée, mais elles sont couvertes d'un certain duvet[59] fort léger et fort lâche. C'est

51. *basanés:* swarthy.
52. *chevelues:* long-haired.
53. *aiguilles: here,* slim towers, minarets.
54. *croissants:* crescents.
55. *Jesso:* Japan.

56. Apparently a reference to the Dalai Lama of Tibet.
57. *ver à soie:* silkworm.
58. *coques:* cocoons.
59. *duvet:* down.

ainsi que la terre, qui est assez solide, est couverte, depuis sa surface jusqu'à une certaine hauteur, d'une espèce de duvet, qui est l'air, et toute la coque de ver à soie tourne en même temps. Au delà de l'air est la matière céleste, incomparablement plus pure, plus subtile, et même plus agitée qu'il n'est.

—Vous me présentez la terre sous des idées bien méprisables, dit la Marquise. C'est pourtant sur cette coque de ver à soie qu'il se fait de si grands travaux, de si grandes guerres, et qu'il règne de tous côtés une si grande agitation.

—Oui, répondis-je, et pendant ce temps-là, la nature, qui n'entre point en connaissance de tous ces petits mouvements particuliers, nous emporte tous ensemble d'un mouvement général, et se joue de la petite boule.

—Il me semble, reprit-elle, qu'il est ridicule d'être sur quelque chose qui tourne,

et de se tourmenter tant; mais le malheur est qu'on n'est pas assuré qu'on tourne; car enfin, à ne vous rien celer,[60] toutes les précautions que vous prenez pour empêcher qu'on ne s'aperçoive du mouvement de la terre me sont suspectes. Est-il possible qu'il ne laissera pas quelque petite marque sensible à laquelle on le reconnaisse?

—Les mouvements les plus naturels, répondis-je, les plus ordinaires, sont ceux qui se font le moins sentir; cela est vrai jusque dans la morale. Le mouvement de l'amour-propre nous est si naturel, que le plus souvent nous ne le sentons pas, et que nous croyons agir par d'autres principes.

—Ah! vous moralisez, dit-elle, quand il est question de physique, cela s'appelle bâiller.[61] Retirons-nous; aussi bien en voilà assez pour la première fois. Demain nous reviendrons ici, vous avec vos systèmes, et moi avec mon ignorance. »

❖ ❖ ❖

2. Alain-René Lesage

[1668-1747]

Champion of the People

Few of our authors so far have shown much in the way of courage in standing up for the little people against the rich and powerful. Lesage did exactly that. His play *Turcaret*, blasting crooked financiers, was so inflammatory that he was offered a bribe (which he rejected, admirably enough) to withdraw it. His extraordinarily popular novel *Gil Blas* deigned to suggest that youthful offenders might lead exemplary lives if they were not victimized by social injustice. Lesage dared to insult the powers that be, and he managed to do it in such a witty and humorous way that he eluded the personal disaster that would normally befall the perpetrator of such jests.

Theater of Manners

Alain-René Lesage (or Le Sage) was born in Vannes, Brittany. His parents were undistinguished bourgeois, both of whom died by the time he was fourteen. He studied law and Spanish literature in Paris, but before long abandoned these studies for writing. He is one of the first of our authors to make a living solely by writing, and naturally he

60. *celer = cacher.*
61. *bâiller:* yawn.

was always poor. For years he scraped by, writing over a hundred short plays and skits for fairs. He did finally attain some decent paydays at the age of forty, with the success of *Turcaret*. He was a worthy man, a sincere Catholic, morally irreproachable. He was an independent, avoiding the cliques and entanglements of the literary salons. To be sure, his affliction of deafness made him uncomfortable in chattering groups.

He began his literary career with translations. The translations became adaptations, with many original additions to a borrowed theme. His two most important works, *Turcaret* and *Gil Blas,* are wholly original, with only those suggestions for plot and those background details which an author may properly appropriate.

Turcaret (1709) is a remarkable play. It is a daring attack on the financial magnates, the *partisans* of La Bruyère, who controlled and despoiled France in the last years of Louis XIV's reign. It is then a *comédie de moeurs,* or comedy of social satire, and at the same time a *piece à these,* or thesis play. It is

Gil Blas and Bandits. From Histoire de Gil Blas de Santillane *1835 edition illustrated by J. Gigoux*

noteworthy in French dramatic history for introducing three character types who were to reappear thousands of times: the unscrupulous financier, the kept woman, and the *amant de coeur,* who lives on women. But the play, despite its satiric comedy, is too grim and cruel to satisfy easily insulted bourgeois theatergoers.

The Picaresque

Gil Blas appeared in three parts, in 1715, 1724, and 1735. It is a *picaresque* novel, on the model of many such Spanish works. A picaresque or *rogue novel* commonly tells in the first person the frenetic travels and adventures of a likeable young rogue, among criminals or at least on the disreputable fringe of reputable society. (The genre is a persistent one, as old as Petronius, as new as Eminem.)

The picaresque frame gave Lesage an opportunity for *realistic description* and *social criticism.* The locale of the story is Spain, but everyone recognized the characters and the background as French. Lesage excels in his recording of clothing, food, furniture, all the accessories of life. The social criticism is indirect. Lesage does not get angry at the ugliness of civilization; he accepts as an unhappy *fact* that life is a bitter struggle for existence, with the prizes going to the cleverest and most ruthless rogues. But the mere depiction of a corrupt society is a criticism of that society.

What redeems the book from a too depressing realism is the character of Gil Blas himself. He is a simple naïf among the crooks and sharpers of the world. He never quite understands what his evil companions are up to, and when he tries to imitate them he falls

into disaster. At heart he is honest, honorable, faithful, and kind, and when at length he finds a suitable situation in the world, he becomes an upright citizen. And throughout he is cheerful, taking fortune and misfortune lightly. His gaiety of spirit is certainly a chief reason for the great, long-continuing popularity of the book.

Its *morale,* or moral implication, is certainly not lofty. The author tells us that the world is an unlovely place, and that the wise man will accept the fact and act accordingly. The lesson of the book seems to be the motto of one of the characters: "ne pas se laisser abattre," which may be translated: "Don't let them get you down."

❖ ❖ ❖

Histoire de Gil Blas de Santillane

I. De la naissance de Gil Blas et de son éducation

Blas de Santillane,[1] mon père, après avoir longtemps porté les armes pour le service de la monarchie espagnole, se retira dans la ville où il avait pris naissance. Il y épousa une petite bourgeoise qui n'était plus dans sa première jeunesse, et je vins au monde dix mois après leur mariage. Ils allèrent ensuite demeurer à Oviedo,[2] où ils furent obligés de se mettre en condition;[3] ma mère devint femme de chambre, et mon père écuyer.[4] Comme ils n'avaient pour tout bien que leurs gages,[5] j'aurais couru risque d'être assez mal élevé si je n'eusse pas eu dans la ville un oncle chanoine.[6] Il se nommait Gil Perez. Il était frère aîné de ma mère et mon parrain.[7] Représentez-vous un petit homme haut de trois pieds et demi, extraordinairement gros,[8] avec une tête enfoncée entre les deux épaules: voilà mon oncle. Au reste, c'était un ecclésiastique qui ne songeait qu'à bien vivre, c'est-à-dire qu'à faire bonne chère, et sa prébende,[9] qui n'était pas mauvaise, lui en fournissait les moyens.

Il me prit chez lui dès mon enfance, et se chargea de mon éducation. Je lui parus si éveillé, qu'il résolut de cultiver mon esprit.

Il m'acheta un alphabet,[10] et entreprit de m'apprendre lui-même à lire: ce qui ne lui fut pas moins utile qu'à moi, car, en me faisant connaître mes lettres, il se remit à la lecture, qu'il avait toujours fort négligée, et, à force de s'y appliquer, il parvint à lire couramment son bréviaire: ce qu'il n'avait jamais fait auparavant. Il aurait encore bien voulu m'enseigner la langue latine: c'eût été autant d'argent épargné pour lui; mais, hélas! le pauvre Gil Perez! il n'en avait de sa vie su les premiers principes. C'était peut-être (car je n'avance pas cela comme un fait certain) le chanoine du chapitre[11] le plus ignorant. Aussi j'ai ouï dire qu'il n'avait pas obtenu son bénéfice[12] par son érudition. Il le devait uniquement à la reconnaissance de quelques bonnes religieuses dont il avait été le discret commissionnaire,[13] et qui avaient eu le crédit de lui faire donner l'ordre de prêtrise sans examen.

Il fut donc obligé de me mettre sous la férule[14] d'un maître: il m'envoya chez le docteur Godinez, qui passait pour le plus habile pédant d'Oviedo. Je profitai si bien des instructions qu'on me donna, qu'au bout de cinq à six années j'entendis un peu les auteurs grecs et assez bien les poètes latins. Je m'appliquai aussi à la logique, qui

1. Santillana, town in northern Spain.
2. *Oviedo:* city of northern Spain.
3. *se mettre en condition:* enter domestic service.
4. *écuyer:* manservant, groom.
5. *gages:* wages.
6. *chanoine:* canon, priest attached to cathedral.
7. *parrain:* godfather.
8. *gros:* fat.
9. *prébende:* stipend allotted to cathedral

functionary.
10. *alphabet:* primer.
11. *chapitre:* chapter, body of clergy attached to cathedral.
12. *bénéfice:* living, ecclesiastical office with revenue attached.
13. *commissionnaire:* agent, runner of errands.
14. *férule:* rod; *i.e.,* discipline.

m'apprit à raisonner beaucoup. J'aimais tant la dispute, que j'arrêtais les passants, connus ou inconnus, pour leur proposer des arguments. Je m'adressais quelquefois à des figures hibernoises[15] qui ne demandaient pas mieux, et il fallait alors nous voir disputer! Quels gestes! quelles grimaces! quelles contorsions! Nos yeux étaient pleins de fureur, et nos bouches écumantes. On nous devait plutôt prendre pour des possédés que pour des philosophes.

Je m'acquis toutefois par là, dans la ville, la réputation de savant. Mon oncle en fut ravi, parce qu'il fit réflexion que je cesserais bientôt de lui être à charge. « Or çà,[16] Gil Blas, me dit-il un jour, le temps de ton enfance est passé. Tu as déjà dix-sept ans, et te voilà devenu habile garçon. Il faut songer à te pousser; je suis d'avis de t'envoyer à l'Université de Salamanque:[17] avec l'esprit que je te vois, tu ne manqueras pas de trouver un bon poste. Je te donnerai quelques ducats pour faire ton voyage, avec ma mule qui vaut bien dix à douze pistoles;[18] tu la vendras à Salamanque, et tu en emploieras l'argent à t'entretenir jusqu'à ce que tu sois placé. »

Il ne pouvait rien me proposer qui me fût plus agréable, car je mourais d'envie de voir le pays. Cependant j'eus assez de force sur moi pour cacher ma joie; et lorsqu'il fallut partir, ne paraissant sensible qu'à la douleur de quitter un oncle à qui j'avais tant d'obligation, j'attendris le bonhomme, qui me donna plus d'argent qu'il ne m'en aurait donné s'il eût pu lire au fond de mon âme. Avant mon départ, j'allai embrasser mon père et ma mère, qui ne m'épargnèrent pas les remontrances.[19] Ils m'exhortèrent à prier Dieu pour mon oncle, à vivre en honnête homme, à ne me point engager dans de mauvaises affaires, et, sur toute chose, à

ne pas prendre le bien d'autrui. Après qu'ils m'eurent très longtemps harangué, ils me firent présent de leur bénédiction, qui était le seul bien que j'attendais d'eux. Aussitôt je montai sur ma mule, et sortis de la ville.

II. DES ALARMES QU'IL EUT EN ALLANT A PEÑAFLOR;[20] DE CE QU'IL FIT EN ARRIVANT DANS CETTE VILLE, ET AVEC QUEL HOMME IL SOUPA

Me voilà donc hors d'Oviedo, sur le chemin de Peñaflor, au milieu de la campagne, maître de mes actions, d'une mauvaise mule et de quarante bons ducats, sans compter quelques réaux[21] que j'avais volés à mon très honoré oncle. La première chose que je fis fut de laisser ma mule aller à discrétion, c'est-à-dire au petit pas. Je lui mis la bride[22] sur le cou, et, tirant de ma poche mes ducats, je commençai à les compter et recompter dans mon chapeau. Je n'avais jamais vu tant d'argent. Je ne pouvais me lasser de le regarder et de le manier. Je le comptais peut-être pour la vingtième fois, quand tout à coup ma mule, levant la tête et les oreilles, s'arrêta au milieu du grand chemin. Je jugeai que quelque chose l'effrayait; je regardai ce que ce pouvait être: j'aperçus sur la terre un chapeau renversé, sur lequel il y avait un rosaire à gros grains,[23] et en même temps j'entendis une voix lamentable qui prononça ces paroles: « Seigneur passant, ayez pitié, de grâce, d'un pauvre soldat estropié;[24] jetez, s'il vous plaît, quelques pièces d'argent dans ce chapeau; vous en serez récompensé dans l'autre monde. » Je tournai aussitôt les yeux du côté que partait la voix; je vis au pied d'un buisson, à vingt où trente pas de moi, une espèce de soldat, qui sur deux bâtons croisés appuyait le bout d'une escopette[25] qui me parut plus longue

15. *hibernoises:* Irish. Many Irish priests had fled to Spain to escape religious persecution.
16. *Or çà:* Now then.
17. Salamanca, city in central Spain, whose ancient university still thrives.
18. *pistoles:* coin of varying value; about 10 francs.
19. *remontrances:* good advice.
20. *Peñaflor:* village near Oviedo.
21. *réaux:* (*plural of* réal) small Spanish silver coin, formerly worth 12½ cents (the "bit" of the old West, the quarter being referred to as "two bits").
22. *bride:* bridle.
23. *rosaire à gros grains:* rosary with large beads.
24. *estropié:* maimed.
25. *escopette:* blunderbuss.

qu'une pique, et avec laquelle il me couchait en joue.[26] A cette vue, qui me fit trembler pour le bien de l'Église, je m'arrêtai court; je serrai promptement mes ducats, je tirai quelques réaux, et, m'approchant du chapeau disposé à recevoir la charité des fidèles effrayés, je les jetai dedans l'un après l'autre, pour montrer au soldat que j'en usais noblement. Il fut satisfait de ma générosité, et me donna autant de bénédictions que je donnai de coups de pied dans les flancs de ma mule, pour m'éloigner promptement de lui; mais la maudite bête, trompant mon impatience, n'en alla pas plus vite. La longue habitude qu'elle avait de marcher pas à pas sous mon oncle lui avait fait perdre l'usage du galop.

Je ne tirai pas de cette aventure un augure trop favorable pour mon voyage. Je me représentai que je n'étais pas encore à Salamanque, et que je pourrais bien faire une plus mauvaise rencontre. Mon oncle me parut très imprudent de ne m'avoir pas mis entre les mains d'un muletier.[27] C'était sans doute ce qu'il aurait dû faire; mais il avait songé qu'en me donnant sa mule mon voyage me coûterait moins, et il avait plus pensé à cela qu'aux périls que je pouvais courir en chemin. Ainsi, pour réparer sa faute, je résolus, si j'avais le bonheur d'arriver à Peñaflor, d'y vendre ma mule, et de prendre la voie du muletier pour aller à Astorga, d'où je me rendrais à Salamanque par la même voiture. Quoique je ne fusse jamais sorti d'Oviedo, je n'ignorais pas le nom des villes par où je devais passer; je m'en étais fait instruire avant mon départ.

J'arrivai heureusement à Peñaflor. Je m'arrêtai à la porte d'une hôtellerie d'assez bonne apparence. Je n'eus pas mis pied à terre, que l'hôte vint me recevoir fort civilement. Il détacha lui-même ma valise, la chargea sur ses épaules, et me conduisit à une chambre, pendant qu'un de ses valets menait ma mule à l'écurie.[28]

Cet hôte, le plus grand babillard[29] des Asturies, et aussi prompt à conter sans nécessité ses propres affaires que curieux de savoir celles d'autrui, m'apprit qu'il se nommait André Corcuelo; qu'il avait servi longtemps dans les armées du roi en qualité de sergent, et que, depuis quinze mois, il avait quitté le service pour épouser une fille de Castropol qui, bien que tant soit peu basanée,[30] ne laissait pas de faire valoir le bouchon.[31] Il me dit encore une infinité d'autres choses, que je me serais fort bien passé d'entendre. Après cette confidence, se croyant en droit de tout exiger de moi, il me demanda d'où je venais, où j'allais, et qui j'étais. A quoi il me fallut répondre article par article, parce qu'il accompagnait d'une profonde révérence chaque question qu'il me faisait, en me priant d'un air si respectueux d'excuser sa curiosité, que je ne pouvais me défendre de la satisfaire. Cela m'engagea dans un long entretien avec lui, et me donna lieu de parler du dessein et des raisons que j'avais de me défaire de ma mule, pour prendre la voie du muletier: ce qu'il approuva fort, non succinctement, car il me représenta là-dessus tous les accidents fâcheux qui pouvaient m'arriver sur la route. Il me rapporta même plusieurs histoires sinistres de voyageurs. Je croyais qu'il ne finirait point. Il finit pourtant, en disant que, si je voulais vendre ma mule, il connaissait un honnête maquignon[32] qui l'achèterait. Je lui témoignai qu'il me ferait plaisir de l'envoyer chercher. Il y alla sur-le-champ lui-même avec empressement.

Il revint bientôt accompagné de son homme, qu'il me présenta, et dont il loua fort la probité. Nous entrâmes tous trois dans la cour, où l'on amena ma mule. On la fit passer et repasser devant le maquignon, qui se mit à l'examiner depuis les pieds jusqu'à la tête. Il ne manqua pas d'en dire beaucoup de mal. J'avoue qu'on n'en pouvait dire beaucoup de bien; mais, quand ç'aurait été la mule du

26. *me couchait en joue:* was aiming at me.
27. *muletier:* muleteer (who conveyed passengers).
28. *écurie:* stable.
29. *babillard:* idle talker, windbag.
30. *tant soit peu basanée:* a little dark-skinned.
31. *faire valoir le bouchon:* attract customers.
32. *maquignon:* horse dealer.

pape, il y aurait trouvé à redire.[33] Il assurait donc qu'elle avait tous les défauts du monde; et, pour mieux me le persuader, il en attestait[34] l'hôte, qui sans doute avait ses raisons pour en convenir. « Hé bien! me dit froidement le maquignon, combien prétendez-vous vendre ce vilain animal-là? » Après l'éloge qu'il en avait fait, et l'attestation du seigneur Corcuelo, que je croyais homme sincère et bon connaisseur, j'aurais donné ma mule pour rien: c'est pourquoi je dis au marchand que je m'en rapportais à sa bonne foi; qu'il n'avait qu'à priser[35] la bête en conscience, et que je m'en tiendrais à sa prisée.[36] Alors, faisant l'homme d'honneur, il me répondit qu'en intéressant sa conscience je le prenais par son faible. Ce n'était pas effectivement par son fort; car, au lieu de faire monter l'estimation à dix ou douze pistoles, comme mon oncle, il n'eut pas honte de la fixer à trois ducats, que je reçus avec autant de joie que si j'eusse gagné à ce marché-là.

Après m'être si avantageusement défait de ma mule, l'hôte me mena chez un muletier qui devait partir le lendemain pour Astorga. Ce muletier me dit qu'il partirait avant le jour, et qu'il aurait soin de me venir réveiller. Nous convînmes de prix tant pour le louage d'une mule que pour ma nourriture; et, quand tout fut réglé entre nous, je m'en retournai vers l'hôtellerie avec Corcuelo, qui, chemin faisant, se mit à raconter l'histoire de ce muletier. Il m'apprit tout ce qu'on en disait dans la ville. Enfin, il allait de nouveau m'étourdir de son babil importun, si par bonheur un homme assez bien fait[37] ne fût venu l'interrompre en l'abordant avec beaucoup de civilité. Je les laissai ensemble, et continuai mon chemin, sans soupçonner que j'eusse la moindre part à leur entretien.

Je demandai à souper, dès que je fus dans l'hôtellerie. C'était un jour maigre.[38]

On m'accommoda des œufs. Pendant qu'on me les apprêtait, je liai conversation avec l'hôtesse, que je n'avais point encore vue. Elle me parut assez jolie, et je trouvai ses allures[39] si vives, que j'aurais bien jugé, quand son mari ne me l'aurait pas dit, que ce cabaret devait être fort achalandé.[40] Lorsque l'omelette qu'on me faisait fut en état de m'être servie, je m'assis tout seul à une table. Je n'avais pas encore mangé le premier morceau, que l'hôte entra, suivi de l'homme qui l'avait arrêté dans la rue. Ce cavalier portait une longue rapière, et pouvait bien avoir trente ans. Il s'approcha de moi d'un air empressé. « Seigneur écolier, me dit-il, je viens d'apprendre que vous êtes le seigneur Gil Blas de Santillane, l'ornement d'Oviedo et le flambeau de la philosophie. Est-il bien possible que vous soyez ce savantissime,[41] ce bel esprit[42] dont la réputation est si grande en ce pays-ci? Vous ne savez pas, continua-t-il en s'adressant à l'hôte et à l'hôtesse, vous ne savez pas ce que vous possédez. Vous avez un trésor dans votre maison. Vous voyez dans ce jeune gentilhomme la huitième merveille du monde. » Puis, se tournant de mon côté, et me jetant les bras au cou: « Excusez mes transports, ajouta-t-il; je ne suis point maître de la joie que votre présence me cause. »

Je ne pus lui répondre sur-le-champ, parce qu'il me tenait si serré que je n'avais pas la respiration libre, et ce ne fut qu'après que j'eus la tête dégagée de l'embrassade, que je lui dis: « Seigneur cavalier, je ne croyais pas mon nom connu à Peñaflor.— Comment connu? reprit-il sur le même ton. Nous tenons registre de tous les grands personnages qui sont à vingt lieues à la ronde. Vous passez ici pour un prodige, et je ne doute pas que l'Espagne ne se trouve un jour aussi vaine de vous avoir produit,

33. *aurait trouvé à redire:* would have found objections to make.
34. *attestait:* kept calling to witness.
35. *priser:* appraise.
36. *je m'en...prisée:* I would be satisfied with his valuation.
37. *bien fait:* good-looking.
38. *jour maigre:* fast day.
39. *allures:* manners.
40. *achalandé:* patronized.
41. *savantissime:* most learned.
42. *bel esprit:* wit.

que la Grèce d'avoir vu naître ses sages. »
Ces paroles furent suivies d'une nouvelle
accolade, qu'il me fallut encore essuyer,[43]
au hasard d'avoir le sort d'Antée.[44] Pour peu
que j'eusse eu[45] d'expérience, je n'aurais
pas été la dupe de ses démonstrations ni
de ses hyperboles;[46] j'aurais bien connu,
à ses flatteries outrées,[47] que c'était un de
ces parasites que l'on trouve dans toutes
les villes, et qui, dès qu'un étranger arrive,
s'introduisent auprès de lui pour remplir
leur ventre à ses dépens; mais ma jeunesse et
ma vanité m'en firent juger tout autrement.
Mon admirateur me parut un fort honnête
homme, et je l'invitai à souper avec moi.
« Ah! très volontiers, s'écria-t-il; je sais
trop bon gré à mon étoile de m'avoir fait
rencontrer l'illustre Gil Blas de Santillane,
pour ne pas jouir de ma bonne fortune le
plus longtemps que je pourrai. Je n'ai pas
grand appétit, poursuivit-il; je vais me
mettre à table pour vous tenir compagnie
seulement, et je mangerai quelques
morceaux par complaisance.[48] »

En parlant ainsi mon panégyriste s'assit
vis-à-vis de moi. On lui apporta un couvert.
Il se jeta d'abord sur l'omelette avec tant
d'avidité, qu'il semblait n'avoir mangé de
trois jours. A l'air complaisant[49] dont il s'y
prenait, je vis bien qu'elle serait bientôt
expédiée. J'en ordonnai une seconde, qui
fut faite si promptement, qu'on nous la
servit comme nous achevions, ou plutôt
comme il achevait de manger la première. Il
y procédait pourtant d'une vitesse toujours
égale, et trouvait moyen, sans perdre un
coup de dent, de me donner louanges sur
louanges: ce qui me rendait fort content
de ma petite personne. Il buvait aussi fort
souvent; tantôt c'était à ma santé, et tantôt à
celle de mon père et de ma mère, dont il ne
pouvait assez vanter le bonheur d'avoir un

fils tel que moi. En même temps, il versait
du vin dans mon verre, et m'excitait à lui
faire raison.[50] Je ne répondis point mal aux
santés qu'il me portait: ce qui, avec ses
flatteries, me mit insensiblement de si belle
humeur que, voyant notre seconde omelette
à moitié mangée, je demandai à l'hôte s'il
n'avait pas de poisson à nous donner. Le
seigneur Corcuelo, qui, selon toutes les
apparences, s'entendait avec le parasite, me
répondit: « J'ai une truite[51] excellente; mais
elle coûtera cher à ceux qui la mangeront:
c'est un morceau trop friand[52] pour vous.—
Qu'appelez-vous trop friand? dit alors mon
flatteur d'un ton de voix élevé; vous n'y
pensez pas, mon ami. Apprenez que vous
n'avez rien de trop bon pour le seigneur Gil
Blas de Santillane, qui mérite d'être traité
comme un prince. »

Je fus bien aise qu'il eût relevé les
dernières paroles de l'hôte, et il ne fit en
cela que me prévenir.[53] Je m'en sentais
offensé, et je dis fièrement à Corcuelo:
« Apportez-nous votre truite, et ne vous
embarrassez pas du reste. » L'hôte, qui ne
demandait pas mieux, se mit à l'apprêter, et
ne tarda guère à nous la servir. A la vue de ce
nouveau plat, je vis briller une grande joie
dans les yeux du parasite, qui fit paraître
une nouvelle complaisance, c'est-à-dire
qu'il donna sur le poisson comme il avait
donné sur les œufs. Il fut pourtant obligé
de se rendre,[54] de peur d'accident, car il en
avait jusqu'à la gorge. Enfin, après avoir
bu et mangé tout son soûl,[55] il voulut finir
la comédie. « Seigneur Gil Blas, me dit-il
en se levant de table, je suis trop content
de la bonne chère que vous m'avez faite,
pour vous quitter sans vous donner un avis
important, dont vous me paraissez avoir
besoin. Soyez désormais en garde contre
les louanges. Défiez-vous des gens que

43. *essuyer:* endure.
44. Antaeus, fabled giant, invincible as long as he touched the ground. Hercules overcame him by lifting him from the ground and strangling him.
45. *Pour peu...eu:* If I had had the least.
46. *hyperboles:* exaggerations.
47. *outrées:* exaggerated.
48. *par complaisance:* out of deference.
49. *complaisant:* deferential. (A recall of *complaisance,* above).
50. *à lui faire raison:* to respond to his toast.
51. *truite:* trout.
52. *friand:* delicate.
53. *prévenir:* forestall.
54. *se rendre:* surrender.
55. *tout son soûl:* his fill.

vous ne connaîtrez point. Vous en pourrez rencontrer d'autres qui voudront, comme moi, se divertir de votre crédulité, et peut-être pousser les choses encore plus loin. N'en soyez point la dupe, et ne vous croyez point sur leur parole la huitième merveille du monde. » En achevant ces mots, il me rit au nez et s'en alla.

Je fus aussi sensible à cette baie[56] que je l'ai été dans la suite aux plus grandes disgrâces[57] qui me sont arrivées. Je ne pouvais me consoler de m'être laissé tromper si grossièrement, ou, pour mieux dire, de sentir mon orgueil humilié. « Hé quoi! dis-je, le traître s'est donc joué de moi? Il n'a tantôt abordé mon hôte que pour lui tirer les vers du nez,[58] ou plutôt ils étaient d'intelligence tous deux. Ah! pauvre Gil Blas, meurs de honte d'avoir donné à ces fripons un juste sujet de te tourner en ridicule. Ils vont composer de tout ceci une belle histoire, qui pourra bien aller jusqu'à Oviedo et qui t'y fera beaucoup d'honneur. Tes parents se repentiront sans doute d'avoir tant harangué un sot. Loin de m'exhorter à ne tromper personne, ils devaient me recommander de ne pas me laisser duper.[59] » Agité de ces pensées mortifiantes, enflammé de dépit, je m'enfermai dans ma chambre et me mis au lit; mais je ne pus dormir, et je n'avais pas encore fermé l'œil, lorsque le muletier me vint avertir qu'il n'attendait plus que moi pour partir. Je me levai aussitôt, et, pendant que je m'habillais, Corcuelo arriva avec un mémoire[60] de la dépense, dans lequel la truite n'était pas oubliée; et non seulement il m'en fallut passer par où il voulut, mais j'eus encore le chagrin, en lui livrant mon argent, de m'apercevoir que le bourreau[61] se ressouvenait de mon aventure. Après

avoir payé un souper dont j'avais fait si désagréablement la digestion, je me rendis chez le muletier avec ma valise, en donnant à tous les diables le parasite, l'hôte et l'hôtellerie.

III. Comment Gil Blas tomba dans Charybde en voulant éviter Scylla[62]

[*The muleteer, in the hope of being left alone with a lady passenger, frightens off the male travelers with a trumped-up story.*]

Pour moi, plus épouvanté peut-être que tous les autres, je gagnai la campagne. Je traversai je ne sais combien de champs et de bruyères,[63] et, sautant tous les fossés[64] que je trouvais sur mon passage, j'arrivai enfin auprès d'une forêt. J'allais m'y jeter et me cacher dans le plus épais hallier,[65] lorsque deux hommes à cheval s'offrirent tout à coup au-devant de mes pas. Ils crièrent: « Qui va là? » et comme ma surprise ne me permit pas de répondre sur-le-champ, ils s'approchèrent de moi; et, me mettant chacun un pistolet sur la gorge, ils me sommèrent de leur apprendre qui j'étais, d'où je venais, ce que je voulais aller faire dans cette forêt, et surtout de ne leur rien déguiser. A cette manière d'interroger, qui me parut bien valoir la question[66] dont le muletier nous avait fait fête,[67] je leur répondis que j'étais un jeune homme d'Oviedo qui allait à Salamanque: je leur contai même l'alarme qu'on venait de nous donner, et j'avouai que la crainte d'être appliqué à la torture m'avait fait prendre la fuite. Ils firent un éclat de rire à ce discours, qui marquait ma simplicité, et l'un des deux me dit: « Rassure-toi, mon ami. Viens avec nous, et ne crains rien. Nous allons te mettre en sûreté. » A ces mots, il me fit

56. *baie:* trick.
57. *disgrâces:* misfortunes.
58. *lui tirer…nez:* draw him out (worm out his secrets).
59. Thus Gil Blas' education proceeds; he loses his illusions about the world.
60. *mémoire:* memorandum (*note gender*).
61. *bourreau:* scoundrel.
62. *Charybde, Scylla:* whirlpool and reef in Straits

of Messina, between Sicily and Italian mainland. "*Entre Charybde et Scylla*" is an expression the equivalent of "Between a rock and a hard place."
63. *bruyères:* heaths.
64. *fossés:* ditches.
65. *hallier:* thicket.
66. *question:* torture.
67. *avait fait fête:* had regaled (threatened)

monter en croupe[68] sur son cheval, et nous nous enfonçâmes dans la forêt.

Je ne savais pas ce que je devais penser de cette rencontre. Je n'en augurais pourtant rien de sinistre. « Si ces gens-ci, disais-je en moi-même, étaient des voleurs, ils m'auraient volé et peut-être assassiné. Il faut que ce soient de bons gentils-hommes de ce pays-ci, qui, me voyant effrayé, ont pitié de moi, et m'emmènent chez eux par charité. » Je ne fus pas longtemps dans l'incertitude. Après quelques détours que nous fîmes dans un grand silence, nous nous trouvâmes au pied d'une colline, où nous descendîmes de cheval. « C'est ici que nous demeurons, » me dit un des cavaliers. J'avais beau regarder de tous côtés, je n'apercevais ni maison, ni cabane, pas la moindre apparence d'habitation. Cependant ces deux hommes levèrent une grande trappe[69] de bois, couverte de broussailles,[70] qui cachait l'entrée d'une longue allée en pente et souterraine, où les chevaux se jetèrent d'eux-mêmes, comme des animaux qui y étaient accoutumés. Les cavaliers m'y firent entrer avec eux; puis, baissant la trappe avec des cordes qui y étaient attachées pour cet effet, voilà le digne neveu de mon oncle Perez pris comme un rat dans une ratière.[71]

IV. DESCRIPTION DU SOUTERRAIN, ET QUELLES CHOSES Y VIT GIL BLAS

Je connus alors avec quelle sorte de gens j'étais, et l'on peut bien juger que cette connaissance m'ôta ma première crainte. Une frayeur plus grande et plus juste vint s'emparer de mes sens. Je crus que j'allais perdre la vie avec mes ducats. Ainsi, me regardant comme une victime qu'on conduit à l'autel, je marchais, déjà plus mort que vif, entre mes deux conducteurs, qui, sentant bien que je tremblais, m'exhortaient inutilement à ne rien craindre. Quand nous

eûmes fait environ deux cents pas, en tournant et en descendant toujours, nous entrâmes dans une écurie qu'éclairaient deux grosses lampes de fer pendues à la voûte.[72] Il y avait une bonne provision de paille et plusieurs tonneaux[73] remplis d'orge.[74] Vingt chevaux y pouvaient être à l'aise; mais il n'y avait alors que les deux qui venaient d'arriver. Un vieux nègre, qui paraissait pourtant encore assez vigoureux, se mit à les attacher au râtelier.[75]

Nous sortîmes de l'écurie, et, à la triste lueur de quelques autres lampes qui semblaient n'éclairer ces lieux que pour en montrer l'horreur, nous parvînmes à une cuisine où une vieille femme faisait rôtir des viandes sur un brasier[76] et préparait le souper. La cuisine était ornée des ustensiles nécessaires, et tout auprès on voyait une office[77] pourvue de toutes sortes de provisions. La cuisinière, il faut que j'en fasse le portrait, était une personne de soixante et quelques années. Elle avait eu dans sa jeunesse les cheveux d'un blond très ardent, car le temps ne les avait pas si bien blanchis, qu'ils n'eussent encore quelques nuances de leur première couleur. Outre un teint olivâtre, elle avait un menton pointu et relevé, avec des lèvres fort enfoncées; un grand nez aquilin lui descendait sur la bouche, et ses yeux paraissaient d'un très beau rouge pourpré.

« Tenez, dame Léonarde, dit un des cavaliers en me présentant à ce bel ange des ténèbres, voici un jeune garçon que nous vous amenons. » Puis il se tourna de mon côté, et remarquant que j'étais pâle et défait:[78] « Mon ami, me dit-il, reviens de ta frayeur. On ne te veut faire aucun mal. Nous avions besoin d'un valet pour soulager notre cuisinière. Nous t'avons rencontré. Cela est heureux pour toi. Tu tiendras ici la place d'un garçon qui s'est laissé mourir depuis quinze jours. C'était

68. *monter en croupe:* ride behind another man.
69. *trappe:* trap door.
70. *broussailles:* brush.
71. *ratière:* rat trap.
72. *voûte:* vault, roof.
73. *tonneaux:* hogsheads.
74. *orge:* barley.
75. *râtelier:* manger, fodder rack.
76. *brasier:* fire of hot coals.
77. *office:* pantry.
78. *défait:* discomposed.

un jeune homme d'une complexion[79] très délicate. Tu me parais plus robuste que lui, tu ne mourras pas sitôt. Véritablement tu ne reverras plus le soleil, mais en récompense tu feras bonne chère et beau feu. Tu passeras tes jours avec Léonarde, qui est une créature fort humaine. Tu auras toutes tes petites commodités. Je veux te faire voir, ajouta-t-il, que tu n'es pas ici avec des gueux.[80] » En même temps, il prit un flambeau et m'ordonna de le suivre.

Il me mena dans une cave, où je vis une infinité de bouteilles et de pots de terre bien bouchés, qui étaient pleins, disait-il, d'un vin excellent. Ensuite il me fit traverser plusieurs chambres. Dans les unes, il y avait des pièces de toile; dans les autres, des étoffes de laine et des étoffes de soie. J'aperçus dans une autre de l'or et de l'argent, sans compter beaucoup de vaisselle à diverses armoiries.[81] Après cela, je le suivis dans un grand salon que trois lustres[82] de cuivre éclairaient, et qui servait de communication à d'autres chambres. Il me fit là de nouvelles questions. Il me demanda comment je me nommais, pourquoi j'étais sorti d'Oviedo; et lorsque j'eus satisfait sa curiosité: « Hé bien! Gil Blas, me dit-il, puisque tu n'as quitté ta patrie que pour chercher quelque bon poste, il faut que tu sois né coiffé,[83] pour être tombé entre nos mains. Je te l'ai déjà dit; tu vivras ici dans l'abondance, et rouleras sur l'or et sur l'argent. D'ailleurs, tu y seras en sûreté. Tel est ce souterrain, que les officiers de la sainte Hermandad[84] viendraient cent fois dans cette forêt sans le découvrir. L'entrée n'en est connue que de moi seul et de mes camarades. Peut-être me demanderas-tu comment nous l'avons pu faire sans que les habitants des environs s'en soient aperçus; mais apprends, mon ami, que ce n'est point notre ouvrage, et

qu'il est fait depuis longtemps. Après que les Maures[85] se furent rendus maîtres de Grenade, de l'Aragon et de presque toute l'Espagne, les chrétiens qui ne voulurent point subir le joug des infidèles prirent la fuite, et vinrent se cacher dans ce pays-ci, dans la Biscaye et dans les Asturies, où le vaillant don Pélage[86] s'était retiré. Fugitifs et dispersés par pelotons,[87] ils vivaient dans les montagnes ou dans les bois. Les uns demeuraient dans les cavernes, et les autres firent plusieurs souterrains, du nombre desquels est celui-ci. Ayant ensuite eu le bonheur de chasser d'Espagne leurs ennemis, ils retournèrent dans les villes. Depuis ce temps-là leurs retraites ont servi d'asile aux gens de notre profession. Il est vrai que la sainte Hermandad en a découvert et détruit quelques-unes, mais il en reste encore; et, grâces au ciel, il y a près de quinze années que j'habite impunément celle-ci. Je m'appelle le capitaine Rolando. Je suis chef de la compagnie, et l'homme que tu as vu avec moi est un de mes cavaliers. »

V—VII. [*During the night Gil Blas attempts to escape, but is captured. He then changes his tactics and ingratiates himself with the brigands and asks to join the band, in the hope of thus gaining his freedom.*]

VIII. GIL BLAS ACCOMPAGNE LES VOLEURS. QUEL EXPLOIT IL FAIT SUR LES GRANDES ROUTES

Ce fut sur la fin d'une nuit de septembre que je sortis du souterrain avec les voleurs. J'étais armé comme eux d'une carabine, de deux pistolets, d'une épée et d'une baïonnette, et je montais un assez bon cheval qu'on avait pris au même gentilhomme dont je portais les habits. Il y avait si longtemps que je vivais dans les

79. *complexion:* constitution.
80. *gueux:* beggars.
81. *vaisselle…armoiries:* silverware bearing various coats-of-arms.
82. *lustres:* chandeliers.
83. *coiffé:* lucky.
84. *sainte Hermandad:* Holy Brotherhood; police

organization controlled by Inquisition, later by the government.
85. *Maures:* Moors.
86. *Pélage:* first king of Asturias, early eighth century.
87. *pelotons:* small groups (platoons).

ténèbres, que le jour naissant ne manqua pas de m'éblouir; mais peu à peu mes yeux s'accoutumèrent à le souffrir.

Nous passâmes auprès de Pontferrada, et nous allâmes nous mettre en embuscade dans un petit bois qui bordait le grand chemin de Léon, dans un endroit d'où, sans être vus, nous pouvions voir tous les passants. Là, nous attendions que la fortune nous offrît quelque bon coup à faire, quand nous aperçûmes un religieux de l'ordre de Saint-Dominique,[88] monté, contre l'ordinaire de ces bons pères, sur une mauvaise mule. « Dieu soit loué! s'écria le capitaine en riant, voici le chef-d'œuvre[89] de Gil Blas. Il faut qu'il aille détrousser[90] ce moine. Voyons comme il s'y prendra. » Tous les voleurs jugèrent qu'effectivement[91] cette commission me convenait, et ils m'exhortèrent à m'en bien acquitter. « Messieurs, leur dis-je, vous serez contents. Je vais mettre ce père nu comme la main et vous amener ici sa mule.—Non, non, dit Rolando, elle n'en vaut pas la peine. Apporte-nous seulement la bourse de Sa Révérence. C'est tout ce que nous exigeons de toi.—Je vais donc, repris-je, sous les yeux de mes maîtres, faire mon coup d'essai. J'espère qu'ils m'honoreront de leurs suffrages.[92] » Là-dessus, je sortis du bois et poussai vers le religieux, en priant le ciel de me pardonner l'action que j'allais faire, car il n'y avait pas assez longtemps que j'étais avec ces brigands pour la faire sans répugnance. J'aurais bien voulu m'échapper dès ce moment-là. Mais la plupart des voleurs étaient encore mieux montés que moi; s'ils m'eussent vu fuir, ils se seraient mis à mes trousses[93] et m'auraient bientôt rattrapé, ou, peut-être, auraient-ils fait sur moi une décharge de leurs carabines dont je me serais fort mal trouvé. Je n'osai

donc hasarder une démarche[94] si délicate. Je joignis le père et lui demandai la bourse, en lui présentant le bout d'un pistolet. Il s'arrêta tout court pour me considérer, et sans paraître effrayé: « Mon enfant, me dit-il, vous êtes bien jeune. Vous faites de bonne heure un vilain métier.—Mon père, lui répondis-je, tout vilain qu'il est, je voudrais l'avoir commencé plus tôt.—Ah! mon fils, répliqua le bon religieux, qui n'avait garde de comprendre le vrai sens de mes paroles,[95] que dites-vous? quel aveuglement! souffrez que je vous représente l'état malheureux…—Oh! mon père, interrompis-je avec précipitation, trêve de morale,[96] s'il vous plaît. Je ne viens pas sur les grands chemins pour entendre des sermons. Il ne s'agit point ici de cela. Il faut que vous me donniez des espèces.[97] Je veux de l'argent.—De l'argent? me dit-il d'un air étonné. Vous jugez bien mal de la charité des Espagnols. si vous croyez que les personnes de mon caractère aient besoin d'argent pour voyager en Espagne. Détrompez-vous. On nous reçoit agréablement partout. On nous loge. On nous nourrit, et l'on ne nous demande pour cela que des prières. Enfin, nous ne portons point d'argent sur la route: Nous nous abandonnons à la Providence.—Hé! non, non, lui repartis-je, vous ne vous y abandonnez pas. Vous avez toujours de bonnes pistoles pour être plus sûrs de la Providence. Mais, mon père, ajoutai-je, finissons. Mes camarades, qui sont dans ce bois, s'impatientent. Jetez tout à l'heure[98] votre bourse à terre, ou bien je vous tue. »

A ces mots, que je prononçai d'un air menaçant, le religieux sembla craindre pour sa vie. « Attendez, me dit-il, je vais donc vous satisfaire, puisqu'il le faut absolument. Je vois bien qu'avec vous autres les figures de rhétorique sont inutiles. » En disant

88.　*de Saint-Dominique:* Dominican.
89.　*chef d'œuvre:* masterwork (test of apprentice's skill before he becomes master workman).
90.　*détrousser:* rob.
91.　*effectivement:* in fact.
92.　*suffrages:* favorable vote. (The comparison with an apprentice taking his final examinations is carried on).
93.　*à mes trousses:* at my heels (*lit.,* breeches).

94.　*démarche:* procedure.
95.　*le vrai...paroles: i. e.,* if he had sooner begun to join in the brigands' robberies, the sooner would he have escaped.
96.　*trêve de morale:* no preaching (*lit.,* a truce to moralizing).
97.　*espèces:* cash.
98.　*tout à l'heure:* immediately.

cela, il tira de dessous sa robe une grosse bourse de peau de chamois, qu'il laissa tomber à terre. Alors je lui dis qu'il pouvait continuer son chemin: ce qu'il ne me donna pas la peine de répéter. Il pressa les flancs de sa mule, qui, démentant[99] l'opinion que j'avais d'elle, car je ne la croyais pas meilleure que celle de mon oncle, prit tout à coup un assez bon train.[100] Tandis qu'il s'éloignait, je mis pied à terre. Je ramassai la bourse, qui me parut pesante. Je remontai sur ma bête et regagnai promptement le bois, où les voleurs, qui avaient toujours eu les yeux sur moi, m'attendaient avec impatience pour me féliciter, comme si la victoire que je venais de remporter m'eût coûté beaucoup. A peine me donnèrent-ils le temps de descendre de cheval, tant ils s'empressaient de m'embrasser. « Courage, Gil Blas! me dit Rolando, tu viens de faire des merveilles. J'ai eu les yeux attachés sur toi pendant ton expédition. J'ai observé ta contenance. Je te prédis que tu deviendras un excellent voleur de grand chemin, ou je ne m'y connais pas. » Le lieutenant et les autres applaudirent à la prédiction, et m'assurèrent que je ne pouvais manquer de l'accomplir quelque jour. Je les remerciai de la haute idée qu'ils avaient de moi, et leur promis de faire tous mes efforts pour la soutenir.

Après qu'ils m'eurent d'autant plus loué que je méritais moins de l'être, il leur prit envie d'examiner le butin dont je revenais chargé. « Voyons, dirent-ils, voyons ce qu'il y a dans la bourse du religieux.—Elle doit être bien garnie,[101] continua l'un d'eux, car ces bons pères ne voyagent pas en pèlerins.[102] » Le capitaine délia la bourse, l'ouvrit, et en tira deux ou trois poignées de petites médailles de cuivre, entremêlées d'*Agnus Dei*[103] avec quelques scapulaires.[104] A la vue d'un larcin

si nouveau, tous les voleurs éclatèrent en ris[105] immodérés. « Vive Dieu! s'écria le lieutenant, nous avons bien de l'obligation à Gil Blas. Il vient, pour son coup d'essai, de faire un vol fort salutaire à la compagnie. »

Cette plaisanterie en attira d'autres. Ces scélérats, et particulièrement celui qui avait apostasié,[106] commencèrent à s'égayer sur la matière. Il leur échappa mille traits qu'il ne m'est pas permis de rapporter, et qui marquaient bien le dérèglement de leurs mœurs. Moi seul, je ne riais pas. Il est vrai que les railleurs m'en ôtaient l'envie en se réjouissant ainsi à mes dépens. Chacun me lança son trait, et le capitaine me dit: « Ma foi, Gil Blas, je te conseille, en ami, de ne te plus jouer aux moines. Ce sont des gens trop fins et trop rusés pour toi. »

IX. DE L'ÉVÉNEMENT SÉRIEUX QUI SUIVIT CETTE AVENTURE

Nous demeurâmes dans le bois la plus grande partie de la journée, sans apercevoir aucun voyageur qui pût payer pour le religieux. Enfin nous en sortîmes pour retourner au souterrain, bornant nos exploits à ce risible événement, qui faisait encore le sujet de notre entretien, lorsque nous découvrîmes de loin un carrosse à quatre mules. Il venait à nous au grand trot, et il était accompagné de trois hommes à cheval qui me parurent bien armés et bien disposés à nous recevoir, si nous étions assez hardis pour les insulter.[107] Rolando fit faire halte à la troupe pour tenir conseil là-dessus, et le résultat fut qu'on attaquerait. Aussitôt, il nous rangea de la manière qu'il voulut, et nous marchâmes en bataille au-devant du carrosse. Malgré les applaudissements que j'avais reçus dans le bois, je me sentis saisi d'un grand tremblement, et bien-tôt il sortit de tout mon corps une sueur froide qui ne me présageait rien de bon. Pour

99. *démentant:* belying.
100. *bon train:* speed.
101. *garnie:* filled.
102. *pèlerins:* pilgrims (who commonly lived on alms).
103. *Agnus Dei:* wax medals bearing emblem of

Lamb of God.
104. *scapulaires:* scapularies, amulets.
105. *ris:* laughter.
106. *apostasié:* apostatized, forsaken the faith. (One of the brigands had been a monk).
107. *insulter:* (here) attack.

surcroît de bonheur,[108] j'étais au front de la bataille, entre le capitaine et le lieutenant, qui m'avaient placé là pour m'accoutumer au feu tout d'un coup. Rolando, remarquant jusqu'à quel point la nature pâtissait[109] chez moi, me regarda de travers et me dit d'un air brusque: « Écoute, Gil Blas, songe à faire ton devoir. Je t'avertis que, si tu recules, je te casserai la tête d'un coup de pistolet. » J'étais trop persuadé qu'il le ferait comme il le disait, pour négliger l'avertissement. C'est pourquoi je ne pensai plus qu'à recommander mon âme à Dieu, puisque je n'avais pas moins à craindre d'un côté que de l'autre.

Pendant ce temps-là, le carrosse et les cavaliers s'approchaient. Ils connurent quelle sorte de gens nous étions, et, devinant notre dessein à notre contenance, ils s'arrêtèrent à la portée[110] d'une escopette. Ils avaient aussi bien que nous des carabines et des pistolets. Tandis qu'ils se pré-paraient à nous faire face, il sortit du carrosse un homme bien fait et richement vêtu. Il monta sur un cheval de main,[111] dont un des cavaliers tenait la bride, et il se mit à la tête des autres. Il n'avait pour armes que son épée et deux pistolets. Encore qu'ils ne fussent que quatre contre neuf, car le cocher demeura sur son siège, ils s'avancèrent vers nous avec une audace qui redoubla mon effroi. Je ne laissai pas pourtant, bien que tremblant de tous mes membres, de me tenir prêt à tirer mon coup; mais, pour dire les choses comme elles sont, je fermai les yeux et tournai la tête en déchargeant ma carabine, et, de la manière que je tirai, je ne dois point avoir ce coup-là sur la conscience.

Je ne ferai point un détail de l'action. Quoique présent, je ne voyais rien, et ma peur, en me troublant l'imagination, me cachait l'horreur du spectacle même qui m'effrayait. Tout ce que je sais, c'est qu'après un grand bruit de mousquetades, j'entendis mes compagnons crier à pleine tête:[112] *Victoire! victoire!* A cette acclamation la terreur qui s'était emparée de mes sens se dissipa, et j'aperçus sur le champ de bataille les quatre cavaliers étendus sans vie. De notre côté, nous n'eûmes qu'un homme de tué. Ce fut l'apostat, qui n'eut en cette occasion que ce qu'il méritait pour son apostasie et pour ses mauvaises plaisanteries sur les scapulaires. Un de nos cavaliers reçut une balle à la rotule[113] du genou droit. Le lieutenant fut aussi blessé, mais fort légèrement, le coup n'ayant fait qu'effleurer la peau.

Le seigneur Rolando courut d'abord à la portière du carrosse. Il y avait dedans une dame de vingt-quatre à vingt-cinq ans, qui lui parut très belle, malgré le triste état où il la voyait. Elle s'était évanouie pendant le combat, et son évanouissement durait encore. Tandis qu'il s'occupait à la considérer, nous songeâmes nous autres au butin. Nous commençâmes par nous assurer des chevaux des cavaliers tués, car ces animaux, épouvantés du bruit des coups, s'étaient un peu écartés, après avoir perdu leurs guides.[114] Pour les mules, elles n'avaient pas branlé,[115] quoique, durant l'action, le cocher eût quitté son siège pour se sauver. Nous mîmes pied à terre pour les dételer,[116] et nous les chargeâmes de plusieurs malles que nous trouvâmes attachées devant et derrière le carrosse. Cela fait, on prit par ordre du capitaine la dame qui n'avait point encore rappelé ses esprits,[117] et on la mit à cheval entre les mains d'un voleur des plus robustes et des mieux montés; puis, laissant sur le grand chemin le carrosse et les morts dépouillés, nous emmenâmes avec nous la dame, les mules et les chevaux.

108. *Pour surcroît de bonheur:* To crown my good luck.
109. *pâtissait:* was betraying itself.
110. *portée:* range.
111. *cheval de main:* led horse.
112. *à pleine tête:* at the top of their lungs.
113. *rotule:* kneecap.
114. *guides:* reins.
115. *branlé:* budged.
116. *dételer:* unhitch.
117. *rappelé ses esprits:* regained her senses.

X. De quelle manière en usèrent les voleurs avec la dame. Du grand dessein que forma Gil Blas, et quel en fut l'événement[118]

Il y avait déjà plus d'une heure qu'il était nuit quand nous arrivâmes au souterrain. Nous menâmes d'abord les bêtes à l'écurie, où nous fûmes obligés nous-mêmes de les attacher au râtelier et d'en avoir soin, parce que le vieux nègre était au lit depuis trois jours. Outre que la goutte l'avait pris violemment, un rhumatisme le tenait entrepris[119] de tous ses membres. Il ne lui restait rien de libre que la langue, qu'il employait à témoigner son impatience par d'horribles blasphèmes. Nous laissâmes ce misérable jurer et blasphémer, et nous allâmes à la cuisine, où nous donnâmes toute notre attention à la dame, qui paraissait environnée des ombres de la mort.[120] Nous n'épargnâmes rien pour la tirer de son évanouissement et nous eûmes le bonheur d'en venir à bout. Mais, quand elle eut repris l'usage de ses sens et qu'elle se vit entre les bras de plusieurs hommes qui lui étaient in-connus, elle sentit son malheur. Elle en frémit. Tout ce que la douleur et le désespoir ensemble peuvent avoir de plus affreux parut peint dans ses yeux, qu'elle leva au ciel, comme pour se plaindre à lui des indignités dont elle était menacée. Puis, cédant tout à coup à ces images épouvantables, elle retombe en défaillance, sa paupière[121] se referme, et les voleurs s'imaginent que la mort va leur enlever leur proie. Alors le capitaine, jugeant plus à propos de l'abandonner à elle-même que de la tourmenter par de nouveaux secours, la fit porter sur le lit de Léonarde, où on la laissa toute seule, au hasard de ce qu'il en pouvait arriver.

[*The brigands decide to take their booty to a nearby city and sell it. Gil Blas plans to save the lady and himself.*]

Je songeai que le vieux nègre ne pouvait se remuer, et que depuis son indisposition la cuisinière avait la clef de la grille. Cette pensée m'échauffa l'imagination et me fit concevoir un projet que je digérai[122] bien; puis j'en commençai sur-le-champ l'exécution de la manière suivante.

Je feignis d'avoir la colique.[123] Je poussai d'abord des plaintes et des gémissements.[124] Ensuite, élevant la voix, je jetai de grands cris. Les voleurs se réveillent et sont bientôt auprès de moi. Ils me demandent ce qui m'oblige à crier ainsi. Je répondis que j'avais une colique horrible, et, pour mieux le leur persuader, je me mis à grincer les dents, à faire des grimaces et des contorsions effroyables et à m'agiter d'une étrange façon. Après cela, je devins tout à coup tranquille, comme si mes douleurs m'eussent donné quelque relâche. Un instant après, je me remis à faire des bonds sur mon grabat[125] et à me tordre les bras. En un mot, je jouai si bien mon rôle, que les voleurs, tout fins qu'ils étaient, s'y laissèrent tromper et crurent qu'en effet je sentais des tranchées[126] violentes. Mais, en faisant si bien mon personnage, je fus tourmenté d'une étrange façon; car dès que mes charitables confrères s'imaginèrent que je souffrais, les voilà tous qui s'empressent à me soulager. L'un m'apporte une bouteille d'eau-de-vie et m'en fait avaler la moitié; l'autre me donne malgré moi un lavement d'huile d'amandes douces; un autre va chauffer une serviette et vient me l'appliquer toute brûlante sur le ventre. J'avais beau crier miséricorde; ils imputaient mes cris à ma colique et continuaient à me faire souffrir des maux véritables, en voulant m'en ôter un que je n'avais point. Enfin, ne pouvant plus y résister, je fus obligé de leur dire que je ne sentais plus de tranchées et que je les conjurais de me donner quartier.[127] Ils cessèrent de me fatiguer de leurs remèdes, et

118. *événement:* outcome.
119. *entrepris:* crippled, helpless.
120. *environnée...mort: i. e.,* unconscious.
121. *paupière:* eyelid.
122. *digérai:* digested, meditated.
123. *colique:* stomach ache.
124. *gémissements:* groans.
125. *grabat:* pallet.
126. *tranchées:* griping pains.
127. *donner quartier:* spare.

je me gardai bien de me plaindre davantage, de peur d'éprouver encore leurs secours.

Cette scène dura près de trois heures. Après quoi les voleurs, jugeant que le jour ne devait pas être fort éloigné, se préparèrent à partir pour Mansilla. Je fis alors un nouveau lazzi.[128] Je voulus[129] me lever, pour leur faire croire que j'avais grande envie de les accompagner. Mais ils m'en empêchèrent. « Non, non, Gil Blas, me dit le seigneur Rolando, demeure ici, mon fils. Ta colique pourrait te reprendre. Tu viendras une autre fois avec nous. Pour aujourd'hui, tu n'es pas en état de nous suivre. Repose-toi toute la journée. Tu as besoin de repos. » Je ne crus pas devoir insister fort sur cela, de crainte que l'on ne se rendît à mes instances. Je parus seulement très mortifié de ne pouvoir être de la partie: ce que je fis d'un air si naturel, qu'ils sortirent tous du souterrain sans avoir le moindre soupçon de mon projet. Après leur départ, que j'avais tâché de hâter par mes vœux, je m'adressai ce discours: « Oh çà! Gil Blas, c'est à présent qu'il faut avoir de la résolution. Arme-toi de courage pour achever ce que tu as si heureusement commencé. La chose me paraît aisée. Domingo n'est point en état de s'opposer à ton entreprise, et Léonarde ne peut t'empêcher de l'exécuter. Saisis cette occasion de t'échapper. Tu n'en trouveras jamais peut-être une plus favorable. » Ces réflexions me remplirent de confiance. Je me levai. Je pris mon épée et mes pistolets, et j'allai d'abord à la cuisine; mais avant que d'y entrer, comme j'entendis parler Léonarde, je m'arrêtai pour l'écouter. Elle parlait à la dame inconnue, qui avait repris ses esprits et qui, considérant toute son infortune, pleurait alors et se désespérait. « Pleurez, ma fille, lui disait la vieille, fondez en larmes. N'épargnez point les soupirs, cela vous soulagera. Votre saisissement[130] était dangereux; mais il n'y a plus rien à craindre, puisque vous versez des pleurs. Votre douleur s'apaisera peu à peu, et vous vous accoutumerez à vivre ici avec nos messieurs, qui sont d'honnêtes gens. Vous serez mieux traitée qu'une princesse. Ils auront pour vous mille complaisances et vous témoigneront tous les jours de l'affection. Il y a bien des femmes qui voudraient être à votre place. »

Je ne donnai pas le temps à Léonarde d'en dire davantage. J'entrai, et, lui mettant un pistolet sur la gorge, je la pressai d'un air menaçant de me remettre la clef de la grille. Elle fut troublée de mon action, et, quoique très avancée dans sa carrière, elle se sentit encore assez attachée à la vie pour n'oser me refuser ce que je lui demandais. Lorsque j'eus la clef entre les mains, j'adressai la parole à la dame affligée. « Madame, lui dis-je, le ciel vous a envoyé un libérateur. Levez-vous pour me suivre. Je vais vous mener où il vous plaira que je vous conduise. » La dame ne fut pas sourde à ma voix, et mes paroles firent tant d'impression sur son esprit, que, rappelant tout ce qui lui restait de force, elle se leva et vint se jeter à mes pieds, en me conjurant de conserver son honneur. Je la relevai, et l'assurai qu'elle pouvait compter sur moi. Ensuite je pris des cordes que j'aperçus dans la cuisine, et, à l'aide de la dame, je liai Léonarde aux pieds d'une grosse table, en lui protestant que je la tuerais, si elle poussait le moindre cri. La bonne Léonarde, persuadée que je n'y manquerais pas, si elle osait me contredire, prit le parti de me laisser faire tout ce que je voulus. J'allumai de la bougie et j'allai avec l'inconnue à la chambre où étaient les espèces d'or et d'argent. Je mis dans mes poches autant de pistoles et de doubles pistoles qu'il y en put tenir; et, pour obliger la dame à s'en charger aussi, je lui représentai qu'elle ne faisait que reprendre son bien: ce qu'elle fit sans scrupules. Quand nous en eûmes une bonne provision, nous marchâmes vers l'écurie, où j'entrai seul avec mes pistolets en état.[131] Je comptais bien que le vieux nègre, malgré sa goutte et son rhumatisme, ne me laisserait pas tranquillement seller

128. *lazzi:* bit of stage business.
129. *voulus:* tried.
130. *saisissement:* fainting fit.
131. *en état:* ready for action.

et brider mon cheval, et j'étais dans la résolution de le guérir radicalement de tous ses maux, s'il s'avisait de vouloir faire le méchant; mais, par bonheur, il était alors si accablé des douleurs qu'il avait souffertes et de celles qu'il souffrait encore, que je tirai mon cheval de l'écurie, sans même qu'il parût s'en apercevoir. La dame m'attendait à la porte. Nous enfilâmes[132] promptement l'allée par où l'on sortait du souterrain. Nous arrivons à la grille, nous l'ouvrons, et nous parvenons enfin à la trappe. Nous eûmes beaucoup de peine à la lever, ou plutôt, pour en venir à bout, nous eûmes besoin de la force nouvelle que nous prêta l'envie de nous sauver.

Le jour commençait à paraître, lorsque nous nous vîmes hors de cet abîme. Nous songeâmes aussitôt à nous en éloigner. Je me jetai en selle: la dame monta derrière moi, et, suivant au galop le premier sentier qui se présenta, nous sortîmes bientôt de la forêt. Nous entrâmes dans une plaine coupée de plusieurs routes. Nous en prîmes une au hasard. Je mourais de peur qu'elle ne nous conduisît à Mansilla, et que nous ne rencontrassions Rolando et ses camarades: ce qui pouvait fort bien

nous arriver. Heureusement ma crainte fut vaine. Nous arrivâmes à la ville d'Astorga sur les deux heures après midi. J'aperçus des gens qui nous regardaient avec une extrême attention, comme si c'eût été pour eux un spectacle nouveau de voir une femme à cheval derrière un homme. Nous descendîmes à la première hôtellerie, où j'ordonnai d'abord qu'on mît à la broche[133] une perdrix[134] et un lapereau.[135] Pendant qu'on exécutait mon ordre et qu'on nous préparait à dîner, je conduisis la dame à une chambre, où nous commençâmes à nous entretenir: ce que nous n'avions pu faire en chemin, parce que nous étions venus trop vite. Elle me témoigna combien elle était sensible au service que je venais de lui rendre, et me dit qu'après une action si généreuse elle ne pouvait se persuader que je fusse un compagnon des brigands à qui je l'avais arrachée. Je lui contai mon histoire, pour la confirmer dans la bonne opinion qu'elle avait conçue de moi. Par là je l'engageai à me donner sa confiance et à m'apprendre ses malheurs, qu'elle me raconta comme je vais le dire dans le chapitre suivant.[136]

⚜ ⚜ ⚜

3. Pierre de Marivaux

[1688- 1763]

The Public's Choice

Aside from perhaps Voltaire, whose plays are seldom performed any more, the dominant French author of plays in the eighteenth century would have to be Marivaux, whose works are still very much alive and well. Considered by many in his day to be a writer of delicately sentimental fluff, Marivaux appears in retrospect a sort of pre-revolutionary, comedically launching a call for class warfare.

132. *enfilâmes:* threaded, took our way along.
133. *broche:* spit.
134. *perdrix:* partridge.

135. *lapereau:* young rabbit.
136. Thus at the chapter's end the author engages the reader to continue.

A Theater of Charm

Like so many of our authors, Pierre Carlet de Chamblain de Marivaux came of the class of magistrates and civil servants, and started out studying law while longing to be a playwright. He inherited a sufficient fortune to permit him a literary career. But the loss of his fortune in the great crash of 1720 ("the Mississippi Bubble") forced him to turn his elegant avocation into a grimly earnest trade. He edited little magazines and wrote novels and plays. He was an estimable man, respected and popular in the literary salons. In 1742 he was selected over Voltaire for admission into the Académie française. His later years were dismal. His adored wife died, his only daughter entered a convent, his popularity with the public waned.

Time has, however, recompensed him. Among his novels, *La Vie de Marianne* and *Le Paysan parvenu* remain classics of social satire. His famous plays, including *Le Jeu de l'amour et du hasard*, *Les Fausses Confidences*, and *La Double Inconstance,* have been constantly in the repertoire of the Comédie-Française, the French national theater that grew out of Molière's troop. And, in our time, a number of his less-known plays have been successfully staged. There is something in his work that appeals to the modern sensibility.

That something is, perhaps, *charm*. The world of Marivaux is nostalgically delightful. He shows us a society of well-bred gentlemen and ladies, with their gentlemanly and ladylike servants, all talking amusingly and wisely of love. Material concerns hardly exist for them, nor do such ugly realities as hunger, hatred, disease, death. Love is all. The love which Marivaux depicts is pure and honorable; it is something which exists in our hearts without our knowledge; we must discover it, or another must reveal it to us. Most of Marivaux's comedy consists in the gradual revelation of love to the lovers themselves. It is all very sweet and quaint, like the ornate rococo art of the eighteenth century. Charming, in short. "Racine by moonlight," Lytton Strachey called Marivaux. But although many of Marivaux's characters consider love a game, there is a psychological seriousness lurking just below the surface. Beneath the mask of self-control and *coquetterie*, there is an undercurrent of uncertainty, a feeling that we may have unwittingly become the thing we have been pretending to be.

Marivaudage

His manner and style have supplied the language with a word: *marivaudage*. The dictionary calls it "langage affecté, depourvu de naturel, comme l'est parfois celui de Marivaux. Afféterie en général." But this definition recalls only the more bizarre quality of Marivaux. A critic says more fairly: "Le marivaudage n'est donc point, comme on l'a cru, le dictionnaire de la fade galanterie, c'est le formulaire des scrupules du coeur. C'est la recherche romanesque des solutions raisonnables, et l'art d'éviter adroitement les engagements téméraires. C'est le bréviaire de tous les artifices par où les gens qui ont beaucoup d'esprit peuvent aboutir à la simplicité."[1] More simply put, Marivaux's dialogue exhibits a great refinement of language that his characters use to hide their true feelings, if indeed they still have any.

The best of his plays, *Le Jeu de l'amour et du hasard* (1730), is unfortunately too long for reproduction here. In its place, *l'Île des esclaves* (1725) does not disappoint. It is a curious yet trenchant playlet which may be called a *comédie sociale*. The theme is the reversal of roles of masters and servants, the revelation of the resentments of those who have long borne mistreatment in silence. But the theme, which could easily be developed

1. Gaston Deschamps: *Marivaux*. Paris, Hachette, 1897, p. 188.

as bitter satire or as a drama of revolt, turns in Marivaux's hands to clever comedy, to *marivaudage*. The play shows, nonetheless, the spirit of the eighteenth century by calling into question social usages which up to the time had seemed natural, fundamental, God-given. The reader will be tempted to see in the situation and characters an echo of Shakespeare's *Tempest*. But it is highly improbable that Marivaux had read Shakespeare. It is very plausible, though, that *l'Ile des esclaves* influenced the writing of the hugely popular early twentieth-century play *The Admirable Crichton*, by J. M. Barrie (author of *Peter Pan*), which has an almost identical plot but a somewhat more cynical perspective.

❖ ❖ ❖

Pierre de Marivaux. Courtesy of Bibliothèque nationale de France

L'ILE DES ESCLAVES

PERSONNAGES[2]

> IPHICRATE, général athénien
> ARLEQUIN, son esclave
> EUPHROSINE, dame athénienne
> CLÉANTHIS, son esclave
> TRIVELIN, magistrat de l'île
> HABITANTS DE L'ILE

La scène est dans l'île des esclaves.

SCÈNE PREMIÈRE: IPHICRATE *S'AVANCE TRISTEMENT SUR LE THÉÂTRE*[3] *AVEC* ARLEQUIN

IPHICRATE (*après avoir soupiré*). Arlequin!

ARLEQUIN (*avec une bouteille de vin à sa ceinture*). Mon patron!

IPHICRATE. Que deviendrons-nous dans cette île?

ARLEQUIN. Nous deviendrons maigres, étiques,[4] et puis morts de faim; voilà mon sentiment et notre histoire.

IPHICRATE. Nous sommes seuls échappés du naufrage; tous nos camarades ont péri, et j'envie maintenant leur sort.

ARLEQUIN. Hélas! ils sont noyés dans la mer, et nous avons la même commodité.[5]

IPHICRATE. Dis-moi; quand notre vaisseau s'est brisé contre le rocher, quelques-uns des nôtres ont eu le temps de se jeter dans la chaloupe;[6] il est vrai que les vagues l'ont enveloppée; je ne sais ce qu'elle est devenue; mais peut-être auront-ils eu le bonheur d'aborder en quelque endroit de l'île, et je suis d'avis que nous les cherchions.

ARLEQUIN. Cherchons, il n'y a point de mal à cela; mais reposons-nous auparavant pour boire un petit coup d'eau-de-vie.[7] J'ai sauvé ma pauvre bouteille, la voilà; j'en boirai les deux tiers, comme de raison, et puis je vous donnerai le reste.

IPHICRATE. Eh! ne perdons point de temps; suis-moi, ne négligeons rien pour nous

2. The names of the characters are Greek, except Arlequin and Trivelin, traditional types of sly, impudent, but goodhearted underlings or valets, taken from Italian comedy.
3. *théâtre*: stage.
4. *étiques*: wasted.
5. *commodité*: opportunity.
6. *chaloupe*: skiff.
7. *eau-de-vie*: brandy.

tirer d'ici. Si je ne me sauve, je suis perdu; je ne reverrai jamais Athènes, car nous sommes dans l'Ile des esclaves.

ARLEQUIN. Oh! oh! qu'est-ce que c'est que cette race-là?

IPHICRATE. Ce sont des esclaves de la Grèce révoltés contre leurs maîtres, et qui depuis cent ans sont venus s'établir dans une île, et je crois que c'est ici. Tiens, voici sans doute quelques-unes de leurs cases;[8] et leur coutume, mon cher Arlequin, est de tuer tous les maîtres qu'ils rencontrent, ou de les jeter dans l'esclavage.

ARLEQUIN. Eh! chaque pays a sa coutume; ils tuent les maîtres, à la bonne heure: je l'ai entendu dire aussi; mais on dit qu'ils ne font rien aux esclaves comme moi.

IPHICRATE. Cela est vrai.

ARLEQUIN. Eh! encore vit-on.

IPHICRATE. Mais je suis en danger de perdre la liberté et peut-être la vie. Arlequin, cela ne te suffit-il pas pour me plaindre?

ARLEQUIN (prenant sa bouteille pour boire). Ah! je vous plains de tout mon cœur, cela est juste.

IPHICRATE. Suis-moi donc.

ARLEQUIN. Hu! hu! hu!

IPHICRATE. Comment donc! que veux-tu dire?

ARLEQUIN (distrait, chante). Tala ta lara.

IPHICRATE. Parle donc; as-tu perdu l'esprit? à quoi penses-tu?

ARLEQUIN (riant). Ah! ah! ah! monsieur Iphicrate, la drôle d'aventure! je vous plains, par ma foi; mais je ne saurais m'empêcher d'en rire.

IPHICRATE (à part). Le coquin abuse de ma situation; j'ai mal fait de lui dire où nous sommes. (haut) Arlequin, ta gaîté ne vient pas à propos; marchons de ce côté.

ARLEQUIN. J'ai les jambes si engourdies![9]

IPHICRATE. Avançons, je t'en prie.

ARLEQUIN. Je t'en prie, je t'en prie; comme vous êtes civil et poli! c'est l'air du pays qui fait cela.

IPHICRATE. Allons, hâtons-nous; faisons seulement une demi-lieue sur la côte pour chercher notre chaloupe, que nous trouverons peut-être avec une partie de nos gens; et, en ce cas, nous nous rembarquerons avec eux.

ARLEQUIN (en badinant). Badin![10] comme vous tournez cela! (Il chante.)
L'embarquement est divin,
Quand on vogue,[11] *vogue, vogue,*
L'embarquement est divin,
Quand on vogue avec Catin.

IPHICRATE (retenant sa colère). Mais je ne te comprends point, mon cher Arlequin.

ARLEQUIN. Mon cher patron, vos compliments me charment; vous avez coutume de m'en faire à coups de gourdin[12] qui ne valent pas ceux-là; et le gourdin est dans la chaloupe.

IPHICRATE. Eh! ne sais-tu pas que je t'aime?

ARLEQUIN. Oui; mais les marques de votre amitié tombent toujours sur mes épaules, et cela est mal placé. Ainsi, tenez, pour ce qui est de nos gens, que le ciel les bénisse! s'ils sont morts, en voilà pour longtemps; s'ils sont en vie, cela se passera, et je m'en goberge.[13]

IPHICRATE. (un peu ému). Mais j'ai besoin d'eux, moi.

ARLEQUIN (indifféremment). Oh! cela se peut bien, chacun a ses affaires; que je ne vous dérange pas!

IPHICRATE. Esclave insolent!

ARLEQUIN (riant). Ah! ah! vous parlez la langue d'Athènes; mauvais jargon que je n'entends plus.

IPHICRATE. Méconnais-tu ton maître, et n'es-tu plus mon esclave?

ARLEQUIN (se reculant d'un air sérieux). Je l'ai été, je le confesse à ta honte; mais va, je te[14] le pardonne; les hommes ne valent rien. Dans le pays d'Athènes j'étais ton esclave; tu me traitais comme un pauvre animal, et tu disais que cela était juste, parce que tu étais le plus fort. Eh bien,

8. *cases*: cabins.
9. *engourdies*: swollen.
10. *Badin!* Joker!
11. *vogue*: sails.
12. *gourdin*: club.
13. *je m'en goberge*: little I care.
14. Arlequin shifts from *vous* to *tu*. Why?

Iphicrate, tu vas trouver ici plus fort que toi; on va te faire esclave à ton tour; on te dira aussi que cela est juste, et nous verrons ce que tu penseras de cette justice-là; tu m'en diras ton sentiment, je t'attends là. Quand tu auras souffert, tu seras plus raisonnable; tu sauras mieux ce qu'il est permis de faire souffrir aux autres. Tout en irait mieux dans le monde, si ceux qui te ressemblent recevaient la même leçon que toi. Adieu, mon ami; je vais trouver mes camarades et tes maîtres. (*Il s'éloigne.*)

IPHICRATE (*au désespoir, courant après lui l'épée à la main*). Juste ciel! peut-on être plus malheureux et plus outragé que je le suis! misérable! tu ne mérites pas de vivre.

ARLEQUIN. Doucement; tes forces sont bien diminuées, car je ne t'obéis plus; prends-y garde.

SCÈNE II: IPHICRATE, ARLEQUIN, TRIVELIN, *AVEC CINQ OU SIX INSULAIRES,*[15] EUPHROSINE, CLÉANTHIS

TRIVELIN (*faisant saisir et désarmer* IPHICRATE *par ses gens*). Arrêtez, que voulez-vous faire?

IPHICRATE. Punir l'insolence de mon esclave.

TRIVELIN. Votre esclave? Vous vous trompez, et l'on vous apprendra à corriger vos termes. (*Il prend l'épée d'*IPHICRATE *et la donne à* ARLEQUIN.) Prenez cette épée, mon camarade; elle est à vous.

ARLEQUIN. Que le ciel vous tienne gaillard,[16] brave camarade que vous êtes!

TRIVELIN. Comment vous appelez-vous?

ARLEQUIN. Est-ce mon nom que vous demandez?

TRIVELIN. Oui vraiment.

ARLEQUIN. Je n'en ai point, mon camarade.

TRIVELIN. Quoi donc, vous n'en avez pas?

ARLEQUIN. Non, mon camarade; je n'ai que des sobriquets[17] qu'il m'a donnés; il m'appelle quelquefois Arlequin, quelquefois Hé.

TRIVELIN. Hé! le terme est sans façon;[18] je reconnais ces messieurs à de pareilles licences. Et lui, comment s'appelle-t-il?

ARLEQUIN. Oh, diantre! il s'appelle par un nom, lui c'est seigneur Iphicrate.

TRIVELIN. Eh bien! changez de nom à présent; soyez le seigneur Iphicrate à votre tour; et vous, Iphicrate, appelez-vous Arlequin, ou bien Hé.

ARLEQUIN (*sautant de joie, à son maître*). Oh! oh! que nous allons rire, seigneur Hé!

TRIVELIN (*à* ARLEQUIN). Souvenez-vous en prenant son nom, mon cher ami, qu'on vous le donne bien moins pour réjouir votre vanité, que pour le corriger de son orgueil.

ARLEQUIN. Oui, oui, corrigeons, corrigeons.

IPHICRATE (*regardant* ARLEQUIN). Maraud![19]

ARLEQUIN. Parlez donc, mon bon ami; voilà encore une licence qui lui prend; cela est-il du jeu?

TRIVELIN (*à* ARLEQUIN). Dans ce moment-ci, il peut vous dire tout ce qu'il voudra. (*à* IPHICRATE) Arlequin, votre aventure vous afflige, et vous êtes outré contre Iphicrate et contre nous. Ne vous gênez point, soulagez-vous par l'emportement le plus vif; traitez-le de misérable, et nous aussi; tout vous est permis à présent; mais ce moment-ci passé, n'oubliez pas que vous êtes Arlequin, que voici Iphicrate, et que vous êtes auprès de lui ce qu'il était auprès de vous; ce sont là nos lois, et ma charge dans la république est de les faire observer en ce canton-ci.

ARLEQUIN. Ah! la belle charge!

IPHICRATE. Moi, l'esclave de ce misérable!

TRIVELIN. Il a bien été le vôtre.

ARLEQUIN. Hélas! il n'a qu'à être bien obéissant, j'aurai mille bontés pour lui.

IPHICRATE. Vous me donnez la liberté de lui dire ce qu'il me plaira; ce n'est pas assez; qu'on m'accorde encore un bâton.

ARLEQUIN. Camarade, il demande à parler à mon dos, et je le mets sous la protection de la république, au moins.

15. *insulaires:* islanders.
16. *gaillard:* hearty, merry.
17. *sobriquets:* nicknames.

18. *sans façon:* informal, rude.
19. *Maraud!* Scoundrel!

TRIVELIN. Ne craignez rien.[20]

CLÉANTHIS. (*à* TRIVELIN). Monsieur, je suis esclave aussi, moi, et du même vaisseau; ne m'oubliez pas, s'il vous plaît.

TRIVELIN. Non, ma belle enfant; j'ai bien connu votre condition à votre habit; et j'allais vous parler de ce qui vous regarde, quand je l'ai vu l'épée à la main. Laissez-moi achever ce que j'avais à dire. Arlequin!

ARLEQUIN (*croyant qu'on l'appelle*). Eh!…A propos, je m'appelle Iphicrate.

TRIVELIN (*continuant*). Tâchez de vous calmer; vous savez qui nous sommes sans doute?

ARLEQUIN. Oh! morbleu! d'aimables gens.

CLÉANTHIS. Et raisonnables.

TRIVELIN. Ne m'interrompez point, mes enfants; je pense donc que vous savez qui nous sommes. Quand nos pères, irrités de la cruauté de leurs maîtres, quittèrent la Grèce et vinrent s'établir ici, dans le ressentiment des outrages qu'ils avaient reçus de leurs patrons, la première loi qu'ils y firent fut d'ôter la vie à tous les maîtres que le hasard ou le naufrage conduirait dans leur île, et conséquemment de rendre la liberté à tous les esclaves. La vengeance avait dicté cette loi; vingt ans après la raison l'abolit, et en dicta une plus douce. Nous ne nous vengeons plus de vous, nous vous corrigeons; ce n'est plus votre vie que nous poursuivons, c'est la barbarie de vos cœurs que nous voulons détruire. Nous vous jetons dans l'esclavage pour vous rendre sensibles aux maux qu'on y éprouve; nous vous humilions, afin que, nous trouvant superbes,[21] vous vous reprochiez de l'avoir été. Votre esclavage, ou plutôt votre cours d'humanité dure trois ans, au bout desquels on vous renvoie si vos maîtres sont contents de vos progrès; et, si vous ne devenez pas meilleurs, nous vous retenons par charité pour les nouveaux malheureux que vous iriez faire encore ailleurs, et, par bonté pour vous, nous vous marions avec une de nos citoyennes. Ce sont là nos lois à cet égard; mettez à profit leur rigueur salutaire. Remerciez le sort qui vous conduit ici. Il vous remet en nos mains, durs, injustes et superbes, vous voilà en mauvais état; nous entreprenons de vous guérir; vous êtes moins nos esclaves que nos malades, et nous ne prenons que trois ans pour vous rendre sains, c'est-à-dire humains, raisonnables et généreux pour toute votre vie.[22]

ARLEQUIN. Et le tout gratis, sans purgation ni saignée. Peut-on avoir de la santé à meilleur compte?

TRIVELIN. Au reste, ne cherchez point à vous sauver de ces lieux, vous le tenteriez sans succès, et feriez votre fortune plus mauvaise; commencez votre nouveau régime de vie par la patience.

ARLEQUIN. Dès que c'est pour son bien, qu'y a-t-il à dire?

TRIVELIN (*aux esclaves*). Quant à vous, mes enfants, qui devenez libres et citoyens, Iphicrate habitera cette case avec le nouvel Arlequin, et cette belle fille demeurera dans l'autre; vous aurez soin de changer d'habit ensemble,[23] c'est l'ordre. (*à* ARLEQUIN) Passez maintenant dans une maison qui est à côté, où l'on vous donnera à manger si vous en avez besoin. Je vous apprends, au reste, que vous avez huit jours à vous réjouir du changement de votre état; après quoi l'on vous donnera, comme à tout le monde, une occupation convenable. Allez, je vous attends ici. (*aux insulaires*) Qu'on les conduise. (*aux femmes*) Et vous autres, restez. (ARLEQUIN, *en s'en allant, fait de grandes révérences à* CLÉANTHIS.)

SCÈNE III: TRIVELIN, CLÉANTHIS, EUPHROSINE

TRIVELIN. Ah çà! ma compatriote (car je regarde désormais notre île comme votre patrie), dites-moi aussi votre nom.

20. Cléanthis and Euphrosine, who have been inconspicuous in the background, step forward.

21. *superbes:* haughty.

22. One recognizes in this speech the note of sincere protest against society's inhumanities.

23. *ensemble:* with each other.

CLÉANTHIS (*saluant*). Je m'appelle Cléanthis; et elle, Euphrosine.

TRIVELIN. Cléanthis! passe pour cela.

CLÉANTHIS. J'ai aussi des surnoms; vous plaît-il de les savoir?

TRIVELIN. Oui-dà. Et quels sont-ils?

CLÉANTHIS. J'en ai une liste: sotte, ridicule, bête, butorde,[24] imbécile, etc.

EUPHROSINE (*en soupirant*). Impertinente que vous êtes!

CLÉANTHIS. Tenez, tenez, en voilà encore un que j'oubliais.

TRIVELIN. Effectivement, elle vous prend sur le fait. Dans votre pays, Euphrosine, on a bientôt dit[25] des injures à ceux à qui l'on en peut dire impunément.

EUPHROSINE. Hélas! que voulez-vous que je lui réponde, dans l'étrange aventure où je me trouve?

CLÉANTHIS. Oh! dame, il n'est plus si aisé de me répondre. Autrefois il n'y avait rien de si commode; on n'avait affaire qu'à de pauvres gens; fallait-il tant de cérémonies? Faites cela, je le veux, taisez vous, sotte…voilà qui était fini. Mais à présent il faut parler raison; c'est un langage étranger pour madame; elle l'apprendra avec le temps; il faut se donner patience: je ferai de mon mieux pour l'avancer.

TRIVELIN (*à* CLÉANTHIS). Modérez-vous, Euphrosine.[26] (*à* EUPHROSINE) Et vous, Cléanthis, ne vous abandonnez point à votre douleur. Je ne puis changer nos lois ni vous en affranchir; je vous ai montré combien elles étaient louables et salutaires pour vous.

CLÉANTHIS. Hum! Elle me trompera bien si elle amende.

TRIVELIN. Mais comme vous êtes d'un sexe naturellement assez faible, et que par là vous avez dû céder plus facilement qu'un homme aux exemples de hauteur, de mépris et de dureté qu'on vous a donnés chez vous contre leurs pareils; tout ce que je puis faire pour vous, c'est de prier Euphrosine de peser avec bonté les torts que vous aurez avec elle, afin de les peser avec justice.

CLÉANTHIS. Oh! tenez, tout cela est trop savant pour moi, je n'y comprends rien; j'irai le grand chemin, je pèserai comme elle pesait; ce qui viendra, nous le prendrons.

TRIVELIN. Doucement, point de vengeance.

CLÉANTHIS. Mais, notre bon ami, au bout du compte,[27] vous parlez de son sexe; elle a le défaut d'être faible, je lui en offre autant; je n'ai pas la vertu d'être forte. S'il faut que j'excuse toutes ses mauvaises manières à mon égard, il faudra donc qu'elle excuse aussi la rancune[28] que j'en ai contre elle; car je suis femme autant qu'elle, moi. Voyons qui est-ce qui décidera. Ne suis-je pas la maîtresse une fois? Eh bien! qu'elle commence toujours par excuser ma rancune; et puis, moi, je lui pardonnerai, quand je pourrai, ce qu'elle m'a fait; qu'elle attende!

EUPHROSINE (*à* TRIVELIN). Quels discours! Faut-il que vous m'exposiez à les entendre!

CLÉANTHIS. Souffrez-les, madame, c'est le fruit de vos œuvres.

TRIVELIN. Allons, Euphrosine, modérez-vous.

CLÉANTHIS. Que voulez-vous que je vous dise? quand on a de la colère, il n'y a rien de tel pour la passer,[29] que de la contenter un peu, voyez-vous! Quand je l'aurai querellée à mon aise une douzaine de fois seulement, elle en sera quitte; mais il me faut cela.

TRIVELIN (*à part, à* EUPHROSINE). Il faut que ceci ait son cours; mais consolez-vous, cela finira plus tôt que vous ne pensez. (*à* CLÉANTHIS) J'espère, Euphrosine, que vous perdrez votre ressentiment, et je vous y exhorte en ami. Venons maintenant à l'examen de son caractère. Il est nécessaire que vous m'en donniez un portrait, qui se doit faire devant la personne qu'on

24. *butorde:* simpleton.
25. *on a bientôt dit:* it's easy enough to say.
26. Trivelin exchanges the ladies' names.
27. *au bout du compte:* after all.
28. *rancune:* rancor, ill will.
29. *la passer:* make it pass.

peint, afin qu'elle se connaisse, qu'elle rougisse de ses ridicules, si elle en a, et qu'elle se corrige. Nous avons là de bonnes intentions, comme vous voyez. Allons, commençons.

CLÉANTHIS. Oh! que cela est bien inventé! Allons, me voilà prête; interrogez-moi, je suis dans mon fort.

EUPHROSINE (*doucement*). Je vous prie, monsieur, que je me retire, et que je n'entende point ce qu'elle va dire.

TRIVELIN. Hélas! ma chère dame, cela n'est fait que pour vous; il faut que vous soyez présente.

CLÉANTHIS. Restez, restez; un peu de honte est bientôt passée.

TRIVELIN. Vaine, minaudière[30] et coquette, voilà d'abord à peu près sur quoi je vais vous interroger au hasard. Cela la regarde-t-il?

CLÉANTHIS. Vaine, minaudière et coquette, si cela la regarde? Eh! voilà ma chère maîtresse; cela lui ressemble comme son visage.

EUPHROSINE. N'en voilà-t-il pas assez, monsieur?

TRIVELIN. Ah! je vous félicite du petit embarras que cela vous donne; vous sentez, c'est bon signe, et j'en augure bien pour l'avenir; mais ce ne sont encore là que les grands traits; détaillons un peu cela. En quoi donc, par exemple, lui trouvez-vous les défauts dont nous parlons?

CLÉANTHIS. En quoi? partout, à toute heure, en tous lieux; je vous ai dit de m'interroger; mais par où commencer? je n'en sais rien, je m'y perds. Il y a tant de choses, j'en ai tant vu, tant remarqué de toutes les espèces, que cela me brouille.[31] Madame se tait, madame parle; elle regarde, elle est triste, elle est gaie; silence, discours, regards, tristesse et joie, c'est tout un; il n'y a que la couleur de différente;[32]

c'est vanité muette, contente ou fâchée; c'est coquetterie babillarde,[33] jalouse ou curieuse; c'est madame, toujours vaine ou coquette, l'un après l'autre, ou tous les deux à la fois: voilà ce que c'est, voilà par où je débute; rien que cela.

EUPHROSINE. Je n'y saurais tenir.[34]

TRIVELIN. Attendez donc; ce n'est qu'un début.

CLÉANTHIS. Madame se lève; a-t-elle bien dormi, le sommeil l'a-t-il rendue belle, se sent-elle du vif, du sémillant[35] dans les yeux: vite sur les armes;[36] la journée sera glorieuse. Qu'on m'habille! Madame verra du monde aujourd'hui; elle ira aux spectacles, aux promenades, aux assemblées; son visage peut se manifester, peut soutenir le grand jour, il fera plaisir à voir; il n'y a qu'à le promener hardiment, il est en état, il n'y a rien à craindre.

TRIVELIN (*à* EUPHROSINE). Elle développe assez bien cela.

CLÉANTHIS. Madame, au contraire, a-t-elle mal reposé: ah! qu'on m'apporte un miroir; comme me voilà faite! que je suis mal bâtie! Cependant on se mire, on éprouve son visage de toutes les façons; rien ne réussit; des yeux battus,[37] un teint fatigué; voilà qui est fini, il faut envelopper ce visage-là; nous n'aurons que du négligé.[38] Madame ne verra personne aujourd'hui, pas même le jour, si elle peut; du moins fera-t-il sombre dans la chambre. Cependant il vient compagnie, on entre; que va-t-on penser du visage de madame? on croira qu'elle enlaidit; donnera-t-elle ce plaisir-là à ses bonnes amies? non, il y a remède à tout; vous allez voir. Comment vous portez-vous, madame? Très mal, madame; j'ai perdu le sommeil; il y huit jours que je n'ai fermé l'œil; je n'ose pas me montrer, je fais peur. Et cela veut dire: Messieurs, figurez-vous que ce n'est point moi, au

30. *minaudière:* affected, simpering.
31. *me brouille:* mixes me up.
32. *il n'y a...différente:* only the color (expression) is different.
33. *babillarde:* babbling, talkative.
34. *Je n'y saurais tenir:* I can't stand it.
35. *sémillant:* sparkling.
36. *vite sur les armes:* ready for the attack.
37. *des yeux battus:* circles round one's eyes.
38. *négligé:* house dress.

moins; ne me regardez pas, remettez à me voir;[39] ne me jugez pas aujourd'hui; attendez que j'aie dormi. J'entendais tout cela, moi; car nous autres esclaves, nous sommes doués contre nos maîtres d'une pénétration! Oh! ce sont de pauvres gens pour nous.

TRIVELIN (*à* EUPHROSINE). Courage, madame, profitez de cette peinture-là; car elle me paraît fidèle.

EUPHROSINE. Je ne sais où j'en suis.

CLÉANTHIS. Vous en êtes aux deux tiers; et j'achèverai, pourvu que cela ne vous ennuie pas.

TRIVELIN. Achevez, achevez; madame soutiendra bien le reste.

CLÉANTHIS. Vous souvenez-vous d'un soir où vous étiez avec ce cavalier si bien fait?[40] j'étais dans la chambre; vous vous entreteniez bas; mais j'ai l'oreille fine; vous vouliez lui plaire sans faire semblant de rien; vous parliez d'une femme qu'il voyait souvent. Cette femme-là est aimable, disiez-vous; elle a les yeux petits, mais très doux: et là-dessus vous ouvriez les vôtres, vous vous donniez des tons, des gestes de tête, de petites contorsions, des vivacités. Je riais. Vous réussîtes pourtant, le cavalier s'y prit; il vous offrit son cœur. A moi? lui dîtes-vous. Oui, madame, à vous-même, à tout ce qu'il y a de plus aimable au monde. Continuez, folâtre,[41] continuez, dîtes-vous, en ôtant vos gants sous prétexte de m'en demander d'autres. Mais vous avez la main belle; il la vit, il la prit, il la baisa; cela anima sa déclaration; c'étaient là les gants que vous demandiez. Eh bien! y suis-je?

TRIVELIN (*à* EUPHROSINE). En vérité, elle a raison.

CLÉANTHIS. Écoutez, écoutez; voici le plus plaisant. Un jour qu'elle pouvait m'entendre, et qu'elle croyait que je ne m'en doutais pas, je parlais d'elle, et je dis: Oh! pour cela, il faut l'avouer, madame est une des plus belles femmes du monde. Que de bontés, pendant huit jours, ce petit mot-là ne me valut-il pas! J'essayai en pareille occasion de dire que madame était une femme très raisonnable; oh! je n'eus rien, cela ne prit point; c'était bien fait, car je la flattais.

EUPHROSINE. Monsieur, je ne resterai point, ou l'on me fera rester par force; je ne puis en souffrir davantage.

TRIVELIN. En voilà donc assez pour le présent.

CLÉANTHIS. J'allais parler des vapeurs de mignardise[42] auxquelles madame est sujette à la moindre odeur. Elle ignore qu'un jour je mis à son insu des fleurs dans la ruelle[43] de son lit pour voir ce qu'il en serait. J'attendais une vapeur, elle est encore à venir. Le lendemain, en compagnie, une rose parut; crac, la vapeur arrive.

TRIVELIN. Cela suffit, Euphrosine; promenez-vous un moment à quelques pas de nous, parce que j'ai quelque chose à lui dire; elle ira vous rejoindre ensuite.

CLÉANTHIS (*s'en allant*). Recommandez-lui d'être docile au moins. Adieu, notre bon ami; je vous ai diverti, j'en suis bien aise. Une autre fois je vous dirai comme quoi madame s'abstient souvent de mettre de beaux habits, pour mettre un négligé qui lui marque tendrement la taille. C'est encore une finesse que cet habit-là; on dirait qu'une femme qui le met ne se soucie pas de paraître[44] ; mais à d'autres![45] on s'y ramasse[46] dans un corset appétissant, on y montre sa bonne façon naturelle; on y dit aux gens: Regardez mes grâces, elles sont à moi celles-là; et d'un autre côté on veut leur dire aussi: Voyez comme je m'habille, quelle simplicité! il n'y a point de coquetterie dans mon fait.

TRIVELIN. Mais je vous ai priée de nous laisser.

39. *remettez à me voir:* see me later.
40. *bien fait:* handsome.
41. *folâtre:* here, silly fellow.
42. *vapeurs de mignardise:* dainty swooning fits.

43. *ruelle:* space between bed and wall.
44. *paraître:* show off.
45. *à d'autres!* = tell it to the Marines!
46. *s'y ramasse:* crams oneself therein.

CLÉANTHIS. Je sors, et tantôt nous reprendrons le discours, qui sera fort divertissant; car vous verrez aussi comme quoi madame entre dans une loge au spectacle, avec quelle emphase,[47] avec quel air imposant, quoique d'un air distrait et sans y penser; car c'est la belle éducation qui donne cet orgueil-là. Vous verrez comme dans la loge on jette un regard indifférent et dédaigneux sur des femmes qui sont à côté, et qu'on ne connaît pas. Bonjour, notre bon ami; je vais à notre auberge.[48]

SCÈNE IV: TRIVELIN, EUPHROSINE

TRIVELIN. Cette scène-ci vous a un peu fatiguée; mais cela ne vous nuira pas.

EUPHROSINE. Vous êtes des barbares.

TRIVELIN. Nous sommes d'honnêtes gens qui vous instruisons; voilà tout. Il vous reste encore à satisfaire à une petite formalité.

EUPHROSINE. Encore des formalités!

TRIVELIN. Celle-ci est moins que rien; je dois faire rapport de tout ce que je viens d'entendre, et de tout ce que vous m'allez répondre. Convenez-vous de tous les sentiments coquets, de toutes les singeries d'amour-propre qu'elle vient de vous attribuer?

EUPHROSINE. Moi, j'en conviendrais! Quoi! de pareilles faussetés sont-elles croyables?

TRIVELIN. Oh! très croyables, prenez-y garde. Si vous en convenez, cela contribuera à rendre votre condition meilleure; je ne vous en dis pas davantage. On espérera que vous étant reconnue, vous abjurerez un jour toutes ces folies qui font qu'on n'aime que soi, et qui ont distrait votre bon cœur d'une infinité d'attentions plus louables. Si au contraire vous ne convenez pas de ce qu'elle a dit, on vous regardera comme incorrigible, et cela reculera votre délivrance. Voyez, consultez-vous.

EUPHROSINE. Ma délivrance! Eh! puis-je l'espérer?

TRIVELIN. Oui, je vous la garantis aux conditions que je vous dis.

EUPHROSINE. Bientôt?

TRIVELIN. Sans doute.

EUPHROSINE. Monsieur, faites donc comme si j'étais convenue de tout.

TRIVELIN. Quoi! vous me conseillez de mentir!

EUPHROSINE. En vérité, voilà d'étranges conditions! cela révolte.

TRIVELIN. Elles humilient un peu; mais cela est fort bon. Déterminez-vous; une liberté très prochaine est le prix de la vérité. Allons, ne ressemblez-vous pas au portrait qu'on a fait?

EUPHROSINE. Mais…

TRIVELIN. Quoi?

EUPHROSINE. Il y a du vrai, par-ci, par-là.

TRIVELIN. Par-ci, par-là, n'est point notre compte; avouez-vous tous les faits? En a-t-elle trop dit? n'a-t-elle dit que ce qu'il faut? Hâtez-vous; j'ai autre chose à faire.

EUPHROSINE. Vous faut-il une réponse si exacte?

TRIVELIN. Eh! oui, madame; et le tout pour votre bien.

EUPHROSINE. Eh bien!…

TRIVELIN. Après?

EUPHROSINE. Je suis jeune…

TRIVELIN. Je ne vous demande pas votre âge.

EUPHROSINE. On est d'un certain rang; on aime à plaire.

TRIVELIN. Et c'est ce qui fait que le portrait vous ressemble.

EUPHROSINE. Je crois qu'oui.

TRIVELIN. Et voilà ce qu'il nous fallait. Vous trouvez aussi le portrait un peu risible, n'est-ce pas?

EUPHROSINE. Il faut bien l'avouer.

TRIVELIN. A merveille! Je suis content, ma chère dame. Allez rejoindre Cléanthis; je lui rends déjà son véritable nom, pour vous donner encore des gages de ma parole. Ne vous impatientez point; montrez un peu de docilité, et le moment espéré arrivera.

47. *emphase: here,* importance.
48. This scene gives the actress playing Cléanthis fine opportunities for broad satirical imitations.

Notice that there is not the slightest effort for historical verisimilitude; we are basically in Paris, not Athens.

EUPHROSINE. Je m'en fie à vous.

SCÈNE V: ARLEQUIN, IPHICRATE, *qui ont changé d'habit,* TRIVELIN

ARLEQUIN. Tirlan, tirlan, tirlantaine! tirlanton! Gai camarade! le vin de la république est merveilleux. J'en ai bu bravement ma pinte, car je suis si altéré[49] depuis que je suis maître! tantôt j'aurai encore soif pour une autre pinte. Que le ciel conserve la vigne, le vigneron, la vendange et les caves de notre admirable république!

TRIVELIN. Bon! réjouissez-vous, mon camarade. Êtes-vous content d'Arlequin?

ARLEQUIN. Oui, c'est un bon enfant; j'en ferai quelque chose. Il soupire parfois, et je lui ai défendu cela, sous peine de désobéissance; et je lui ordonne de la joie. (*Il prend son maître par la main et danse.*) Tala rara la la…

TRIVELIN. Vous me réjouissez moi-même.

ARLEQUIN. Oh! quand je suis gai, je suis de bonne humeur.

TRIVELIN. Fort bien. Je suis charmé de vous voir satisfait d'Arlequin. Vous n'aviez pas beaucoup à vous plaindre de lui dans son pays, apparemment?

ARLEQUIN. Eh! là-bas? Je lui voulais souvent un mal de diable; car il était quelquefois insupportable; mais à cette heure que je suis heureux, tout est payé; je lui ai donné quittance.

TRIVELIN. Je vous aime de ce caractère, et vous me touchez. C'est-à-dire que vous jouirez modestement de votre bonne fortune, et que vous ne lui ferez point de peine.

ARLEQUIN. De la peine! Ah! le pauvre homme! Peut-être que je serai un petit brin[50] insolent, à cause que je suis le maître, voilà tout.

TRIVELIN. A cause que je suis le maître; vous avez raison.

ARLEQUIN. Oui; car quand on est le maître, on y va tout rondement,[51] sans façon,

et si peu de façon mène quelquefois un honnête homme à des impertinences.

TRIVELIN. Oh! n'importe; je vois bien que vous n'êtes point méchant.

ARLEQUIN. Hélas! je ne suis que mutin.[52]

TRIVELIN (*à* IPHICRATE). Ne vous épouvantez point de ce que je vais dire. (*à* ARLEQUIN) Instruisez-moi d'une chose. Comment se gouvernait-il là-bas? avait-il quelque défaut d'humeur, de caractère?

ARLEQUIN (*riant*). Ah! mon camarade, vous avez de la malice; vous demandez la comédie.

TRIVELIN. Ce caractère-là est donc bien plaisant?

ARLEQUIN. Ma foi, c'est une farce.

TRIVELIN. N'importe, nous en rirons.

ARLEQUIN (*à* IPHICRATE). Arlequin, me promets-tu d'en rire aussi?

IPHICRATE (*bas*). Veux-tu achever de me désespérer? que vas-tu lui dire?

ARLEQUIN. Laisse-moi faire; quand je t'aurai offensé, je te demanderai pardon après.

TRIVELIN. Il ne s'agit que d'une bagatelle; j'en ai demandé autant à la jeune fille que vous avez vue, sur le chapitre de sa maîtresse.

ARLEQUIN. Eh bien! tout ce qu'elle vous a dit, c'étaient des folies qui faisaient pitié, des misères? gageons.

TRIVELIN. Cela est encore vrai.

ARLEQUIN. Eh bien! je vous en offre autant; ce pauvre jeune garçon n'en fournira pas davantage; extravagance et misère, voilà son paquet; ne sont-ce pas là de belles guenilles[53] pour les étaler? Étourdi[54] par nature, étourdi par singerie,[55] parce que les femmes les aiment comme cela; un dissipe-tout; vilain quand il faut être libéral, libéral quand il faut être vilain; bon emprunteur, mauvais payeur; honteux d'être sage, glorieux d'être fou; un petit brin moqueur des bonnes gens; un petit brin hâbleur avec tout plein[56] de maîtresses qu'il ne connaît pas; voilà

49. *altéré:* thirsty.
50. *un petit brin:* a little bit.
51. *on y va tout rondement:* you do things bluntly.
52. *mutin: here,* exasperating.
53. *guenilles:* rags.
54. *Étourdi:* Scatterbrained.
55. *singerie:* aping, imitation.
56. *un petit…plein:* a little bit boastful about a lot.

mon homme. Est-ce la peine d'en tirer le portrait? (*à* IPHICRATE) Non, je n'en ferai rien; mon ami, ne crains rien.

TRIVELIN. Cette ébauche[57] me suffit. (*à* IPHICRATE) Vous n'avez plus maintenant qu'à certifier pour véritable ce qu'il vient de dire.

IPHICRATE. Moi!

TRIVELIN. Vous-même. La dame de tantôt[58] en a fait autant; elle vous dira ce qui l'y a déterminée. Croyez-moi, il y va du plus grand bien que vous puissiez souhaiter.

IPHICRATE. Du plus grand bien? Si cela est, il y a là quelque chose qui pourrait assez me convenir d'une certaine façon.

ARLEQUIN. Prends tout; c'est un habit fait sur ta taille.

TRIVELIN. Il me faut tout ou rien.

IPHICRATE. Voulez-vous que je m'avoue un ridicule?

ARLEQUIN. Qu'importe, quand on l'a été?

TRIVELIN. N'avez-vous que cela à me dire?

IPHICRATE. Va donc pour la moitié, pour me tirer d'affaire.

TRIVELIN. Va du tout.

IPHICRATE. Soit. (ARLEQUIN *rit de toute sa force.*)

TRIVELIN. Vous avez fort bien fait, vous n'y perdrez rien. Adieu, vous saurez bientôt de mes nouvelles.

SCÈNE VI: CLÉANTHIS, IPHICRATE, ARLEQUIN, EUPHROSINE

CLÉANTHIS. Seigneur Iphicrate, peut-on vous demander de quoi vous riez?

ARLEQUIN. Je ris de mon Arlequin qui a confessé qu'il était un ridicule.

CLÉANTHIS. Cela me surprend, car il a la mine d'un homme raisonnable. Si vous voulez voir une coquette de son propre aveu, regardez ma suivante.

ARLEQUIN (*la regardant*). Malepeste! quand ce visage-là fait le fripon,[59] c'est bien son métier. Mais parlons d'autre chose, ma belle demoiselle; qu'est-ce que nous ferons à cette heure que nous sommes gaillards?

CLÉANTHIS. Eh! mais, la belle conversation.

ARLEQUIN. Je crains que cela ne vous fasse bâiller,[60] j'en bâille déjà. Si je devenais amoureux de vous, cela amuserait davantage.

CLÉANTHIS. Eh bien! faites. Soupirez pour moi; poursuivez mon cœur, prenez-le si vous pouvez, je ne vous en empêche pas; c'est à vous de faire vos diligences; me voilà, je vous attends; mais traitons l'amour à la grande manière, puisque nous sommes devenus maîtres; allons-y poliment et comme le grand monde.

ARLEQUIN. Oui-dà; nous n'en irons que meilleur train.

CLÉANTHIS. Je suis d'avis d'une chose, que nous disions qu'on nous apporte des sièges pour prendre l'air assis, et pour écouter les discours galants que vous m'allez tenir; il faut bien jouir de notre état, en goûter le plaisir.

ARLEQUIN. Votre volonté vaut une ordonnance. (*à* IPHICRATE.) Arlequin, vite des sièges pour moi, et des fauteuils pour madame.

IPHICRATE. Peux-tu m'employer à cela?

ARLEQUIN. La république le veut.

CLÉANTHIS. Tenez, tenez, promenons-nous plutôt de cette manière-là, et tout en conversant vous ferez adroitement tomber l'entretien sur le penchant que mes yeux vous ont inspiré pour moi; car encore une fois nous sommes d'honnêtes gens à cette heure, il faut songer à cela; il n'est plus question de familiarité domestique. Allons, procédons noblement; n'épargnez ni compliments ni révérences.

ARLEQUIN. Et vous, n'épargnez point les mines.[61] Courage! quand ce ne serait que pour nous moquer de nos patrons. Garderons-nous nos gens?[62]

CLÉANTHIS. Sans difficulté; pouvons-nous être sans eux? c'est notre suite; qu'ils s'éloignent seulement.

ARLEQUIN (*à* IPHICRATE). Qu'on se retire à dix pas.

57. *ébauche:* brief sketch.
58. *La dame de tantôt:* The lady of a moment ago.
59. *fait le fripon:* acts saucy.
60. *bâiller:* yawn.
61. *mines:* affectations.
62. *gens:* servants.

(IPHICRATE *et* EUPHROSINE *s'éloignent en faisant des gestes d'étonnement et de douleur.* CLÉANTHIS *regarde aller* IPHICRATE, *et* ARLEQUIN, EUPHROSINE.)

ARLEQUIN (*se promenant sur le théâtre avec* CLÉANTHIS). Remarquez-vous, madame, la clarté du jour?

CLÉANTHIS. Il fait le plus beau temps du monde; on appelle cela un jour tendre.

ARLEQUIN. Un jour tendre! Je ressemble donc au jour, madame.

CLÉANTHIS. Comment! vous lui ressemblez?

ARLEQUIN. Eh palsambleu![63] le moyen de n'être pas tendre, quand on se trouve tête à tête avec vos grâces? (*A ce mot, il saute de joie.*) Oh! oh! oh! oh!

CLÉANTHIS. Qu'avez-vous donc? vous défigurez notre conversation.

ARLEQUIN. Oh! ce n'est rien; c'est que je m'applaudis.

CLÉANTHIS. Rayez ces applaudissements, ils nous dérangent. (*continuant*) Je savais bien que mes grâces entreraient pour quelque chose ici. Monsieur, vous êtes galant, vous vous promenez avec moi, vous me dites des douceurs; mais finissons, en voilà assez, je vous dispense des compliments.

ARLEQUIN. Et moi, je vous remercie[64] de vos dispenses.

CLÉANTHIS. Vous m'allez dire que vous m'aimez, je le vois bien; dites, monsieur, dites; heureusement on n'en croira rien. Vous êtes aimable, mais coquet, et vous ne persuaderez pas.

ARLEQUIN (*l'arrêtant par le bras, et se mettant à genoux*). Faut-il m'agenouiller, madame, pour vous convaincre de mes flammes, et de la sincérité de mes feux?

CLÉANTHIS. Mais ceci devient sérieux. Laissez-moi, je ne veux point d'affaires; levez-vous. Quelle vivacité! Faut-il vous dire qu'on vous aime? Ne peut-on en être quitte à moins? Cela est étrange!

ARLEQUIN (*riant à genoux*). Ah! ah! ah! que cela va bien! Nous sommes aussi bouffons que nos patrons, mais nous sommes plus sages.

CLÉANTHIS. Oh! vous riez, vous gâtez tout.

ARLEQUIN. Ah! ah! par ma foi, vous êtes bien aimable, et moi aussi. Savez-vous bien ce que je pense?

CLÉANTHIS. Quoi?

ARLEQUIN. Premièrement, vous ne m'aimez pas, si ce n'est par coquetterie, comme le grand monde.

CLÉANTHIS. Pas encore, mais il ne s'en fallait plus que d'un mot,[65] quand vous m'avez interrompue. Et vous, m'aimez-vous?

ARLEQUIN. J'y allais aussi, quand il m'est venu une pensée. Comment trouvez-vous mon Arlequin?

CLÉANTHIS. Fort à mon gré. Mais que dites-vous de ma suivante?

ARLEQUIN. Qu'elle est friponne!

CLÉANTHIS. J'entrevois votre pensée.

ARLEQUIN. Voilà ce que c'est; tombez amoureuse d'Arlequin, et moi de votre suivante. Nous sommes assez forts pour soutenir cela.

CLÉANTHIS. Cette imagination-là me rit assez. Ils ne sauraient mieux faire que de nous aimer, dans le fond.

ARLEQUIN. Ils n'ont jamais rien aimé de si raisonnable, et nous sommes d'excellents partis[66] pour eux.

CLÉANTHIS. Soit. Inspirez à Arlequin de s'attacher à moi; faites-lui sentir l'avantage qu'il y trouvera dans la situation où il est. Qu'il m'épouse, il sortira tout d'un coup d'esclavage. Cela est bien aisé, au bout du compte. Je n'étais ces jours passés qu'une esclave; mais enfin me voilà dame et maîtresse d'aussi bon jeu[67] qu'une autre. Je la suis par hasard: n'est-ce pas le hasard qui fait tout? Qu'y a-t-il à dire à cela? J'ai même un visage de condition;[68] tout le monde me l'a dit.

ARLEQUIN. Pardi![69] je vous prendrais bien, moi, si je n'aimais pas votre suivante un petit brin plus que vous. Conseillez-

63. *palsambleu!:* gadzooks!
64. *remercie:* i.e., refuse to accept.
65. *il ne…mot:* I was within an ace of it.
66. *partis:* matches, mates.

67. *d'aussi bon jeu:* as genuinely.
68. *de condition:* aristocratic.
69. *pardi = par dieu =* you bet!

lui aussi de l'amour pour ma petite personne, qui comme vous voyez, n'est pas désagréable.

CLÉANTHIS. Vous allez être content; je vais appeler Cléanthis, je n'ai qu'un mot à lui dire; éloignez-vous un instant et revenez. Vous parlerez ensuite à Arlequin pour moi; car il faut qu'il commence; mon sexe, la bienséance et ma dignité le veulent.

ARLEQUIN. Oh! ils le veulent, si vous voulez; car dans le grand monde on n'est pas si façonnier;[70] et, sans faire semblant de rien, vous pourriez lui jeter quelque petit mot bien clair pour lui donner courage, à cause que vous êtes plus que lui: c'est l'ordre.[71]

CLÉANTHIS. C'est assez bien raisonner. Effectivement, dans le cas où je suis, il pourrait y avoir de la petitesse à m'assujettir à de certaines formalités qui ne me regardent plus; je comprends cela à merveille; mais parlez-lui toujours, je vais dire un mot à Cléanthis; tirez-vous à quartier[72] pour un moment.

ARLEQUIN. Vantez mon mérite; prêtez-m'en un peu, à charge de revanche.[73]

CLÉANTHIS. Laissez-moi faire. (*Elle appelle* EUPHROSINE.) Cléanthis!

SCÈNE VII: CLÉANTHIS, EUPHROSINE,
QUI VIENT DOUCEMENT

CLÉANTHIS. Approchez, et accoutumez-vous à aller plus vite; car je ne saurais attendre.

EUPHROSINE. De quoi s'agit-il?

CLÉANTHIS. Venez çà, écoutez-moi. Un honnête homme vient de me témoigner qu'il vous aime; c'est Iphicrate.

EUPHROSINE. Lequel?

CLÉANTHIS. Lequel? Y en a-t-il deux ici? c'est celui qui vient de me quitter.

EUPHROSINE. Eh! que veut-il que je fasse de son amour?

CLÉANTHIS. Et qu'avez-vous fait de l'amour de ceux qui vous aimaient? Vous voilà bien étourdie! est-ce le mot d'amour qui vous effarouche? Vous le connaissez tant cet amour! vous n'avez jusques-ici regardé les gens que pour leur en donner; vos beaux yeux n'ont fait que cela; dédaignent-ils la conquête du seigneur Iphicrate? Il ne vous fera point de révérences penchées; vous ne lui trouverez point de contenance ridicule, d'airs évaporés.[74] Ce n'est point une tête légère, un petit badin, un petit perfide, un joli volage,[75] un aimable indiscret; ce n'est point tout cela. Ces grâces-là lui manquent, à la vérité. Ce n'est qu'un homme franc, qu'un homme simple dans ses manières, qui n'a pas l'esprit de se donner des airs; qui vous dira qu'il vous aime seulement parce que cela sera vrai; enfin ce n'est qu'un bon cœur, voilà tout; et cela est fâcheux, cela ne pique[76] point. Mais vous avez l'esprit raisonnable; je vous destine à lui, il fera votre fortune ici, et vous aurez la bonté d'estimer son amour, et vous y serez sensible, entendez-vous? Vous vous conformerez à mes intentions, je l'espère; imaginez-vous même que je le veux.

EUPHROSINE. Où suis-je! et quand cela finira-t-il? (*Elle rêve.*[77])

SCÈNE VIII: ARLEQUIN, EUPHROSINE

(ARLEQUIN *arrive en saluant* CLÉANTHIS *qui sort. Il va tirer* EUPHROSINE *par la manche.*)

EUPHROSINE. Que me voulez-vous?

ARLEQUIN (*riant*). Eh! eh! eh! ne vous a-t-on pas parlé de moi?

EUPHROSINE. Laissez-moi, je vous prie.

ARLEQUIN. Eh! là, là, regardez-moi dans l'œil pour deviner ma pensée.

EUPHROSINE. Eh! pensez ce qu'il vous plaira.

ARLEQUIN. M'entendez-vous un peu?

EUPHROSINE. Non.

70. *façonnier:* formal, fussy.
71. *c'est l'ordre:* that's normal.
72. *à quartier:* aside.
73. *à charge de revanche:* and I'll do the same for you.
74. *évaporés:* affected, mincing.
75. *volage:* light-o'-love.
76. *pique:* stimulates.
77. *rêve:* ponders.

ARLEQUIN. C'est que je n'ai encore rien dit.

EUPHROSINE (*impatiente*). Ah!

ARLEQUIN. Ne mentez point; on vous a communiqué les sentiments de mon âme; rien n'est plus obligeant pour vous.

EUPHROSINE. Quel état!

ARLEQUIN. Vous me trouvez un peu nigaud,[78] n'est-il pas vrai? Mais cela se passera; c'est que je vous aime, et que je ne sais comment vous le dire.

EUPHROSINE. Vous?

ARLEQUIN. Eh pardi! oui; qu'est-ce qu'on peut faire de mieux? Vous êtes si belle! il faut bien vous donner son cœur, aussi bien vous le prendriez de vous-même.

EUPHROSINE. Voici le comble de mon infortune.

ARLEQUIN (*lui regardant les mains*). Quelles mains ravissantes! les jolis petits doigts! que je serais heureux avec cela! mon petit cœur en ferait bien son profit. Reine, je suis bien tendre; mais vous ne voyez rien. Si vous aviez la charité d'être tendre aussi, oh! je deviendrais fou tout à fait.

EUPHROSINE. Tu[79] ne l'es déjà que trop.

ARLEQUIN. Je ne le ferai jamais tant que vous en êtes digne.

EUPHROSINE. Je ne suis digne que de pitié, mon enfant.

ARLEQUIN. Bon, bon! à qui est-ce que vous contez cela? Vous êtes digne de toutes les dignités imaginables; un empereur ne vous vaut pas, ni moi non plus; mais me voilà, moi, et un empereur n'y est pas; et un rien qu'on voit, vaut mieux que quelque chose qu'on ne voit pas. Qu'en dites-vous?

EUPHROSINE. Arlequin, il me semble que tu n'as point le cœur mauvais.

ARLEQUIN. Oh! il ne s'en fait plus de cette pâte-là;[80] je suis un mouton.

EUPHROSINE. Respecte donc le malheur que j'éprouve.

ARLEQUIN. Hélas! je me mettrais à genoux devant lui.

EUPHROSINE. Ne persécute point une infortunée, parce que tu peux la persécuter impunément. Vois l'extrémité où je suis réduite; et si tu n'as point d'égard au rang que je tenais dans le monde, à ma naissance, à mon éducation; du moins que mes disgrâces, que mon esclavage, que ma douleur t'attendrissent. Tu peux ici m'outrager autant que tu le voudras; je suis sans asile et sans défense; je n'ai que mon désespoir pour tout secours. J'ai besoin de la compassion de tout le monde, de la tienne même, Arlequin; voilà l'état où je suis. Ne le trouves-tu pas assez misérable? Tu es devenu libre et heureux; cela doit-il te rendre méchant? Je n'ai pas la force de t'en dire davantage. Je ne t'ai jamais fait de mal; n'ajoute rien à celui que je souffre. (*Elle sort.*)

ARLEQUIN (*abattu, les bras abaissés, et comme immobile*). J'ai perdu la parole.

SCÈNE IX: IPHICRATE, ARLEQUIN

IPHICRATE. Cléanthis m'a dit que tu voulais t'entretenir avec moi; que me veux-tu? as-tu encore quelques nouvelles insultes à me faire?

ARLEQUIN. Autre personnage qui va me demander encore ma compassion. Je n'ai rien à te dire, mon ami, sinon que je voulais te faire commandement d'aimer la nouvelle Euphrosine; voilà tout. A qui diantre en as-tu?[81]

IPHICRATE. Peux-tu me le demander, Arlequin?

ARLEQUIN. Eh! pardi, oui, je le peux, puisque je le fais.

IPHICRATE. On m'avait promis que mon esclavage finirait bientôt, mais on me trompe, et c'en est fait, je succombe; je meurs, Arlequin, et tu perdras bientôt ce malheureux maître qui ne te croyait pas

78. *nigaud:* simple.
79. Euphrosine shifts from *vous* to *tu.* Why?
80. *cette pâte-là:* that composition (*lit.,* paste).
81. *A qui diantre en as-tu?* A double meaning: Who the deuce do you have it in for? *or* Whom do you have in mind? (Notice the forms of address. At

first Iphicrate used *tu* to Arlequin, and Arlequin replied with *vous.* Now Arlequin as master uses *tu* to Iphicrate, who continues to use *tu* arrogantly to his ex-servant. This subtlety, immediately obvious to the French, is lost in English.)

capable des indignités qu'il a souffertes de toi.

ARLEQUIN. Ah! il ne nous manquait plus que cela, et nos amours auront bonne mine. Écoute, je te défends de mourir par malice; par maladie, passe, je te le permets.

IPHICRATE. Les dieux te puniront, Arlequin.

ARLEQUIN. Eh! de quoi veux-tu qu'ils me punissent? d'avoir eu du mal toute ma vie?

IPHICRATE. De ton audace et de tes mépris envers ton maître; rien ne m'a été aussi sensible, je l'avoue. Tu es né, tu as été élevé avec moi dans la maison de mon père; le tien y est encore; il t'avait recommandé ton devoir en partant; moi-même je t'avais choisi par un sentiment d'amitié pour m'accompagner dans mon voyage; je croyais que tu m'aimais, et cela m'attachait à toi.

ARLEQUIN (*pleurant*). Et qui est-ce qui te dit que je ne t'aime plus?

IPHICRATE. Tu m'aimes, et tu me fais mille injures!

ARLEQUIN. Parce que je me moque un petit brin de toi, cela empêche-t-il que je ne t'aime? Tu disais bien que tu m'aimais, toi, quand tu me faisais battre; est-ce que les étrivières[82] sont plus honnêtes que les moqueries?

IPHICRATE. Je conviens que j'ai pu quelquefois te maltraiter sans trop de sujet.

ARLEQUIN. C'est la vérité.

IPHICRATE. Mais par combien de bontés n'ai-je pas réparé ce tort!

ARLEQUIN. Cela n'est pas de ma connaissance.

IPHICRATE. D'ailleurs, ne fallait-il pas te corriger de tes défauts?

ARLEQUIN. J'ai plus pâti des tiens que des miens; mes plus grands défauts, c'était ta mauvaise humeur, ton autorité, et le peu de cas que tu faisais de ton pauvre esclave.

IPHICRATE. Va, tu n'es qu'un ingrat; au lieu de me secourir ici, de partager mon affliction, de montrer à tes camarades l'exemple d'un attachement qui les eût touchés, qui les eût engagés peut-être à renoncer à leur coutume ou à m'en affranchir, et qui m'eût pénétré moi-même de la plus vive reconnaissance!

ARLEQUIN. Tu as raison, mon ami; tu me remontres bien mon devoir ici pour toi; mais tu n'as jamais su le tien pour moi, quand nous étions dans Athènes. Tu veux que je partage ton affliction, et jamais tu n'as partagé la mienne. Eh bien! va, je dois avoir le cœur meilleur que toi; car il y a plus longtemps que je souffre et que je sais ce que c'est que de la peine. Tu m'as battu par amitié, tu le dis, je te le pardonne; je t'ai raillé par bonne humeur; prends-le en bonne part, et fais-en ton profit. Je parlerai en ta faveur à mes camarades; je les prierai de te renvoyer, et s'ils ne le veulent pas je te garderai comme mon ami; car je ne te ressemble pas, moi; je n'aurais point le courage d'être heureux à tes dépens.

IPHICRATE (*s'approchant d'*ARLEQUIN). Mon cher Arlequin, fasse le ciel, après ce que je viens d'entendre, que j'aie la joie de te montrer un jour les sentiments que tu me donnes pour toi! Va, mon cher enfant, oublie que tu fus mon esclave, et je me ressouviendrai toujours que je ne méritais pas d'être ton maître.

ARLEQUIN. Ne dites donc point comme cela, mon cher patron. Si j'avais été votre pareil, je n'aurais peut-être pas mieux valu que vous.[83] C'est à moi à vous demander pardon du mauvais service que je vous ai toujours rendu. Quand vous n'étiez pas raisonnable, c'était ma faute.

IPHICRATE (*l'embrassant*). Ta générosité me couvre de confusion.

ARLEQUIN. Mon pauvre patron, qu'il y a de plaisir à bien faire! (*Il se met en devoir*[84] *de déshabiller son maître.*)

IPHICRATE. Que fais-tu, mon cher ami?

ARLEQUIN. Rendez-moi mon habit, et reprenez

82. *étrivières:* stirrup leathers, lashes.
83. Notice the discreet hint of social criticism. In this speech, Arlequin returns to the *vous* form of address. What is the significance?
84. *se met en devoir:* prepares.

le vôtre: je ne suis pas digne de le porter.

IPHICRATE. Je ne saurais retenir mes larmes. Fais ce que tu voudras.

SCÈNE X: CLÉANTHIS, EUPHROSINE, IPHICRATE, ARLEQUIN

CLÉANTHIS (*entrant avec* EUPHROSINE, *qui pleure*). Laissez-moi, je n'ai que faire de vous entendre gémir. (*à* ARLEQUIN) Qu'est-ce que cela signifie, seigneur Iphicrate? Pourquoi avez-vous repris votre habit?

ARLEQUIN (*tendrement*). C'est qu'il est trop petit pour mon cher ami, et que le sien est trop grand pour moi. (*Il embrasse les genoux de son maître.*)

CLÉANTHIS. Expliquez-moi donc ce que je vois; il semble que vous lui demandiez pardon?

ARLEQUIN. C'est pour me châtier de mes insolences.

CLÉANTHIS. Mais enfin notre projet?

ARLEQUIN. Mais enfin, je veux être un homme de bien;[85] n'est-ce pas là un beau projet? Je me repens de mes sottises, lui des siennes; repentez-vous des vôtres, madame Euphrosine se repentira aussi; et vive l'honneur après! cela fera quatre beaux repentirs, qui nous feront pleurer tant que nous voudrons.

EUPHROSINE. Ah! ma chère Cléanthis, quel exemple pour vous!

IPHICRATE. Dites plutôt: Quel exemple pour nous! Madame, vous m'en voyez pénétré.

CLÉANTHIS. Ah! vraiment, nous y voilà, avec vos beaux exemples! Voilà de nos gens qui nous méprisent dans le monde, qui font les fiers, qui nous maltraitent, qui nous regardent comme des vers de terre; et puis, qui sont trop heureux dans l'occasion de nous trouver cent fois plus honnêtes gens qu'eux. Fi! que cela est vilain, de n'avoir eu pour tout mérite que de l'or, de l'argent et des dignités! C'était bien la peine de faire tant les glorieux! Où en seriez-vous, aujourd'hui, si nous n'avions point d'autre mérite que cela

pour vous? Voyons, ne seriez-vous pas bien attrapés? Il s'agit de vous pardonner, et pour cette bonté-là, que faut-il être, s'il vous plaît? Riche? non; noble? non; grand seigneur? point du tout. Vous étiez tout cela; en valiez-vous mieux? Et que faut-il être donc? Ah! nous y voici. Il faut avoir le cœur bon, de la vertu et de la raison; voilà ce qu'il faut, voilà ce qui est estimable, ce qui distingue, ce qui fait qu'un homme est plus qu'un autre. Entendez-vous, messieurs les honnêtes gens du monde?[86] voilà avec quoi l'on donne les beaux exemples que vous demandez, et qui vous passent.[87] Et à qui les demandez-vous? A de pauvres gens que vous avez toujours offensés, maltraités, accablés, tout riches que vous êtes; et qui ont aujourd'hui pitié de vous, tout pauvres qu'ils sont. Estimez-vous à cette heure; faites les superbes, vous aurez bonne grâce! Allez, vous devriez rougir de honte.

ARLEQUIN. Allons, m'amie, soyons bonnes gens sans le reprocher, faisons du bien sans dire d'injures. Ils sont contrits d'avoir été méchants, cela fait qu'ils nous valent bien; quand on se repent, on est bon, et quand on est bon, on est aussi avancée que nous. Approchez, madame Euphrosine; elle vous pardonne; voilà qu'elle pleure; la rancune s'en va, et votre affaire est faite.

CLÉANTHIS. Il est vrai que je pleure; ce n'est pas le bon cœur qui me manque.

EUPHROSINE (*tristement*). Ma chère Cléanthis, j'ai abusé de l'autorité que j'avais sur toi, je l'avoue.

CLÉANTHIS. Hélas! comment en aviez-vous le courage? Mais voilà qui est fini, je veux bien oublier tout; agissez comme vous voudrez. Si vous m'avez fait souffrir, tant pis pour vous; je ne veux pas avoir à me reprocher la même chose, je vous rends la liberté; et s'il y avait un vaisseau, je partirais tout à l'heure avec vous. Voilà tout le mal que je vous veux;

85. *homme de bien:* worthy man.
86. Cléanthis, stating the play's moral, here evidently addresses the audience.
87. *qui vous passent:* which are beyond your powers.

si vous m'en faites encore, ce ne sera pas ma faute.

ARLEQUIN. Ah, la brave fille! ah, le charitable naturel!

IPHICRATE. Etes-vous contente, madame?

EUPHROSINE (*avec attendrissement*). Viens que je t'embrasse, ma chère Cléanthis.

ARLEQUIN (*à* CLÉANTHIS). Mettez-vous à genoux pour être encore meilleure qu'elle.

EUPHROSINE. La reconnaissance me laisse à peine la force de te répondre. Ne parle plus de ton esclavage, et ne songe plus désormais qu'à partager avec moi tous les biens que les dieux m'ont donnés, si nous retournons à Athènes.

SCÈNE XI: TRIVELIN, LES PRÉCÉDENTS

TRIVELIN. Que vois-je? vous pleurez, mes enfants; vous vous embrassez!

ARLEQUIN. Ah! vous ne voyez rien; nous sommes admirables; nous sommes des rois et des reines. En fin finale, la paix est conclue, la vertu a arrangé tout cela; il ne nous faut plus qu'un bateau et un batelier pour nous en aller; si vous nous les donnez, vous serez presque aussi honnêtes gens que nous.

TRIVELIN. Et vous, Cléanthis, êtes-vous du même sentiment?

CLÉANTHIS (*baisant la main de sa maîtresse*). Je n'ai que faire de vous en dire davantage; vous voyez ce qu'il en est.

ARLEQUIN (*prenant aussi la main de son maître pour la baiser*). Voilà aussi mon dernier mot, qui vaut bien des paroles.

TRIVELIN. Vous me charmez. Embrassez-moi aussi, mes chers enfants; c'est là ce que j'attendais. Si cela n'était pas arrivé, nous aurions puni vos vengeances, comme nous avons puni leurs duretés. Et vous, Iphicrate, vous, Euphrosine, je vous vois attendris; je n'ai rien à ajouter aux leçons que vous donne cette aventure. Vous avez été leurs maîtres, et vous en avez mal agi; ils sont devenus les vôtres, et ils vous pardonnent; faites vos réflexions là-dessus. La différence des conditions n'est qu'une épreuve que les dieux font sur nous: je ne vous en dis pas davantage. Vous partirez dans deux jours, et vous reverrez Athènes. Que la joie à présent et que les plaisirs succèdent aux chagrins que vous avez ressentis, et célèbrent le jour le plus profitable de votre vie.

[*As forecast in the last speech, the play was immediately followed by a ballet of freed slaves, celebrating the casting off of their chains.*]

❧ ❧ ❧

4. L' Abbé Prévost

[1697-1763]

Conflict and Creativity

It is an odd truth that the most provocative literature often comes from the most conflicted individuals. The passions of the heart and the ambitions within the head are often engaged in a terrible combat, leading the writer to question everything he believes about honor, morality, destiny, and free will. Such a man was the author of *Manon Lescaut*.

Monk, Soldier, Writer

The life of Antoine Prévost François d'Exiles, commonly called l'Abbé Prévost, was, to say the least, turbulent. Born in the class of *noblesse de robe,* hereditary magistrates and civil servants, he was twice a novice with the Jesuits and twice left the novitiate

to be a soldier. He then spent eight years as a Benedictine monk. While laboring by day on the great Benedictine works of erudition, he wrote secretly by night a novel of passion and adventure. He escaped from his monastery, fled to England and lived there and in Holland for six years, tutoring and writing. He returned to France and again left suddenly for England, where probably he was jailed for forgery. During most of these wanderings he was accompanied by a notorious Dutch adventuress. At length, in 1742, he settled finally in France, and there spent twenty peaceful, laborious years.

L'Abbé Prévost. From a reproduction in History of Manon Lescaut, *Société des Beaux-Arts edition, 1905*

His literary production was enormous: some 112 volumes, though of these nearly half were translations from Latin, English, and Dutch. A great admirer of England, he revealed to the French the sentimental novels of Samuel Richardson, which were to have a profound effect on Rousseau and others. As an original writer he produced a new kind of *novel of adventure.* He was a born storyteller, fecund of invention, vigorous in style. He was the first to assert in the novel the *rights of passion;* these rights were to be reasserted by other novelists for many a long year. He introduced also the dark and somber hero, victim of a fatal, overwhelming love. We shall meet this young gentleman again, when we come to Romanticism. It is evident that we are now in the stage of *préromantisme,* that the Romantic principles and characters are taking form.

A Tale of the Irresistible

The only one of Prevost's works that is generally read today is *Manon Lescaut.* This appeared in 1731, as one volume of his *Mémoires d'un homme de qualité.* No doubt it owes much to Prevost's own experiences. It is a story of love the destroyer. Our hero, the Chevalier des Grieux, becomes a prisoner of love at his first sight of the alluring Manon, just like Tristan when he drank the love philter. He soon learns the worst about his mistress: that she has an animal desire for ease and luxury, that she can hardly distinguish a lie from the truth, that she can barely be faithful to her lover for a week, that duplicity and crime are more natural to her than any honorable dealing. She is an instinctive creature, totally unmoral. But knowing all this, the hero deliberately sacrifices for her his standing in the world, his honor, perhaps his soul. For her he becomes a thief, a cardsharp, a murderer. He accepts every degradation, even the sale of her favors, for he loves her. And the spell she casts bewitches us, so far away.

The book is essentially the psychological study of two tragic characters, recognizable and sympathetic. It is also a remarkably vivid picture of the underworld of Paris during the Regency (1715-1724). It is therefore a *roman de moeurs.* It has another importance in literary history. The theme may be stated as the revolt of the individual, guided by Nature, against society. This theme will become a favorite with later writers.

During his years abroad in Protestant countries, and while in the company of Catholics of the Jansenist persuasion, Prévost certainly acquired much knowledge about the theory of Predestination. Questions about fate and personal responsibility became central to Prévost's thought. In *Manon Lescaut,* Chevalier des Grieux weepingly insists that his

criminal acts were the fault of destiny, the social structure, other people, anything and anyone but himself. For us today, the issue of responsibility, or lack of it, is likely the main interest of his novel.

The story, so tense, passionate, and true, still stirs and moves the readers. Many a modern chooses to read it to the accompaniment of faint music, strains from the *Manon* operas of Jules Massenet and Giacomo Puccini.

❧ ❧ ❧

HISTOIRE DE MANON LESCAUT[1]

[*Selection*]

[*The author tells how he met, in a small village near Paris, a band of a dozen prostitutes, shackled, under police guard. They were being led to the French port city of Le Havre to be deported to America (the ends of the earth in those days). One beautiful, shamefaced girl attracts his attention. Beside her walks a young gentleman, weeping. The author draws him out, and learns that he proposes to accompany the girl to Louisiana. Two years go by. The author again encounters the young man, in a most wretched state, and has from him the story that follows.*]

J'avais dix-sept ans, et j'achevais mes études de philosophie[2] à Amiens,[3] où mes parents, qui sont d'une des meilleures maisons de P...[4] m'avaient envoyé. Je menais une vie si sage et si réglée, que mes maîtres me proposaient pour l'exemple du collège. Non que je fisse des efforts extraordinaires pour mériter cet éloge; mais j'ai l'humeur naturellement douce et tranquille: je m'appliquais à l'étude par inclination, et l'on me comptait pour des vertus quelques marques d'aversion naturelle pour le vice. Ma naissance, le succès de mes études et quelques agréments[5] extérieurs m'avaient fait connaître et estimer de tous les honnêtes gens de la ville.

J'achevai mes exercices publics[6] avec une approbation si générale, que M. l'évêque, qui y assistait, me proposa d'entrer dans l'état ecclésiastique, où je ne manquerais pas, disait-il, de m'attirer plus de distinction que dans l'ordre de Malte,[7] auquel mes parents me destinaient. Ils me faisaient déjà porter la croix,[8] avec le nom de chevalier des Grieux. Les vacances arrivant, je me préparais à retourner chez mon père, qui m'avait promis de m'envoyer bientôt à l'Académie.[9]

Mon seul regret, en quittant Amiens, était d'y laisser un ami avec lequel j'avais toujours été tendrement uni. Il était de quelques années plus âgé que moi. Nous avions été élevés ensemble; mais le bien de sa maison étant des plus médiocres,[10] il était obligé de prendre l'état ecclésiastique, et de demeurer à Amiens après moi, pour y faire les études qui conviennent à cette profession. Il avait mille bonnes qualités.

1. *Manon Lescaut* is written in very easy, fast-moving French. One may read it almost as rapidly as English, if one endeavors to absorb the whole meaning of the French without mental translation.
2. Philosophy was (and to some degree still is) the mainstay of study in the final year of French lycées.
3. *Amiens:* city in northern France.
4. *P...:* probably Péronne, near Amiens.
5. *agréments:* attractive qualities.
6. *exercices publics:* graduation exercises (*roughly*).
7. *ordre de Malte:* Knights of Malta, originally Knights of St. John of Jerusalem, or Knights Hospitalers, a military order in the service of the Church. (In the eighteenth century it had become largely a device by which young gentlemen, binding themselves to celibacy, could receive ecclesiastical revenues.)
8. *croix:* the Maltese cross of the Knights of Malta.
9. *l'Académie:* school of equitation, fencing, etc.
10. *médiocres = modestes.*

Vous le connaîtrez par les meilleures, dans la suite de mon histoire, et surtout par un zèle et une générosité en amitié, qui surpassent les plus célèbres exemples de l'antiquité. Si j'eusse alors suivi ses conseils, j'aurais toujours été sage et heureux. Si j'avais du moins profité de ses reproches dans le précipice où mes passions m'ont entraîné, j'aurais sauvé quelque chose du naufrage de ma fortune et de ma réputation. Mais il n'a point recueilli d'autre fruit de ses soins que le chagrin de les voir inutiles, et quelquefois durement récompensés par un ingrat qui s'en offensait et qui les traitait d'importunités.[11]

J'avais marqué le temps[12] de mon départ d'Amiens. Hélas! que ne le marquai-je un jour plus tôt! j'aurais porté chez mon père toute mon innocence. La veille même de celui que je devais quitter cette ville, étant à me promener avec mon ami, qui s'appelait Tiberge, nous vîmes arriver le coche d'Arras,[13] et nous le suivîmes jusqu'à l'hôtellerie où ces voitures descendent. Nous n'avions pas d'autre motif que la curiosité. Il en sortit quelques femmes qui se retirèrent aussitôt. Mais il en resta une, fort jeune, qui s'arrêta seule dans la cour, pendant qu'un homme d'un âge avancé, qui paraissait lui servir de conducteur, s'empressait pour faire tirer son équipage[14] des paniers.[15] Elle me parut si charmante, que moi, qui n'avais jamais pensé à la différence des sexes, ni regardé une fille avec un peu d'attention; moi, dis-je, dont tout le monde admirait la sagesse et la retenue,[16] je me trouvai enflammé tout d'un coup jusqu'au transport. J'avais le défaut d'être excessivement timide et facile à déconcerter; mais loin d'être arrêté alors par cette faiblesse, je m'avançai vers la maîtresse de mon cœur.

Quoiqu'elle fût encore moins âgée que moi, elle reçut mes politesses sans paraître embarrassée.[17] Je lui demandai ce qui l'amenait à Amiens, et si elle y avait quelques personnes de connaissance. Elle me répondit ingénument qu'elle y était envoyée par ses parents pour être religieuse.[18] L'amour me rendait déjà si éclairé, depuis un moment qu'il était dans mon cœur, que je regardai ce dessein comme un coup mortel pour mes désirs. Je lui parlai d'une manière qui lui fit comprendre mes sentiments, car elle était bien plus expérimentée que moi: c'était malgré elle qu'on l'envoyait au couvent, pour arrêter sans doute son penchant au plaisir, qui s'était déjà déclaré, et qui a causé dans la suite tous ses malheurs et les miens. Je combattis la cruelle intention de ses parents par toutes les raisons que mon amour naissant et mon éloquence scolastique purent me suggérer. Elle n'affecta ni rigueur ni dédain. Elle me dit, après un moment de silence, qu'elle ne prévoyait que trop qu'elle allait être malheureuse; mais que c'était apparemment la volonté du ciel, puis qu'il ne lui laissait nul moyen de l'éviter. La douceur de ses regards, un air charmant de tristesse en prononçant ces paroles, ou plutôt l'ascendant de ma destinée, qui m'entraînait à ma perte, ne me permirent pas de balancer[19] un moment sur ma réponse. Je l'assurai que si elle voulait faire quelque fond[20] sur mon honneur, et sur la tendresse infinie qu'elle m'inspirait déjà, j'emploierais ma vie pour la délivrer de la tyrannie de ses parents, et pour la rendre heureuse. Je me suis étonné mille fois, en y réfléchissant, d'où me venait alors tant de hardiesse et de facilité à m'exprimer; mais on ne ferait pas une divinité de l'amour s'il n'opérait souvent des prodiges. J'ajoutai mille choses pressantes.

Ma belle inconnue savait bien qu'on n'est point trompeur à mon âge: elle me confessa que si je voyais quelque jour[21] à

11. *les traitait d'importunités:* called them undue liberties.
12. *marqué le temps:* fixed the date.
13. *Arras:* city near Amiens.
14. *équipage:* baggage.
15. *paniers:* baskets, wicker baggage containers fore and aft of the coach.
16. *retenue:* restraint, modesty.
17. Notice how character is immediately suggested.
18. *religieuse:* nun.
19. *balancer:* hesitate.
20. *fond:* reliance.
21. *jour:* here, possibility.

la pouvoir mettre en liberté, elle croirait m'être redevable de quelque chose de plus cher que la vie. Je lui répétai que j'étais prêt à tout entreprendre; mais n'ayant point assez d'expérience pour imaginer tout d'un coup les moyens de la servir, je m'en tenais à cette assurance générale, qui ne pouvait être d'un grand secours ni pour elle ni pour moi. Son vieil argus[22] étant venu nous rejoindre, mes espérances allaient échouer, si elle n'eût eu assez d'esprit pour suppléer à la stérilité du mien. Je fus surpris, à l'arrivée de son conducteur, qu'elle m'appelât son cousin, et que, sans paraître déconcertée le moins du monde, elle me dit que puisqu'elle était assez heureuse pour me rencontrer à Amiens, elle remettait au lendemain son entrée dans le couvent, afin de se procurer le plaisir de souper avec moi. J'entrai fort bien dans le sens de cette ruse; je lui proposai de se loger dans une hôtellerie dont le maître, qui s'était établi à Amiens après avoir été longtemps cocher de mon père, était dévoué entièrement à mes ordres.

Je l'y conduisis moi-même, tandis que le vieux conducteur paraissait un peu murmurer, et que mon ami Tiberge, qui ne comprenait rien à cette scène, me suivait sans prononcer une parole. Il n'avait point entendu notre entretien. Il était demeuré à se promener dans la cour pendant que je parlais d'amour à ma belle maîtresse. Comme je redoutais sa sagesse, je me défis de lui par une commission dont je le priai de se charger. Ainsi j'eus le plaisir, en arrivant à l'auberge, d'entretenir seule la souveraine de mon cœur.

Je reconnus bientôt que j'étais moins enfant que je ne le croyais. Mon cœur s'ouvrit à mille sentiments de plaisir dont je n'avais jamais eu l'idée. J'étais dans une espèce de transport qui m'ôta pour quelque temps la liberté de la voix, et qui ne s'exprimait que par mes yeux.

Mlle Manon Lescaut, c'est ainsi qu'elle me dit qu'on la nommait, parut fort satisfaite de cet effet de ses charmes. Je crus apercevoir qu'elle n'était pas moins émue que moi. Elle me confessa qu'elle me trouvait aimable, et qu'elle serait ravie de m'avoir obligation de sa liberté. Elle voulut savoir qui j'étais, et cette connaissance augmenta son affection, parce qu'étant d'une naissance commune, elle se trouva flattée d'avoir fait la conquête d'un amant tel que moi. Nous nous entretînmes des moyens d'être l'un à l'autre.

Après quantité de réflexions, nous ne trouvâmes point d'autre voie que celle de la fuite. Il fallait tromper la vigilance du conducteur qui était un homme à ménager,[23] quoiqu'il ne fût qu'un domestique. Nous réglâmes que je ferias préparer pendant la nuit une chaise de poste,[24] et que je reviendrais de grand matin[25] à l'auberge, avant qu'il fût éveillé; que nous nous déroberions secrètement, et que nous irions droit à Paris, ou nous nous ferions marier en arrivant. J'avais environ cinquante écus,[26] qui étaient le fruit de mes petites épargnes; elle en avait à peu près le double. Nous nous imaginâmes, comme des enfants sans expérience, que cette somme ne finirait jamais, et nous ne comptâmes pas moins sur le succès de nos autres mesures.

Après avoir soupé, avec plus de satisfaction que je n'en avais jamais ressenti, je me retirai pour exécuter mon projet. Mes arrangements furent d'autant plus faciles, qu'ayant eu dessein de retourner le lendemain chez mon père, mon petit équipage était déjà préparé. Je n'eus donc nulle peine à faire transporter ma malle, et à faire tenir une chaise prête pour cinq heures du matin; c'était le temps où les portes de la ville devaient être ouvertes; mais je trouvai un obstacle dont je ne me défiais point,[27] et qui faillit de rompre entièrement mon dessein.

22. *argus:* guardian. Argus was the hundred-eyed watchman set by Juno to watch a rival.
23. *à ménager:* to be handled carefully.
24. *chaise de poste:* light carriage for one or two passengers.
25. *de grand matin:* very early.
26. *écus:* crowns (coins worth 3 francs).
27. *dont je...point:* which I did not suspect.

Tiberge, quoique âgé seulement de trois ans plus que moi, était un garçon d'un sens mûr et d'une conduite fort réglée. Il m'aimait avec une tendresse extraordinaire. La vue d'une aussi jolie fille que Mlle Manon, mon empressement à la conduire, et le soin que j'avais eu de me défaire de lui en l'éloignant,[28] lui firent naître quelques soupçons de mon amour. Il n'avait osé revenir à l'auberge où il m'avait laissé, de peur de m'offenser par son retour; mais il était allé m'attendre à mon logis, où je le trouvai en arrivant, quoiqu'il fût dix heures du soir. Sa présence me chagrina. Il s'aperçut facilement de la contrainte qu'elle me causait. « Je suis sûr, me dit-il sans déguisement, que vous méditez quelque dessein que vous voulez me cacher; je le vois à votre air. » Je lui répondis assez brusquement que je n'étais pas obligé de lui rendre compte de tous mes desseins. « Non, reprit-il; mais vous m'avez toujours traité en ami, et cette qualité suppose un peu de confiance et d'ouverture. »[29] Il me pressa si fort et si longtemps de lui découvrir mon secret, que n'ayant jamais eu de réserve avec lui, je lui fis l'entière confidence de ma passion. Il la reçut avec une apparence de mécontentement qui me fit frémir. Je me repentis surtout de l'indiscrétion avec laquelle je lui avais découvert le dessein de ma fuite. Il me dit qu'il était trop parfaitement mon ami pour ne pas s'y opposer de tout son pouvoir; qu'il voulait me représenter d'abord tout ce qu'il croyait capable de m'en détourner; mais que si je ne renonçais pas ensuite à cette misérable résolution, il avertirait des personnes qui pourraient l'arrêter à coup sûr. Il me tint là-dessus un discours sérieux qui dura plus d'un quart d'heure, et qui finit encore par la menace de me dénoncer, si je ne lui donnais ma parole de me conduire avec plus de sagesse et de raison.

J'étais au désespoir de m'être trahi si mal à propos. Cependant, l'amour m'ayant ouvert extrêmement l'esprit depuis deux

Costumes for a Manon Lescaut *stage production. Courtesy of Bibliothèque nationale de France*

ou trois heures, je fis attention que je ne lui avais pas découvert que mon dessein devait s'exécuter le lendemain, et je résolus de le tromper à la faveur d'une équivoque.[30] « Tiberge, lui dis-je, j'ai cru jusqu'à présent que vous étiez mon ami, et j'ai voulu vous éprouver par cette confidence. Il est vrai que j'aime, je ne vous ai pas trompé; mais, pour ce qui regarde ma fuite, ce n'est point une entreprise à former au hasard. Venez me prendre demain à neuf heures; je vous ferai voir, s'il se peut, ma maîtresse, et vous jugerez si elle mérite que je fasse cette démarche pour elle. » Il me laissa seul après mille protestations d'amitié.

J'employai la nuit à mettre ordre à mes affaires, et, m'étant rendu à l'hôtellerie de Mlle Manon vers la pointe du jour, je la trouvai qui m'attendait. Elle était à sa fenêtre, qui donnait sur la rue; de sorte que, m'ayant aperçu, elle vint m'ouvrir elle-même. Nous sortîmes sans bruit. Elle n'avait point d'autre équipage que son linge, dont je me chargeai moi-même. La chaise était en état de partir: nous nous éloignâmes aussitôt de la ville.

28. *en l'éloignant:* by sending him away.
29. *ouverture:* frankness.

30. *équivoque:* ambiguous expression, double meaning.

Je rapporterai dans la suite quelle fut la conduite de Tiberge lorsqu'il s'aperçut que je l'avais trompé. Son zèle n'en devint pas moins ardent. Vous verrez à quel excès il le porta, et combien je devrais verser de larmes en songeant quelle en a été la récompense.

Nous nous hâtâmes tellement d'avancer que nous arrivâmes à Saint-Denis[31] avant la nuit. J'avais couru à cheval à côté de la chaise, ce qui ne nous avait guère permis de nous entretenir qu'en changeant de chevaux, mais lorsque nous nous vîmes si proche de Paris, c'est-à-dire presque en sûreté, nous prîmes le temps de nous rafraîchir, n'ayant rien mangé depuis notre départ d'Amiens. Quelque passionné que je fusse pour Manon, elle sut me persuader qu'elle ne l'était pas moins pour moi. Nous étions si peu réservés dans nos caresses que nous n'avions pas la patience d'attendre que nous fussions seuls. Nos postillons et nos hôtes nous regardaient avec admiration, et je remarquai qu'ils étaient surpris de voir deux enfants de notre âge qui paraissaient s'aimer jusqu'à la fureur.

Nos projets de mariage furent oubliés à Saint-Denis; nous fraudâmes époux sans y avoir fait réflexion. Il est sûr que, du naturel tendre et constant dont je suis, j'étais[32] heureux pour toute ma vie si Manon m'eût été fidèle. Plus je la connaissais, plus je découvrais en elle de nouvelles qualités aimables. Son esprit, son cœur, sa douceur et sa beauté, formaient une chaîne si forte et si charmante que j'aurais mis tout mon bonheur à n'en sortir jamais. Terrible changement! ce qui fait mon désespoir a pu faire ma félicité! je me trouve le plus malheureux de tous les hommes par cette même constance dont je devais attendre le plus doux de tous les sorts et les plus parfaites récompenses de l'amour.

Nous prîmes un appartement meublé à Paris. Ce fut dans la rue V…,[33] et, pour mon malheur, auprès de la maison de M. de B…, célèbre fermier-géneral.[34] Trois semaines se passèrent, pendant lesquelles j'avais été si rempli de ma passion que j'avais peu songé à ma famille et au chagrin que mon père avait dû ressentir de mon absence. La tranquillité où nous vivions servit à me faire rappeler peu à peu l'idée de mon devoir.

Je résolus de me réconcilier, s'il était possible, avec mon père. Ma maîtresse était si aimable, que je ne doutai point qu'elle ne pût lui plaire si je trouvais moyen de lui faire connaître sa sagesse et son mérite: en un mot, je me flattai d'obtenir de lui la liberté de l'épouser, ayant été désabusé de l'espérance de le pouvoir sans son consentement. Je communiquai ce projet à Manon; et je lui fis entendre qu'outre les motifs de l'amour et du devoir, celui de la nécessité pouvait y entrer aussi pour quelque chose, car nos fonds étaient extrêmement altérés,[35] et je commençais à revenir de l'opinion qu'ils étaient inépuisables.

Manon reçut froidement cette proposition. Cependant, les difficultés qu'elle y opposa n'étant prises que de sa tendresse même, et de la crainte de me perdre si mon père n'entrait point dans notre dessein après avoir connu le lieu de notre retraite, je n'eus pas le moindre soupçon du coup cruel qu'on se préparait à me porter. A l'objection de la nécessité, elle répondit qu'il nous restait encore de quoi vivre quelques semaines, et qu'elle trouverait après cela des ressources dans l'affection de quelques parents à qui elle écrirait en province.

Je lui avais laissé la disposition de notre bourse et le soin de payer notre dépense ordinaire. Je m'aperçus peu après que notre

31. Saint-Denis, 3 miles from Paris, 70 miles from Amiens.
32. *j'étais = j'aurais été.*
33. *la rue V…:* rue Vivienne, where financial magnates lived.
34. *fermier-général:* tax farmer. (These men bought from the government the right to collect taxes. To reimburse themselves and make a profit, they

wrung the taxpayer dry, and were universally hated. One such *fermier-général* was the great scientist Antoine Lavoisier, the founder of modern chemistry. He was beheaded in the French Revolution along with many of his fellow tax collectors.)
35. *altérés:* here, diminished.

table était mieux servie, et qu'elle s'était donné quelques ajustements[36] d'un prix considérable. Comme je n'ignorais pas qu'il devait nous rester à peine douze ou quinze pistoles,[37] je lui marquai mon étonnement de cette augmentation apparente de notre opulence. Elle me pria, en riant, d'être sans embarras. « Ne vous ai-je pas promis, me dit-elle, que je trouverais des ressources? »

Je l'aimais avec trop de simplicité pour m'alarmer facilement.

Un jour que j'étais sorti l'après-midi, et que je l'avais avertie que je serais dehors plus longtemps qu'à l'ordinaire, je fus étonné qu'à mon retour on me fît attendre deux ou trois minutes à la porte. Nous n'étions servis que par une petite fille qui était à peu près de notre âge. Étant venue m'ouvrir, je lui demandai pourquoi elle avait tardé si longtemps. Elle me répondit, d'un air embarrassé, qu'elle ne m'avait point entendu frapper. Je n'avais frappé qu'une fois; je lui dis: « Mais si vous ne m'avez pas entendu, pourquoi êtes-vous venue m'ouvrir? » Cette question la déconcerta si fort que, n'ayant point assez de présence d'esprit pour y répondre, elle se mit à pleurer en m'assurant que ce n'était point sa faute, et que madame lui avait défendu d'ouvrir la porte jusqu'à ce que M. de B…fût sorti par l'autre escalier qui répondait au cabinet.[38] Je demeurai si confus, que je n'eus point la force d'entrer dans l'appartement. Je pris le parti de descendre, sous prétexte d'une affaire, et j'ordonnai à cette enfant de dire à sa maîtresse que je retournerais dans le moment, mais de ne pas faire connaître qu'elle m'eût parlé de M. de B…

Ma consternation fut si grande, que je versais des larmes en descendant l'escalier, sans savoir encore de quel sentiment elles partaient. J'entrai dans le premier café; et m'y étant assis près d'une table, j'appuyai ma tête sur mes deux mains, pour y développer ce qui se passait dans mon cœur. Je n'osais rappeler ce que je venais d'entendre. Je voulais le considérer comme une illusion; et je fus près, deux ou trois fois, de retourner au logis sans marquer que j'y eusse fait attention. Il me paraissait si impossible que Manon m'eût trahi, que je craignais de lui faire injure en la soupçonnant. Je l'adorais, cela était sûr; pourquoi l'aurais-je accusée d'être moins sincère et moins constante que moi? Quelle raison aurait-elle eue de me tromper? Je ne connaissais pas mieux mon cœur que le sien. « Non, non, repris-je, il n'est pas possible que Manon me trahisse. Elle n'ignore pas que je ne vis que pour elle; elle sait trop bien que je l'adore. Ce n'est pas là un sujet de me haïr. »

Cependant la visite et la sortie furtive de M. de B…me causaient de l'embarras. Je rappelais aussi les petites acquisitions de Manon, qui me semblaient surpasser nos richesses présentes. Cela paraissait sentir les libéralités d'un nouvel amant. Et cette confiance qu'elle m'avait marquée pour des ressources qui m'étaient inconnues? J'avais peine à donner à tant d'énigmes un sens aussi favorable que mon cœur le souhaitait.

D'un autre côté, je ne l'avais presque pas perdue de vue depuis que nous étions à Paris. Occupations, promenades, divertissements, nous avions toujours été l'un à côté de l'autre: mon Dieu! un instant de séparation nous aurait trop affligés. Il fallait nous dire sans cesse que nous nous aimions; nous serions morts d'inquiétude sans cela. Je ne pouvais donc m'imaginer presque un seul moment où Manon pût s'être occupée d'un autre que moi.

A la fin, je crus avoir trouvé le dénoûment[39] de ce mystère. « M. de B…, dis-je en moi-même, est un homme qui fait de grosses affaires et qui a de grandes relations; les parents de Manon se seront servis de cet homme pour lui faire tenir quelque argent. Elle en a peut-être déjà reçu de lui; il est venu aujourd'hui lui en

36. *ajustements:* adornments.
37. *pistoles:* coins worth, normally, 10 francs.
38. *répondait au cabinet:* connected with the private
room.
39. *dénoûment:* solution.

apporter encore. Elle s'est fait sans doute un jeu de me le cacher, pour me surprendre agréablement. Peut-être m'en aurait-elle parlé si j'étais rentré à l'ordinaire, au lieu de venir ici m'affliger; elle ne me le cachera pas du moins lorsque je lui en parlerai moi-même. »

Je me remplis si fortement de cette opinion, qu'elle eut la force de diminuer beaucoup ma tristesse. Je retournai sur-le-champ au logis. J'embrassai Manon avec ma tendresse ordinaire. Elle me reçut fort bien. J'étais tenté d'abord de lui découvrir mes conjectures, que je regardais plus que jamais comme certaines; je me retins, dans l'espérance qu'il lui arriverait peut-être de me prévenir en m'apprenant tout ce qui s'était passé.

On nous servit à souper. Je me mis à table d'un air fort gai; mais à la lumière de la chandelle, qui était entre elle et moi, je crus apercevoir de la tristesse sur le visage et dans les yeux de ma chère maîtresse. Cette pensée m'en inspira aussi. Je remarquai que ses regards s'attachaient sur moi d'une autre façon qu'ils n'avaient accoutumé. Je ne pouvais démêler si c'était de l'amour ou de la compassion, quoiqu'il me parût que c'était un sentiment doux et languissant. Je la regardai avec la même attention; et peut-être n'avait-elle pas moins de peine à juger de la situation de mon cœur par mes regards. Nous ne pensions ni à parler, ni à manger. Enfin, je vis tomber des larmes de ses beaux yeux: perfides larmes!

« Ah dieux! m'écriai-je, vous pleurez, ma chère Manon, vous êtes affligée jusqu'à pleurer, et vous ne me dites pas un seul mot de vos peines! » Elle ne me répondit que par quelques soupirs qui augmentaient mon inquiétude. Je me levai en tremblant; je la conjurai, avec tous les empressements de l'amour, de me découvrir le sujet de ses pleurs; j'en versai moi-même en essuyant les siens; j'étais plus mort que vif. Un barbare aurait été attendri des témoignages de ma douleur et de ma crainte.

Dans le temps que j'étais ainsi tout occupé d'elle, j'entendis le bruit de plusieurs personnes qui montaient l'escalier. On frappa doucement à la porte. Manon me donna un baiser; et, s'échappant de mes bras, elle entra rapidement dans le cabinet, qu'elle ferma aussitôt sur elle. Je me figurai qu'étant un peu en désordre, elle voulait se cacher aux yeux des étrangers qui avaient frappé. J'allai leur ouvrir moi-même.

A peine avais-je ouvert, que je me vis saisir par trois hommes que je reconnus pour les laquais de mon père. Ils ne me firent point de violence; mais deux d'entre eux m'ayant pris par les bras, le troisième visita mes poches, dont il tira un petit couteau qui était le seul fer que j'eusse sur moi. Ils me demandèrent pardon de la nécessité où ils étaient de me manquer de respect; ils me dirent naturellement qu'ils agissaient par l'ordre de mon père, et que mon frère aîné m'attendait en bas dans un carrosse. J'étais si troublé que je me laissai conduire sans résister et sans répondre. Mon frère était effectivement[40] à m'attendre. On me mit dans le carrosse auprès de lui; et le cocher, qui avait ses ordres, nous conduisit à grand train jusqu'à Saint-Denis. Mon frère m'embrassa tendrement, mais il ne me parla point; de sorte que j'eus tout le loisir dont j'avais besoin pour rêver à mon infortune.

J'y trouvai d'abord tant d'obscurité, que je ne voyais pas de jour à la moindre conjecture. J'étais trahi cruellement, mais par qui? Tiberge fut le premier qui me vint à l'esprit. « Traître! disais-je, c'est fait de ta vie si mes soupçons se trouvent justes. » Cependant je fis réflexion qu'il ignorait le lieu de ma demeure, et qu'on ne pouvait par conséquent l'avoir appris de lui. Accuser Manon, c'est de quoi mon cœur n'osait se rendre coupable. Cette tristesse extraordinaire dont je l'avais vue comme accablée, ses larmes, le tendre baiser qu'elle m'avait donné en se retirant, me paraissaient bien une énigme; mais je

40. *effectivement:* in fact.

me sentais porté à l'expliquer comme un pressentiment de notre malheur commun; et dans le temps que je me désespérais de l'accident qui m'arrachait à elle, j'avais la crédulité de m'imaginer qu'elle était encore plus à plaindre que moi.

Le résultat de ma méditation fut de me persuader que j'avais été aperçu dans les rues de Paris par quelques personnes de connaissance, qui en avaient donné avis à mon père. Cette pensée me consola. Je comptais d'en être quitte pour des reproches, ou pour quelques mauvais traitements qu'il me faudrait essuyer de l'autorité paternelle. Je résolus de les souffrir avec patience, et de promettre tout ce qu'on exigerait de moi, pour me faciliter l'occasion de retourner plus promptement à Paris et d'aller rendre la vie et la joie à ma chère Manon.

Nous arrivâmes en peu de temps à Saint-Denis. Mon frère, surpris de mon silence, s'imagina que c'était un effet de ma crainte. Il entreprit de me consoler en m'assurant que je n'avais rien à redouter de la sévérité de mon père, pourvu que je fusse disposé à rentrer doucement dans le devoir et à mériter l'affection qu'il avait pour moi. Il me fit passer la nuit à Saint-Denis, avec la précaution de faire coucher les trois laquais dans ma chambre.

Ce qui me causa une peine sensible fut de me voir dans la même hôtellerie où je m'étais arrêté avec Manon en venant d'Amiens à Paris. L'hôte et les domestiques me reconnurent et devinèrent en même temps la vérité de mon histoire. J'entendis dire à l'hôte: «Ah! c'est ce joli monsieur qui passait, il y a six semaines, avec une petite demoiselle qu'il aimait si fort. Qu'elle était charmante! Les pauvres enfants, comme ils se caressaient! Pardi! c'est dommage qu'on les ait séparés.» Je feignais de ne rien entendre, et je me laissais voir le moins qu'il m'était possible.

Mon frère avait à Saint-Denis une chaise à deux dans laquelle nous partîmes de grand matin, et nous arrivâmes chez nous le lendemain au soir. Il vit mon père avant moi, pour le prévenir en ma faveur en lui apprenant avec quelle douceur je m'étais laissé conduire, de sorte que j'en fus reçu moins durement que je ne m'y étais attendu. Il se contenta de me faire quelques reproches généraux sur la faute que j'avais commise en m'absentant sans sa permission. Pour ce qui regardait ma maîtresse, il me dit que j'avais bien mérité ce qui venait de m'arriver en me livrant à une inconnue; qu'il avait eu meilleure opinion de ma prudence; mais qu'il espérait que cette petite aventure me rendrait plus sage. Je ne pris ce discours que dans le sens qui s'accordait avec mes idées. Je remerciai mon père de la bonté qu'il avait de me pardonner, et je lui promis de prendre une conduite plus soumise et plus réglée. Je triomphais au fond du cœur; car, de la manière dont les choses s'arrangeaient, je ne doutais point que je n'eusse la liberté de me dérober de la maison, même avant la fin de la nuit.

On se mit à table pour souper; on me railla sur ma conquête d'Amiens et sur ma fuite avec cette fidèle maîtresse. Je reçus les coups de bonne grâce; j'étais même charmé qu'il me fût permis de m'entretenir de ce qui m'occupait continuellement l'esprit. Mais quelques mots lâchés par mon père me firent prêter l'oreille avec la dernière attention. Il parla de perfidie, et de service intéressé, rendu par M. de B…Je demeurai interdit, en lui entendant prononcer ce nom, et je le priai humblement de s'expliquer davantage. Il se tourna vers mon frère pour lui demander s'il ne m'avait pas raconté toute l'histoire. Mon frère lui répondit que je lui avais paru si tranquille sur la route, qu'il n'avait pas cru que j'eusse besoin de ce remède pour me guérir de ma folie. Je remarquai que mon père balançait s'il achèverait de s'expliquer. Je l'en suppliai si instamment qu'il me satisfit, ou plutôt qu'il m'assassina cruellement par le plus horrible de tous les récits.

Il me demanda d'abord si j'avais toujours eu la simplicité de croire que je fusse aimé de ma maîtresse. Je lui dis hardiment que j'en étais si sûr, que rien ne

pouvait m'en donner la moindre défiance. « Ha, ha, ha, s'écria-t-il en riant de toute sa force, cela est excellent! Tu es une jolie dupe, et j'aime à te voir dans ces sentiments-là. C'est grand dommage, mon pauvre chevalier, de te faire entrer dans l'ordre de Malte, puisque tu as tant de disposition à faire un mari patient et commode. » Il ajouta mille railleries de cette force sur ce qu'il appelait ma sottise et ma crédulité.

Enfin, comme je demeurais dans le silence, il continua de me dire que suivant le calcul qu'il pouvait faire du temps, depuis mon départ d'Amiens, Manon m'avait aimé environ douze jours: « Car, ajouta-t-il, je sais que tu partis d'Amiens le 28 de l'autre mois; nous sommes au 29 du présent: il y en a onze que M. de B...m'a écrit; je suppose qu'il lui en ait fallu huit pour lier une parfaite connaissance avec ta maîtresse: ainsi, qui ôte onze et huit de trente et un jours qu'il y a depuis le 28 d'un mois jusqu'au 29 de l'autre, reste douze,[41] un peu plus ou moins. » Là-dessus les éclats de rire recommencèrent.

J'écoutais tout avec un saisissement de cœur auquel j'appréhendais de ne pouvoir résister jusqu'à la fin de cette triste comédie. « Tu sauras donc, reprit mon père, puisque tu l'ignores, que M. de B...a gagné le cœur de ta princesse; car il se moque de moi, de prétendre me persuader que c'est par un zèle désintéressé pour mon service, qu'il a voulu te l'enlever. C'est bien d'un homme tel que lui, de qui d'ailleurs je ne suis pas connu, qu'il faut attendre des sentiments si nobles! Il a su d'elle que tu es mon fils; et, pour se délivrer de tes importunités, il m'a écrit le lieu de ta demeure et le désordre où tu vivais, en me faisant entendre qu'il fallait main-forte[42] pour s'assurer de toi. Il s'est offert de me faciliter les moyens de te saisir au collet;[43] et c'est par sa direction et celle de ta maîtresse même, que ton frère a trouvé le moment de te prendre sans vert.[44] Félicite-toi maintenant de la durée de ton triomphe. Tu sais vaincre assez rapidement, chevalier, mais tu ne sais pas conserver tes conquêtes. »

Je n'eus pas la force de soutenir plus longtemps un discours dont chaque mot m'avait percé le cœur. Je me levai de table, et je n'avais pas fait quatre pas pour sortir de la salle, que je tombai sur le plancher, sans sentiment et sans connaissance. On me les rappela par de prompts secours. J'ouvris les yeux pour verser un torrent de pleurs, et la bouche pour proférer les plaintes les plus tristes et les plus touchantes. Mon père, qui m'a toujours aimé tendrement, s'employa avec toute son affection pour me consoler. Je l'écoutais, mais sans l'entendre. Je me jetai à ses genoux, je le conjurai, en joignant les mains, de me laisser retourner à Paris, pour aller poignarder B... « Non, disais-je, il n'a pas gagné le cœur de Manon; il lui a fait violence, il l'a séduite par un charme ou par un poison; il l'a peut-être forcée brutalement. Manon m'aime. Ne le sais-je pas bien? Il l'aura menacée, le poignard à la main, pour la contraindre de m'abandonner. Que n'aura-t-il pas fait pour me ravir une si charmante maîtresse! O dieux! dieux! serait-il possible que Manon m'eût trahi et qu'elle eût cessé de m'aimer! »

Comme je parlais toujours de retourner promptement à Paris, et que je me levais même à tous moments pour cela, mon père vit bien que dans le transport où j'étais, rien ne serait capable de m'arrêter. Il me conduisit dans une chambre haute, où il laissa deux domestiques avec moi pour me garder à vue. Je ne me possédais point. J'aurais donné mille vies pour être seulement un quart d'heure à Paris. Je compris que m'étant déclaré si ouvertement, on ne me permettrait pas aisément de sortir de ma chambre. Je mesurai des yeux la hauteur des fenêtres. Ne voyant nulle possibilité de m'échapper par cette voie, je m'adressai doucement à mes deux domestiques. Je m'engageai, par mille serments, à faire un

41. *qui ôte...reste douze:* the regular formula for subtraction.
42. *main-forte:* physical force.
43. *collet:* collar.
44. *sans vert:* off guard.

jour leur fortune s'ils voulaient consentir à mon évasion. Je les pressai, je les caressai, je les menaçai; mais cette tentative fut encore inutile. Je perdis alors toute espérance. Je résolus de mourir; et je me jetai sur un lit avec le dessein de ne le quitter qu'avec la vie. Je passai la nuit et le jour suivant dans cette situation. Je refusai la nourriture qu'on m'apporta le lendemain.

Mon père vint me voir l'après-midi. Il eut la bonté de flatter mes peines par les plus douces consolations. Il m'ordonna si absolument de manger quelque chose que je le fis par respect pour ses ordres. Quelques jours se passèrent pendant lesquels je ne pris rien qu'en sa présence et pour lui obéir. Il continuait toujours de m'apporter les raisons qui pouvaient me ramener au bon sens et m'inspirer du mépris pour l'infidèle Manon. Il est certain que je ne l'estimais plus: comment aurais-je estimé la plus volage[45] et la plus perfide de toutes les créatures? Mais son image, les traits charmants que je portais au fond du cœur, y subsistaient toujours; je le sentais bien. « Je puis mourir, disais-je; je le devrais même, après tant de honte et de douleur; mais je souffrirais mille morts sans pouvoir oublier l'ingrate Manon. »

Mon père était surpris de me voir toujours si fortement touché. Il me connaissait des principes d'honneur, et, ne pouvant douter que sa[46] trahison ne me la fît mépriser, il s'imagina que ma constance venait moins de cette passion en particulier que d'un penchant général pour les femmes. Il s'attacha tellement à cette pensée que, ne consultant que sa tendre affection, il vint un jour m'en faire l'ouverture. « Chevalier, me dit-il, j'ai eu dessein jusqu'à présent de te faire porter la croix de Malte; mais je vois que tes inclinations ne sont point tournées de ce côté-là; tu aimes les jolies femmes; je suis d'avis de t'en chercher une qui te plaise. Explique-moi naturellement ce que tu penses là-dessus. »

Je lui répondis que je ne mettais plus de distinction entre les femmes, et qu'après

le malheur qui venait de m'arriver, je les détestais toutes également. « Je t'en chercherai une, reprit mon père en souriant, qui ressemblera à Manon et qui sera plus fidèle. »

—Ah! si vous avez quelque bonté pour moi, lui dis-je, c'est elle qu'il faut me rendre. Soyez sûr, mon cher père, qu'elle ne m'a point trahi; elle n'est pas capable d'une si noire et si cruelle lâcheté. C'est le perfide B…qui nous trompe, vous, elle et moi. Si vous saviez combien elle est tendre et sincère, si vous la connaissiez, vous l'aimeriez vous-même.

—Vous êtes un enfant, repartit mon père. Comment pouvez-vous vous aveugler jusqu'à ce point, après ce que je vous ai raconté d'elle? C'est elle-même qui vous a livré à votre frère. Vous devriez oublier jusqu'à son nom et profiter, si vous êtes sage, de l'indulgence que j'ai pour vous. »

Je reconnaissais trop clairement qu'il avait raison. C'était un mouvement involontaire qui me faisait prendre ainsi le parti de mon infidèle. « Hélas! repris-je, après un moment de silence, il n'est que trop vrai que je suis le malheureux objet de la plus lâche de toutes les perfidies. Oui, continuai-je, en versant des larmes de dépit, je vois bien que je ne suis qu'un enfant. Ma crédulité ne leur coûtait guère à tromper. Mais je sais bien ce que j'ai à faire pour me venger. »

Mon père voulut savoir quel était mon dessein. « J'irai à Paris, lui dis-je, je mettrai le feu à la maison de B…, et je le brûlerai tout vif avec la perfide Manon. »

Cet emportement fit rire mon père, et ne servit qu'à me faire garder plus étroitement dans ma prison. J'y passai six mois entiers, pendant le premier desquels il y eut peu de changement dans mes dispositions. Tous mes sentiments n'étaient qu'une alternative perpétuelle de haine et d'amour, d'espérance ou de désespoir, selon l'idée sous laquelle Manon s'offrait à mon esprit. Tantôt je ne considérais en elle que la plus aimable de toutes les filles, et

45. *volage*: fickle.

46. *sa = de Manon.*

je languissais du désir de la revoir; tantôt je n'y apercevais qu'une lâche et perfide maîtresse, et je faisais mille serments de ne la chercher que pour la punir. On me donna des livres, qui servirent à rendre un peu de tranquillité à mon âme. Je relus tous mes auteurs; j'acquis de nouvelles connaissances; je repris un goût infini pour l'étude. Vous verrez de quelle utilité il me fut dans la suite. Les lumières, que je devais à l'amour, me firent trouver de la clarté dans quantité d'endroits d'Horace et de Virgile, qui m'avaient paru obscurs auparavant. Je fis un commentaire amoureux sur le quatrième livre de l'Énéide;[47] je le destine à voir le jour,[48] et je me flatte que le public en sera satisfait. « Hélas! disais-je en le faisant, c'était un cœur tel que le mien qu'il fallait à la fidèle Didon. »

Tiberge vint me voir un jour dans ma prison. Je fus surpris du transport avec lequel il m'embrassa. Je n'avais point encore eu de preuves de son affection, qui pussent me la faire regarder autrement que comme une simple amitié de collège, telle qu'elle se forme entre de jeunes gens qui sont à peu près du même âge. Je le trouvai si changé et si formé, depuis cinq ou six mois que j'avais passés sans le voir, que sa figure et le ton de son discours m'inspirèrent du respect. Il me parla en conseiller sage, plutôt qu'en ami d'école; il plaignit l'égarement où j'étais tombé; il me félicita de ma guérison, qu'il croyait avancée; enfin il m'exhorta à profiter de cette erreur de jeunesse pour ouvrir les yeux sur la vanité des plaisirs.

Je le regardai avec étonnement. Il s'en aperçut.

« Mon cher chevalier, me dit-il, je ne vous dis rien qui ne soit solidement vrai, et dont je ne sois convaincu par un sérieux examen. J'avais autant de penchant que vous vers la volupté; mais le ciel m'avait donné en même temps du goût pour la vertu. Je me suis servi de ma raison pour comparer les fruits de l'un et de l'autre, et je n'ai pas tardé longtemps à découvrir leurs différences. Le secours du ciel s'est joint à mes réflexions. J'ai conçu pour le monde un mépris auquel il n'y a rien d'égal. Devineriez-vous ce qui m'y retient, ajouta-t-il, et ce qui m'empêche de courir à la solitude?[49] C'est uniquement la tendre amitié que j'ai pour vous. Je connais l'excellence de votre cœur et de votre esprit; il n'y a rien de bon dont vous ne puissiez vous rendre capable. Le poison du plaisir vous a fait écarter du chemin. Quelle perte pour la vertu! Votre fuite d'Amiens m'a causé tant de douleur que je n'ai pas goûté depuis un seul moment de satisfaction. Jugez-en par les démarches qu'elle m'a fait faire. » Il me raconta qu'après s'être aperçu que je l'avais trompé et que j'étais parti avec ma maîtresse, il était monté à cheval pour me suivre; mais qu'ayant sur lui quatre ou cinq heures d'avance, il lui avait été impossible de me joindre; qu'il était arrivé néanmoins à Saint-Denis une demi-heure après mon départ; qu'étant bien certain que je me serais arrêté à Paris, il y avait passé six semaines à me chercher inutilement; qu'il allait dans tous les lieux où il se flattait de pouvoir me trouver, et qu'un jour enfin il avait reconnu ma maîtresse à la comédie; qu'elle y était dans une parure si éclatante qu'il s'était imaginé qu'elle devait cette fortune à un nouvel amant; qu'il avait suivi son carrosse jusqu'à sa maison, et qu'il avait appris d'un domestique qu'elle était entretenue par les libéralités de M. de B... « Je ne m'arrêtai point là, continua-t-il; j'y retournai le lendemain pour apprendre d'elle-même ce que vous étiez devenu. Elle me quitta

47. Horace and Virgil were ancient Roman authors whose works are among the great classics dealing with love. It is thus quite natural that the lovesick Chevalier would feel moved to write a commentary on Book Four of Virgil's *Aeneid*, which tells of the tragic love of Aeneas and Queen Dido of Carthage. The gods send Aeneas on his way to Italy; Dido kills herself.

(Abbé Prévost does not make it clear whether or not the Chevalier is reading this in translation. Be assured that reading Book Four of the *Aeneid* in the original Latin is one of life's greater challenges.)

48. *le jour:* publication.

49. *courir à la solitude:* i.e., to enter a monastery.

brusquement lorsqu'elle m'entendit parler de vous, et je fus obligé de revenir en province sans aucun autre éclaircissement. J'y appris votre aventure et la consternation extrême qu'elle vous a causée; mais je n'ai pas voulu vous voir sans être assuré de vous trouver plus tranquille.

—Vous avez donc vu Manon? lui répondis-je en soupirant. Hélas! vous êtes plus heureux que moi, qui suis condamné à ne la revoir jamais. » Il me fit des reproches de ce soupir, qui marquait encore de la faiblesse pour elle. Il me flatta si adroitement sur la bonté de mon caractère et sur mes inclinations, qu'il me fit naître, dès cette première visite, une forte envie de renoncer comme lui à tous les plaisirs du siècle pour entrer dans l'état ecclésiastique.

Je goûtai tellement cette idée que, lorsque je me trouvai seul, je ne m'occupai plus d'autre chose. Je me rappelai les discours de M. l'évêque d'Amiens, qui m'avait donné le même conseil, et les présages heureux qu'il avait formé en ma faveur, s'il m'arrivait d'embrasser ce parti.[50] La piété se mêla aussi dans mes considérations. « Je mènerai une vie sage et chrétienne, disais-je; je m'occuperai de l'étude et de la religion, qui ne me permettront point de penser aux dangereux plaisirs de l'amour. Je mépriserai ce que le commun des hommes admire; et, comme je sens assez que mon cœur ne désirera que ce qu'il estime, j'aurai aussi peu d'inquiétudes que de désirs. »

Je formai là-dessus, d'avance, un système de vie paisible et solitaire. J'y faisais entrer une maison écartée, avec un petit bois et un ruisseau d'eau douce au bout du jardin; une bibliothèque composée de livres choisis, un petit nombre d'amis vertueux et de bon sens; une table propre, mais frugale et modérée. J'y joignais un commerce de lettres avec un ami qui ferait son séjour à Paris, et qui m'informerait des nouvelles publiques, moins pour satisfaire ma curiosité que pour me faire un divertissement des folles agitations des hommes. « Ne serai-je pas heureux? ajoutais-je; toutes mes prétentions ne seront-elles point remplies? » Il est certain que ce projet flattait extrêmement mes inclinations; mais, à la fin d'un si sage arrangement, je sentais que mon cœur attendait encore quelque chose, et que, pour n'avoir rien à désirer dans la plus charmante solitude, il y fallait être avec Manon.

Cependant, Tiberge continuant de me rendre de fréquentes visites, dans le dessein qu'il m'avait inspiré, je pris l'occasion d'en faire l'ouverture à mon père. Il me déclara que son intention était de laisser ses enfants libres dans le choix de leur condition,[51] et que, de quelque manière que je voulusse disposer de moi, il ne se réserverait que le droit de m'aider de ses conseils. Il m'en donna de fort sages, qui tendaient moins à me dégoûter de mon projet qu'à me le faire embrasser avec connaissance. Le renouvellement de l'année scolastique approchait; je convins avec Tiberge de nous mettre ensemble au Séminaire de Saint-Sulpice,[52] lui pour achever ses études de théologie et moi pour commencer les miennes. Son mérite, qui était connu de l'évêque du diocèse, lui fit obtenir de ce prélat un bénéfice considérable avant notre départ.

Mon père, me croyant tout à fait revenu de ma passion, ne fit aucune difficulté de me laisser partir. Nous arrivâmes à Paris. L'habit ecclésiastique prit la place de la croix de Malte, et le nom d'abbé des Grieux celle de chevalier. Je m'attachai à l'étude avec tant d'application que je fis des progrès extraordinaires en peu de mois. J'y employais une partie de la nuit, et je ne perdais pas un moment du jour. Ma réputation eut tant d'éclat qu'on me félicitait déjà sur les dignités que je ne pouvais manquer d'obtenir; et, sans l'avoir sollicité, mon nom fut couché sur

50. *parti:* course.
51. *condition: here,* career.

52. *Saint-Sulpice:* famous seminary, conducted by Sulpician order, in Place Saint-Sulpice, Paris.

la feuille des bénéfices.[53] La piété n'était plus négligée; j'avais de la ferveur pour tous les exercices. Tiberge était charmé de ce qu'il regardait comme son ouvrage, et je l'ai vu plusieurs fois répandre des larmes en s'applaudissant de ce qu'il nommait ma conversion.

Que les résolutions humaines soient sujettes à changer, c'est ce qui ne m'a jamais causé d'étonnement: une passion les fait naître, une autre passion peut les détruire: mais quand je pense à la sainteté de celles qui m'avaient conduit à Saint-Sulpice, et à la joie intérieure que le ciel m'y faisait goûter en les exécutant, je suis effrayé de la facilité avec laquelle j'ai pu les rompre. S'il est vrai que les secours célestes sont à tous moments d'une force égale à celle des passions, qu'on m'explique donc par quel funeste ascendant on se trouve emporté tout d'un coup loin de son devoir sans se trouver capable de la moindre résistance, et sans ressentir le moindre remords.

Je me croyais absolument délivré des faiblesses de l'amour. Il me semblait que j'aurais préféré la lecture d'une page de saint Augustin, ou un quart d'heure de la méditation chrétienne, à tous les plaisirs terrestres. Cependant un instant malheureux me fit retomber dans le précipice; et ma chute fut d'autant plus irréparable, que, me trouvant tout d'un coup au même degré de profondeur d'où j'étais sorti, les nouveaux désordres où je tombai me portèrent bien plus loin vers le fond de l'abîme.

J'avais passé près d'un an à Paris sans m'informer des affaires de Manon. Il m'en avait d'abord coûté beaucoup pour me faire cette violence; mais les conseils toujours présents de Tiberge, et mes propres réflexions, m'avaient fait obtenir la victoire. Les derniers mois s'étaient écoulés si tranquillement, que je me croyais sur le point d'oublier éternellement cette charmante et perfide créature. Le temps

arriva auquel je devais soutenir un exercice public dans l'école de théologie; je fis prier plusieurs personnes de considération de m'honorer de leur présence. Mon nom fut ainsi répandu dans tous les quartiers de Paris: il alla jusqu'aux oreilles de mon infidèle. Elle ne le reconnut pas avec certitude, sous le nom d'abbé; mais un reste de curiosité, ou peut-être quelque repentir de m'avoir trahi (je n'ai jamais pu démêler lequel de ces deux sentiments), lui fit prendre intérêt à un nom si semblable au mien; elle vint en Sorbonne[54] avec quelques autres dames. Elle fut présente à mon exercice; et sans doute qu'elle eut peu de peine à me remettre.[55]

Je n'eus pas la moindre connaissance de cette visite. On sait qu'il y a, dans ces lieux, des cabinets particuliers pour les dames, où elles sont cachées derrière une jalousie.[56] Je retournai à Saint-Sulpice, couvert de gloire et chargé de compliments. Il était six heures du soir. On vint m'avertir, un moment après mon retour, qu'une dame demandait à me voir. J'allai au parloir sur-le-champ. Dieux! quelle apparition surprenante! j'y trouvai Manon. C'était elle; mais plus aimable et plus brillante que je ne l'avais jamais vue. Elle était dans sa dix-huitième année. Ses charmes surpassaient tout ce qu'on peut décrire. C'était un air si fin, si doux, si engageant! l'air de l'amour même. Toute sa figure me parut un enchantement.

Je demeurai interdit[57] à sa vue; et ne pouvant conjecturer quel était le dessein de cette visite, j'attendais, les yeux baissés et avec tremblement, qu'elle s'expliquât. Son embarras fut pendant quelque temps égal au mien; mais, voyant que mon silence continuait, elle mit la main devant ses yeux pour cacher quelques larmes. Elle me dit, d'un ton timide, qu'elle confessait que son infidélité méritait ma haine; mais que, s'il était vrai que j'eusse jamais eu quelque tendresse pour elle, il y avait eu, aussi, bien

53. *feuille des bénéfices:* list of those eligible for
 ecclesiastical livings.
54. *Sorbonne:* at the time, the school of theology of
 the University of Paris.

55. *remettre:* recognize.
56. *jalousie:* grill.
57. *interdit:* disconcerted.

de la dureté à laisser passer deux ans sans prendre soin de m'informer de son sort, et qu'il y en avait beaucoup encore à la voir dans l'état où elle était, en ma présence, sans lui dire une parole. Le désordre de mon âme, en l'écoutant, ne saurait être exprimé.

Elle s'assit. Je demeurai debout, le corps à demi tourné, n'osant l'envisager directement. Je commençai plusieurs fois une réponse que je n'eus pas la force d'achever. Enfin je fis un effort pour m'écrier douloureusement: « Perfide Manon! Ah! perfide! perfide! » Elle me répéta, en pleurant à chaudes larmes, qu'elle ne prétendait point justifier sa perfidie. « Que prétendez-vous donc? m'écriai-je encore.

—Je prétends mourir, répondit-elle, si vous ne me rendez votre cœur, sans lequel il est impossible que je vive.

—Demande donc ma vie, infidèle! repris-je en versant moi-même des pleurs que je m'efforçai en vain de retenir; demande ma vie, qui est l'unique chose qui me reste à te sacrifier; car mon cœur n'a jamais cessé d'être à toi. »

A peine eus-je achevé ces derniers mots, qu'elle se leva avec transport, pour venir m'embrasser. Elle m'appela par tous les noms que l'amour invente pour exprimer ses plus vives tendresses. Je n'y répondais encore qu'avec langueur. Quel passage, en effet, de la situation tranquille où j'avais été, aux mouvements tumultueux que je sentais renaître! J'en étais épouvanté. Je frémissais, comme il arrive lorsqu'on se trouve la nuit dans une campagne écartée: on se croit transporté dans un nouvel ordre de choses; on y est saisi d'une horreur secrète dont on ne se remet qu'après avoir considéré longtemps tous les environs.

Nous nous assîmes l'un près de l'autre. Je pris ses mains dans les miennes. « Ah! Manon, lui dis-je en la regardant d'un œil triste, je ne m'étais pas attendu à la noire trahison dont vous avez payé mon amour. Il vous était bien facile de tromper un cœur dont vous étiez la souveraine absolue, et qui mettait toute sa félicité à vous plaire et à vous obéir. Dites-moi maintenant si vous en avez trouvé d'aussi tendres et d'aussi soumis. Non, non, la nature n'en fait guère de la même trempe[58] que le mien. Dites-moi, du moins, si vous l'avez quelquefois regretté. Quel fond[59] dois-je faire sur ce retour de bonté, qui vous ramène aujourd'hui pour le consoler? Je ne vois que trop que vous êtes plus charmante que jamais; mais, au nom de toutes les peines que j'ai souffertes pour vous! belle Manon, dites-moi si vous serez plus fidèle. »

Elle me répondit des choses si touchantes sur son repentir, et elle s'engagea à la fidélité par tant de protestations et de serments, qu'elle m'attendrit à un degré inexprimable. « Chère Manon! lui dis-je, avec un mélange profane d'expressions amoureuses et théologiques, tu es trop adorable pour une créature.[60] Je me sens le cœur emporté par une délectation[61] victorieuse. Tout ce qu'on dit de la liberté[62] à Saint-Sulpice est une chimère. Je vais perdre ma fortune et ma réputation pour toi; je le prévois bien, je lis ma destinée dans tes beaux yeux; mais de quelles pertes ne serai-je pas consolé par ton amour! Les faveurs de la fortune ne me touchent point; la gloire me paraît une fumée; tous mes projets de vie ecclésiastique étaient de folles imaginations; enfin tous les biens différents de ceux que j'espère avec toi sont des biens méprisables, puisqu'ils ne sauraient tenir un moment, dans mon cœur, contre un seul de tes regards. »

En lui promettant néanmoins un oubli général de ses fautes, je voulus être informé de quelle manière elle s'était laissé séduire par B…Elle m'apprit que, l'ayant vue à sa fenêtre, il était devenu passionné pour elle;

58. *trempe:* temper, quality.
59. *fond:* assurance.
60. *créature:* created being (contaminated with original sin, hence vicious).
61. *délectation:* mystic delight.
62. *liberté:* Catholic dogma recognizes free will, man's power to choose between good and evil. But Des Grieux feels so helpless that he can only believe that his surrender is predestined.

qu'il l'avait éblouie par de si magnifiques promesses, qu'elle s'était laissé ébranler par degrés; que je devais juger pourtant de ses remords par la douleur dont elle m'avait laissé voir des témoignages la veille de notre séparation; que, malgré l'opulence dans laquelle il l'avait entretenue, elle n'avait jamais goûté de bonheur avec lui, non seulement parce qu'elle n'y trouvait point, me dit-elle, la délicatesse de mes sentiments et l'agrément de mes manières, mais parce qu'au milieu même des plaisirs qu'il lui procurait sans cesse, elle portait au fond du cœur le souvenir de mon amour et le remords de son infidélité. Elle me parla de Tiberge, et de la confusion extrême que sa visite lui avait causée. « Un coup d'épée dans le cœur, ajouta-t-elle, m'aurait moins ému le sang. Je lui tournai le dos, sans pouvoir soutenir un moment sa présence. »

Elle continua de me raconter par quels moyens elle avait été instruite de mon séjour à Paris, du changement de ma condition, et de mes exercices de Sorbonne. Elle m'assura qu'elle avait été agitée pendant la dispute;[63] qu'elle avait eu beaucoup de peine, non seulement à retenir ses larmes, mais ses gémissements même et ses cris, qui avaient été plus d'une fois sur le point d'éclater. Enfin elle me dit qu'elle était sortie de ce lieu la dernière, pour cacher son désordre,[64] et que, ne suivant que le mouvement de son cœur et l'impétuosité de ses désirs, elle était venue droit au séminaire, avec la résolution d'y mourir, si elle ne me trouvait pas disposé à lui pardonner.

Où trouver un barbare qu'un repentir si vif et si tendre n'eût pas touché! Pour moi, je sentis, dans ce moment, que j'aurais sacrifié pour Manon tous les évêchés du monde chrétien. Je lui demandai quel nouvel ordre elle jugeait à propos de mettre dans nos affaires. Elle me dit qu'il fallait sur-le-champ sortir du séminaire,

et remettre à nous arranger[65] dans un lieu plus sûr. Je consentis à toutes ses volontés sans réplique. Elle entra dans son carrosse pour aller m'attendre au coin de la rue. Je m'échappai un moment après, sans être aperçu du portier. Je montai avec elle. Nous passâmes à la friperie.[66] Je repris les galons[67] et l'épée. Manon fournit aux frais, car j'étais sans un sou; et, dans la crainte que je ne trouvasse de l'obstacle à ma sortie de Saint-Sulpice, elle n'avait pas voulu que je retournasse un moment à ma chambre pour y prendre mon argent. Mon trésor d'ailleurs était médiocre, et elle assez riche des libéralités de B…pour mépriser ce qu'elle me faisait abandonner. Nous conférâmes, chez le fripier même, sur le parti que nous allions prendre.

Pour me faire valoir davantage le sacrifice qu'elle me faisait de B…, elle résolut de ne pas garder avec lui le moindre ménagement.[68] « Je veux lui laisser ses meubles, me dit-elle, ils sont à lui; mais j'emporterai, comme de justice, les bijoux et près de soixante mille francs que j'ai tirés de lui depuis deux ans.[69] Je ne lui ai donné nul pouvoir sur moi, ajouta-t-elle; ainsi nous pouvons demeurer sans crainte à Paris, en prenant une maison commode où nous vivrons heureusement. »

Je lui représentai que s'il n'y avait point de péril pour elle, il y en avait beaucoup pour moi, qui ne manquerais point tôt ou tard d'être reconnu, et qui serais continuellement exposé au malheur que j'avais déjà essuyé. Elle me fit entendre qu'elle aurait du regret à quitter Paris. Je craignais tant de la chagriner, qu'il n'y avait point de hasards que je ne méprisasse pour lui plaire: cependant nous trouvâmes un tempérament[70] raisonnable, qui fut de louer une maison dans quelque village voisin de Paris, d'où il nous serait aisé d'aller à la ville, lorsque le plaisir ou le besoin nous y

63. *dispute:* theological discussion.
64. *désordre:* mental distress.
65. *remettre à nous arranger:* postpone our establishment.
66. *friperie:* secondhand clothing store.
67. *galons:* ribbons, betokening rank.
68. *ménagement:* consideration.
69. Notice this new depth of Des Grieux's degradation; he accepts living on the money of Manon's supporter.
70. *tempérament:* compromise.

appellerait. Nous choisîmes Chaillot,[71] qui n'en est pas éloigné. Manon retourna sur-le-champ chez elle. J'allai l'attendre à la petite porte du jardin des Tuileries.

Elle revint une heure après, dans un carrosse de louage, avec une fille qui la servait, et quelques malles où ses habits et tout ce qu'elle avait de précieux était enfermé.

Nous ne tardâmes point à gagner Chaillot. Nous logeâmes la première nuit à l'auberge, pour nous donner le temps de chercher une maison, ou du moins un appartement commode. Nous en trouvâmes, dès le lendemain, un de notre goût.

[*For the rest of the story, you must read a complete edition of Manon.*]

❖ ❖ ❖

5. Montesquieu

[1689-1755]

An Unlikely Debt

It is one of the great ironies of all time that every democracy in the world owes a great deal to a nobleman who considered monarchy superior to all other forms of government. Montesquieu tremendously influenced the form of government that would one day be instituted in the United States, and after that France, among other nations. Whereas countless Frenchmen of the Enlightenment era liked to call themselves *philosophes*, Montesquieu was a true philosopher, a political theorist of the highest rank.

Montesquieu. From a reproduction in L. Petit de Julleville's Histoire de la Langue et de la Littérature française, *volume VI, 1922*

The Studious Politician

Charles de Secondat, baron de La Brède et de Montesquieu, was of the high *noblesse d'épée;* at the same time he inherited office in the *parlement de Bordeaux* and thus joined the magistrate class, the *noblesse de robe*. His family, long resident in Bordeaux, was enlightened as well as noble and rich. A chance beggar was called in from the street to be the baby Montesquieu's godfather, "in order that he might remember that the poor are our brothers."

The boy was educated to be a magistrate. He spent four observant years in Paris (1709-1713), returned to Bordeaux, became at twenty-seven *président du parlement,* and took an active part in the work of the *Académie de Bordeaux,* making contributions on politics, philosophy, history, mathematics, and science. Throughout his life he studied every imaginable subject, all the while planning to synthesize his knowledge of the world into great works. In 1721 he published the *Lettres persanes*. He made frequent sojourns in Paris,

71. *Chaillot:* now a part of Paris.

where he was welcomed in the literary salons. He spent three years in travel (1728-1731), taking notes on foreign institutions, particularly those of England. He then settled down in his chateau de La Brède near Bordeaux (which one may still visit), studying, writing, and supervising his extensive vineyards. The chief fruit of his labors, *l' Esprit des lois,* appeared in 1748. His was a happy life of study, public service, and rational enjoyment.

As Others See Us

The *Lettres persanes* are a picture of France in the restless years when the French, sick of old Louis XIV's repressive despotism, were eagerly waiting for him to die. The book consists of the correspondence of two Persian visitors to Paris. By this device (not a new one), Montesquieu is enabled to shift his point of view, to describe the familiar with wide-eyed wonder, to reveal the unreasonableness of our conventions, to treat the normal as fantastic and the fantastic as normal, to suggest, in short, that all our beliefs are habits and that our truth is something relative and local. The book is both a *reportage* and a *social satire,* often witty, always intelligent.

Theory of Governments

The culmination of Montesquieu's life of thought is the book which he entitled "*De l'esprit des lois,* ou du rapport que les lois doivent avoir avec la constitution de chaque gouvernement, les moeurs, le climat, la religion, le commerce, etc." The mere title suggests that Montesquieu regards laws as *products of conditions,* not as the immutable decrees of heaven or fate. Since law is the basis of government, his book becomes necessarily a study of political science. Montesquieu explores the history of his subject; he looks abroad to examine the governments of his own time, particularly that of England. And constantly he judges. He attacks slavery, despotism, unjust legal procedures, judicial torture. He concludes that the best government is a moderate one with an equilibrium of legislative, executive, and judicial powers, with a maximum of security for the individual and with a minimum of caprice. In his own time the government of England best fulfilled his requirements.

Montesquieu's ability to not just criticize but actually offer concrete solutions marks him extraordinary. Not since Plato's *Republic* — an ancient Greek blueprint for totalitarian government — had there been such a provocative work of political theory. And the comparative technique at its core meant that there was something to interest people everywhere in *L'Esprit des lois.*

It is a very important book, one which profoundly influenced many others who became in their turn influential. The makers of the American constitution were deeply aware of Montesquieu. The first constitution of the French Republic was based on his prescriptions. And political thinkers today still find in his work a mine of suggestive ideas. The book is, however, hard to read, for it is the product of twenty years of note-taking, insufficiently "melted," as the French say. The thought is too concentrated for easy digestion. But the subject matter is still of such compelling interest that the book remains enormously relevant, and sure to incite spirited debate for a long time to come. Montesquieu was a high-minded man, an idealist, almost an intellectual saint. His courage should not be underestimated. He expressed political ideas of the most radical sort, and was the only one of the radical French philosophers of his age to have the bravery to sign his name to his work. To some extent, he may have felt protected by his standing as a member of the high nobility. Clearly, Montesquieu felt an ethical imperative to stand up publicly for the victims of injustice. He had a deep sense of man's duty toward man. How splendid are his words: "Si j'avais

su quelque chose qui m'eût été utile et qui eût été préjudiciable à ma famille, je l'aurais rejeté de mon esprit. Si j'avais su quelque chose utile à ma famille et qui ne l'eût pas été à ma patrie, je l'aurais cherché à oublier. Si j'avais su quelque chose utile à ma patrie et qui aurait été préjudiciable à l'Europe, ou qui eût été utile à l'Europe et préjudiciable au genre humain, je l'aurais regardé comme un crime."

<div align="center">✤ ✤ ✤</div>

LETTRES PERSANES[1]

[*First Impressions of Paris*]

LETTRE 24. RICA[2] À IBBEN

...Paris est aussi grand qu'Ispahan:[3] les maisons y sont si hautes qu'on jurerait qu'elles ne sont habitées que par des astrologues. Tu juges bien qu'une ville bâtie en l'air, qui a six ou sept maisons les unes sur les autres, est extrêmement peuplée; et que, quand tout le monde est descendu dans la rue, il s'y fait un bel embarras.

Tu ne le croirais pas peut-être, depuis un mois que je suis ici, je n'y ai encore vu marcher personne. Il n'y a point de gens au monde qui tirent mieux parti de leur machine[4] que les Français; ils courent, ils volent: les voitures lentes d'Asie, le pas réglé de nos chameaux, les feraient tomber en syncope.[5] Pour moi, qui ne suis point fait à ce train,[6] et qui vais souvent à pied sans changer d'allure,[7] j'enrage quelquefois comme un chrétien:[8] car encore, passe qu'on m'éclabousse[9] depuis les pieds jusqu'à la tête, mais je ne puis pardonner les coups de coude que je reçois régulièrement et périodiquement. Un homme qui vient après moi et qui me passe me fait faire un demi-tour; et un autre qui me croise de l'autre côté me remet soudain où le premier m'avait pris; et je n'ai pas fait cent pas, que je suis plus brisé que si j'avais fait dix lieues.

Ne crois pas que je puisse, quant à présent, te parler à fond des mœurs et des coutumes européennes: je n'en ai moi-même qu'une légère idée, et je n'ai eu à peine que le temps de m'étonner.

Le roi de France est le plus puissant prince de l'Europe. Il n'a point de mines d'or comme le roi d'Espagne, son voisin; mais il a plus de richesses que lui, parce qu'il les tire de la vanité de ses sujets, plus inépuisable que les mines. On lui a vu entreprendre ou soutenir de grandes guerres, n'ayant d'autres fonds que des titres d'honneur à vendre,[10] et, par un prodige de l'orgueil humain, ses troupes se trouvaient payées, ses places munies,[11] et ses flottes équipées.

D'ailleurs ce roi est un grand magicien: il exerce son empire sur l'esprit même de ses sujets; il les fait penser comme il veut. S'il n'a qu'un million d'écus dans son trésor, et qu'il en ait besoin de deux il n'a qu'à leur persuader qu'un écu en vaut deux, et ils le croient.[12] S'il a une guerre difficile à soutenir, et qu'il n'ait point d'argent, il n'a qu'à leur mettre dans la tête qu'un morceau de papier est de l'argent, et ils en sont aussitôt

1. *persanes:* pronounce the first *s* as a hard, hissed *s*, as in "personne."
2. Rica is the younger, more worldly of the traveling Persians, and is the mouthpiece for Montesquieu's satirical thrusts. Ibben is a friend of his back in Smyrna.
3. *Ispahan:* former capital of Persia. (Paris was at this time a city of 700,000.)
4. *machine:* body.
5. *en syncope:* in a faint.
6. *train:* speed.
7. *allure:* pace.
8. *j'enrage...chrétien:* a play on the expression: "j'enrage comme un païen."
9. *passe qu'on m'éclabousse:* never mind if I get splashed.
10. These titles of honor, even of nobility, which the King brazenly sold, carried valuable exemptions from taxation.
11. *places munies:* strongholds fortified.
12. Reference to governmental devaluation of currency.

convaincus.[13] Il va même jusqu'à leur faire croire qu'il les guérit de toutes sortes de maux en les touchant;[14] tant est grande la force et la puissance qu'il a sur les esprits.…

De Paris, le 4 de la lune de Rebiab 2e,[15] 1712.

[*Tax farmers; a social abuse*]

LETTRE 98. USBEK[16] À IBBEN, À SMYRNE

Il n'y a point de pays au monde où la Fortune soit si inconstante que dans celui-ci. Il arrive tous les dix ans des révolutions qui précipitent le riche dans la misère et enlèvent le pauvre, avec des ailes rapides, au comble des richesses. Celui-ci est étonné de sa pauvreté; celui-là l'est de son abondance. Le nouveau riche admire la sagesse de la Providence; le pauvre, l'aveugle fatalité du Destin.

Ceux qui lèvent les tributs[17] nagent au milieu des trésors: parmi eux, il y a peu de Tantales.[18] Ils commencent pourtant ce métier par la dernière misère; ils sont méprisés comme de la boue pendant qu'ils sont pauvres; quand ils sont riches, on les estime assez; aussi ne négligent-ils rien pour acquérir de l'estime.

Ils sont à présent dans une situation bien terrible. On vient d'établir une chambre qu'on appelle *de Justice*[19] parce qu'elle va leur ravir tout leur bien. Ils ne peuvent ni détourner ni cacher leurs effets:[20] car on les oblige de les déclarer au juste, sous peine de la vie. Ainsi on les fait passer par un défilé[21] bien étroit: je veux dire entre la vie et l'argent.

Pour comble de fortune, il y a un ministre,[22] connu par son esprit, qui les honore de ses plaisanteries et badine[23] sur toutes les délibérations du Conseil. On ne trouve pas tous les jours des ministres disposés à faire rire le Peuple, et l'on doit savoir bon gré à celui-ci de l'avoir entrepris.

Le corps des laquais est plus respectable en France qu'ailleurs; c'est un séminaire[24] de grands seigneurs: il remplit le vide des autres états. Ceux qui le composent prennent la place des grands malheureux, des magistrats ruinés, des gentilshommes tués dans les fureurs de la guerre; et, quand ils ne peuvent pas suppléer[25] par eux-mêmes, ils relèvent toutes les grandes maisons par le moyen de leurs filles, qui sont comme une espèce de fumier[26] qui engraisse les terres montagneuses et arides.

Je trouve, Ibben, la Providence admirable dans la manière dont elle a distribué les richesses: si elle ne les avait accordées qu'aux gens de bien, on ne les aurait pas assez distinguées de la vertu, et on n'en aurait plus senti tout le néant. Mais, quand on examine qui sont les gens qui en sont les plus chargés, à force de mépriser les riches, on vient enfin à mépriser les richesses.

A Paris, le 26 de la lune de Maharram,[27] 1717.

[*Are science, discovery, civilization menaces to human welfare?*]

LETTRE 105. RHÉDI[28] À USBEK, À PARIS

Tu m'as beaucoup parlé, dans une de tes lettres, des sciences et des arts cultivés en Occident. Tu me vas regarder comme un

13. Paper money was first issued in 1701, one of Louis XIV's more brilliant innovations in the face of an ongoing currency crisis.
14. The kings of France and England performed a "healing touch" for scrofula (a form of tuberculosis of nodes in the neck). Rica is just as suspicious of political faith healing as he is of paper money.
15. *Rebiab:* April, in the Persian calendar.
16. Usbek is the elder, more serious of the Persian travelers.
17. *Ceux...tributs:* tax farmers (*fermiers généraux*).
18. Tantalus, in Hades, was forever tortured by a raging thirst.
19. *chambre de Justice:* commission appointed to

search out and punish the chicanery of the tax collectors.
20. *effets:* securities.
21. *défilé:* pass.
22. *ministre:* the Duc de Noailles.
23. *badine:* jokes.
24. *séminaire:* seed plot. (In fact, a number of tax farmers began as lackeys. A much-quoted passage.)
25. *suppléer:* fill the gap.
26. *fumier:* manure. (The nobles get money to keep up their estates by marrying the daughters of rich upstarts.)
27. *Maharram:* January.
28. *Rhédi:* a Persian friend, visiting Venice.

barbare; mais je ne sais si l'utilité que l'on en retire dédommage[29] les hommes du mauvais usage que l'on en fait tous les jours.

J'ai ouï dire que la seule invention des bombes[30] avait ôté la liberté à tous les peuples de l'Europe. Les princes ne pouvant plus confier la garde des places aux bourgeois, qui, à la première bombe, se seraient rendus, ont eu un prétexte pour entretenir de gros corps de troupes réglées, avec lesquelles ils ont, dans la suite, opprimé leurs sujets.

Tu sais que, depuis l'invention de la poudre, il n'y a plus de place imprenable: c'est-à-dire, Usbek, qu'il n'y a plus d'asile sur la Terre contre l'injustice et la violence.

Je tremble toujours qu'on ne parvienne à la fin à découvrir quelque secret qui fournisse une voie plus abrégée pour faire périr les hommes, détruire les peuples et les nations entières.

Tu as lu les historiens; fais-y bien attention: presque toutes les monarchies n'ont été fondées que sur l'ignorance des arts et n'ont été détruites que parce qu'on les a trop cultivés. L'ancien empire de Perse peut nous en fournir un exemple domestique.

Il n'y a pas longtemps que je suis en Europe; mais j'ai ouï parler à des gens sensés des ravages de la chimie:[31] il semble que ce soit un quatrième fléau[32] qui ruine les hommes et les détruit en détail, mais continuellement; tandis que la guerre, la peste, la famine, les détruisent en gros, mais par intervalles.

Que nous a servi l'invention de la boussole[33] et la découverte de tant de peuples, qu'à[34] nous communiquer leurs maladies,[35] plutôt que leurs richesses? L'or et l'argent avaient été établis, par une convention générale, pour être le prix de toutes les marchandises et un gage de leur valeur,

par la raison que ces métaux étaient rares et inutiles à tout autre usage. Qu'importait-il donc qu'ils devinssent plus communs, et que, pour marquer la valeur d'une denrée,[36] nous eussions deux ou trois signes[37] au lieu d'un? Cela n'en était que plus incommode.

Mais, d'un autre côté, cette invention a été bien pernicieuse aux pays qui ont été découverts. Les nations entières ont été détruites, et les hommes qui ont échappé à la mort ont été réduits à une servitude si rude que le récit en fait frémir les musulmans.

Heureuse l'ignorance des enfants de Mahomet! Aimable simplicité, si chérie de notre saint prophète, vous me rappelez toujours la naïveté des anciens temps et la tranquillité qui régnait dans le cœur de nos premiers pères!

De Venise, le 2 de la lune de Rhamazan,[38] 1717.

[*A defense of science, the arts, luxury, civilization*]

LETTRE 106. USBEK À RHÉDI, À VENISE

Ou tu ne penses pas ce que tu dis, ou bien tu fais mieux que tu ne penses. Tu as quitté ta patrie pour t'instruire, et tu méprises toute instruction: tu viens pour te former dans un pays où l'on cultive les beaux-arts, et tu les regardes comme pernicieux. Te le dirai-je, Rhédi? Je suis plus d'accord avec toi que tu ne l'es avec toi-même.

As-tu bien réfléchi à l'état barbare et malheureux où nous entraînerait la perte des arts?[39] Il n'est pas nécessaire de se l'imaginer, on peut le voir. Il y a encore des peuples sur la terre chez lesquels un singe passablement instruit pourrait vivre avec honneur; il s'y trouverait à peu près à la portée des autres habitants, on ne lui trouverait point l'esprit singulier ni le caractère bizarre; il passerait

29. *dédommage:* recompenses.
30. *bombes:* explosive cannon balls (sixteenth-century invention).
31. *chimie:* chemistry. Probably a reference to commercial adulterations, perhaps to deliberate poisonings.
32. *fléau:* scourge.
33. *boussole:* compass.
34. *qu'à = sinon.*

35. I.e., syphilis, introduced into Europe by discoverers of America. Endemic and fairly innocuous among Caribbean Indians, it became virulent and devastating among Europeans.
36. *denrée:* article of merchandise.
37. *signes:* tokens, coins.
38. *Rhamazan:* September.
39. *arts:* i.e., applied arts, crafts.

tout comme un autre, et serait distingué même par sa gentillesse.

Tu dis que les fondateurs des empires ont presque tous ignoré les arts. Je ne te nie pas que des peuples barbares n'aient pu, comme des torrents impétueux, se répandre sur la Terre et couvrir de leurs armées féroces les royaumes les mieux policés.[40] Mais, prends-y garde, ils ont appris les arts ou les ont fait exercer aux peuples vaincus; sans cela, leur puissance aurait passé comme le bruit du tonnerre et des tempêtes.

Tu crains, dis-tu, que l'on n'invente quelque manière de destruction plus cruelle que celle qui est en usage. Non. Si une si fatale invention venait à se découvrir, elle serait bientôt prohibée par le droit des gens,[41] et le consentement unanime des nations ensevelirait[42] cette découverte. Il n'est point de l'intérêt des princes de faire des conquêtes par de pareilles voies: ils doivent chercher des sujets, et non pas des terres.

Tu te plains de l'invention de la poudre et des bombes; tu trouves étrange qu'il n'y ait plus de place imprenable: c'est-à-dire que tu trouves étrange que les guerres soient aujourd'hui terminées plus tôt qu'elles ne l'étaient autrefois.

Tu dois avoir remarqué, en lisant les histoires, que, depuis l'invention de la poudre, les batailles sont beaucoup moins sanglantes qu'elles ne l'étaient parce qu'il n'y a plus de mêlée.[43]

Et, quand il se serait trouvé quelque cas particulier où un art aurait été préjudiciable,[44] doit-on pour cela le rejeter? Penses-tu, Rhédi, que la religion que notre saint prophète a apportée du Ciel soit pernicieuse parce qu'elle servira quelque jour à confondre les perfides Chrétiens?

Tu crois que les arts amollissent les peuples et, par là, sont causes de la chute des empires. Tu parles de la ruine de celui des anciens Perses, qui fut l'effet de leur mollesse. Mais il s'en faut bien que cet exemple décide, puisque les Grecs, qui les subjuguèrent, cultivaient les arts avec infiniment plus de soin qu'eux.

Quand on dit que les arts rendent les hommes efféminés, on ne parle pas du moins des gens qui s'y appliquent, puisqu'ils ne sont jamais dans l'oisiveté, qui, de tous les vices, est celui qui amollit le plus le courage.

Il n'est donc question que de ceux qui en jouissent. Mais, comme dans un pays policé ceux qui jouissent des commodités d'un art sont obligés d'en cultiver un autre, à moins que de se voir réduits à une pauvreté honteuse, il s'ensuit que l'oisiveté et la mollesse sont incompatibles avec les arts.

Paris est peut-être la ville du monde la plus sensuelle, et où l'on raffine le plus sur les plaisirs; mais c'est peut-être celle où l'on mène une vie plus dure.[45] Pour qu'un homme vive délicieusement, il faut que cent autres travaillent sans relâche. Une femme s'est mis dans la tête qu'elle devait paraître a une assemblée avec une certaine parure: il faut que dès ce moment cinquante artisans ne dorment plus, et n'aient plus le loisir de boire et de manger; elle commande, et elle est obéie plus promptement que ne serait notre monarque, parce l'intérêt est le plus grand monarque de la terre.

Cette ardeur pour le travail, cette passion de s'enrichir, passe de condition en condition, depuis les artisans jusqu'aux grands. Personne n'aime à être plus pauvre que celui qu'il vient de voir immédiatement au-dessous de lui. Vous voyez à Paris un homme qui a de quoi vivre jusqu'au jour du jugement, qui travaille sans cesse, et court risque d'accourcir ses jours pour amasser, dit-il, de quoi vivre.

Le même esprit gagne la nation; on n'y voit que travail et qu'industrie. Où est donc ce peuple efféminé dont tu parles tant?

Je suppose, Rhédi, qu'on ne souffrît dans un royaume que les arts absolument nécessaires à la culture des terres, qui sont pourtant en grand nombre, et qu'on en bannît tous ceux qui ne servent qu'à la volupté ou

40. *policés:* civilized. (Montesquieu is perhaps thinking of the Turks.)
41. *droit des gens:* international law.
42. *ensevelirait:* would bury, suppress. (Has
Montesquieu well foreseen the future?)
43. *mêlée:* hand-to-hand combat.
44. *préjudiciable:* harmful.
45. *plus dure:* the hardest.

Château de la Brède, in which Montesquieu was born. Courtesy of Bibliothèque nationale de France

à la fantaisie, je le soutiens, cet État serait le plus misérable qu'il y eût au monde.

Quand les habitants auraient assez de courage pour se passer de tant de choses qu'ils doivent à leurs besoins, le peuple dépérirait[46] tous les jours; et l'État deviendrait si faible, qu'il n'y aurait si petite puissance qui ne fût en état de le conquérir.

Je pourrais entrer ici dans un long détail, et te faire voir que les revenus des particuliers[47] cesseraient presque absolument, et par conséquent ceux du prince. Il n'y aurait presque plus de relation de facultés[48] entre les citoyens; cette circulation de richesses, et cette progression de revenus qui vient de la dépendance où sont les arts les uns des autres, cesseraient absolument; chacun ne tirerait de revenu que de sa terre, et n'en tirerait précisément que ce qu'il lui faut pour ne pas mourir de faim. Mais, comme ce n'est pas la centième partie du revenu d'un royaume, il faudrait que le nombre des habitants diminuât à proportion, et qu'il n'en restât que la centième partie.

Fais bien attention jusqu'où vont les revenus de l'industrie. Un fonds ne produit annuellement à son maître que la vingtième partie de sa valeur; mais, avec une pistole[49] de couleur, un peintre fera un tableau qui lui en vaudra cinquante. On en peut dire de même des orfèvres,[50] des ouvriers en laine, en soie, et de toutes sortes d'artisans.

De tout ceci on doit conclure, Rhédi, que, pour qu'un prince soit puissant, il faut que ses sujets vivent dans les délices; il faut qu'il travaille à leur procurer toutes sortes de superfluités, avec autant d'attention que les nécessités de la vie.[51]

A Paris, le 14 de la lune de Chalval,[52] 1717.

46. *dépérirait:* would waste away, dwindle.
47. *particuliers:* private individuals.
48. *facultés:* individual skills.
49. *pistole:* a pistole's worth.
50. *orfèvres:* goldsmiths.
51. This economic defense of *le luxe* was current in Montesquieu's time, and persists today.

Billionaires are still successfully convincing much of the public that it is good for the super-wealthy to go tax free so that a fraction of the money may "trickle down" to the rest of us to spend on luxury items.

52. *Chalval:* October.

❖ ❖ ❖

L'Esprit des lois

[*Selections*]

Des lois positives

La loi, en général, est la raison humaine, en tant qu'elle gouverne tous les peuples de la terre; et les lois politiques et civiles[53] de chaque nation ne doivent être que les cas particuliers où s'applique cette raison humaine.

Elles doivent être tellement propres au peuple pour lequel elles sont faites, que c'est un très grand hasard si celles d'une nation peuvent convenir à une autre.

Il faut qu'elles se rapportent à la nature et au principe[54] du gouvernement qui est établi ou qu'on veut établir; soit qu'elles le forment, comme font les lois politiques; soit qu'elles le maintiennent, comme font les lois civiles.

Elles doivent être relatives au *physique* du pays; au climat glacé, brûlant ou tempéré; à la qualité du terrain, à sa situation, à sa grandeur; au genre de vie des peuples, laboureurs, chasseurs ou pasteurs; elles doivent se rapporter au degré de liberté que la constitution peut souffrir; à la religion des habitants, à leurs inclinations, à leurs richesses, à leur nombre, à leur commerce, à leurs mœurs, à leurs manières. Enfin elles ont des rapports entre elles; elles en ont avec leur origine, avec l'objet du législateur, avec l'ordre des choses sur lesquelles elles sont établies. C'est dans toutes ces vues qu'il faut les considérer.

C'est ce que j'entreprends de faire dans cet ouvrage. J'examinerai tous ces rapports: ils forment tous ensemble ce qu'on appelle *l'esprit des lois.*

[I, 3]

De la nature des trois divers gouvernements

Il y a trois espèces de gouvernements: le *républicain,* le *monarchique* et le *despotique.* Pour en découvrir la nature, il suffit de l'idée qu'en ont les hommes les moins instruits. Je suppose trois définitions, ou plutôt trois faits: l'un que « le gouvernement républicain est celui ou le peuple en corps, ou seulement une partie du peuple, a la souveraine puissance; le monarchique, celui où un seul gouverne, mais par des lois fixes et établies; au lieu que, dans le despotique, un seul, sans loi et sans règle, entraîne tout par sa volonté et par ses caprices. »

Voilà ce que j'appelle la nature de chaque gouvernement. Il faut voir quelles sont les lois qui suivent directement de cette nature, et qui par conséquent sont les premières lois fondamentales.

[II, 1]

Du gouvernement républicain et des lois relatives à la démocratie

Lorsque, dans la république, le peuple en corps a la souveraine puissance, c'est une *Démocratie.* Lorsque la souveraine puissance est entre les mains d'une partie du peuple, cela s'appelle une *Aristocratie.*

Le peuple, dans la démocratie, est, à certains égards, le monarque; à certains autres, il est le sujet.

Il ne peut être monarque que par ses suffrages[55] qui sont ses volontés. La volonté du souverain est le souverain lui-même. Les lois qui établissent le droit de suffrage sont donc fondamentales dans ce gouvernement. En effet, il est aussi

53. *lois civiles:* For Montesquieu, the *lois politiques* are the fundamental laws, such as compose a country's constitution; the *lois civiles* are the civil and criminal laws, regulating the conduct

of individuals.

54. The *nature* and the *principe* of a government will soon be explained.

55. *suffrages:* votes.

important d'y régler comment, par qui, à qui, sur quoi, les suffrages doivent être donnés, qu'il l'est dans une monarchie de savoir quel est le monarque, et de quelle manière il doit gouverner.

Libanius[56] dit qu'à *Athènes un étranger qui se mêlait dans l'assemblée du peuple, était puni de mort.* C'est qu'un tel homme usurpait le droit de souveraineté.

Il est essentiel de fixer le nombre des citoyens qui doivent former les assemblées; sans cela, on pourrait ignorer si le peuple a parlé, ou seule ment une partie du peuple. A Lacédémone,[57] il fallait dix mille citoyens. A Rome, née dans la petitesse pour aller à la grandeur; à Rome, faite pour éprouver toutes les vicissitudes de la fortune; à Rome, qui avait tantôt presque tous ses citoyens hors de ses murailles, tantôt toute l'Italie et une partie de la terre dans ses murailles, on n'avait point fixé ce nombre; et ce fut une des grandes causes de sa ruine.

Le peuple qui a la souveraine puissance doit faire par lui-même tout ce qu'il peut bien faire; et ce qu'il ne peut pas bien faire, il faut qu'il le fasse par ses ministres.

Ses ministres ne sont point à lui s'il ne les nomme: c'est donc une maxime fondamentale de ce gouvernement, que le peuple nomme ses ministres, c'est-à-dire ses magistrats.

Il a besoin, comme les monarques, et même plus qu'eux, d'être conduit par un conseil ou sénat. Mais, pour qu'il y ait confiance, il faut qu'il en élise les membres; soit qu'il les choisisse lui-même, comme à Athènes; ou par quelque magistrat qu'il a établi pour les élire, comme cela se pratiquait à Rome dans quelques occasions.

Le peuple est admirable pour choisir ceux à qui il doit confier quelque partie de son autorité.[58] Il n'a à se déterminer que par des choses qu'il ne peut ignorer, et des faits qui tombent sous les sens. Il sait très bien qu'un homme a été souvent à la guerre, qu'il y a eu tels ou tels succès; il est donc très capable d'élire un général. Il sait qu'un juge est assidu; que beaucoup de gens se retirent de son tribunal contents de lui, qu'on ne l'a pas convaincu de corruption: en voilà assez pour qu'il élise un préteur.[59] Il a été frappé de la magnificence[60] ou des richesses d'un citoyen: cela suffit pour qu'il puisse choisir un édile.[61] Toutes ces choses sont des faits dont il s'instruit mieux dans la place publique qu'un monarque dans son palais. Mais saura-t-il conduire une affaire, connaître les lieux, les occasions, les moments, en profiter? Non, il ne le saura pas.

Si l'on pouvait douter de la capacité naturelle qu'a le peuple pour discerner le mérite, il n'y aurait qu'à jeter les yeux sur cette suite continuelle de choix étonnants que firent les Athéniens et les Romains: ce qu'on n'attribuera pas sans doute au hasard.

On sait qu'à Rome, quoique le peuple se fût donné le droit d'élever aux charges[62] les plébéiens,[63] il ne pouvait se résoudre à les élire, et quoiqu'à Athènes on pût, par la loi d'Aristide, tirer les magistrats de toutes les classes, il n'arriva jamais, dit Xénophon, que le bas peuple demandât celles[64] qui pouvaient intéresser son[65] salut ou sa gloire.

Comme la plupart des citoyens, qui ont assez de suffisance[66] pour élire, n'en ont pas assez pour être élus, de même le peuple, qui a assez de capacité pour se faire rendre compte[67] de la gestion[68] des autres, n'est pas propre à gérer[69] par lui-même.

Il faut que les affaires aillent, et qu'elles aillent un certain mouvement,

56. Libanius, Greek critic, fourth century A.D.
57. *Lacédémone:* Sparta. (Montesquieu errs. There were seldom more than 4,500 voters in Sparta.)
58. Do you agree with Montesquieu?
59. *préteur:* praetor, Roman official in charge of civil affairs.
60. *magnificence:* ostentation, lavishness.
61. *édile:* aedile, in charge of public games, etc.
62. *charges:* public offices.
63. *plébéiens:* commoners.
64. *celles = les charges.*
65. *son = d'Athènes.*
66. *suffisance:* capacity.
67. *se faire rendre compte:* receive an accounting.
68. *gestion:* management.
69. *gérer:* manage.

qui ne soit ni trop lent ni trop vite. Mais le peuple a toujours trop d'action, ou trop peu. Quelquefois avec cent mille bras il renverse tout; quelquefois avec cent mille pieds il ne va que comme les insectes…

[II, 2]

DIFFÉRENCE DE LA NATURE DU GOUVERNEMENT ET DE SON PRINCIPE[70]

Après avoir examiné quelles sont les lois relatives à la nature de chaque gouvernement, il faut voir celles qui le sont à ce principe.

Il y a cette différence entre la nature du gouvernement et son principe que sa nature est ce qui le fait être tel, et son principe ce qui le fait agir. L'une est sa structure particulière, et l'autre les passions humaines qui le font mouvoir.

Or les lois ne doivent pas être moins relatives au principe de chaque gouvernement qu'à sa nature. Il faut donc chercher quel est le principe. C'est ce que je vais faire dans ce livre-ci.

[III, 1]

DU PRINCIPE DES DIVERS GOUVERNEMENTS

J'ai dit que la nature du gouvernement républicain est que le peuple en corps, ou de certaines familles, y aient la souveraine puissance: celle du gouvernement monarchique, que le prince y ait la souveraine puissance, mais qu'il l'exerce selon des lois établies: celle du gouvernement despotique, qu'un seul y gouverne selon ses volontés et ses caprices. Il ne m'en faut pas davantage pour trouver leurs trois principes; ils en dérivent naturellement. Je commencerai par le gouvernement républicain, et je parlerai d'abord du démocratique.

[III, 2]

DU PRINCIPE DE LA DÉMOCRATIE

Il ne faut pas beaucoup de probité pour qu'un gouvernement monarchique ou un gouvernement despotique se maintienne ou se soutienne. La force des lois dans l'un, le bras du prince toujours levé dans l'autre, règlent ou contiennent tout. Mais dans un État populaire, il faut un ressort de plus, qui est la VERTU.[71]

Ce que je dis est confirmé par le corps entier de l'histoire, et est conforme à la nature des choses. Car il est clair que dans une monarchie, où celui qui fait exécuter les lois se juge au-dessus des lois, on a besoin de moins de vertu que dans un gouvernement populaire, où celui qui fait exécuter les lois sent qu'il y est soumis lui-même, et qu'il en portera le poids.

Il est clair encore que le monarque qui, par mauvais conseil ou par négligence, cesse de faire exécuter les lois, peut aisément réparer le mal: il n'a qu'à changer de Conseil, ou se corriger de cette négligence même. Mais lorsque, dans un gouvernement populaire, les lois ont cessé d'être exécutées, comme cela ne peut venir que de la corruption de la république, l'État est déjà perdu…

Les politiques grecs, qui vivaient dans le gouvernement populaire, ne reconnaissaient d'autre force qui pût le soutenir que celle de la vertu. Ceux d'aujourd'hui ne nous parlent que de manufactures, de commerce, de finances, de richesse, et de luxe même.[72]

Lorsque cette vertu cesse, l'ambition entre dans les cœurs qui peuvent la recevoir, et l'avarice[73] entre dans tous. Les désirs changent d'objets: ce qu'on aimait, on ne l'aime plus; on était libre avec les lois, on veut être libre contre elles; chaque citoyen est comme un esclave échappé de la maison de son maître; ce qui était *maxime,*

70. This distinction of the nature and principle of each government is fundamental in Montesquieu's thought.
71. *vertu :* civic virtue ; Montesquieu explains that he uses *vertu* in the sense of patriotism: "l'amour de la patrie, c'est-à-dire l'amour de l'égalité.

Ce n'est point une vertu morale ni une vertu chrétienne, c'est la vertu *politique.*"
72. Is Montesquieu's statement still applicable? What are today's values ?
73. *avarice: here,* greed.

on l'appelle *rigueur*; ce qui était *règle,* on l'appelle *gêne*;[74] ce qui était *attention,*[75] on l'appelle *crainte.* C'est la frugalité qui y est l'avarice, et non pas le désir d'avoir. Autrefois le bien des particuliers faisait le trésor public; mais pour lors le trésor public devient le patrimoine des particuliers. La république est une dépouille;[76] et sa force n'est plus que le pouvoir de quelques citoyens et la licence de tous.

[III, 3]

DU PRINCIPE DU GOUVERNEMENT DESPOTIQUE

Comme il faut de la vertu dans une république et dans une monarchie de l'honneur, il faut de la *crainte* dans un gouvernement despotique: pour la vertu, elle n'y est point nécessaire, et l'honneur y serait dangereux.

Le pouvoir immense du prince y passe tout entier à ceux à qui il le confie. Des gens capables de s'estimer beaucoup eux-mêmes seraient en état d'y faire des révolutions. Il faut donc que la crainte y abatte tous les courages[77] et y éteigne jusqu'au moindre sentiment d'ambition.

Un gouvernement modéré peut, tant qu'il veut, et sans péril, relâcher ses ressorts:[78] il se maintient par ses lois et par sa force même. Mais lorsque dans le gouvernement despotique le prince cesse un moment de lever le bras, quand il ne peut pas anéantir à l'instant ceux qui ont les premières places, tout est perdu: car le ressort du gouvernement, qui est la crainte, n'y étant plus, le peuple n'a plus de protecteur…

[III, 9]

DE LA CORRUPTION DU PRINCIPE DE LA DÉMOCRATIE

Le principe de la démocratie se corrompt, non seulement lorsqu'on perd l'esprit d'égalité, mais encore quand on prend l'esprit d'égalité extrême, et que chacun veut être égal à ceux qu'il choisit pour lui commander. Pour lors le peuple, ne pouvant souffrir le pouvoir même qu'il confie, veut tout faire par lui-même, délibérer pour le sénat, exécuter pour les magistrats, et dépouiller tous les juges.

Il ne peut plus y avoir de vertu dans la république. Le peuple veut faire les fonctions des magistrats: on ne les respecte donc plus. Les délibérations du sénat n'ont plus de poids: on n'a donc plus d'égards[79] pour les sénateurs, et par conséquent pour les vieillards. Que si l'on n'a pas du respect pour les vieillards, on n'en aura pas non plus pour les pères: les maris ne méritent pas plus de déférence, ni les maîtres plus de soumission. Tout le monde parviendra à aimer ce libertinage:[80] la gêne du commandement fatiguera, comme celle de l'obéissance. Les femmes, les enfants, les esclaves n'auront de soumission pour personne. Il n'y aura plus de mœurs, plus d'amour de l'ordre, enfin plus de vertu…

Le peuple tombe dans ce malheur, lorsque ceux à qui il se confie, voulant cacher leur propre corruption, cherchent à le corrompre. Pour qu'il ne voie pas leur ambition, ils ne lui parlent que de sa grandeur; pour qu'il n'aperçoive pas leur avarice, ils flattent sans cesse la sienne.

La corruption augmentera parmi les corrupteurs, et elle augmentera parmi ceux qui sont déjà corrompus. Le peuple

74. *gêne:* constraint.
75. *attention:* forethought.
76. *dépouille:* object for plunder, "pork barrel." In a system of pork barrel politics, you, the public, put up with corrupt and incompetent government so long as the local politicians see to it that plenty of tax money gets spent in your district. Moreover, Montesquieu thinks that in a true democracy a few rich individuals would just buy off the voters or buy off the politicians to get what they want. Is this happening today?
77. *courages:* hearts, spirits. In other words, in a

system of despotism, fear of the government needs to be so great as to crush all hope of revolt.
78. *ressorts: here,* controls.
79. *égards:* deference, respect.
80. *libertinage:* license. That is to say, the democracy would be imperiled if equality were taken seriously and women were allowed to vote; soon children and slaves would be demanding their rights, too, and the whole social order would be in upheaval. Montesquieu is half kidding here, but only half.

se distribuera tous les deniers[81] publics; et, comme il aura joint à sa paresse la gestion des affaires, il voudra joindre à sa pauvreté les amusements du luxe. Mais, avec sa paresse et son luxe, il n'y aura que le trésor public qui puisse être un objet[82] pour lui.

Il ne faudra pas s'étonner si l'on voit les suffrages se donner pour de l'argent. On ne peut donner beaucoup au peuple, sans retirer encore plus de lui; mais, pour retirer de lui, il faut renverser l'État. Plus il paraîtra tirer d'avantage de sa liberté, plus il s'approchera du moment où il doit la perdre. Il se forme de petits tyrans qui ont tous les vices d'un seul. Bientôt, ce qui reste de liberté devient insupportable; un seul tyran s'élève; et le peuple perd tout, jusqu'aux avantages de sa corruption.[83]

La démocratie a donc deux excès à éviter: l'esprit d'inégalité, qui la mène à l'aristocratie, ou au gouvernement d'un seul; et l'esprit d'égalité extrême, qui la conduit au despotisme d'un seul, comme le despotisme d'un seul finit par la conquête.

[VIII, 2]

DE L'ESPRIT D'ÉGALITÉ EXTRÊME

Autant que le ciel est éloigné de la terre, autant le véritable esprit d'égalité l'est-il de l'esprit d'égalité extrême. Le premier ne consiste point à faire en sorte que tout le monde commande, ou que personne ne soit commandé, mais à obéir et à commander à ses égaux. Il ne cherche pas à n'avoir point de maître, mais à n'avoir que ses égaux pour maîtres.

Dans l'état de nature les hommes naissent bien dans l'égalité, mais ils n'y sauraient rester. La société la leur fait perdre et ils ne redeviennent égaux que par les lois.

Telle est la différence entre la démocratie réglée et celle qui ne l'est pas, que dans la première on n'est égal que comme citoyen, et que dans l'autre on est encore égal comme magistrat, comme juge, comme père, comme mari, comme maître.

La place naturelle de la vertu est auprès de la liberté; mais elle ne se trouve pas plus auprès de la liberté extrême qu'auprès de la servitude.

[VIII, 3]

DE LA GUERRE

La vie des États est comme celle des hommes. Ceux-ci ont droit de tuer dans le cas de la défense naturelle; ceux-là ont droit de faire la guerre pour leur propre conservation.

Dans le cas de la défense naturelle, j'ai droit de tuer, parce que ma vie est à moi, comme la vie de celui qui m'attaque est à lui; de même un État fait la guerre, parce que sa conservation est juste comme toute autre conservation.

Entre les citoyens, le droit de la défense naturelle n'emporte point avec lui la nécessité de l'attaque. Au lieu d'attaquer, ils n'ont qu'à recourir aux tribunaux. Ils ne peuvent donc exercer le droit de cette défense que dans les cas momentanés où l'on serait perdu si l'on attendait le secours des lois. Mais, entre les sociétés, le droit de la défense naturelle entraîne quelquefois la nécessité d'attaquer, lorsqu'un peuple voit qu'une plus longue paix en mettrait un autre en état de le détruire, et que l'attaque est dans ce moment le seul moyen d'empêcher cette destruction.[84]

Il suit de là que les petites sociétés ont plus souvent le droit de faire la guerre que les grandes, parce qu'elles sont plus souvent dans le cas de craindre d'être détruites.

Le droit de la guerre dérive donc de la nécessité et du juste[85] rigide. Si ceux qui dirigent la conscience ou les conseils des

81. *deniers:* money, funds. Montesquieu believes that in a direct democracy the public would vote to have its tax money refunded, to the detriment of necessary government services.
82. *objet: here,* objective.
83. Montesquieu's analysis was proved correct by the course of the French Revolution, Directory, and rise of Napoleon to emperorship. Any other

examples?
84. Montesquieu thus accepts the principle of "preventive," preemptive war, which may be used to justify any aggression. Can you think of any examples of preemptive, first-strike invasions in the twenty-first century?
85. *juste:* justice.

princes ne se tiennent pas là, tout est perdu; et lorsqu'on se fondera sur des principes arbitraires de gloire, de bienséance, d'utilité, des flots de sang inonderont la terre.

Que l'on ne parle pas surtout de la gloire du prince; sa gloire serait son orgueil; c'est une passion et non pas un droit légitime.

Il est vrai que la réputation de sa puissance pourrait augmenter les forces de son État; mais la réputation de sa justice les augmenterait tout de même.

[X, 2]

DE L'ESCLAVAGE DES NÈGRES

[An example of sustained irony, in the manner of English satirist Jonathon Swift, whom Montesquieu admired. Montesquieu actually despises the slaveholders to whom he is here supplying bogus arguments for slavery. His purpose is to show that the rationale for slavery is mad, yet seems to make perfect sense to the greedy who profit from it.]

Si j'avais à soutenir le droit que nous avons eu de rendre les nègres esclaves, voici ce que je dirais:

Les peuples d'Europe ayant exterminé ceux de l'Amérique, ils ont dû mettre en esclavage ceux de l'Afrique, pour s'en servir à défricher[86] tant de terres.

Le sucre serait trop cher, si l'on ne faisait travailler la plante qui le produit par des esclaves.

Ceux dont il s'agit sont noirs depuis les pieds jusqu'à la tête; et ils ont le nez si écrasé,[87] qu'il est presque impossible de les plaindre.

On ne peut se mettre dans l'esprit que Dieu, qui est un être très sage, ait mis une âme, surtout une âme bonne, dans un corps tout noir.

Il est si naturel de penser que c'est la couleur qui constitue l'essence de l'humanité, que les peuples d'Asie, qui font des eunuques, privent toujours les noirs du rapport qu'ils ont avec nous d'une façon plus marquée.

On peut juger de la couleur de la peau par celle des cheveux, qui, chez les Égyptiens, les meilleurs philosophes du monde, était d'une si grande conséquence, qu'ils faisaient mourir tous les hommes roux[88] qui leur tombaient entre les mains.

Une preuve que les nègres n'ont pas le sens commun, c'est qu'ils font plus de cas d'un collier de verre que de l'or, qui, chez des nations policées, est d'une si grande conséquence.

Il est impossible que nous supposions que ces gens-là soient des hommes, parce que, si nous les supposions des hommes, on commencerait à croire que nous ne sommes pas nous-mêmes chrétiens.

De petits esprits exagèrent trop l'injustice que l'on fait aux Africains: car, si elle était telle qu'ils le disent, ne serait-il pas venu dans la tête des princes d'Europe, qui font entre eux tant de conventions inutiles, d'en faire une générale en faveur de la miséricorde et de la pitié?

[XV, 5]

FIN DE CE LIVRE

Je voudrais rechercher, dans tous les gouvernements modérés que nous connaissons, quelle est la distribution des trois pouvoirs, et calculer par là les degrés de liberté dont chacun d'eux peut jouir. Mais il ne faut pas tellement épuiser un sujet, qu'on ne laisse rien à faire au lecteur. Il ne s'agit pas de faire lire, mais de faire penser.

[XI, 20]

86. *défricher:* clear, bring into cultivation.
87. *écrasé:* flattened.

88. *roux:* red-headed.

6. Voltaire

[1694-1778]

An Age of His Own

The mid-eighteenth century in France is sometimes called the Age of Voltaire. We speak of the Homeric period, of the Shakespearean era; not many other epochs have been christened with the name of a literary man.

Voltaire surpassed literature to dominate the intellectual life of his time and to represent it before posterity. One may well question whether he actually determined the spirit of his age or whether he was merely the incarnation and symbol of a prevailing state of mind. Did he precede or did he follow? The question is perhaps unanswerable; but one may at least say that Voltaire was certainly not the bold original thinker who must wait years or centuries to be appreciated. His genius was to be a little in advance of his time but not too far, so that his ideas seemed just sufficiently novel and just sufficiently true.

Agent Provocateur

He was born in Paris, the son of a well-to-do Paris *notaire,* or lawyer, and was named François-Marie Arouet. (When he began to be famous, he adopted the name of Voltaire, perhaps an anagram of Arouet 1[e] j[eune].) He had an excellent education in a Jesuit school, and was precociously successful as a writer. Too successful; mocking verses attributed to him and directed against the Regent (after the death of Louis XIV in 1715) resulted first in his exile from Paris and later in a year's confinement in the Bastille. In his prison leisure he wrote a tragedy which brought him fame. For some years he enjoyed a great literary and social success.

Prison had been a shock; now he had a more severe shock. He had an altercation with a high noble, the Chevalier de Rohan, in the dressing room of Adrienne Lecouvreur, the foremost French actress. He challenged Rohan to a duel and feverishly took fencing lessons. But a noble does not cross swords with a lawyer's son. Rohan had Voltaire beaten in the street by six lackeys. The government was concerned, and arrested not the Chevalier de Rohan, but Voltaire. He was released on condition that he leave the country. He had had a cruel lesson: that the poet could be no more than a jester to the great, that intelligence could not protect genius against hireling lackeys with clubs in their hands.

Voltaire went to England for three precious years (1726–1729). He found there a relatively mild, democratic government, material prosperity, religious tolerance, and liberty of thought, speech, and action. He knew the leading intellectuals: Swift, Gay, Pope, Bolingbroke. He frequented especially the free-thinking deists, who believed in a benevolent creator but not in the Jewish-Christian Jehovah. (Contemplating what he perceived, somewhat erroneously, to be a clockwork universe, Voltaire said he assumed the existence of a cosmic watchmaker. Nonetheless, Voltaire was constantly accused of atheism because of his criticism of religious bigotry.) On the political front, his *Lettres philosophiques* (1734) revealed to the French the happy freedoms of England and by implication the repressions and obscurantism of France.

Voltaire, in France, soon recaptured his popularity. He established himself at Cirey, in eastern France, with Mme du Châtelet, who was a brilliant intellectual and a scientist. She reconciled him with the Court, checked his dangerous extravagances of expression and behavior, and opened to him new fields of interest, including some serious scientific experimentation. She died in 1749.

Voltaire had long been in correspondence with his humble admirer, Frederick the Great of Prussia. Having no longer Mme du Châtelet to restrain him, he accepted the invitation of Frederick to come to Berlin as the chief ornament of the Prussian Court. After a dazzling reception followed the inevitable disagreements, quarrels, grievances, disillusionments. In 1753 Voltaire left Prussia, almost in a terrified flight.

As France would not receive him, he sought a home in Alsace and in Switzerland, first in Lausanne, afterward in Geneva. He then discovered an ideal location for a potential fugitive, the village of Ferney, in French territory on the edge of Switzerland and only a few miles from independent Savoy. Here he built a chateau, a model village complete with industries, a chapel (with the inscriptiqn *Deo erexit Voltaire — Voltaire erected [this] to God).* Here, as *le patriarche de Ferney,* the old man became a European force. The great of the world,

Voltaire. From a reproduction in L. Petit de Julleville's Histoire de la Langue et de la Littérature française, *volume VI, 1922*

even a few sovereigns, came to visit him. Also came the intellectual outcasts, victims of judicial tyranny or of religious persecution. Voltaire in Ferney carried on campaigns for the distressed, composed endless polemics against his enemies, including the Catholic Church, produced literary works of every sort and conducted an enormous correspondence, one of the treasures of literature. "Quand on est jeune," he said, "il faut aimer comme un fou; quand on est vieux, travailler comme un diable."

In 1778, when he was 84, he was tempted to Paris to see the first night of his new tragedy, *Irène.* The festivities of Paris were too much for him, and he died.

Combating Fanaticism

His *work* tends toward one constant purpose: to undermine the society based on authority and to substitute, by the free action of the human mind, a society based on reason.

He worked in almost every literary form. He thought of himself as primarily a writer of *tragedy in verse.* His plays are primarily attacks on fanaticism and intolerance. Yet his dramas, despite their many excellences, are little read today and almost never produced. He was responsible for introducing the tragedies of Shakespeare to the French people; while in England he had been exposed to Shakespeare's plays, and was greatly moved by their onstage violence, something never permitted in France. For the most part, Voltaire was unable to write poetry that seemed anything other than a pale imitation of Shakespeare's. He wrote one serious epic, *La Henriade* — heavy reading.

More fortunate are his *critical, satirical, and philosophical poems, essays, and histories.* The ideas in these are interesting, and they are couched in a sharp, epigrammatic style that still cuts and prods. Voltaire wrote an entire volume of important *essays* on many social and even scientific topics. As a historian he revolutionized the writing of *history,* building a broad philosophical interpretation on scrupulous documentation. Especially in *Le Siècle de*

Louis XIV, which rehabilitated the reputation of the Sun King, and *Essai sur les moeurs* he wrote real *social history,* or the history of civilization and culture. Voltaire was among the first French historians to write comparative studies, in which he found other civilizations to have had a past just as filled with wars and other horrors as that of Europe. He was also the first to recognize the phenomenon now known as the General Crisis of the seventeenth century, when impoverishment, revolts, and civil wars occurred on a worldwide basis. His view of history was *rational,* his constant effort was to remove the supernatural from our records and interpretations.

As a *popularizer and disseminator of ideas,* or perhaps as a literary journalist, he was a master. His ideals, his discontent, his mockery were communicated to all French readers, and before long to the rebellious and the cynical in other countries, particularly in America. Even today we can identify among us the *Voltairian,* the witty, smug, scoffing skeptic, without whom there would surely be no late-night television humor.

<center>❧ ❧ ❧</center>

CANDIDE OU L'OPTIMISME

<center>Traduit de l'allemand de M. le Docteur Ralph[1]</center>

<center>avec les additions qu'on a trouvées dans la poche du docteur,
lorsqu'il mourut à Minden, l'an de grâce 1759[2]</center>

[*The* conte philosophique, *or philosophic tale, is a literary type which Voltaire invented to further his journalistic purpose. The* conte philosophique *takes its rise from an abstract or general idea. The author creates a set of characters to embody the idea and cognate or opposed ideas; he sets the characters in motion; their adventures make the philosophic tale. It is a fable, apologia, or parable, greatly expanded, made realistic, and usually tinged with irony.*

Of Voltaire's philosophic tales, Candide ou l'optimisme *is the best known and the best. The germinal idea is* l'optimisme; *the chief illustrative character is Candide, a philosophical Forrest Gump, a naïve young fellow surrounded by historically accurate disasters.*

Optimism is not merely a disposition of mind, it is a philosophical explanation of the universe. Alexander Pope expounds it in his Essay on Man (1733–1734). *In brief, he holds that the universe is a vast chain of being, from God to the infinitesimal, to nothing. Man stands in the chain, linked with one hand to God, with the other to the beast, served and serving. In this great harmony, partial evil is always secretly a universal good.*

> *And spite of pride, in erring Reason's spite.*
> *One truth is clear,* whatever is, is right.

Voltaire knew and admired Pope, and in his happier, younger days sustained in France the philosophy of optimism, which was so prevalent in the Enlightenment.

Gottfried Leibnitz (1646-1716), the great mathematician and scientist, made of optimism a complete philosophical system. The world, he says, is obviousy planned, and God is obviously good. Therefore the good God must have planned the best world possible. The basic idea is that God, in creating the universe, was like a chef who had all imaginable

1. Voltaire commonly ascribed his controversial writings to real or imaginary persons, but he deceived no one. The style of his writing made his identity clear enough.

2. This subtitle was added in a second edition. The battle of Minden, Germany, took place on August 1, 1759.

ingredients available to him. Naturally, he must have chosen the best ones. Hence, this universe, perfect or not, must be the best one possible. Leibnitz resolves the old inevitable problem of evil by saying that without evil there can be no good, and therefore evil is permitted by God. It was foreseen that the world with evil would still be the best of all possible worlds. To explain the structure of the universe, Leibnitz assumes the existence of monads, *the indivisible elements of everything. They are infinitely small or infinitely great. The highest monad is God. In this system, body and spirit do not interact, but they behave as if they interacted, because they are actuated by the same causes, or, since Leibnitz does not like the word "cause," by a* sufficient reason, raison suffisante. *Body and spirit then act together, according to a* preestablished harmony.

Voltaire in his later days found these doctrines of optimism absurd. His philosophic dissatisfaction was suddenly made concrete by an event: the Lisbon disaster. In November 1755, Lisbon was shattered by an earthquake, partly submerged by a tidal wave, and the remains were ravaged by fire. Nearly 40,000 people perished. How, said Voltaire, can this blind calamity fit in your best of all possible worlds? He dashed off an angry, stirring Poème sur le désastre de Lisbonne, *which forecasts* Candide. *He carried the thought in mind for over two years. As he was busy with his great historical work,* Essai sur les mœurs, *he noted innumerable examples of the world's folly and evil, which seemed to confute the blithe tenets of optimism. In the summer of 1758 he amused himself by pouring his collection of horrors into the form of a frolicsome adventure story. This is* Candide. *It was published in 1759.*

The book does not represent the sum of Voltaire's philosophy. Its purpose is negative, to point out the errors of the optimists, and any such destructive attack must be more violent than a sober statement of belief. Voltaire would not intend us to take his pessimism as a guide to life— his own life was not so guided. Remember, when you have read Candide, *the concluding words: "il faut cultiver notre jardin." This is Voltaire's advice to himself and to us. The world is very wicked, and more foolish than it is wicked. But do the best you can; never surrender; cultivate your garden.]*

❧ ❧ ❧

I. COMMENT CANDIDE FUT ÉLEVÉ DANS UN BEAU CHÂTEAU, ET COMMENT IL FUT CHASSÉ D'ICELUI[3]

Il y avait en Westphalie,[4] dans le château de monsieur le baron de Thunder-ten-tronckh, un jeune garçon à qui la nature avait donné les mœurs les plus douces. Sa physionomie annonçait son âme. Il avait le jugement assez[5] droit, avec l'esprit le plus simple; c'est, je crois, pour cette raison qu'on le nommait Candide. Les anciens domestiques de la maison soupçonnaient qu'il était fils de la sœur de monsieur le baron, et d'un bon et honnête gentilhomme du voisinage, que cette demoiselle ne voulut[6] jamais épouser, parce qu'il n'avait pu prouver que soixante et onze quartiers,[7] et que le reste de son arbre généalogique avait été perdu par l'injure du temps.

Monsieur le baron était un des plus puissants seigneurs de la Westphalie, car son château avait une porte et des fenêtres. Sa grande salle même était ornée d'une tapisserie. Tous les chiens de ses basses-cours[8] composaient une meute[9] dans le besoin; ses palefreniers[10] étaient ses piqueurs;[11] le vicaire du village était son grand-aumônier.[12] Ils l'appelaient tous Monseigneur, et ils riaient quand il faisait des contes.

3. *d'icelui = en.* (A quaint archaism, in imitation of style of adventure novels.)
4. *Westphalie:* barren region of western Germany.
5. *assez:* very.
6. *voulut:* Notice the force of the tense.
7. *quartiers:* quarterings, heraldic divisions of coat-of-arms, proving noble descent.
8. *basses-cours:* farmyards.
9. *meute:* hunting pack.
10. *palefreniers:* stable boys.
11. *piqueurs:* whippers-in.
12. *grand-aumônier:* Lord High Almoner.

Madame la baronne, qui pesait environ trois cent cinquante livres, s'attirait par là une très grande considération, et faisait les honneurs de la maison avec une dignité qui la rendait encore plus respectable. Sa fille Cunégonde,[13] âgée de dix-sept ans, était haute en couleur, fraîche, grasse, appétissante. Le fils du baron paraissait en tout digne de son père. Le précepteur Pangloss[14] était l'oracle de la maison, et le petit Candide écoutait ses leçons avec toute la bonne foi de son âge et de son caractère.

Pangloss enseignait la métaphysico-théologo-cosmolo-nigologie.[15] Il prouvait admirablement qu'il n'y a point d'effet sans cause, et que, dans ce meilleur des mondes possibles, le château de monseigneur le baron était le plus beau des châteaux et madame la meilleure des baronnes possibles.

« Il est démontré, disait-il, que les choses ne peuvent être autrement: car tout étant fait pour une fin, tout est nécessairement pour la meilleure fin. Remarquez bien que les nez ont été faits pour porter des lunettes, aussi[16] avons-nous des lunettes. Les jambes sont visiblement instituées pour être chaussées,[17] et nous avons des chausses. Les pierres ont été formées pour être taillées, et pour en faire des châteaux; aussi monseigneur a un très beau château; le plus grand baron de la province doit être le mieux logé; et les cochons étant faits pour être mangés, nous mangeons du porc toute l'année: par conséquent, ceux qui ont avancé que tout est bien ont dit une sottise; il fallait dire que tout est au mieux. »

Candide écoutait attentivement, et croyait innocemment; car il trouvait mademoiselle Cunégonde extrêmement belle, quoiqu'il ne prît jamais la hardiesse de le lui dire. Il concluait qu'après le bonheur d'être né baron de Thunder-ten-tronckh, le second degré de bonheur était d'être mademoiselle Cunégonde; le troisième, de la voir tous les jours, et le quatrième, d'entendre maître Pangloss, le plus grand philosophe de la province, et par conséquent de toute la terre.

Un jour Cunégonde, en se promenant auprès du château, dans le petit bois qu'on appelait *parc,* vit entre des broussailles[18] le docteur Pangloss qui donnait une leçon de physique expérimentale à la femme de chambre de sa mère, petite brune très jolie et très docile. Comme mademoiselle Cunégonde avait beaucoup de disposition pour les sciences, elle observa, sans souffler,[19] les expériences réitérées dont elle fut témoin; elle vit clairement la raison suffisante[20] du docteur, les effets et les causes, et s'en retourna toute agitée, toute pensive, toute remplie du désir d'être savante, songeant qu'elle pourrait bien être la raison suffisante du jeune Candide, qui pouvait aussi être la sienne.

Elle rencontra Candide en revenant au château, et rougit; Candide rougit aussi; elle lui dit bonjour d'une voix entrecoupée, et Candide lui parla sans savoir ce qu'il disait. Le lendemain après le dîner, comme on sortait de table, Cunégonde et Candide se trouvèrent derrière un paravent;[21]Cunégonde laissa tomber son mouchoir, Candide le ramassa; elle lui prit innocemment la main, le jeune homme baisa innocemment la main de la jeune demoiselle avec une vivacité, une sensibilité, une grâce toute particulière; leurs bouches se rencontrèrent, leurs yeux s'enflammèrent, leurs genoux tremblèrent, leurs mains s'égarèrent. Monsieur le baron de Thunder-ten-tronckh passa auprès du paravent, et, voyant cette cause et cet effet, chassa Candide du château à grands coups de pied dans le derrière; Cunégonde s'évanouit; elle fut souffletée[22] par madame la baronne dès qu'elle fut revenue à elle-

13. *Cunégonde:* The old German name sounds grotesque to French ears.
14. *Pangloss:* "All tongue" (*Greek*).
15. *métaphysico-...nigologie:* a burlesque of pretentious philosophical nomenclature of German scholars.
16. *aussi:* and so, therefore. (This passage burlesques the doctrine of final causes.)
17. *chaussées:* trousered.
18. *broussailles:* underbrush.
19. *souffler:* breathe.
20. *raison suffisante:* Leibnitz's term for "cause."
21. *paravent:* screen.
22. *souffletée:* slapped.

même; et tout fut consterné dans le plus beau et le plus agréable des châteaux possibles.

II. CE QUE DEVINT CANDIDE PARMI LES BULGARES[23]

Candide, chassé du paradis terrestre, marcha longtemps sans savoir où, pleurant, levant les yeux au ciel, les tournant souvent vers le plus beau des châteaux, qui renfermait la plus belle des baronnettes; il se coucha sans souper au milieu des champs entre deux sillons;[24] la neige tombait à gros flocons.[25] Candide, tout transi,[26] se traîna le lendemain vers la ville voisine, qui s'appelle *Valdberghoff-trarbk-dikdorff*, n'ayant point d'argent, mourant de faim et de lassitude. Il s'arrêta tristement à la porte d'un cabaret. Deux hommes habillés de bleu[27] le remarquèrent: « Camarade, dit l'un, voilà un jeune homme très bien fait, et qui a la taille requise. » Ils s'avancèrent vers Candide et le prièrent à dîner très civilement. « Messieurs, leur dit Candide avec une modestie charmante, vous me faites beaucoup d'honneur, mais je n'ai pas de quoi payer mon écot.[28]

—Ah monsieur! lui dit un des bleus, les personnes de votre figure et de votre mérite ne payent jamais rien: n'avez-vous pas cinq pieds cinq pouces[29] de haut?

—Oui, messieurs, c'est ma taille, dit-il en faisant la révérence.

—Ah monsieur! mettez-vous à table; non seulement nous vous défrayerons, mais nous ne souffrirons jamais qu'un homme comme vous manque d'argent; les hommes ne sont faits que pour se secourir les uns les autres.

—Vous avez raison, dit Candide; c'est ce que monsieur Pangloss m'a toujours dit, et je vois bien que tout est au mieux. »

On le prie d'accepter quelques écus, il les prend et veut faire son billet,[30] on n'en veut point, on se met à table. « N'aimez-vous pas tendrement?…

—Oh oui! répond-il, j'aime tendrement mademoiselle Cunégonde.

—Non, dit l'un de ces messieurs, nous vous demandons si vous n'aimez pas tendrement le roi des Bulgares?

—Point du tout, dit-il, car je ne l'ai jamais vu.

—Comment? c'est le plus charmant des rois, et il faut boire à sa santé.

—Oh! très volontiers, messieurs. » Et il boit. « C'en est assez, lui dit-on, vous voilà l'appui, le soutien, le défenseur, le héros des Bulgares; votre fortune est faite, et votre gloire est assurée. » On lui met sur-le-champ les fers aux pieds, et on le mène au régiment. On le fait tourner à droite, à gauche, hausser la baguette,[31] remettre la baguette, coucher en joue,[32] tirer, doubler le pas, et on lui donne trente coups de bâton; le lendemain il fait l'exercice un peu moins mal, et il ne reçoit que vingt coups; le surlendemain on ne lui en donne que dix, et il est regardé par ses camarades comme un prodige.

Candide, tout stupéfait, ne démêlait pas encore trop bien comment il était un héros. Il s'avisa un beau jour de printemps de s'aller promener, marchant tout droit devant lui, croyant que c'était un privilège de l'espèce humaine, comme de l'espèce animale, de se servir de ses jambes à son plaisir. Il n'eut pas fait deux lieues, que voilà quatre autres héros de six pieds qui l'atteignent, qui le lient, qui le mènent dans un cachot. On lui demanda juridiquement ce qu'il aimait le mieux, d'être fustigé[33] trente-six fois par tout le régiment, ou de recevoir à la fois douze balles de plomb

23. *Bulgares:* i.e., Prussians.
24. *sillons:* furrows.
25. *flocons:* flakes.
26. *transi:* numb with cold.
27. *Deux hommes…bleu:* i.e., Prussian recruiting sergeants. (They received a bounty for each man enrolled or tricked into service. By accepting money and drinking the King's health the recruit made a contract.)
28. *écot:* share, bill (scot).
29. The French *pied* was 1.05 English feet. The minimum height for the Prussian army was therefore 5 feet 8 inches.
30. *billet:* I.O.U.
31. *baguette:* ramrod.
32. *coucher en joue:* take aim. (Phrases from the manual of arms.)
33. *fustigé:* lashed.

dans la cervelle. Il eut beau dire que les volontés sont libres, et qu'il ne voulait ni l'un ni l'autre, il fallut faire un choix; il se détermina en vertu du don de Dieu qu'on nomme *liberté*,[34] à passer trente-six fois par les baguettes; il essuya[35] deux promenades. Le régiment était composé de deux mille hommes; cela lui composa quatre mille coups de baguette, qui, depuis la nuque du cou jusqu'au cul,[36] lui découvrirent les muscles et les nerfs.[37] Comme on allait procéder à la troisième course, Candide, n'en pouvant plus, demanda en grâce qu'on voulût bien avoir la bonté de lui casser la tête; il obtient cette faveur; on lui bande les yeux, on le fait mettre à genoux. Le roi des Bulgares passe dans ce moment, s'informe du crime du patient; et comme ce roi avait un grand génie, il comprit, par tout ce qu'il apprit de Candide, que c'était un jeune métaphysicien, fort ignorant des choses de ce monde, et il lui accorda sa grâce avec une clémence qui sera louée dans tous les journaux et dans tous les siècles. Un brave chirurgien guérit Candide en trois semaines avec les émollients enseignés par Dioscoride.[38] Il avait déjà un peu de peau, et pouvait marcher, quand le roi des Bulgares livra bataille au roi des Abares.[39]

III. COMMENT CANDIDE SE SAUVA D'ENTRE LES BULGARES, ET CE QU'IL DEVINT

Rien n'était si beau, si leste,[40] si brillant, si bien ordonné que les deux armées. Les trompettes, les fifres, les hautbois,[41] les tambours, les canons, formaient une harmonie telle qu'il n'y en eut jamais en enfer. Les canons renversèrent d'abord à peu près six mille hommes de chaque côté; ensuite la mousqueterie ôta du meilleur des mondes environ neuf à dix mille coquins qui en infectaient la surface. La baïonnette fut aussi la raison suffisante de la mort de quelques milliers d'hommes. Le tout pouvait bien se monter à une trentaine de mille âmes. Candide, qui tremblait comme un philosophe, se cacha du mieux qu'il put pendant cette boucherie héroïque.

Enfin tandis que les deux rois faisaient chanter des *Te Deum*,[42] chacun dans son camp, il prit le parti d'aller raisonner ailleurs des effets et des causes. Il passa par-dessus des tas de morts et de mourants, et gagna d'abord un village voisin; il était en cendres; c'était un village abare que les Bulgares avaient brûlé, selon les lois du droit public. Ici des vieillards criblés[43] de coups regardaient mourir leurs femmes égorgées, qui tenaient leurs enfants à leurs mamelles sanglantes; là des filles éventrées[44] après avoir assouvi[45] les besoins naturels de quelques héros rendaient les derniers soupirs; d'autres à demi brûlées criaient qu'on achevât de leur donner la mort. Des cervelles étaient répandues sur la terre à côté de bras et de jambes coupés.

Candide s'enfuit au plus vite dans un autre village: il appartenait à des Bulgares, et les héros abares l'avaient traité de même. Candide, toujours marchant sur des membres palpitants, ou à travers des ruines, arriva enfin hors du théâtre de la guerre, portant quelques petites provisions dans son bissac,[46] et n'oubliant jamais mademoiselle Cunégonde. Ses provisions lui manquèrent quand il fut[47] en Hollande; mais ayant entendu dire que tout le monde était riche dans ce pays-là, et qu'on y était chrétien, il ne douta pas qu'on ne le traitât aussi bien qu'il avait été dans le château de monsieur le baron avant qu'il en eût été

34. *liberté: here,* free will.
35. *essuya:* endured.
36. *cul:* bottom, rear.
37. Voltaire had seen a captured deserter forced to run the gauntlet thirty-six times beneath the windows of the Potsdam palace, while Frederick the Great looked on. The man's ears and nose were cut off and he was sent to prison. Voltaire obtained his release.
38. *Dioscoride:* Greek medical writer.

39. *Abares:* i.e., the French.
40. *leste:* active, spirited.
41. *hautbois:* oboes.
42. *Te Deum:* anthem sung in celebration of victory.
43. *criblés:* riddled.
44. *éventrées:* disemboweled.
45. *assouvi:* sated.
46. *bissac:* haversack.
47. *fut:* arrived. (Note the force of the tense.)

chassé pour les beaux yeux de mademoiselle Cunégonde.

Il demanda l'aumône à plusieurs graves personnages, qui lui répondirent tous que, s'il continuait à faire ce métier, on l'enfermerait dans une maison de correction pour lui apprendre à vivre.

Il s'adressa ensuite à un homme qui venait de parler tout seul une heure de suite sur la charité dans une grande assemblée. Cet orateur[48] le regardant de travers, lui dit: « Que venez-vous faire ici? y êtes-vous pour la bonne cause?

—Il n'y a point d'effet sans cause, répondit modestement Candide, tout est enchaîné nécessairement et arrangé pour le mieux. Il a fallu que je fusse chassé d'auprès de mademoiselle Cunégonde, que j'aie passé par les baguettes, et il faut que je demande mon pain jusqu'à ce que je puisse en gagner; tout cela ne pouvait être autrement.

—Mon ami, lui dit l'orateur, croyez-vous que le pape soit l'Antéchrist?

—Je ne l'avais pas encore entendu dire, répondit Candide; mais qu'il le soit ou qu'il ne le soit pas, je manque de pain.

—Tu ne mérites pas d'en manger, dit l'autre; va, coquin, va, misérable, ne m'approche de ta vie. » La femme de l'orateur ayant mis la tête à la fenêtre et avisant un homme qui doutait que le pape fût l'Antéchrist, lui répandit sur le chef un plein...[49] O Ciel! à quel excès se porte le zèle de la religion dans les dames!

Un homme qui n'avait point été baptisé, un bon anabaptiste,[50] nommé Jacques, vit la manière cruelle et ignominieuse dont on traitait ainsi un de ses frères, un être à deux pieds sans plumes,[51] qui avait une âme; il l'amena chez lui, le nettoya, lui donna du pain et de la bière, lui fit présent de deux florins, et voulut même lui apprendre à travailler dans ses manufactures aux étoffes de Perse qu'on fabrique en Hollande. Candide, se prosternant presque devant lui, s'écriait: « Maître Pangloss me l'avait bien dit que tout est au mieux dans ce monde; car je suis infiniment plus touché de votre extrême générosité que de la dureté de ce monsieur à manteau noir, et de madame son épouse. »

Le lendemain en se promenant, il rencontra un gueux tout couvert de pustules, les yeux morts, le bout du nez rongé, la bouche de travers, les dents noires, et parlant de la gorge, tourmenté d'une toux[52] violente, et crachant une dent à chaque effort.

IV. COMMENT CANDIDE RENCONTRA SON ANCIEN MAÎTRE DE PHILOSOPHIE, LE DOCTEUR PANGLOSS, ET CE QUI EN ADVINT

Candide, plus ému encore de compassion que d'horreur, donna à cet épouvantable gueux les deux florins qu'il avait reçus de son honnête anabaptiste Jacques. Le fantôme le regarda fixement, versa des larmes, et sauta à son cou. Candide effrayé recule. « Hélas! dit le misérable à l'autre misérable, ne reconnaissez-vous plus votre cher Pangloss?

—Qu'entends-je? Vous, mon cher maître! vous, dans cet état horrible! Quel malheur vous est-il donc arrivé? Pourquoi n'êtes-vous plus dans le plus beau des châteaux? Qu'est devenue mademoiselle Cunégonde, la perle des filles, le chef-d'œuvre de la nature?

—Je n'en peux plus, » dit Pangloss. Aussitôt Candide le mena dans l'étable de l'anabaptiste, où il lui fit manger un peu de pain; et quand Pangloss fut refait: « Eh bien, lui dit-il, Cunégonde?

—Elle est morte, reprit l'autre. » Candide s'évanouit à ce mot; son ami rappela ses sens avec un peu de mauvais vinaigre qui se trouva par hasard dans l'étable. Candide rouvre les yeux. « Cunégonde est morte! Ah! meilleur des mondes; où êtes-vous? Mais de quelle

48. *orateur:* i.e., a Protestant minister.

49. *un plein:* i.e., a slop pail.

50. *anabaptiste:* member of a rigorous Protestant sect, ancestor of present Mennonites.

51. *un être...plumes:* Plato's definition of man.

52. *toux:* cough.

maladie est-elle morte? ne serait-ce point de m'avoir vu chasser du beau château de monsieur son père à grands coups de pied?

—Non, dit Pangloss; elle a été éventrée par des soldats bulgares, après avoir été violée autant qu'on peut l'être; ils ont cassé la tête à monsieur le baron qui voulait la défendre; madame la baronne a été coupée en morceaux; mon pauvre pupille traité précisément comme sa sœur; et quant au château, il n'est pas resté pierre sur pierre, pas une grange, pas un mouton, pas un canard, pas un arbre; mais nous avons été bien vengés, car les Abares en ont fait autant dans une baronnie voisine qui appartenait à un seigneur bulgare. »

A ce discours, Candide s'évanouit encore; mais revenu à soi, et ayant dit tout ce qu'il devait dire, il s'enquit de la cause et de l'effet, et de la raison suffisante qui avait mis Pangloss dans un si piteux état. « Hélas! dit l'autre, c'est l'amour; l'amour, le consolateur du genre humain, le conservateur de l'univers, l'âme de tous les êtres sensibles, le tendre amour.

—Hélas! dit Candide, je l'ai connu, cet amour, ce souverain des cœurs, cette âme de notre âme; il ne m'a jamais valu qu'un baiser et vingt coups de pied au cul. Comment cette belle cause a-t-elle pu produire en vous un effet si abominable? »

Pangloss répondit en ces termes: « O mon cher Candide! vous avez connu Paquette, cette jolie suivante de notre auguste baronne; j'ai goûté dans ses bras les délices du paradis, qui ont produit ces tourments d'enfer dont vous me voyez dévoré; elle en était infectée, elle en est peut-être morte. Paquette tenait ce présent d'un cordelier[53] très savant, qui avait remonté à la source; car il l'avait eue d'une vieille comtesse, qui l'avait reçue d'un capitaine de cavalerie, qui la devait à une marquise, qui la tenait d'un page, qui l'avait reçue d'un Jésuite qui, étant novice, l'avait eue en droite ligne d'un des compagnons

de Christophe Colomb. Pour moi, je ne la donnerai à personne, car je me meurs.

—O Pangloss! s'écria Candide, voilà une étrange généalogie! n'est-ce pas le Diable qui en fut la souche?[54]

—Point du tout, répliqua ce grand homme; c'était une chose indispensable dans le meilleur des mondes, un ingrédient nécessaire: car si Colomb n'avait pas attrapé, dans une île de l'Amérique, cette maladie qui empoisonne la source de la génération, qui souvent même empêche la génération, et qui est évidemment l'opposé du grand but de la nature, nous n'aurions ni le chocolat, ni la cochenille;[55] il faut encore observer que jusqu'aujourd'hui dans notre continent, cette maladie nous est particulière, comme la controverse. Les Turcs, les Indiens, les Persans, les Chinois, les Siamois, les Japonais, ne la connaissent pas encore; mais il y a une raison suffisante pour qu'ils la connaissent à leur tour dans quelques siècles. En attendant, elle a fait un merveilleux progrès parmi nous, et surtout dans ces grandes armées composées d'honnêtes stipendiaires[56] bien élevés, qui décident du destin des états; on peut assurer que, quand trente mille hommes combattent en bataille rangée contre des troupes égales en nombre, il y a environ vingt mille vérolés[57] de chaque côté.

—Voilà qui est admirable, dit Candide, mais il faut vous faire guérir.

—Et comment le puis-je? dit Pangloss; je n'ai pas le sou, mon ami; et dans toute l'étendue de ce globe on ne peut ni se faire saigner, ni prendre un lavement,[58] sans payer, ou sans qu'il y ait quelqu'un qui paye pour nous. »

Ce dernier discours détermina Candide; il alla se jeter aux pieds de son charitable anabaptiste Jacques, et lui fit une peinture si touchante de l'état où son ami était réduit que le bon homme n'hésita pas à recueillir le docteur Pangloss; il le fit guérir à ses dépens. Pangloss, dans la cure,

53. *cordelier:* Franciscan monk.
54. *souche:* rootstock, origin.
55. *cochenille:* cochineal, scarlet dyestuff.

56. *stipendiaires:* mercenaries.
57. *vérolés:* syphilitics.
58. *lavement:* enema.

ne perdit qu'un œil et une oreille. Il écrivait bien et savait parfaitement l'arithmétique. L'anabaptiste Jacques en fit son teneur de livres.[59] Au bout de deux mois, étant obligé d'aller à Lisbonne pour les affaires de son commerce, il mena dans son vaisseau ses deux philosophes. Pangloss lui expliqua comment tout était on ne peut mieux. Jacques n'était pas de cet avis. « Il faut bien, disait-il, que les hommes aient un peu corrompu la nature, car ils ne sont point nés loups, et ils sont devenus loups. Dieu ne leur a donné ni canon de vingt-quatre,[60] ni baïonnettes; et ils se sont fait des baïonnettes et des canons pour se détruire. Je pourrais mettre en ligne de compte[61] les banqueroutes, et la justice qui s'empare des biens des banqueroutiers pour en frustrer[62] les créanciers.[63]

—Tout cela était indispensable, répliquait le docteur borgne,[64] et les malheurs particuliers font le bien général, de sorte que plus il y a de malheurs particuliers, et plus tout est bien. » Tandis qu'il raisonnait, l'air s'obscurcit, les vents soufflèrent des quatre coins du monde, et le vaisseau fut assailli de la plus horrible tempête, à la vue du port de Lisbonne.

V. TEMPÊTE, NAUFRAGE, TREMBLEMENT DE TERRE, ET CE QUI ADVINT DU DOCTEUR PANGLOSS, DE CANDIDE, ET DE L'ANABAPTISTE JACQUES

La moitié des passagers affaiblis, expirants de ces angoisses inconcevables que le roulis[65] d'un vaisseau porte dans les nerfs et dans toutes les humeurs du corps agitées en sens contraires, n'avait pas même la force de s'inquiéter du danger. L'autre moitié jetait des cris et faisait des prières; les voiles étaient déchirées, les mâts brisés, le vaisseau entr'ouvert. Travaillait qui pouvait, personne ne s'entendait, personne

ne commandait. L'anabaptiste aidait un peu à la manœuvre; il était sur le tillac;[66] un matelot[67] furieux le frappe rudement et l'étend sur les planches; mais du coup qu'il lui donna il eut lui-même une si violente secousse qu'il tomba hors du vaisseau la tête la première. Il restait suspendu et accroché à une partie de mât rompue. Le bon Jacques court à son secours, l'aide à remonter, et de l'effort qu'il fit il est précipité dans la mer à la vue du matelot, qui le laissa périr sans daigner seulement le regarder. Candide approche, voit son bienfaiteur qui reparaît un moment et qui est englouti pour jamais. Il veut se jeter après lui dans la mer; le philosophe Pangloss l'en empêche, en lui prouvant que la rade[68] de Lisbonne avait été formée exprès pour que cet anabaptiste s'y noyât. Tandis qu'il le prouvait a priori,[69] le vaisseau s'entr'ouvre, tout périt à la réserve de[70] Pangloss, de Candide, et de ce brutal de matelot qui avait noyé le vertueux anabaptiste; le coquin nagea heureusement jusqu'au rivage, où Pangloss et Candide furent portés sur une planche.

Quand ils furent revenus un peu à eux, ils marchèrent vers Lisbonne; il leur restait quelque argent, avec lequel ils espéraient se sauver de la faim après avoir échappé à la tempête.

A peine ont-ils mis le pied dans la ville en pleurant la mort de leur bienfaiteur, qu'ils sentent la terre trembler sous leurs pas; la mer s'élève en bouillonnant dans le port, et brise les vaisseaux qui sont à l'ancre. Des tourbillons[71] de flamme et de cendres couvrent les rues et les places publiques; les maisons s'écroulent,[72] les toits sont renversés sur les fondements, et les fondements se dispersent; trente mille habitants de tout âge et de tout sexe sont écrasés sous des ruines. Le matelot disait

59. *teneur de livres:* bookkeeper.
60. *de vingt-quatre:* firing a 24-pound shot.
61. *mettre…compte:* count in.
62. *frustrer:* deprive.
63. Voltaire, as creditor, had suffered from the government's confiscation of a bankrupt's assets.
64. *borgne:* one-eyed.
65. *roulis:* rolling.

66. *tillac:* poop deck.
67. *matelot:* sailor.
68. *rade:* roadstead, harbor.
69. *a priori:* argument by deduction from assumptions.
70. *à la réserve de:* except.
71. *tourbillons:* whirlwinds.
72. *s'écroulent:* collapse.

en sifflant et en jurant: « Il y aura quelque chose à gagner ici.

—Quelle peut être la raison suffisante de ce phénomène? disait Pangloss.

—Voici le dernier jour du monde!» s'écriait Candide. Le matelot court incontinent au milieu des débris, affronte la mort pour trouver de l'argent, en trouve, s'en empare, s'enivre, et ayant cuvé[73] son vin, achète les faveurs de la première fille de bonne volonté qu'il rencontre sur les ruines des maisons détruites et au milieu des mourants et des morts. Pangloss le tirait cependant par la manche. « Mon ami, lui disait-il, cela n'est pas bien, vous manquez à la raison universelle, vous prenez mal votre temps.

—Tête et sang, répondit l'autre, je suis matelot et né à Batavia;[74] j'ai marché quatre fois sur le crucifix dans quatre voyages au Japon;[75] tu as bien trouvé ton homme avec ta raison universelle! »

Quelques éclats[76] de pierre avaient blessé Candide; il était étendu dans la rue et couvert de débris. Il disait à Pangloss: « Hélas! Procure-moi un peu de vin et d'huile; je me meurs.

—Ce tremblement de terre n'est pas une chose nouvelle, répondit Pangloss; la ville de Lima[77] éprouva les mêmes secousses en Amérique l'année passée; mêmes causes, mêmes effets; il y a certainement une traînée de soufre[78] sous terre depuis Lima jusqu'à Lisbonne.

—Rien n'est plus probable, dit Candide; mais pour Dieu, un peu d'huile et de vin.

—Comment probable? répliqua le philosophe; je soutiens que la chose est démontrée. » Candide perdit connaissance,

et Pangloss lui apporta un peu d'eau d'une fontaine voisine.

Le lendemain, ayant trouvé quelques provisions de bouche en se glissant à travers des décombres,[79] ils réparèrent un peu leurs forces. Ensuite ils travaillèrent comme les autres à soulager les habitants échappés à la mort. Quelques citoyens secourus par eux leur donnèrent un aussi bon dîner qu'on le pouvait dans un tel désastre: il est vrai que le repas était triste; les convives arrosaient leur pain de leurs larmes; mais Pangloss les consola, en les assurant que les choses ne pouvaient être autrement: « Car, dit-il, tout ceci est ce qu'il y a de mieux; car s'il y a un volcan[80] à Lisbonne, il ne pouvait être ailleurs. Car il est impossible que les choses ne soient pas où elles sont. Car tout est bien. »[81]

Un petit homme noir, familier[82] de l'Inquisition, lequel était à côté de lui, prit poliment la parole, et dit: « Apparemment que monsieur ne croit pas au péché originel; car si tout est au mieux, il n'y a donc eu ni chute[83] ni punition.

—Je demande très humblement pardon à Votre Excellence, répondit Pangloss encore plus poliment, car la chute de l'homme et la malédiction[84] entraient nécessairement dans le meilleur des mondes possibles.

—Monsieur ne croit donc pas à la liberté?[85] dit le familier.

—Votre Excellence m'excusera, dit Pangloss; la liberté peut subsister avec la nécessité absolue; car il était nécessaire que nous fussions libres; car enfin la volonté déterminée… » Pangloss était au milieu de sa phrase, quand le familier fit un signe de tête à son estafier[86] qui lui servait à boire du vin de Porto, ou d'Oporto.

73. *cuvé:* slept off.
74. Batavia, capital of Java, then part of the Dutch East Indies.
75. The Japanese, said travelers, forced crews of merchant ships thus to renounce Christianity.
76. *éclats:* chips, fragments.
77. Lima, capital of Peru.
78. *traînée de soufre:* vein of sulfur. (Fantastic as it seems, this theory was advanced by Buffon and other scientists.)

79. *décombres:* ruins.
80. The theory of underground volcanoes was proposed as an explanation of earthquakes.
81. The phrasing, with its repetition of *car,* is a burlesque of German philosophers' style.
82. *familier:* agent.
83. *chute:* fall of man, original sin.
84. *malédiction:* curse. (See Genesis 3.)
85. *liberté:* free will.
86. *estafier:* armed servant.

VI. COMMENT ON FIT UN BEL AUTO-DA-FÉ[87] POUR EMPÊCHER LES TREMBLEMENTS DE TERRE, ET COMMENT CANDIDE FUT FESSÉ[88]

Après le tremblement de terre qui avait détruit les trois quarts de Lisbonne, les sages du pays n'avaient pas trouvé un moyen plus efficace pour prévenir une ruine totale, que de donner au peuple un bel auto-da-fé; il était décidé par l'université de Coïmbre[89] que le spectacle de quelques personnes brûlées à petit feu, en grande cérémonie, est un secret infaillible pour empêcher la terre de trembler.

On avait en conséquence saisi un Biscayen convaincu d'avoir épousé sa commère,[90] et deux Portugais qui en mangeant un poulet en avaient arraché le lard:[91] on vint lier après le dîner le docteur Pangloss et son disciple Candide, l'un pour avoir parlé, et l'autre pour avoir écouté avec un air d'approbation: tous deux furent menés séparément dans des appartements d'une extrême fraîcheur,[92] dans lesquels on n'était jamais incommodé du soleil: huit jours après ils furent tous deux revêtus d'un *sanbenito*,[93] et on orna leurs têtes de mitres de papier: la mitre et le sanbenito de Candide étaient peints de flammes renversées et de diables qui n'avaient ni queues, ni griffes;[94] mais les diables de Pangloss portaient griffes et queues, et les flammes étaient droites. Ils marchèrent en procession ainsi vêtus, et entendirent un sermon très pathétique,[95] suivi d'une belle musique en faux-bourdon.[96] Candide fut fessé en cadence, pendant qu'on chantait; le Biscayen et les deux hommes qui n'avaient point voulu manger de lard furent brûlés, et Pangloss fut pendu, quoique ce ne soit pas la coutume. Le même jour la terre trembla de nouveau avec un fracas épouvantable.[97]

Candide épouvanté, interdit, éperdu, tout sanglant, tout palpitant, se disait à lui-même: « Si c'est ici le meilleur des mondes possibles, que sont donc les autres? Passe encore[98] si je n'étais que fessé, je l'ai été chez les Bulgares; mais, ô mon cher Pangloss! le plus grand des philosophes, faut-il vous avoir vu pendre sans que je sache pourquoi! O mon cher anabaptiste, le meilleur des hommes, faut-il que vous ayez été noyé dans le port! O mademoiselle Cunégonde, la perle des filles, faut-il qu'on vous ait fendu le ventre! »

Il s'en retournait, se soutenant à peine, prêché, fessé, absous et béni, lorsqu'une vieille l'aborda et lui dit: « Mon fils, prenez courage, suivez-moi. »

VII. COMMENT UNE VIEILLE PRIT SOIN DE CANDIDE, ET COMMENT IL RETROUVA CE QU'IL AIMAIT

Candide ne prit point courage, mais il suivit la vieille dans une masure:[99] elle lui donna un pot de pommade pour se frotter, lui laissa à manger et à boire; elle lui montra un petit lit assez propre; il y avait auprès du lit un habit complet. « Mangez, buvez, dormez, lui dit-elle, et que Notre-Dame d'Atocha, monseigneur St. Antoine de Padoue et monseigneur St. Jacques de Compostelle prennent soin de vous: je reviendrai demain. » Candide, toujours étonné de tout ce qu'il avait vu, de tout ce qu'il avait souffert, et encore plus de la charité de la vieille, voulut lui baiser la main. « Ce n'est pas ma main qu'il faut baiser, dit la vieille; je reviendrai demain.

87. *auto-da-fé:* ceremony of punishing heretics, usually by burning (*lit.,* act of faith).
88. *fessé:* flogged.
89. Coimbra, city of Portugal.
90. *commère:* godmother. (According to doctrine of "spiritual affinity," marriage to one's godparent is incest.)
91. *lard:* fat. The two men were suspected of Judaism, since Mosaic law forbids the eating of fat.
92. *fraîcheur:* coolness.

93. *sanbenito:* ceremonial costume worn by convicted heretics.
94. *griffes:* claws. (Pangloss's costume indicates his greater guilt, as utterer of heresy.)
95. *pathétique:* moving.
96. *faux-bourdon:* plain song, chanting.
97. In fact, a second earthquake followed a few weeks after the first.
98. *Passe encore:* It wouldn't be so bad.
99. *masure:* hovel.

Frottez-vous de pommade, mangez et dormez. »

Candide, malgré tant de malheurs, mangea et dormit. Le lendemain la vieille lui apporte à déjeuner, visite[100] son dos, le frotte elle-même d'une autre pommade; elle lui apporte ensuite à dîner; elle revient sur le soir et apporte à souper. Le surlendemain elle fit encore les mêmes cérémonies. « Qui êtes-vous? lui disait toujours Candide; qui vous a inspiré tant de bonté? quelles grâces puis-je vous rendre? » La bonne femme ne répondait jamais rien; elle revint sur le soir, et n'apporta point à souper. « Venez avec moi, dit-elle, et ne dites mot. » Elle le prend sous le bras, et marche avec lui dans la campagne environ un quart de mille; ils arrivent à une maison isolée, entourée de jardins et de canaux. La vieille frappe à une petite porte. On ouvre; elle mène Candide par un escalier dérobé[101] dans un cabinet doré, le laisse sur un canapé de brocart,[102] referme la porte, et s'en va. Candide croyait rêver, et regardait toute sa vie comme un songe funeste, et le moment présent comme un songe agréable.

La vieille reparut bientôt; elle soutenait avec peine une femme tremblante, d'une taille majestueuse, brillante de pierreries et couverte d'un voile. « Otez ce voile, » dit la vieille à Candide. Le jeune homme approche; il lève le voile d'une main timide. Quel moment! quelle surprise! il croit voir mademoiselle Cunégonde; il la voyait en effet, c'était elle-même. La force lui manque, il ne peut proférer une parole, il tombe à ses pieds. Cunégonde tombe sur le canapé.[103] La vieille les accable d'eaux spiritueuses; ils reprennent leurs sens, ils se parlent: ce sont d'abord des mots entrecoupés, des demandes et des réponses qui se croisent, des soupirs, des larmes, des cris. La vieille leur recommande de faire moins de bruit, et les laisse en liberté.

« Quoi! c'est vous, lui dit Candide, vous vivez! Je vous retrouve en Portugal! On ne vous a donc pas violée? On ne vous a point fendu le ventre, comme le philosophe Pangloss me l'avait assuré?

—Si fait,[104] dit la belle Cunégonde; mais on ne meurt pas toujours de ces deux accidents.

—Mais votre père et votre mère ont-ils été tués?

—Il n'est que trop vrai, dit Cunégonde en pleurant.

—Et votre frère?

—Mon frère a été tué aussi.

—Et pourquoi êtes-vous en Portugal? et comment avez-vous su que j'y étais? et par quelle étrange aventure m'avez-vous fait conduire dans cette maison?

—Je vous dirai tout cela, répliqua la dame; mais il faut auparavant que vous m'appreniez tout ce qui vous est arrivé depuis le baiser innocent que vous me donnâtes et les coups de pied que vous reçûtes. »

Candide lui obéit avec un profond respect; et quoiqu'il fût interdit, quoique sa voix fût faible et tremblante, quoique l'échine[105] lui fît encore un peu mal, il lui raconta de la manière la plus naïve tout ce qu'il avait éprouvé depuis le moment de leur séparation. Cunégonde levait les yeux au ciel; elle donna des larmes à la mort du bon anabaptiste et de Pangloss; après quoi elle parla en ces termes à Candide, qui ne perdait pas une parole, et qui la dévorait des yeux.

VIII. HISTOIRE DE CUNÉGONDE

« J'étais dans mon lit et je dormais profondément, quand il plut au ciel d'envoyer les Bulgares dans notre beau château de Thunder-ten-tronckh; ils égorgèrent mon père et mon frère, et coupèrent ma mère par morceaux. Un grand

100. *visite:* examines.
101. *dérobé:* private, hidden.
102. *canapé de brocart:* brocaded sofa.
103. This passage burlesques the emotional recognition scenes in then-popular novels. In picaresque tales, characters who became

separated would invariably discover each other again in far-off places by the most amazing coincidences.
104. *Si fait:* Yes, indeed.
105. *échine:* spine, back.

Bulgare, haut de six pieds, voyant qu'à ce spectacle j'avais perdu connaissance, se mit à me violer; cela me fit revenir, je repris mes sens, je criai, je me débattis, je mordis, j'égratignai,[106] je voulais arracher les yeux à ce grand Bulgare, ne sachant pas que tout ce qui arrivait dans le château de mon père était une chose d'usage: le brutal me donna un coup de couteau dans le flanc gauche dont je porte encore la marque.

—Hélas! j'espère bien la voir, dit le naïf Candide.

—Vous la verrez, dit Cunégonde; mais continuons.

—Continuez, » dit Candide.

Elle reprit ainsi le fil de son histoire: « Un capitaine bulgare entra, il me vit toute sanglante, et le soldat ne se dérangeait pas. Le capitaine se mit en colère du peu de respect que lui témoignait ce brutal, et le tua sur mon corps. Ensuite il me fit panser, et m'emmena prisonnière de guerre dans son quartier. Je blanchissais le peu de chemises qu'il avait, je faisais sa cuisine; il me trouvait fort jolie, il faut l'avouer; et je ne nierai pas qu'il ne fût très bien fait,[107] et qu'il n'eût la peau blanche et douce; d'ailleurs peu d'esprit, peu de philosophie; on voyait bien qu'il n'avait pas été élevé par le docteur Pangloss. Au bout de trois mois, ayant perdu tout son argent et s'étant dégoûté de moi, il me vendit à un Juif nommé Don Issacar, qui trafiquait en Hollande et en Portugal, et qui aimait passionnément les femmes. Ce Juif s'attacha beaucoup à ma personne, mais il ne pouvait en triompher; je lui ai mieux résisté qu'au soldat bulgare. Une personne d'honneur peut être violée une fois, mais sa vertu s'en affermit.

« Le Juif, pour m'apprivoiser,[108] me mena dans cette maison de campagne que vous voyez. J'avais cru jusque-là qu'il n'y avait rien sur la terre de si beau que le château de Thunder-ten-tronckh; j'ai été détrompée.

« Le grand inquisiteur m'aperçut un jour à la messe, il me lorgna[109] beaucoup, et me fit dire qu'il avait à me parler pour des affaires secrètes. Je fus conduite à son palais; je lui appris ma naissance; il me représenta combien il était au-dessous de mon rang d'appartenir à un Israélite. On proposa de sa part à Don Issacar de me céder à monseigneur. Don Issacar, qui est le banquier de la cour, et homme de crédit, n'en voulut rien faire. L'inquisiteur le menaça d'un auto-da-fé. Enfin mon Juif intimidé conclut un marché, par lequel la maison et moi leur appartiendraient à tous deux en commun, que le Juif aurait pour lui les lundis, mercredis, et le jour du sabbat, et que l'inquisiteur aurait les autres jours de la semaine. Il y a six mois que cette convention subsiste. Ce n'a pas été sans querelles; car souvent il a été indécis si la nuit du samedi au dimanche appartenait à l'ancienne loi, ou à la nouvelle.[110] Pour moi, j'ai résisté jusqu'à présent à toutes les deux, et je crois que c'est pour cette raison que j'ai toujours été aimée.

« Enfin, pour détourner le fléau des tremblements de terre, et pour intimider Don Issacar, il plut à monseigneur l'inquisiteur de célébrer un auto-da-fé. Il me fit l'honneur de m'y inviter. Je fus très bien placée; on servit aux dames des rafraîchissements entre la messe et l'exécution. Je fus à la vérité saisie d'horreur en voyant brûler ces deux Juifs et cet honnête Biscayen qui avait épousé sa commère; mais quelle fut ma surprise, mon effroi, mon trouble, quand je vis, dans un sanbenito, et sous une mitre, une figure qui ressemblait à celle de Pangloss! Je me frottai les yeux, je regardai attentivement, je le vis pendre; je tombai en faiblesse. A peine reprenais-je mes sens que je vous vis dépouillé tout nu; ce fut là le comble de l'horreur, de la consternation, de la douleur, du désespoir. Je vous dirai, avec vérité, que votre peau est encore plus

106. *j'égratignai:* I scratched.
107. *bien fait:* handsome.
108. *pour m'apprivoiser:* to tame me.
109. *me lorgna:* eyed, ogled me.
110. *ancienne...nouvelle:* i.e., to the Hebraic or the Christian Sabbath.

blanche et d'un incarnat[111] plus parfait
que celle de mon capitaine des Bulgares.
Cette vue redoubla tous les sentiments
qui m'accablaient, qui me dévoraient.
Je m'écriai, je voulus dire: « Arrêtez,
barbares! » mais la voix me manqua, et
mes cris auraient été inutiles. Quand vous
eûtes été bien fessé: « Comment se peut-il
faire, disais-je, que l'aimable Candide et le
sage Pangloss se trouvent à Lisbonne, l'un
pour recevoir cent coups de fouet, et l'autre
pour être pendu par l'ordre de monseigneur
l'inquisiteur, dont je suis la bien-aimée?
Pangloss m'a donc bien cruellement
trompée quand il me disait que tout va le
mieux du monde. »

« Agitée, éperdue,[112] tantôt hors de
moi-même, et tantôt prête de mourir de
faiblesse, j'avais la tête remplie du massacre
de mon père, de ma mère, de mon frère, de
l'insolence de mon vilain soldat bulgare,
du coup de couteau qu'il me donna, de ma
servitude, de mon métier de cuisinière, de
mon capitaine bulgare, de mon vilain Don
Issacar, de mon abominable inquisiteur, de la
pendaison du docteur Pangloss, de ce grand
miserere[113] en faux-bourdon pendant lequel
on vous fessait, et surtout du baiser que je
vous avais donné derrière un paravent, le
jour que je vous avais vu pour la dernière
fois. Je louai Dieu qui vous ramenait à moi
par tant d'épreuves. Je recommandai à ma
vieille d'avoir soin de vous, et de vous
amener ici dès qu'elle le pourrait. Elle a très
bien exécuté ma commission; j'ai goûté le
plaisir inexprimable de vous revoir, de vous
entendre, de vous parler. Vous devez avoir
une faim dévorante; j'ai grand appétit;
commençons par souper. »

Les voilà qui se mettent tous deux à
table; et, après le souper, ils se replacent
sur ce beau canapé dont on a déjà parlé; ils
y étaient quand le signor Don Issacar, l'un
des maîtres de la maison, arriva. C'était le
jour du sabbat. Il venait jouir de ses droits,
et expliquer son tendre amour.

IX. CE QUI ADVINT DE CUNÉGONDE, DE CANDIDE, DU GRAND INQUISITEUR ET D'UN JUIF

Cet Issacar était le plus colérique
Hébreu qu'on eût vu dans Israël depuis
la captivité en Babylone. « Quoi! dit-il,
chienne de Galiléenne,[114] ce n'est pas assez
de monsieur l'inquisiteur? il faut que ce
coquin partage aussi avec moi? » En disant
cela il tire un long poignard dont il était
toujours pourvu, et, ne croyant pas que son
adverse partie eût des armes, il se jette sur
Candide; mais notre bon Westphalien avait
reçu une belle épée de la vieille avec l'habit
complet. Il tire son épée, quoiqu'il eût les
mœurs fort douces, et vous étend l'Israélite
roide mort sur le carreau[115] aux pieds de la
belle Cunégonde.

«Sainte-Vierge! s'écria-t-elle, qu'allons-
nous devenir? un homme tué chez moi! si la
justice vient, nous sommes perdus.

—Si Pangloss n'avait pas été pendu,
dit Candide, il nous donnerait un bon
conseil dans cette extrémité, car c'était un
grand philosophe. A son défaut, consultons
la vieille. » Elle était fort prudente, et
commençait à dire son avis, quand une
autre petite porte s'ouvrit. Il était une heure
après minuit, c'était le commencement
du dimanche. Ce jour appartenait à
monseigneur l'inquisiteur. Il entre et voit
le fessé Candide, l'épée à la main, un mort
étendu par terre, Cunégonde effarée, et la
vieille donnant des conseils.

Voici dans ce moment ce qui se passa
dans l'âme de Candide, et comment il
raisonna: « Si ce saint homme appelle du
secours, il me fera infailliblement brûler;
il pourra en faire autant de Cunégonde; il
m'a fait fouetter impitoyablement; il est
mon rival; je suis en train de tuer, il n'y
a pas à balancer.[116] » Ce raisonnement fut
net et rapide; et sans donner le temps à
l'inquisiteur de revenir de sa surprise, il le
perce d'outre en outre,[117] et le jette à côté

111. *incarnat:* rosiness.
112. *éperdue:* frantic.
113. *miserere:* have mercy upon us (*church chant*).
114. *Galiléenne:* Christian.

115. *carreau:* floor.
116. *balancer:* hesitate.
117. *d'outre en outre:* through and through.

du Juif. « En voici bien d'une autre,[118] dit Cunégonde; il n'y a plus de rémission; nous sommes excommuniés, notre dernière heure est venue. Comment avez-vous fait, vous qui êtes né si doux, pour tuer en deux minutes un Juif et un prélat?

—Ma belle demoiselle, répondit Candide, quand on est amoureux, jaloux et fouetté par l'Inquisition, on ne se connaît plus. »

La vieille prit alors la parole, et dit: « Il y a trois chevaux andalous[119] dans l'écurie avec leurs selles et leurs brides: que le brave Candide les prépare; madame a des moyadors[120] et des diamants: montons vite à cheval, quoique je ne puisse me tenir que sur une fesse,[121] et allons à Cadiz;[122] il fait le plus beau temps du monde, et c'est un grand plaisir de voyager pendant la fraîcheur de la nuit. »

Aussitôt Candide selle les trois chevaux. Cunégonde, la vieille et lui font trente milles d'une traite.[123] Pendant qu'ils s'éloignaient, la Sainte Hermandad[124] arrive dans la maison; on enterre monseigneur dans une belle église, et on jette Issacar à la voirie.[125]

Candide, Cunégonde et la vieille étaient déjà dans la petite ville d'Avacéna, au milieu des montagnes de la Sierra Morena;[126] et ils parlaient ainsi dans un cabaret.

X. DANS QUELLE DÉTRESSE CANDIDE, CUNÉGONDE ET LA VIEILLE ARRIVENT A CADIZ, ET DE LEUR EMBARQUEMENT

« Qui a donc pu me voler mes pistoles et mes diamants? disait en pleurant Cunégonde; de quoi vivrons-nous? Comment ferons-nous? Où trouver des inquisiteurs et des Juifs qui m'en donnent d'autres?

—Hélas! dit la vieille, je soupçonne fort un révérend père cordelier, qui coucha hier dans la même auberge que nous à Badajos; Dieu me garde de faire un jugement téméraire, mais il entra deux fois dans notre chambre, et il partit longtemps avant nous.

—Hélas! dit Candide, le bon Pangloss m'avait souvent prouvé que les biens de la terre sont communs à tous les hommes, que chacun y a un droit égal.[127] Ce cordelier devait bien, suivant ces principes, nous laisser de quoi achever notre voyage. Il ne vous reste donc rien du tout, ma belle Cunégonde?

—Pas un maravédis,[128] dit-elle.

—Quel parti prendre? dit Candide.

—Vendons un des chevaux, dit la vieille; je monterai en croupe derrière mademoiselle, quoique je ne puisse me tenir que sur une fesse, et nous arriverons à Cadiz. »

Il y avait dans la même hôtellerie un prieur de bénédictins; il acheta le cheval bon marché. Candide, Cunégonde et la vieille passèrent par Lucena, par Chillas, par Lebrixa, et arrivèrent enfin à Cadiz. On y équipait une flotte, et on y assemblait des troupes pour mettre à la raison les révérends pères jésuites du Paraguay, qu'on accusait d'avoir fait révolter une de leurs hordes contre les rois d'Espagne et de Portugal, auprès de la ville du Saint-Sacrement.[129] Candide, ayant servi chez les Bulgares, fit l'exercice bulgarien devant le général de la petite armée, avec tant de grâce, de célérité,[130] d'adresse, de fierté, d'agilité, qu'on lui donna une compagnie d'infanterie à commander. Le voilà capitaine; il

118. *En voici...autre:* This gets worse and worse.
119. *andalous:* Andalusian, of southern Spain.
120. *moyadors:* Portuguese gold coins.
121. *fesse:* buttock.
122. Cadiz, seaport of southern Spain.
123. *d'une traite:* without stopping.
124. *Sainte Hermandad:* police.
125. *voirie:* city dump.
126. Sierra Morena, mountain range in southern Spain.
127. This theory had been enunciated by Rousseau in his *Discours sur l'inégalité* (1755).
128. *maravédis:* small Spanish copper coin.

129. The Jesuits had built up an almost independent province in the interior of South America, and ruled it as a benevolent theocracy. In 1750 Spain ceded to Portugal many thousand square miles of this province in exchange for the fortified village of Sacramento (Saint-Sacrement). The Jesuits resented and resisted this transfer. They armed their Indian wards and revolted, submitting only when beaten by the combined forces of Spain and Portugal. The spectacle of militarized churchmen was not likely to escape Voltaire's malice.

130. *célérité:* speed

s'embarque avec mademoiselle Cunégonde, la vieille, deux valets, et les deux chevaux andalous qui avaient appartenu à monsieur le grand inquisiteur de Portugal.

Pendant toute la traversée ils raisonnèrent beaucoup sur la philosophie du pauvre Pangloss. « Nous allons dans un autre univers, disait Candide; c'est dans celui-là sans doute que tout est bien. Car il faut avouer qu'on pourrait gémir un peu de ce qui se passe dans le nôtre en physique et en morale.

—Je vous aime de tout mon cœur, disait Cunégonde; mais j'ai encore l'âme tout effarouchée de ce que j'ai vu, de ce que j'ai éprouvé.

—Tout ira bien, répliquait Candide; la mer de ce nouveau monde vaut déjà mieux que les mers de notre Europe; elle est plus calme, les vents plus constants. C'est certainement le nouveau monde qui est le meilleur des univers possibles.

—Dieu le veuille! disait Cunégonde; mais j'ai été si horriblement malheureuse dans le mien, que mon cœur est presque fermé à l'espérance.

—Vous vous plaignez, leur dit la vieille; hélas! vous n'avez pas éprouvé des infortunes telles que les miennes. » Cunégonde se mit presque à rire, et trouva cette bonne femme fort plaisante de prétendre être plus malheureuse qu'elle. « Hélas! lui dit-elle, ma bonne, à moins que vous n'ayez été violée par deux Bulgares, que vous n'ayez reçu deux coups de couteau dans le ventre, qu'on n'ait démoli deux de vos châteaux, qu'on n'ait égorgé à vos yeux deux mères et deux pères, et que vous n'ayez vu deux de vos amants fouettés dans un auto-da-fé, je ne vois pas que vous puissiez l'emporter sur moi; ajoutez que je suis née baronne avec soixante et douze quartiers, et que j'ai été cuisinière. »

—Mademoiselle, répondit la vieille, vous ne savez pas quelle est ma naissance; et, si je vous montrais mon derrière, vous ne parleriez pas comme vous le faites, et vous suspendriez votre jugement. » Ce discours fit naître une extrême curiosité dans l'esprit de Cunégonde et de Candide. La vieille leur parla en ces termes.

XI. HISTOIRE DE LA VIEILLE

Je n'ai pas eu toujours les yeux éraillés[131] et bordés d'écarlate; mon nez n'a pas toujours touché à mon menton, et je n'ai pas toujours été servante. Je suis la fille du pape Urbain X et de la princesse de Palestrine.[132] On m'éleva jusqu'à quatorze ans dans un palais auquel tous les châteaux de vos barons allemands n'auraient pas servi d'écurie; et une de mes robes valait mieux que toutes les magnificences de la Westphalie. Je croissais en beauté, en grâces, en talents, au milieu des plaisirs, des respects et des espérances. J'inspirais déjà de l'amour. Ma gorge[133] se formait; et quelle gorge! blanche, ferme, taillée comme celle de la Vénus de Médicis; et quels yeux! quelles paupières![134] quels sourcils[135] noirs! quelles flammes brillaient dans mes deux prunelles[136] et effaçaient la scintillation des étoiles, comme me disaient les poètes du quartier. Les femmes qui m'habillaient et qui me déshabillaient tombaient en extase en me regardant par devant et par derrière, et tous les hommes auraient voulu être à leur place.

Je fus fiancée à un prince souverain de Massa-Carrara. Quel prince! aussi beau que moi, pétri[137] de douceur et d'agréments, brillant d'esprit et brûlant d'amour. Je l'aimais comme on aime pour la première fois, avec idolâtrie, avec emportement. Les noces furent préparées. C'était une pompe, une magnificence inouïe; c'étaient des fêtes, des carrousels,[138] des opéra-buffa[139]

131. *éraillés:* bloodshot.
132. "Voyez l'extrême discrétion de l'auteur; il n'y eut jusqu'à présent aucun pape nommé Urbain X; il craint de donner une bâtarde à un pape connu. Quelle circonspection! quelle délicatesse de conscience!" (*Note de Voltaire.*)
133. *gorge:* breast.

134. *paupières:* eyelids.
135. *sourcils:* eyebrows.
136. *prunelles:* pupils.
137. *pétri:* composed of.
138. *carrousels:* tournaments.
139. *opéra-buffa:* comic operas.

continuels; et toute l'Italie fit pour moi des sonnets dont il n'y eut pas un seul de passable. Je touchais au moment de mon bonheur, quand une vieille marquise qui avait été maîtresse de mon prince l'invita à prendre du chocolat chez elle. Il mourut en moins de deux heures avec des convulsions épouvantables. Mais ce n'est qu'une bagatelle. Ma mère au désespoir, et bien moins affligée que moi, voulut s'arracher pour quelque temps à un séjour si funeste. Elle avait une très belle terre auprès de Gaïète.[140] Nous nous embarquâmes sur une galère[141] du pays, dorée comme l'autel de St.-Pierre de Rome. Voilà qu'un corsaire de Salé[142] fond sur nous et nous aborde. Nos soldats se défendirent comme des soldats du pape; ils se mirent tous à genoux en jetant leurs armes, et en demandant au corsaire une absolution *in articulo mortis*.[143]

Aussitôt on les dépouilla nus comme des singes, et ma mère aussi, nos filles d'honneur aussi, et moi aussi. C'est une chose admirable que la diligence avec laquelle ces messieurs[144] déshabillent le monde.[145] Mais ce qui me surprit davantage, c'est qu'ils nous mirent à tous le doigt dans un endroit où nous autres femmes nous ne nous laissons mettre d'ordinaire que des canules.[146] Cette cérémonie me paraissait bien étrange: voilà comme on juge de tout quand on n'est pas sorti de son pays. J'appris bientôt que c'était pour voir si nous n'avions pas caché là quelques diamants: c'est un usage établi de temps immémorial parmi les nations policées qui courent sur mer.[147] J'ai su que messieurs les religieux chevaliers de Malte n'y manquent jamais quand ils prennent des Turcs et des Turques; c'est une loi du droit des gens à laquelle on n'a jamais dérogé.[148]

Je ne vous dirai point combien il est dur pour une jeune princesse d'être menée esclave à Maroc[149] avec sa mère. Vous concevez assez tout ce que nous eûmes à souffrir dans le vaisseau corsaire. Ma mère était encore très belle; nos filles d'honneur, nos simples femmes de chambre avaient plus de charmes qu'on n'en peut trouver dans toute l'Afrique. Pour moi, j'étais ravissante, j'étais la beauté, la grâce même, et j'étais pucelle.[150] Je ne le fus pas longtemps: cette fleur qui avait été réservée pour le beau prince de Massa-Carrara me fut ravie par le capitaine corsaire. C'était un nègre abominable, qui croyait encore me faire beaucoup d'honneur. Certes il fallait que madame la princesse de Palestrine et moi fussions bien fortes pour résister à tout ce que nous éprouvâmes jusqu'à notre arrivée à Maroc. Mais passons; ce sont des choses si communes qu'elles ne valent pas la peine qu'on en parle.

Maroc nageait dans le sang quand nous arrivâmes. Cinquante fils de l'empereur Muley Ismaël avaient chacun leur parti: ce qui produisait en effet cinquante guerres civiles, de noirs contre noirs, de noirs contre basanés,[151] de basanés contre basanés, de mulâtres contre mulâtres. C'était un carnage continuel dans toute l'étendue de l'empire.

A peine fûmes-nous débarquées que des noirs d'une faction ennemie de celle de mon corsaire se présentèrent pour lui enlever son butin. Nous étions, après les diamants et l'or, ce qu'il avait de plus précieux. Je fus témoin d'un combat tel que vous n'en voyez jamais dans vos climats d'Europe. Les peuples septentrionaux[152] n'ont pas le sang assez ardent. Ils n'ont pas la rage des femmes au point où elle est commune en

140. Gaeta, seaport between Rome and Naples.
141. *galère:* galley, propelled by rowers.
142. Salli, on Atlantic coast of Morocco.
143. *absolution...mortis:* absolution without confession, granted those about to die.
144. *ces messieurs:* the pirates.
145. *déshabillent le monde = déshabillent tout le monde.*
146. *canules:* cannulas, devices (such as syringes) inserted into body cavities usually for the

purpose of giving a douche or enema.
147. *parmi les nations policées qui courent sur mer:* Among civilized seafaring nations. (Voltaire is being sarcastic here when having her call such behavior civilized.)
148. *dérogé:* deviated
149. *Maroc:* Morocco.
150. *pucelle:* virgin.
151. *basanés:* swarthy.
152. *septentrionaux:* northern.

Afrique. Il semble que vos Européens aient du lait dans les veines; c'est du vitriol, c'est du feu, qui coule dans celles des habitants du mont Atlas[153] et des pays voisins. On combattit avec la fureur des lions, des tigres et des serpents de la contrée, pour savoir qui nous aurait. Un Maure saisit ma mère par le bras droit, le lieutenant de mon capitaine la retint par le bras gauche; un soldat Maure la prit par une jambe, un de nos pirates la tenait par l'autre. Nos filles se trouvèrent presque toutes en un moment tirées ainsi à quatre soldats. Mon capitaine me tenait cachée derrière lui. Il avait le cimeterre[154] au poing, et tuait tout ce qui s'opposait à sa rage. Enfin, je vis toutes nos Italiennes et ma mère déchirées, coupées, massacrées par les monstres qui se les disputaient. Les captifs, mes compagnons, ceux qui les avaient pris, soldats, matelots, noirs, basanés, blancs, mulâtres, et enfin mon capitaine, tout fut tué, et je demeurai mourante sur un tas de morts.[155] Des scènes pareilles se passaient, comme on sait, dans l'étendue de plus de trois cent lieues, sans qu'on manquât aux cinq prières par jour ordonnées par Mahomet.

Je me débarrassai avec beaucoup de peine de la foule de tant de cadavres sanglants entassés, et je me traînai sous un grand oranger au bord d'un ruisseau voisin; j'y tombai d'effroi, de lassitude, d'horreur, de désespoir et de faim. Bientôt après mes sens accablés se livrèrent à un sommeil qui tenait plus de l'évanouissement que du repos. J'étais dans cet état de faiblesse et d'insensibilité, entre la mort et la vie, quand je me sentis pressée de quelque chose qui s'agitait sur mon corps. J'ouvris les yeux, je vis un homme blanc et de bonne mine qui soupirait et qui disait entre ses dents: « *O che sciagura d'essere senza coglioni!* »[156]

XII. Suite des malheurs de la vieille

Étonnée et ravie d'entendre la langue de ma patrie, et non moins surprise des paroles que proférait cet homme, je lui répondis qu'il y avait de plus grands malheurs que celui dont il se plaignait. Je l'instruisis en peu de mots des horreurs que j'avais essuyées,[157] et je retombai en faiblesse. Il m'emporta dans une maison voisine, me fit mettre au lit, me fit donner à manger, me servit, me consola, me flatta, me dit qu'il n'avait rien vu de si beau que moi, et que jamais il n'avait tant regretté ce que personne ne pouvait lui rendre. « Je suis né à Naples, me dit-il; on y chaponne[158] deux ou trois mille enfants tous les ans; les uns en meurent, les autres acquièrent une voix plus belle que celle des femmes, les autres vont gouverner des états. On me fit cette opération avec un très grand succès, et j'ai été musicien de la chapelle de madame la princesse de Palestrine.

—De ma mère! m'écriai-je.

—De votre mère! s'écria-t-il en pleurant. Quoi! vous seriez cette jeune princesse que j'ai élevée jusqu'à l'âge de six ans, et qui promettait déjà d'être aussi belle que vous êtes?

—C'est moi-même; ma mère est à quatre cents pas d'ici, coupée en quartiers sous un tas de morts. »

Je lui contai tout ce qui m'était arrivé; il me conta aussi ses aventures, et m'apprit comment il avait été envoyé chez le roi de Maroc par une puissance chrétienne, pour conclure avec ce monarque un traité, par lequel on lui fournirait de la poudre, des canons et des vaisseaux, pour l'aider à exterminer le commerce des autres chrétiens. « Ma mission est faite, dit cet honnête eunuque; je vais m'embarquer à Ceuta,[159] et je vous ramènerai en Italie. *Ma che sciagura d'essere senza coglioni!* »

153. Mount Atlas, in Morocco.
154. *cimeterre:* scimitar, curved sword.
155. This passage parodies the frightful scenes of carnage in current adventure novels.
156. *O che...coglioni!* Oh what a misfortune to be a eunuch!

157. *essuyées:* endured.
158. *chaponne:* castrates. (The castration of boys to make them adult sopranos ceased only in 1878, when Pope Leo XIII abolished the choir of *castrati* in the Sistine Chapel.)
159. Ceuta, seaport of northern Morocco.

Je le remerciai avec des larmes d'attendrissement; et au lieu de me mener en Italie, il me conduisit à Alger, et me vendit au dey[160] de cette province. A peine fus-je vendue que cette peste qui a fait le tour de l'Afrique, de l'Asie et de l'Europe se déclara dans Alger avec fureur. Vous avez vu des tremblements de terre; mais, mademoiselle, avez-vous jamais eu la peste?

—Jamais, répondit la baronne.

Si vous l'aviez eue, reprit la vieille, vous avoueriez qu'elle est bien au-dessus d'un tremblement de terre. Elle est fort commune en Afrique: j'en fus attaquée. Figurez-vous quelle situation pour la fille d'un pape, âgée de quinze ans, qui en trois mois de temps avait éprouvé la pauvreté, l'esclavage, avait été violée presque tous les jours, avait vu couper sa mère en quatre, avait essuyé la faim et la guerre, et mourait pestiférée dans Alger. Je n'en mourus pourtant pas. Mais mon eunuque et le dey, et presque tout le sérail[161] d'Alger périrent.

Quand les premiers ravages de cette épouvantable peste furent passés, on vendit les esclaves du dey. Un marchand m'acheta et me mena à Tunis. Il me vendit à un autre marchand, qui me revendit à Tripoli; de Tripoli je fus revendue à Alexandrie, d'Alexandrie revendue à Smyrne, de Smyrne à Constantinople. J'appartins enfin à un aga des janissaires,[162] qui fut bientôt commandé pour aller défendre Azof[163] contre les Russes qui l'assiégeaient.

L'aga, qui était un très galant homme, mena avec lui tout son sérail, et nous logea dans un petit fort sur les Palus Méotides,[164] gardé par deux eunuques noirs et vingt soldats. On tua prodigieusement de Russes, mais ils nous le rendirent bien. Azof fut mis à feu et à sang, et on ne pardonna ni au sexe ni à l'âge; il ne resta que notre petit fort;

les ennemis voulurent nous prendre par famine. Les vingt janissaires avaient juré de ne se jamais rendre. Les extrémités de la faim où ils furent réduits les contraignirent à manger nos deux eunuques, de peur de violer leur serment. Au bout de quelques jours ils résolurent de manger les femmes.

Nous avions un iman[165] très pieux et très compatissant, qui leur fit un beau sermon par lequel il leur persuada de ne nous pas tuer tout à fait. « Coupez, dit-il, seulement une fesse à chacune de ces dames, vous ferez très bonne chère; s'il faut y revenir, vous en aurez encore autant dans quelques jours; le ciel vous saura gré d'une action si charitable, et vous serez secourus. »

Il avait beaucoup d'éloquence; il les persuada. On nous fit cette horrible opération. L'iman nous appliqua le même baume qu'on met aux enfants qu'on vient de circoncire. Nous étions toutes à la mort.[166]

A peine les janissaires eurent-ils fait le repas que nous leur avions fourni, que les Russes arrivent sur des bateaux plats; il ne réchappa pas un janissaire. Les Russes ne firent aucune attention à l'état où nous étions. Il y a partout des chirurgiens français; un d'eux qui était fort adroit prit soin de nous; il nous guérit, et je me souviendrai toute ma vie que, quand mes plaies[167] furent bien fermées, il me fit des propositions. Au reste, il nous dit à toutes de nous consoler; il nous assura que dans plusieurs sièges pareille chose était arrivée, et que c'était la loi de la guerre.

Dès que mes compagnes purent marcher, on les fit aller à Moscou. J'échus en partage[168] à un boïard,[169] qui me fit sa jardinière, et qui me donnait vingt coups de fouet par jour. Mais ce seigneur ayant été roué[170] au bout de deux ans avec une trentaine de boïards, pour quelque

160. *dey:* governor.
161. *sérail:* seraglio, harem.
162. The janizaries, Turkey's standing army, were recruited mostly from the Christian population as children and were severely indoctrinated as Mohammedans. The aga was their commander.
163. Azof, city in southern Russia.
164. *Palus Méotides:* Sea of Azof, opening into the Black Sea.
165. *iman:* Mohammedan priest.
166. *à la mort:* close to death.
167. *plaies:* wounds.
168. *j'échus en partage:* I fell to the lot.
169. *boïard:* Russian nobleman.
170. *roué:* broken on the wheel.

tracasserie[171] de cour, je profitai de cette aventure; je m'enfuis; je traversai toute la Russie; je fus longtemps servante de cabaret à Riga, puis à Rostock, à Vismar, à Leipsick, à Cassel, à Utrecht, à Leyde, à la Haye, à Rotterdam: j'ai vieilli dans la misère et dans l'opprobre,[172] n'ayant que la moitié d'un derrière, me souvenant toujours que j'étais fille d'un pape; je voulus cent fois me tuer, mais j'aimais encore la vie. Cette faiblesse ridicule est peut-être un de nos penchants les plus funestes: car y a-t-il rien de plus sot que de vouloir porter continuellement un fardeau qu'on veut toujours jeter par terre? d'avoir son être en horreur, et de tenir à son être? enfin de caresser le serpent qui nous dévore, jusqu'à ce qu'il nous ait mangé le cœur?

J'ai vu dans les pays que le sort m'a fait parcourir, et dans les cabarets où j'ai servi, un nombre prodigieux de personnes qui avaient leur existence en exécration; mais je n'en ai vu que douze qui aient mis volontairement fin à leur misère: trois nègres, quatre Anglais, quatre Genevois et un professeur allemand nommé Robeck.[173] J'ai fini par être servante chez le Juif Don Issacar; il me mit auprès de vous, ma belle demoiselle; je me suis attachée à votre destinée, et j'ai été plus occupée de vos aventures que des miennes. Je ne vous aurais même jamais parlé de mes malheurs, si vous ne m'aviez pas un peu piquée, et s'il n'était d'usage dans un vaisseau de conter des histoires pour se désennuyer. Enfin, mademoiselle, j'ai de l'expérience, je connais le monde; donnez-vous un plaisir, engagez chaque passager à vous conter son histoire; et s'il s'en trouve un seul qui n'ait souvent maudit sa vie, qui ne se soit souvent dit à lui-même qu'il était le plus malheureux des hommes, jetez-moi dans la mer la tête la première.

XIII. COMMENT CANDIDE FUT OBLIGÉ DE SE SÉPARER DE LA BELLE CUNÉGONDE ET DE LA VIEILLE

La belle Cunégonde, ayant entendu l'histoire de la vieille, lui fit toutes les politesses qu'on devait à une personne de son rang et de son mérite. Elle accepta la proposition; elle engagea tous les passagers l'un après l'autre à lui conter leurs aventures. Candide et elle avouèrent que la vieille avait raison. « C'est bien dommage, disait Candide, que le sage Pangloss ait été pendu contre la coutume dans un auto-da-fé; il nous dirait des choses admirables sur le mal physique, et sur le mal moral qui couvrent la terre et la mer, et je me sentirais assez de force pour oser lui faire respectueusement quelques objections. »

A mesure que chacun racontait son histoire, le vaisseau avançait. On aborda dans Buenos-Aires. Cunégonde, le capitaine Candide et la vieille allèrent chez le gouverneur Don Fernando d'Ibaraa, y Figueora, y Mascarenes, y Lampourdos, y Souza. Ce seigneur avait une fierté convenable à un homme qui portait tant de noms. Il parlait aux hommes avec le dédain le plus noble, portant le nez si haut, élevant si impitoyablement la voix, prenant un ton si imposant, affectant une démarche[174] si altière, que tous ceux qui le saluaient étaient tentés de le battre. Il aimait les femmes à la fureur. Cunégonde lui parut ce qu'il avait jamais vu de plus beau. La première chose qu'il fit fut de demander si elle n'était point la femme du capitaine. L'air dont il fit cette question alarma Candide; il n'osa pas dire qu'elle était sa femme, parce qu'en effet elle ne l'était point; il n'osait pas dire que c'était sa sœur, parce qu'elle ne l'était pas non plus; et quoique ce mensonge officieux[175] eût été autrefois très à la mode chez les anciens,[176] et qu'il pût être utile aux modernes, son âme était trop pure pour trahir la vérité.

171. *tracasserie:* flurry, fuss.
172. *opprobre:* opprobrium, ignominy.
173. *Robeck:* author of a book in praise of suicide. (He drowned himself in support of his theories, though postponing the demonstration until he had attained the ripe old age of 67.)
174. *démarche:* manner.
175. *officieux:* accommodating.
176. Reference to the story of Abraham and Sarah, Genesis 20:2.

« Mademoiselle Cunégonde, dit-il, doit me faire l'honneur de m'épouser, et nous supplions Votre Excellence de daigner faire notre noce. »

Don Fernando d'Ibaraa, y Figueora, y Mascarenes, y Lampourdos, y Souza, relevant sa moustache, sourit amèrement, et ordonna au capitaine Candide d'aller faire la revue de sa compagnie. Candide obéit; le gouverneur demeura avec mademoiselle Cunégonde. Il lui déclara sa passion, lui protesta que le lendemain il l'épouserait à la face de l'église, ou autrement, ainsi qu'il plairait à ses charmes. Cunégonde lui demande un quart d'heure pour se recueillir, pour consulter la vieille et pour se déterminer.

La vieille dit à Cunégonde: « Mademoiselle, vous avez soixante et douze quartiers, et pas une obole;[177] il ne tient qu'à vous d'être la femme du plus grand seigneur de l'Amérique méridionale, qui a une très belle moustache; est-ce à vous de vous piquer d'une fidélité à toute épreuve?[178] Vous avez été violée par les Bulgares; un Juif et un inquisiteur ont eu vos bonnes grâces. Les malheurs donnent des droits. J'avoue que si j'étais à votre place, je ne ferais aucun scrupule d'épouser monsieur le gouverneur et de faire la fortune de monsieur le capitaine Candide. »

Tandis que la vieille parlait avec toute la prudence que l'âge et l'expérience donnent, on vit entrer dans le port un petit vaisseau; il portait un alcade[179] et des alguazils,[180] et voici ce qui était arrivé.

La vieille avait très bien deviné que ce fut un cordelier à la grande manche[181] qui vola l'argent et les bijoux de Cunégonde dans la ville de Badajos, lorsqu'elle fuyait en hâte avec Candide. Ce moine voulut vendre quelques-unes des pierreries à un joaillier. Le marchand les reconnut pour celles du grand inquisiteur. Le cordelier, avant d'être pendu, avoua qu'il les avait volées. Il indiqua

les personnes et la route qu'elles prenaient. La fuite de Cunégonde et de Candide était déjà connue. On les suivit à Cadiz; on envoya sans perdre de temps un vaisseau à leur poursuite. Le vaisseau était déjà dans le port de Buenos-Aires. Le bruit se répandit qu'un alcade allait débarquer, et qu'on poursuivait les meurtriers de monseigneur le grand inquisiteur. La prudente vieille vit dans l'instant tout ce qui était à faire. « Vous ne pouvez fuir, dit-elle à Cunégonde, et vous n'avez rien à craindre; ce n'est pas vous qui avez tué monseigneur; et d'ailleurs le gouverneur, qui vous aime, ne souffrira pas qu'on vous maltraite; demeurez. » Elle court sur-le-champ à Candide: « Fuyez, dit-elle, ou dans une heure vous allez être brûlé. » Il n'y avait pas un moment à perdre; mais comment se séparer de Cunégonde, et où se réfugier?

XIV. COMMENT CANDIDE ET CACAMBO FURENT REÇUS CHEZ LES JÉSUITES DU PARAGUAY

Candide avait amené de Cadiz un valet tel qu'on en trouve beaucoup sur les côtes d'Espagne et dans les colonies. C'était un quart d'Espagnol,[182] né d'un métis[183] dans le Tucuman;[184] il avait été enfant de chœur, sacristain, matelot, moine, facteur,[185] soldat, laquais. Il s'appelait Cacambo, et aimait fort son maître, parce que son maître était un fort bon homme. Il sella au plus vite les deux chevaux andalous. « Allons, mon maître, suivons le conseil de la vieille; partons et courons sans regarder derrière nous. » Candide versa des larmes: « O ma chère Cunégonde! faut-il vous abandonner dans le temps que monsieur le gouverneur va faire nos noces! Cunégonde, amenée de si loin, que deviendrez-vous?

—Elle deviendra ce qu'elle pourra, dit Cacambo; les femmes ne sont jamais embarrassées d'elles;[186] Dieu y pourvoit; courons.

177. *obole:* penny.
178. *à toute épreuve:* proof against everything.
179. *alcade:* judge.
180. *alguazils:* policemen.
181. *à la grande manche:* big-sleeved (the better for stealing).
182. *quart d'Espagnol:* quarter Spanish.
183. *métis:* half-breed.
184. Tucuman, province of Argentina.
185. *facteur:* porter.
186. *embarrassées d'elles:* at a loss.

—Où me mènes-tu? où allons-nous? que ferons-nous sans Cunégonde? disait Candide.

—Par St. Jacques de Compostelle, dit Cacambo, vous alliez faire la guerre aux Jésuites; allons la faire pour eux: je sais assez les chemins, je vous mènerai dans leur royaume, ils seront charmés d'avoir un capitaine qui fasse l'exercice à la bulgare; vous ferez une fortune prodigieuse; quand on n'a pas son compte dans un monde, on le trouve dans un autre. C'est un très grand plaisir de voir et de faire des choses nouvelles.

—Tu as donc été déjà dans le Paraguay? dit Candide.

—Eh vraiment oui, dit Cacambo; j'ai été cuistre[187] dans le collège de l'Assomption,[188] et je connais le gouvernement de los Padres[189] comme je connais les rues de Cadiz. C'est une chose admirable que ce gouvernement. Le royaume a déjà plus de trois cents lieues de diamètre;[190] il est divisé en trente provinces. Los Padres y ont tout, et les peuples rien; c'est le chef-d'œuvre de la raison et de la justice.[191] Pour moi, je ne vois rien de si divin que los Padres, qui font ici la guerre au roi d'Espagne et au roi de Portugal, et qui en Europe confessent ces rois; qui tuent ici des Espagnols, et qui à Madrid les envoient au ciel; cela me ravit; avançons; vous allez être le plus heureux de tous les hommes. Quel plaisir auront los Padres quand ils sauront qu'il leur vient un capitaine qui sait l'exercice bulgare! »

Dès qu'ils furent arrivés à la première barrière, Cacambo dit à la garde avancée qu'un capitaine demandait à parler à monseigneur le commandant.[192] On alla avertir la grande garde. Un officier paraguain courut aux pieds du commandant lui donner part de la nouvelle. Candide et Cacambo furent d'abord désarmés; on se saisit de leurs deux chevaux andalous. Les deux étrangers sont introduits au milieu de deux files de soldats; le commandant était au bout, le bonnet à trois cornes en tête, la robe retroussée,[193] l'épée au côté, l'esponton[194] à la main. Il fit un signe; aussitôt vingt-quatre soldats entourent les deux nouveaux venus. Un sergent leur dit qu'il faut attendre, que le commandant ne peut leur parler, que le révérend père provincial ne permet pas qu'aucun Espagnol ouvre la bouche qu'en sa présence, et demeure plus de trois heures dans le pays. « Et où est le révérend père provincial? dit Cacambo.

—Il est à la parade après avoir dit sa messe, répondit le sergent; et vous ne pourrez baiser ses éperons[195] que dans trois heures.

—Mais, dit Cacambo, monsieur le capitaine, qui meurt de faim comme moi, n'est point espagnol, il est allemand; ne pourrions-nous point déjeuner en attendant sa révérence? »

Le sergent alla sur-le-champ rendre compte de ce discours au commandant. « Dieu soit béni, dit ce seigneur; puisqu'il est allemand, je peux lui parler; qu'on le mène dans ma feuillée.[196] » Aussitôt on conduit Candide dans un cabinet de verdure orné d'une très jolie colonnade de marbre vert et or, et de treillages[197] qui renfermaient des perroquets, des colibris,[198] des oiseaux-mouches,[199] des pintades,[200] et tous les oiseaux les plus rares. Un excellent déjeuner était préparé dans des vases d'or:

187. *cuistre:* college servant.
188. Asunción, present capital of Paraguay.
189. *los Padres:* the Fathers.
190. *trois...diamètre:* an exaggeration.
191. In fact, observers stated that the Jesuit rule was a model of equity, a happy communism under religious guidance, a theocracy unique in history.
192. *monseigneur le commandant:* "His Reverence the Major." (A grotesque mingling of ecclesiastical and military terms. Voltaire continues this comic device; thus in a moment the captain falls at the feet of his superior officer, as a minor cleric might to his bishop.)
193. *robe retroussée:* gown tucked up. The costume blends those of priest and soldier.
194. *esponton:* spontoon, short pike.
195. *éperons:* spurs. (Still the medley of ecclesiastical and military customs.)
196. *feuillée:* arbor.
197. *treillages:* cages.
198. *colibris:* hummingbirds.
199. *oiseaux-mouches:* hummingbirds.
200. *pintades:* guinea fowl.

et tandis que les Paraguains mangèrent du maïs[201] dans des écuelles[202] de bois en plein champ à l'ardeur du soleil, le révérend père commandant entra dans la feuillée.

C'était un très beau jeune homme, le visage plein, assez blanc, haut en couleur, le sourcil relevé, l'œil vif, l'oreille rouge, les lèvres vermeilles, l'air fier, mais d'une fierté qui n'était ni celle d'un Espagnol, ni celle d'un Jésuite. On rendit à Candide et à Cacambo leurs armes, qu'on leur avait saisies, ainsi que les deux chevaux andalous; Cacambo leur fit manger l'avoine[203] auprès de la feuillée, ayant toujours l'œil sur eux, crainte de surprise.

Candide baisa d'abord le bas de la robe du commandant, ensuite ils se mirent à table. « Vous êtes donc allemand? lui dit le Jésuite en cette langue.—Oui, mon révérend père, » dit Candide. L'un et l'autre en prononçant ces paroles se regardaient avec une extrême surprise et une émotion dont ils n'étaient pas les maîtres. « Et de quel pays d'Allemagne êtes-vous? dit le Jésuite.

—De la sale province de Westphalie, dit Candide: je suis né dans le château de Thunder-ten-tronckh.

—O ciel! est-il possible! s'écria le commandant.

—Quel miracle! s'écria Candide.

—Serait-ce vous? dit le commandant.

—Cela n'est pas possible, dit Candide. » Ils se laissent tomber tous deux à la renverse,[204] ils s'embrassent, ils versent des ruisseaux de larmes. « Quoi! serait-ce vous, mon révérend père? vous le frère de la belle Cunégonde! vous qui fûtes tué par les Bulgares! vous le fils de monsieur le baron! vous Jésuite au Paraguay![205] Il faut avouer que ce monde est une étrange chose. O Pangloss! Pangloss! que vous seriez aise si vous n'aviez pas été pendu! »

Le commandant fit retirer les esclaves nègres et les Paraguains, qui servaient à boire dans des gobelets de cristal de roche. Il remercia Dieu et St. Ignace[206] mille fois; il serrait Candide entre ses bras; leurs visages étaient baignés de pleurs. « Vous seriez bien plus étonné, plus attendri, plus hors de vous-même, dit Candide, si je vous disais que Mademoiselle Cunégonde, votre sœur, que vous avez crue éventrée, est pleine de santé.

—Où?

—Dans votre voisinage, chez monsieur le gouverneur de Buenos-Aires; et je venais pour vous faire la guerre. » Chaque mot qu'ils prononcèrent dans cette longue conversation accumulait prodige sur prodige. Leur âme tout entière volait sur leur langue, était attentive dans leurs oreilles et étincelante dans leurs yeux. Comme ils étaient Allemands, ils tinrent table longtemps, en attendant le révérend père provincial; et le commandant parla ainsi à son cher Candide.

XV. COMMENT CANDIDE TUA LE FRÈRE DE SA CHÈRE CUNÉGONDE

« J'aurai toute ma vie présent à la mémoire le jour horrible où je vis tuer mon père et ma mère, et violer ma sœur. Quand les Bulgares furent retirés, on ne trouva point cette sœur adorable, et on mit dans une charrette ma mère, mon père et moi, deux servantes et trois petits garçons égorgés, pour nous aller enterrer dans une chapelle de Jésuites à deux lieues du château de mes pères. Un Jésuite nous jeta de l'eau bénite;[207] elle était horriblement salée; il en entra quelques gouttes dans mes yeux; le père s'aperçut que ma paupière faisait un petit mouvement: il mit la main sur mon cœur et le sentit palpiter; je fus secouru, et au bout de trois semaines il n'y paraissait pas. Vous savez, mon cher Candide, que j'étais fort joli, je le devins encore davantage; aussi le révérend père Croust,[208] supérieur de la

201. *maïs:* maize, Indian corn.
202. *écuelles:* bowls.
203. *avoine:* oats.
204. *à la renverse:* backward.
205. Again a burlesque of emotional "recognition scenes," of amazing coincidences which were the stock in trade of novelists.
206. St. Ignatius Loyola, founder of Jesuit order.
207. *eau bénite:* holy water.
208. *Croust:* name of Jesuit Rector of Colmar, Germany, who had opposed Voltaire's intention of settling in that city.

maison, prit pour moi la plus tendre amitié; il me donna l'habit de novice; quelque temps après je fus envoyé à Rome. Le père général[209] avait besoin d'une recrue[210] de jeunes Jésuites allemands. Les souverains du Paraguay reçoivent le moins qu'ils peuvent de Jésuites espagnols; ils aiment mieux les étrangers dont ils se croient plus maîtres. Je fus jugé propre par le révérend père général pour aller travailler dans cette vigne.[211] Nous partîmes, un Polonais, un Tirolien[212] et moi. Je fus honoré, en arrivant, du sous-diaconat[213] et d'une lieutenance; je suis aujourd'hui colonel et prêtre. Nous recevrons vigoureusement les troupes du roi d'Espagne; je vous réponds qu'elles seront excommuniées et battues. La Providence vous envoie ici pour nous seconder. Mais est-il bien vrai que ma chère sœur Cunégonde soit dans le voisinage, chez le gouverneur de Buenos-Aires? » Candide l'assura par serment que rien n'était plus vrai. Leurs larmes recommencèrent à couler.

Le baron ne pouvait se lasser d'embrasser Candide; il l'appelait son frère, son sauveur. « Ah! peut-être, lui dit-il, nous pourrons ensemble, mon cher Candide, entrer en vainqueurs dans la ville, et reprendre ma sœur Cunégonde.

—C'est tout ce que je souhaite, dit Candide; car je comptais l'épouser, et je l'espère encore.

—Vous, insolent! répondit le baron, vous auriez l'impudence d'épouser ma sœur qui a soixante et douze quartiers! Je vous trouve bien effronté d'oser me parler d'un dessein si téméraire! » Candide, pétrifié d'un tel discours, lui répondit: « Mon révérend père, tous les quartiers du monde n'y font rien; j'ai tiré votre sœur des bras d'un Juif et d'un inquisiteur, elle m'a assez d'obligations, elle veut m'épouser. Maître Pangloss m'a toujours dit que les hommes sont égaux,[214] et assurément je l'épouserai.

—C'est ce que nous verrons, coquin! » dit le Jésuite baron de Thunder-ten-tronckh, et en même temps il lui donna un grand coup du plat de son épée sur le visage. Candide dans l'instant tire la sienne et l'enfonce jusqu'à la garde dans le ventre du baron Jésuite; mais en la retirant toute fumante, il se mit à pleurer: « Hélas! mon Dieu! dit-il, j'ai tué mon ancien maître, mon ami, mon beau-frère; je suis le meilleur homme du monde, et voilà déjà trois hommes que je tue; et dans ces trois il y a deux prêtres. »

Cacambo, qui faisait sentinelle à la porte de la feuillée, accourut. « Il ne nous reste qu'à vendre cher notre vie, lui dit son maître: on va sans doute entrer dans la feuillée, il faut mourir les armes à la main. » Cacambo, qui en avait bien vu d'autres,[215] ne perdit point la tête; il prit la robe de Jésuite que portait le baron, la mit sur le corps de Candide, lui donna le bonnet carré du mort, et le fit monter à cheval. Tout cela se fit en un clin d'œil. « Galopons, mon maître; tout le monde vous prendra pour un Jésuite qui va donner des ordres; et nous aurons passé les frontières avant qu'on puisse courir après nous. » Il volait déjà en prononçant ces paroles, et en criant en espagnol: « Place, place pour le révérend père colonel! »

XVI. CE QUI ADVINT AUX DEUX VOYAGEURS AVEC DEUX FILLES, DEUX SINGES ET LES SAUVAGES NOMMÉS OREILLONS

Candide et son valet furent au-delà des barrières, et personne ne savait encore dans le camp la mort du Jésuite allemand. Le vigilant Cacambo avait eu soin de remplir sa valise de pain, de chocolat, de jambon, de fruit et de quelques mesures de vin. Ils s'enfoncèrent avec leurs chevaux andalous dans un pays inconnu, où ils ne découvrirent aucune route. Enfin une

209. *père général:* head of Jesuit order.
210. *recrue:* group of recruits.
211. *travailler dans cette vigne:* to labor in this vineyard (Matthew 20:1).
212. *Tirolien:* of the Tyrol, Austrian Alpine province.
213. *sous-diaconat:* office of subdeacon, minor

clerical rank.
214. No doubt another reference to Rousseau's *Discours sur l'inégalité.*
215. *qui en...d'autres:* who had been through worse than that.

belle prairie entrecoupée de ruisseaux se présenta devant eux. Nos deux voyageurs font repaître leurs montures.[216] Cacambo propose à son maître de manger, et lui en donne l'exemple. « Comment veux-tu, disait Candide, que je mange du jambon, quand j'ai tué le fils de monsieur le baron, et que je me vois condamné à ne revoir la belle Cunégonde de ma vie? à quoi me servira de prolonger mes misérables jours, puisque je dois les traîner loin d'elle dans les remords et dans le désespoir? et que dira le journal de Trévoux?[217] »

En parlant ainsi, il ne laissa pas de manger. Le soleil se couchait. Les deux égarés entendirent quelques petits cris qui paraissaient poussés par des femmes. Ils ne savaient si ces cris étaient de douleur ou de joie; mais ils se levèrent précipitamment avec cette inquiétude et cette alarme que tout inspire dans un pays inconnu. Ces clameurs partaient de deux filles toutes nues qui couraient légèrement au bord de la prairie, tandis que deux singes les suivaient en leur mordant les fesses. Candide fut touché de pitié; il avait appris à tirer chez les Bulgares, et il aurait abattu une noisette[218] dans un buisson sans toucher aux feuilles. Il prend son fusil espagnol à deux coups, tire, et tue les deux singes. « Dieu soit loué, mon cher Cacambo, j'ai délivré d'un grand péril ces deux pauvres créatures; si j'ai commis un péché en tuant un inquisiteur et un Jésuite, je l'ai bien réparé en sauvant la vie à deux filles. Ce sont peut-être deux demoiselles de condition, et cette aventure nous peut procurer de très grands avantages dans le pays. »

Il allait continuer, mais sa langue devint percluse[219] quand il vit ces deux filles embrasser tendrement les deux singes, fondre en larmes sur leurs corps et remplir l'air des cris les plus douloureux. « Je ne m'attendais pas à tant de bonté d'âme, »

dit-il enfin à Cacambo; lequel lui répliqua: « Vous avez fait là un beau chef-d'œuvre, mon maître; vous avez tué les deux amants de ces demoiselles.

—Leurs amants! serait-il possible? Vous vous moquez de moi, Cacambo; le moyen de vous croire?

—Mon cher maître, repartit Cacambo, vous êtes toujours étonné de tout; pourquoi trouvez-vous si étrange que dans quelques pays il y ait des singes qui obtiennent les bonnes grâces des dames? Ils sont des quarts d'hommes, comme je suis un quart d'Espagnol.

—Hélas! reprit Candide, je me souviens d'avoir entendu dire à maître Pangloss qu'autrefois pareils accidents étaient arrivés, et que ces mélanges avaient produit des égipans,[220] des faunes, des satyres; que plusieurs grands personnages de l'antiquité en avaient vu; mais je prenais cela pour des fables.

—Vous devez être convaincu à présent, dit Cacambo, que c'est une vérité, et vous voyez comment en usent les personnes qui n'ont pas reçu une certaine éducation; tout ce que je crains, c'est que ces dames ne nous fassent quelque méchante affaire. »

Ces réflexions solides engagèrent Candide à quitter la prairie et à s'enfoncer dans un bois. Il y soupa avec Cacambo; et tous deux, après avoir maudit l'inquisiteur de Portugal, le gouverneur de Buenos-Aires et le baron, s'endormirent sur de la mousse. A leur réveil, ils sentirent qu'ils ne pouvaient remuer; la raison en était que pendant la nuit les Oreillons,[221] habitants du pays, à qui les deux dames les avaient dénoncés, les avaient garrottés avec des cordes d'écorce d'arbre. Ils étaient entourés d'une cinquantaine d'Oreillons tout nus, armés de flèches, de massues[222] et de haches de caillou:[223] les uns faisaient bouillir une grande chaudière;[224] les autres préparaient des broches,[225] et tous

216. *font...montures:* let their horses graze.
217. *journal de Trévoux:* the Jesuit review.
218. *noisette:* hazelnut.
219. *percluse:* benumbed.
220. *égipans:* goat-footed demigods.
221. *Oreillons:* The Big Ears, a tribe so called because

they distended their ears with ornaments.
222. *massues:* clubs.
223. *haches de caillou:* stone axes.
224. *chaudière:* kettle.
225. *broches:* spits.

criaient: « C'est un Jésuite, c'est un Jésuite! nous serons vengés, et nous ferons bonne chère; mangeons du Jésuite, mangeons du Jésuite! »

« Je vous l'avais bien dit, mon cher maître, s'écria tristement Cacambo, que ces deux filles nous joueraient un mauvais tour. » Candide, apercevant la chaudière et les broches, s'écria: « Nous allons certainement être rôtis ou bouillis. Ah! que dirait maître Pangloss, s'il voyait comme la pure nature est faite?[226] Tout est bien; soit, mais j'avoue qu'il est bien cruel d'avoir perdu mademoiselle Cunégonde et d'être mis à la broche par des Oreillons. » Cacambo ne perdait jamais la tête. « Ne désespérez de rien, dit-il au désolé Candide; j'entends un peu le jargon de ces peuples, je vais leur parler.

—Ne manquez pas, dit Candide, de leur représenter quelle est l'inhumanité affreuse de faire cuire des hommes, et combien cela est peu chrétien. »

« Messieurs, dit Cacambo, vous comptez donc manger aujourd'hui un Jésuite; c'est très bien fait; rien n'est plus juste que de traiter ainsi ses ennemis. En effet le droit naturel nous enseigne à tuer notre prochain, et c'est ainsi qu'on en agit dans toute la terre. Si nous n'usons pas du droit de le manger, c'est que nous avons d'ailleurs de quoi faire bonne chère; mais vous n'avez pas les mêmes ressources que nous; certainement il vaut mieux manger ses ennemis que d'abandonner aux corbeaux et aux corneilles[227] le fruit de sa victoire. Mais, messieurs, vous ne voudriez pas manger vos amis. Vous croyez aller mettre un Jésuite en broche, et c'est votre défenseur, c'est l'ennemi de vos ennemis que vous allez rôtir. Pour moi, je suis né dans votre pays; monsieur que vous voyez est mon maître, et bien loin d'être Jésuite, il vient de tuer un Jésuite, il en porte les dépouilles;[228] voilà le sujet de votre méprise. Pour vérifier ce que je vous dis, prenez sa

robe, portez-la à la première barrière du royaume de los Padres; informez-vous si mon maître n'a pas tué un officier Jésuite. Il vous faudra peu de temps; vous pourrez toujours nous manger, si vous trouvez que je vous ai menti. Mais, si je vous ai dit la vérité, vous connaissez trop les principes du droit public, les mœurs et les lois, pour ne nous pas faire grâce. »

Les Oreillons trouvèrent ce discours très raisonnable; ils députèrent deux notables pour aller en diligence s'informer de la vérité; les deux députés s'acquittèrent de leur commission en gens d'esprit, et revinrent bientôt apporter de bonnes nouvelles. Les Oreillons délièrent leurs deux prisonniers, leur firent toutes sortes de civilités, leur offrirent des filles, leur donnèrent des rafraîchissements, et les reconduisirent jusqu'aux confins de leurs états, en criant avec allégresse: « Il n'est point Jésuite, il n'est point Jésuite! »

Candide ne se lassait point d'admirer le sujet[229] de sa délivrance. « Quel peuple! disait-il, quels hommes! quelles mœurs! Si je n'avais pas eu le bonheur de donner un grand coup d'épée au travers du corps du frère de mademoiselle Cunégonde, j'étais[230] mangé sans rémission. Mais, après tout, la pure nature est bonne, puisque ces gens-ci, au lieu de me manger, m'ont fait mille honnêtetés dès qu'ils ont su que je n'étais pas Jésuite. »

XVII. ARRIVÉE DE CANDIDE ET DE SON VALET AU PAYS D'ELDORADO, ET CE QU'ILS Y VIRENT

Quand ils furent aux frontières des Oreillons: « Vous voyez, dit Cacambo à Candide, que cet hémisphère-ci ne vaut pas mieux que l'autre; croyez-moi, retournons en Europe par le plus court.

—Comment y retourner? dit Candide, et où aller? Si je vais dans mon pays, les Bulgares et les Abares y égorgent tout; si je retourne en Portugal, j'y suis brûlé; si nous

226. A hint of Rousseau's idealization of nature.
227. *corneilles:* rooks.
228. *dépouilles:* cast-off clothing.

229. *admirer le sujet:* wonder at the cause.
230. *j'étais = j'aurais été.*

restons dans ce pays-ci, nous risquons à tout moment d'être mis en broche. Mais comment se résoudre à quitter la partie du monde que mademoiselle Cunégonde habite?

—Tournons vers la Cayenne,[231] dit Cacambo nous y trouverons des Français qui vont par tout le monde; ils pourront nous aider. Dieu aura peut-être pitié de nous. »

Il n'était pas facile d'aller à la Cayenne; ils savaient bien à peu près de quel côté il fallait marcher; mais des montagnes, des fleuves, des précipices, des brigands, des sauvages, étaient partout de terribles obstacles. Leurs chevaux moururent de fatigue; leurs provisions furent consumées; ils se nourrirent un mois entier de fruits sauvages, et se trouvèrent enfin auprès d'une petite rivière bordée de cocotiers,[232] qui soutinrent leur vie et leurs espérances.

Cacambo, qui donnait toujours d'aussi bons conseils que la vieille, dit à Candide: « Nous n'en pouvons plus, nous avons assez marché; j'aperçois un canot vide sur le rivage, emplissons-le de cocos, jetons-nous dans cette petite barque, laissons-nous aller au courant; une rivière mène toujours à quelque endroit habité. Si nous ne trouvons pas des choses agréables, nous trouverons du moins des choses nouvelles.

—Allons, dit Candide, recommandons-nous à la Providence. »

Ils voguèrent quelques lieues entre des bords tantôt fleuris, tantôt arides, tantôt unis,[233] tantôt escarpés.[234] La rivière s'élargissait toujours; enfin elle se perdait sous une voûte de rochers épouvantables qui s'élevaient jusqu'au ciel. Les deux voyageurs eurent la hardiesse de s'abandonner aux flots sous cette voûte. Le fleuve resserré en cet endroit les porta avec une rapidité et un bruit horrible. Au bout de vingt-quatre heures ils revirent le jour; mais leur canot se fracassa contre les écueils.[235] Il fallut se traîner de rocher en rocher pendant une lieue entière: enfin ils découvrirent un horizon immense bordé de montagnes inaccessibles. Le pays était cultivé pour le plaisir comme pour le besoin; partout l'utile était agréable. Les chemins étaient couverts ou plutôt ornés de voitures d'une forme et d'une matière brillante, portant des hommes et des femmes d'une beauté singulière, traînés rapidement par de gros moutons rouges[236] qui surpassaient en vitesse les plus beaux chevaux d'Andalousie, de Tétuan[237] et de Méquinez.[238]

« Voilà pourtant, dit Candide, un pays qui vaut mieux que la Westphalie. » Il mit pied à terre avec Cacambo auprès du premier village qu'il rencontra. Quelques enfants du village, couverts de brocards[239] d'or tout déchirés, jouaient au palet[240] à l'entrée du bourg; nos deux hommes de l'autre monde s'amusèrent à les regarder: leurs palets étaient d'assez larges pièces rondes, jaunes, rouges, vertes, qui jetaient un éclat singulier. Il prit envie aux voyageurs d'en ramasser quelques-uns; c'était de l'or, c'était des émeraudes, des rubis, dont le moindre aurait été le plus grand ornement du trône du Mogol. « Sans doute, dit Cacambo, ces enfants sont les fils du roi du pays qui jouent au petit palet. » Le magister[241] du village parut dans ce moment pour les faire rentrer à l'école. « Voilà, dit Candide, le précepteur de la famille royale. »

Les petits gueux quittèrent aussitôt le jeu, en laissant à terre leurs palets, et tout ce qui avait servi à leurs divertissements. Candide les ramasse, court au précepteur, et les présente humblement, lui faisant entendre par signes que leurs altesses royales avaient oublié leur or et leurs pierreries. Le magister du village en souriant les jeta par terre, regarda un moment la figure de Candide avec beaucoup de surprise, et continua son chemin.

231. Cayenne, capital of French Guiana, in northeastern South America.
232. *cocotiers:* coconut palms.
233. *unis:* level.
234. *escarpés:* steep.
235. *écueils:* reefs.

236. *moutons rouges:* i.e., llamas.
237–238. Tetuán, Mequinez, cities of Morocco.
239. *brocards:* brocades.
240. *palet:* quoits.
241. *magister:* schoolmaster.

Les voyageurs ne manquèrent pas de ramasser l'or, les rubis et les émeraudes. « Où sommes-nous? s'écria Candide; il faut que les enfants des rois de ce pays soient bien élevés, puisqu'on leur apprend à mépriser l'or et les pierreries. » Cacambo était aussi surpris que Candide. Ils approchèrent enfin de la première maison du village; elle était bâtie comme un palais d'Europe. Une foule de monde s'empressait à la porte, et encore plus dans le logis. Une musique très agréable se faisait entendre, et une odeur délicieuse de cuisine se faisait sentir. Cacambo s'approcha de la porte, et entendit qu'on parlait péruvien; c'était sa langue maternelle: car tout le monde sait que Cacambo était né au Tucuman, dans un village où l'on ne connaissait que cette langue. « Je vous servirai d'interprète, dit-il à Candide; entrons, c'est ici un cabaret. »

Aussitôt deux garçons et deux filles de l'hôtellerie, vêtus de drap d'or, et les cheveux renoués[242] avec des rubans, les invitent à se mettre à la table de l'hôte. On servit quatre potages garnis chacun de deux perroquets, un contour[243] bouilli qui pesait deux cent livres, deux singes rôtis d'un goût excellent, trois cents colibris dans un plat, et six cents oiseaux-mouches dans un autre; des ragoûts exquis, des pâtisseries délicieuses; le tout dans des plats d'une espèce de cristal de roche. Les garçons et les filles de l'hôtellerie versaient plusieurs liqueurs faites de canne de sucre.

Les convives étaient pour la plupart des marchands et des voituriers, tous d'une politesse extrême, qui firent quelques questions à Cacambo avec la discrétion la plus circonspecte, et qui répondirent aux siennes d'une manière à le satisfaire.

Quand le repas fut fini, Cacambo crut, ainsi que Candide, bien payer son écot en jetant sur la table de l'hôte deux de ces larges pièces d'or qu'il avait ramassées; l'hôte et l'hôtesse éclatèrent de rire, et se tinrent longtemps les côtes.[244] Enfin ils se remirent. « Messieurs, dit l'hôte, nous voyons bien que vous êtes des étrangers; nous ne sommes pas accoutumés à en voir. Pardonnez-nous si nous nous sommes mis à rire quand vous nous avez offert en paiement les cailloux de nos grands chemins. Vous n'avez pas sans doute de la monnaie du pays, mais il n'est pas nécessaire d'en avoir pour dîner ici. Toutes les hôtelleries établies pour la commodité du commerce sont payées par le gouvernement.[245] Vous avez fait mauvaise chère ici, parce que c'est un pauvre village; mais partout ailleurs vous serez reçus comme vous méritez de l'être. » Cacambo expliquait à Candide tous les discours de l'hôte, et Candide les écoutait avec la même admiration et le même égarement[246] que son ami Cacambo les rendait. « Quel est donc ce pays, disaient-ils l'un et l'autre, inconnu à tout le reste de la terre, et où toute la nature est d'une espèce si différente de la nôtre? C'est probablement le pays où tout va bien;[247] car il faut absolument qu'il y en ait un de cette espèce. Et quoi qu'en dît maître Pangloss, je me suis souvent aperçu que tout allait assez mal en Westphalie. »

XVIII. CE QU'ILS VIRENT DANS LE PAYS D'ELDORADO

Cacambo témoigna à son hôte toute sa curiosité; l'hôte lui dit: « Je suis fort ignorant, et je m'en trouve bien; mais nous avons ici un vieillard retiré de la cour, qui est le plus savant homme du royaume, et le plus communicatif. » Aussitôt il mène Cacambo chez le vieillard. Candide ne jouait plus que le second personnage, et accompagnait son valet. Ils entrèrent dans une maison fort simple, car la porte n'était que d'argent, et les lambris[248] des appartements n'étaient que d'or, mais travaillés avec tant de goût que

242. *renoués:* tied up.
243. *contour:* condor.
244. *se tinrent les côtes:* held their sides.
245. This detail and a number of others in this section are drawn from accounts of Inca civilization.
246. *égarement:* bewilderment.

247. Here is the clue to the whole Eldorado episode. The parade of the world's horrors would be too grim without a contrasting picture of Utopia, "le pays où tout va bien."
248. *lambris:* wainscoting.

les plus riches lambris ne l'effaçaient pas. L'antichambre n'était à la vérité incrustée que de rubis et d'émeraudes, mais l'ordre dans lequel tout était arrangé réparait bien cette extrême simplicité.

Le vieillard reçut les deux étrangers sur un sofa matelassé de plumes de colibri, et leur fit présenter des liqueurs dans des vases de diamants; après quoi il satisfit à leur curiosité en ces termes:

« Je suis âgé de cent soixante et douze ans, et j'ai appris de feu mon père, écuyer du roi, les étonnantes révolutions du Pérou dont il avait été témoin. Le royaume où nous sommes est l'ancienne patrie des Incas, qui en sortirent très imprudemment pour aller subjuguer une partie du monde, et qui furent enfin détruits par les Espagnols.

« Les princes de leur famille qui restèrent dans leur pays natal furent plus sages; ils ordonnèrent, du consentement de la nation, qu'aucun habitant ne sortirait jamais de notre petit royaume; et c'est ce qui nous a conservé notre innocence et notre félicité. Les Espagnols ont eu une connaissance confuse de ce pays, ils l'ont appelé El Dorado, et un Anglais, nommé le chevalier Raleigh, en a même approché il y a environ cent années;[249] mais comme nous sommes entourés de rochers inabordables et de précipices, nous avons toujours été jusqu'à présent à l'abri de la rapacité des nations de l'Europe, qui ont une fureur inconcevable pour les cailloux et pour la fange[250] de notre terre, et qui, pour en avoir, nous tueraient tous jusqu'au dernier. »

La conversation fut longue; elle roula sur la forme du gouvernement, sur les mœurs, sur les femmes, sur les spectacles publics, sur les arts. Enfin Candide, qui avait toujours du goût pour la métaphysique, fit demander par Cacambo si dans le pays il y avait une religion.

Le vieillard rougit un peu. « Comment donc, dit-il, en pouvez-vous douter? est-ce que vous nous prenez pour des ingrats? » Cacambo demanda humblement quelle était la religion d'Eldorado. La vieillard rougit encore. « Est-ce qu'il peut y avoir deux religions? dit-il; nous avons, je crois, la religion de tout le monde; nous adorons Dieu du soir jusqu'au matin.

—N'adorez-vous qu'un seul Dieu? dit Cacambo, qui servait toujours d'interprète aux doutes de Candide.

—Apparemment, dit le vieillard, qu'il n'y en a ni deux, ni trois, ni quatre.[251] Je vous avoue que les gens de votre monde font des questions bien singulières. » Candide ne se lassait pas de faire interroger ce bon vieillard; il voulut savoir comment on priait Dieu dans l'Eldorado. « Nous ne le prions point, dit le bon et respectable sage; nous n'avons rien à lui demander; il nous a donné tout ce qu'il nous faut; nous le remercions sans cesse. » Candide eut la curiosité de voir des prêtres; il fit demander où ils étaient. Le bon vieillard sourit. « Mes amis, dit-il, nous sommes tous prêtres; le roi et tous les chefs de famille chantent des cantiques d'actions de grâces[252] solennellement tous les matins; et cinq ou six mille musiciens les accompagnent.

—Quoi! vous n'avez point de moines qui enseignent, qui disputent, qui gouvernent, qui cabalent, et qui font brûler les gens qui ne sont de leur avis?

—Il faudrait que nous fussions fous, dit le vieillard; nous sommes tous ici du même avis, et nous n'entendons pas ce que vous voulez dire avec vos moines. » Candide à tous ces discours demeurait en extase, et disait en lui-même: « Ceci est bien différent de la Westphalie et du château de monsieur le baron: si notre ami Pangloss avait vu Eldorado, il n'aurait plus dit que le château de Thunder-ten-tronckh était ce qu'il y avait de mieux sur la terre; il est certain qu'il faut voyager. »

249. Sir Walter Raleigh made an expedition in search of Eldorado in 1595. From his book, *The Discoverie of Guiana,* Voltaire took a number of details.

250. *fange:* mud, filth.

251. The Incas had indeed but one god, the sun. But Voltaire is expressing his own deism, or "natural religion."

252. *cantiques d'actions de grâces:* psalms of thanksgiving.

Après cette longue conversation, le bon vieillard fit atteler un carrosse à six moutons, et donna douze de ses domestiques aux deux voyageurs pour les conduire à la cour. « Excusez-moi, leur dit-il, si mon âge me prive de l'honneur de vous accompagner. Le roi[253] vous recevra d'une manière dont vous ne serez pas mécontents, et vous pardonnerez sans doute aux usages du pays s'il y en a quelques-uns qui vous déplaisent. »

Candide et Cacambo montent en carrosse; les six moutons volaient, et en moins de quatre heures on arriva au palais du roi, situé à un bout de la capitale. Le portail était de deux cent vingt pieds de haut et de cent de large; il est impossible d'exprimer quelle en était la matière. On voit assez quelle supériorité prodigieuse elle devait avoir sur ces cailloux et sur ce sable que nous nommons *or* et *pierreries*.

Vingt belles filles de la garde[254] reçurent Candide et Cacambo à la descente du carrosse, les conduisirent aux bains, les vêtirent de robes d'un tissu de duvet[255] de colibri; après quoi les grands officiers et les grandes officières de la couronne les menèrent à l'appartement de Sa Majesté au milieu de deux files, chacune de mille musiciens, selon l'usage ordinaire. Quand ils approchèrent de la salle du trône, Cacambo demanda à un grand officier comment il fallait s'y prendre pour saluer sa majesté: si on se jetait à genoux ou ventre à terre; si on mettait les mains sur la tête ou sur le derrière; si on léchait[256] la poussière de la salle; en un mot, quelle était la cérémonie. « L'usage, dit le grand officier, est d'embrasser le roi et de le baiser des deux côtés. » Candide et Cacambo sautèrent au cou de Sa Majesté, qui les reçut avec toute la grâce imaginable, et qui les pria poliment à souper.

En attendant, on leur fit voir la ville, les édifices publics élevés jusqu'aux nues, les marchés ornés de mille colonnes, les fontaines d'eau pure, les fontaines d'eau rose, celles de liqueurs de cannes de sucre, qui coulaient continuellement dans de grandes places pavées d'une espèce de pierreries qui répandaient une odeur semblable à celle du girofle[257] et de la cannelle.[258] Candide demanda à voir la cour de justice, le parlement; on lui dit qu'il n'y en avait point, et qu'on ne plaidait jamais. Il s'informa s'il y avait des prisons, et on lui dit que non. Ce qui le surprit davantage, et qui lui fit le plus de plaisir, ce fut le palais des sciences, dans lequel il vit une galerie de deux mille pas, toute pleine d'instruments de mathématiques et de physique.

Après avoir parcouru toute l'après-dînée[259] à peu près la millième partie de la ville, on les ramena chez le roi. Candide se mit à table entre Sa Majesté, son valet Cacambo et plusieurs dames. Jamais on ne fit meilleure chère, et jamais on n'eut plus d'esprit à souper qu'en eut Sa Majesté. Cacambo expliquait les bons mots du roi à Candide, et, quoique traduits, ils paraissaient toujours des bons mots. De tout ce qui étonnait Candide, ce n'était pas ce qui l'étonna le moins.[260]

Ils passèrent un mois dans cet hospice. Candide ne cessait de dire à Cacambo: « Il est vrai, mon ami, encore une fois, que le château où je suis né ne vaut pas le pays où nous sommes; mais enfin, mademoiselle Cunégonde n'y est pas; et vous avez sans doute quelque maîtresse en Europe. Si nous restons ici, nous n'y serons que comme les autres; au lieu que si nous retournons dans notre monde, seulement avec douze moutons chargés de cailloux d'Eldorado, nous serons plus riches que tous les rois ensemble, nous n'aurons plus d'inquisiteurs à craindre, et nous pourrons aisément reprendre mademoiselle Cunégonde. »

Ce discours plut à Cacambo: on aime tant à courir, à se faire valoir[261] chez les

253. Voltaire's ideal government is a monarchy. He was no political radical.
254. *filles de la garde:* i.e., maids of honor.
255. *duvet:* down.
256. *léchait:* licked.
257. *girofle:* cloves.

258. *cannelle:* cinnamon.
259. *après-dînée:* afternoon.
260. No doubt a reference to Frederick the Great's table talk.
261. *se faire valoir:* show off.

siens, à faire parade de ce qu'on a vu dans ses voyages, que les deux heureux résolurent de ne plus l'être et de demander leur congé à Sa Majesté.

« Vous faites une sottise, leur dit le roi; je sais bien que mon pays est peu de chose; mais quand on est passablement[262] quelque part, il faut y rester; je n'ai pas assurément le droit de retenir des étrangers; c'est une tyrannie qui n'est ni dans nos mœurs, ni dans nos lois; tous les hommes sont libres; partez quand vous voudrez, mais la sortie est bien difficile. Il est impossible de remonter la rivière rapide sur laquelle vous êtes arrivés par miracle, et qui court sous des voûtes de rochers. Les montagnes qui entourent tout mon royaume ont dix mille pieds de hauteur, et sont droites comme des murailles: elles occupent chacune en largeur un espace de plus de dix lieues; on ne peut en descendre que par des précipices. Cependant, puisque vous voulez absolument partir, je vais donner ordre aux intendants des machines d'en faire une qui puisse vous transporter commodément. Quand on vous aura conduits au revers des montagnes, personne ne pourra vous accompagner; car mes sujets ont fait vœu de ne jamais sortir de leur enceinte, et ils sont trop sages pour rompre leur vœu. Demandez-moi d'ailleurs tout ce qu'il vous plaira.

—Nous ne demandons à Votre Majesté, dit Cacambo, que quelques moutons chargés de vivres, de cailloux, et de la boue du pays. Le roi rit: Je ne conçois pas, dit-il, quel goût vos gens d'Europe ont pour notre boue jaune; mais emportez-en tant que vous voudrez, et grand bien vous fasse.[263] »

Il donna l'ordre sur-le-champ à ses ingénieurs de faire une machine pour guinder[264] ces deux hommes extraordinaires hors du royaume. Trois mille bons physiciens[265] y travaillèrent; elle fut prête au bout de quinze jours, et ne coûta pas plus de vingt millions de livres sterling, monnaie du pays. On mit sur la machine Candide et Cacambo; il y avait deux grands moutons rouges sellés et bridés pour leur servir de monture quand ils auraient franchi les montagnes, vingt moutons de bât[266] chargés de vivres, trente qui portaient des présents de ce que le pays a de plus curieux, et cinquante chargés d'or, de pierreries et de diamants. Le roi embrassa tendrement les deux vagabonds.[267]

Ce fut un beau spectacle que leur départ, et la manière ingénieuse dont ils furent hissés,[268] eux et leurs moutons, au haut des montagnes. Les physiciens prirent congé d'eux après les avoir mis en sûreté, et Candide n'eut plus d'autre désir et d'autre objet que d'aller présenter ses moutons à mademoiselle Cunégonde. « Nous avons, dit-il, de quoi payer le gouverneur de Buenos-Aires, si mademoiselle Cunégonde peut être mise à prix. Marchons vers la Cayenne, embarquons-nous, et nous verrons ensuite quel royaume nous pourrons acheter. »

XIX. CE QUI LEUR ARRIVA A SURINAM,[269] ET COMMENT CANDIDE FIT CONNAISSANCE AVEC MARTIN

La première journée de nos deux voyageurs fut assez agréable. Ils étaient encouragés par l'idée de se voir possesseurs de plus de trésors que l'Asie, l'Europe et l'Afrique n'en pouvaient rassembler. Candide transporté écrivit le nom de Cunégonde sur les arbres. A la seconde journée deux de leurs moutons s'enfoncèrent dans des marais, et y furent abîmés avec leurs charges; deux autres moutons moururent de fatigue quelques jours après; sept ou huit périrent ensuite de faim dans un désert; d'autres tombèrent au bout de quelques jours dans des précipices. Enfin, après cent jours de marche, il ne leur resta que deux moutons. Candide dit à Cacambo: « Mon ami, vous voyez comme les richesses de

262. *passablement:* well off.
263. *grand bien vous fasse:* much good may it do you.
264. *guinder:* hoist.
265. *physiciens:* physicists.
266. *moutons de bât:* pack sheep.
267. *vagabonds:* wanderers.
268. *hissés:* hoisted.
269. Surinam, Dutch Guiana. Voltaire uses it as the name of the capital city, in fact Paramaribo.

ce monde sont périssables; il n'y a rien de solide que la vertu, et le bonheur de revoir mademoiselle Cunégonde.

—Je l'avoue, dit Cacambo; mais il nous reste encore deux moutons avec plus de trésors que n'en aura jamais le roi d'Espagne, et je vois de loin une ville que je soupçonne être Surinam, appartenant aux Hollandais. Nous sommes au bout de nos peines, et au commencement de notre félicité. »

En approchant de la ville, ils rencontrèrent un nègre étendu par terre, n'ayant plus que la moitié de son habit, c'est-à-dire d'un caleçon[270] de toile bleue; il manquait à ce pauvre homme la jambe gauche et la main droite. « Eh, mon Dieu! lui dit Candide en hollandais, que fais-tu là, mon ami, dans l'état horrible où je te vois?

—J'attends mon maître monsieur Vanderdendur,[271] le fameux négociant, répondit le nègre.

—Est-ce monsieur Vanderdendur, dit Candide, qui t'a traité ainsi?

—Oui, monsieur, dit le nègre, c'est l'usage. On nous donne un caleçon de toile pour tout vêtement deux fois l'année. Quand nous travaillons aux sucreries, et que la meule[272] nous attrape le doigt, on nous coupe la main; quand nous voulons nous enfuir, on nous coupe la jambe: je me suis trouvé dans les deux cas. C'est à ce prix que vous mangez du sucre en Europe. Cependant, lorsque ma mère me vendit dix écus patagons[273] sur la côte de Guinée,[274] elle me disait: « Mon cher enfant, bénis nos fétiches,[275] adore-les toujours, ils te feront vivre heureux; tu as l'honneur d'être esclave de nos seigneurs les blancs, et tu fais par là la fortune de ton père et de ta mère. » Hélas! je ne sais pas si j'ai fait leur fortune, mais ils n'ont pas fait la mienne. Les chiens, les singes et les perroquets sont

mille fois moins malheureux que nous; les fétiches[276] hollandais qui m'ont converti me disent tous les dimanches que nous sommes tous enfants d'Adam, blancs et noirs. Je ne suis pas généalogiste; mais si ces prêcheurs disent vrai, nous sommes tous cousins issus de germain.[277] Or vous m'avouerez qu'on ne peut pas en user avec ses parents d'une manière plus horrible.

—O Pangloss! s'écria Candide, tu n'avais pas deviné cette abomination; c'en est fait, il faudra qu'à la fin je renonce à ton optimisme.

—Qu'est-ce que l'optimisme? disait Cacambo.

—Hélas! dit Candide, c'est la rage de soutenir que tout est bien quand on est mal.[278] » Et il versait des larmes en regardant son nègre; et en pleurant, il entra dans Surinam.

La première chose dont ils s'informent, c'est s'il n'y a point au port quelque vaisseau qu'on pût envoyer à Buenos-Aires. Celui à qui ils s'adressèrent était justement un patron[279] espagnol, qui s'offrit à faire avec eux un marché honnête. Il leur donna rendez-vous dans un cabaret. Candide et le fidèle Cacambo allèrent l'y attendre avec leurs deux moutons.

Candide, qui avait le cœur sur les lèvres,[280] conta à l'Espagnol toutes ses aventures, et lui avoua qu'il voulait enlever mademoiselle Cunégonde. « Je me garderai bien de vous passer à Buenos-Aires, dit le patron: je serais pendu, et vous aussi. La belle Cunégonde est la maîtresse favorite de monseigneur. » Ce fut un coup de foudre pour Candide; il pleura longtemps; enfin il tira à part Cacambo; « Voici, mon cher ami, lui dit-il, ce qu'il faut que tu fasses. Nous avons chacun dans nos poches pour cinq ou six millions de diamants;[281] tu es plus

270. *caleçon:* drawers.
271. *Vanderdendur:* for Van Düren, a Dutch publisher by whom Voltaire thought himself ill used.
272. *meule:* millstone.
273. *patagons:* Spanish silver coins.
274. Guinea, in west Africa, center of slave trade.
275. *fétiches:* gods.
276. *fétiches:* i.e., the clergy.

277. *issus de germain:* descendants of first cousins.
278. Here at length Candide begins to doubt optimism.
279. *patron:* shipmaster.
280. *qui avait...lèvres:* who said whatever came into his head.
281. *pour...diamants:* five or six million (francs) worth of diamonds.

habile que moi; va prendre mademoiselle Cunégonde à Buenos-Aires. Si le gouverneur fait quelques difficultés, donne-lui un million; s'il ne se rend pas, donne-lui-en deux; tu n'as point tué d'inquisiteur, on ne se défiera point de toi. J'équiperai un autre vaisseau; j'irai t'attendre à Venise; c'est un pays libre où l'on n'a rien à craindre ni des Bulgares, ni des Abares, ni des Juifs, ni des inquisiteurs. » Cacambo applaudit à cette sage résolution. Il était au désespoir de se séparer d'un bon maître, devenu son ami intime; mais le plaisir de lui être utile l'emporta sur la douleur de le quitter. Ils s'embrassèrent en versant des larmes: Candide lui recommanda de ne point oublier la bonne vieille. Cacambo partit dès le jour même. C'était un très bon homme que ce Cacambo.

Candide resta encore quelque temps à Surinam, et attendit qu'un autre patron voulût le mener en Italie, lui et les deux moutons qui lui restaient. Il prit des domestiques, et acheta tout ce qui lui était nécessaire pour un long voyage; enfin monsieur Vanderdendur, maître d'un gros vaisseau, vint se présenter à lui. « Combien voulez-vous, demanda-t-il à cet homme, pour me mener en droiture[282] à Venise, moi, mes gens, mon bagage, et les deux moutons que voilà? » Le patron s'accorda à dix mille piastres.[283] Candide n'hésita pas.

« Oh, oh, dit à part soi[284] le prudent Vanderdendur, cet étranger donne dix mille piastres tout d'un coup! il faut qu'il soit bien riche. » Puis, revenant un moment après, il signifia qu'il ne pouvait partir à moins de vingt mille. « Eh bien, vous les aurez, » dit Candide.

« Ouais! se dit tout bas le marchand, cet homme donne vingt mille piastres aussi aisément que dix mille. » Il revint encore, et dit qu'il ne pouvait le conduire à Venise à moins de trente mille piastres.

« Vous en aurez donc trente mille, répondit Candide.[285]

—Oh, oh, se dit encore le marchand hollandais, trente mille piastres ne coûtent rien à cet homme-ci; sans doute les deux moutons portent des trésors immenses; n'insistons pas davantage; faisons-nous d'abord payer les trente mille piastres, et puis nous verrons. » Candide vendit deux petits diamants, dont le moindre valait plus que tout l'argent que demandait le patron. Il le paya d'avance. Les deux moutons furent embarqués. Candide suivait dans un petit bateau pour joindre le vaisseau à la rade; le patron prend son temps,[286] met à la voile, démarre;[287] le vent le favorise. Candide, éperdu et stupéfait, le perd bientôt de vue. « Hélas! cria-t-il, voilà un tour digne de l'ancien monde. » Il retourne au rivage, abîmé dans la douleur; car enfin, il avait perdu de quoi faire la fortune de vingt monarques.

Il se transporte chez le juge hollandais; et comme il était un peu troublé, il frappe rudement à la porte; il entre, expose son aventure, et crie un peu plus haut qu'il ne convenait. Le juge commença par lui faire payer dix mille piastres pour le bruit qu'il avait fait. Ensuite il l'écouta patiemment, lui promit d'examiner son affaire sitôt que le marchand serait revenu, et se fit payer dix mille autres piastres pour les frais de l'audience.[288]

Ce procédé acheva de désespérer Candide; il avait à la vérité essuyé des malheurs mille fois plus douloureux; mais le sang-froid du juge, et celui du patron dont il était volé, alluma sa bile, et le plongea dans une noire mélancolie. La méchanceté des hommes se présentait à son esprit dans toute sa laideur; il ne se nourrissait que d'idées tristes. Enfin un vaisseau français étant sur le point de partir pour Bordeaux, comme il n'avait plus de moutons chargés de

282. *en droiture:* directly.
283. *piastres:* Spanish silver coins, often used as equivalent to dollars.
284. *à part soi:* to himself.
285. Voltaire had entrusted to the Dutch publisher Van Düren a manuscript by Frederick the Great. He

asked to have it returned; the publisher refused. Voltaire offered him successively 1000, 1500, 2000, and 3000 florins before he could obtain it.
286. *prend son temps:* seizes his chance.
287. *démarre:* casts off.
288. *frais de l'audience:* costs of the hearing.

diamants à embarquer, il loua une chambre du vaisseau à juste prix, et fit signifier dans la ville qu'il paierait le passage, la nourriture, et donnerait deux mille piastres à un honnête homme qui voudrait faire le voyage avec lui, à condition que cet homme serait le plus dégoûté de son état et le plus malheureux de la province.

Il se présenta une foule de prétendants qu'une flotte n'aurait pu contenir. Candide voulant choisir entre les plus apparents,[289] il distingua une vingtaine de personnes qui lui paraissaient assez sociables, et qui toutes prétendaient mériter la préférence. Il les assembla dans son cabaret, et leur donna à souper, à condition que chacun ferait serment de raconter fidèlement son histoire, promettant de choisir celui qui lui paraîtrait le plus à plaindre et le plus mécontent de son état à plus juste titre, et de donner aux autres quelques gratifications.

La séance dura jusqu'à quatre heures du matin. Candide, en écoutant toutes leurs aventures, se ressouvenait de ce que lui avait dit la vieille en allant à Buenos-Aires, et de la gageure[290] qu'elle avait faite, qu'il n'y avait personne sur le vaisseau à qui il ne fût arrivé de très grands malheurs. Il songeait à Pangloss à chaque aventure qu'on lui contait. « Ce Pangloss, disait-il, serait bien embarrassé à démontrer son système. Je voudrais qu'il fût ici. Certainement, si tout va bien, c'est dans Eldorado, et non pas dans le reste de la terre. » Enfin il se détermina en faveur d'un pauvre savant qui avait travaillé dix ans pour les libraires à Amsterdam. Il jugea qu'il n'y avait point de métier au monde dont on dût être plus dégoûté.[291]

Ce savant, qui était d'ailleurs un bon homme, avait été volé par sa femme, battu par son fils, et abandonné de sa fille, qui s'était faite enlever par un Portugais. Il venait d'être privé d'un petit emploi duquel il subsistait, et les prédicants[292] de Surinam le persécutaient parce qu'ils le prenaient pour un socinien.[293] Il faut avouer que les autres étaient pour le moins aussi malheureux que lui; mais Candide espérait que le savant le désennuierait dans le voyage. Tous ses autres rivaux trouvèrent que Candide leur faisait une grande injustice, mais il les apaisa en leur donnant à chacun cent piastres.

XX. CE QUI ARRIVA SUR MER A CANDIDE ET A MARTIN

Le vieux savant, qui s'appelait Martin, s'embarqua donc pour Bordeaux avec Candide. L'un et l'autre avaient beaucoup vu et beaucoup souffert; et quand le vaisseau aurait dû faire voile de Surinam au Japon par le cap de Bonne-Espérance,[294] ils auraient eu de quoi s'entretenir du mal moral et du mal physique pendant tout le voyage.

Cependant Candide avait un grand avantage sur Martin, c'est qu'il espérait toujours revoir mademoiselle Cunégonde, et que Martin n'avait rien à espérer; de plus, il avait de l'or et des diamants; et quoiqu'il eût perdu cent gros moutons rouges chargés des plus grands trésors de la terre, quoiqu'il eût toujours sur le cœur la friponnerie du patron hollandais, cependant, quand il songeait à ce qui lui restait dans ses poches, et quand il parlait de Cunégonde, surtout à la fin du repas, il penchait alors pour le système de Pangloss.

« Mais vous, monsieur Martin, dit-il au savant, que pensez-vous de tout cela? Quelle est votre idée sur le mal moral et le mal physique?

—Monsieur, répondit Martin, mes prêtres m'ont accusé d'être socinien; mais la

289. *apparents:* outstanding.
290. *gageure:* wager.
291. In Amsterdam were many shyster publishers, who pirated popular books and paid the authors no royalties. Voltaire had suffered grievously from them.

292. *prédicants:* preachers.
293. *socinien:* liberal Christian who rejected doctrines of Trinity, etc. Modern example: Unitarians.
294. *cap de Bonne-Espérance:* Cape of Good Hope, South Africa.

vérité du fait est que je suis manichéen.[295]

—Vous vous moquez de moi, dit Candide, il n'y a plus de manichéens dans le monde.

—Il y a moi, dit Martin; je ne sais qu'y faire, mais je ne peux penser autrement.

—Il faut que vous ayez le diable au corps,[296] dit Candide.

—Il se mêle si fort des affaires de ce monde, dit Martin, qu'il pourrait bien être dans mon corps, comme partout ailleurs; mais je vous avoue qu'en jetant la vue sur ce globe, ou plutôt sur ce globule, je pense que Dieu l'a abandonné à quelque être malfaisant; j'en excepte toujours Eldorado. Je n'ai guère vu de ville qui ne désirât la ruine de la ville voisine, point de famille qui ne voulût exterminer quelque autre famille. Partout les faibles ont en exécration les puissants devant lesquels ils rampent, et les puissants les traitent comme des troupeaux dont on vend la laine et la chair. Un million d'assassins enrégimentés, courant d'un bout de l'Europe à l'autre, exerce le meurtre et le brigandage avec discipline pour gagner son pain, parce qu'il n'a pas de métier plus honnête; et dans les villes qui paraissent jouir de la paix et où les arts fleurissent, les hommes sont dévorés de plus d'envie, de soins et d'inquiétudes qu'une ville assiégée n'éprouve de fléaux. Les chagrins secrets sont encore plus cruels que les misères publiques. En un mot, j'en ai tant vu et tant éprouvé que je suis manichéen.

—Il y a pourtant du bon, répliquait Candide.

—Cela peut être, disait Martin, mais je ne le connais pas. »

Au milieu de cette dispute, on entendit un bruit de canon. Le bruit redouble de moment en moment. Chacun prend sa lunette.[297] On aperçoit deux vaisseaux qui combattaient à la distance d'environ trois milles; le vent les amena l'un et l'autre si près du vaisseau français qu'on eut le plaisir de voir le combat tout à son aise. Enfin, l'un des deux vaisseaux lâcha à l'autre une bordée[298] si bas et si juste, qu'il le coula[299] à fond. Candide et Martin aperçurent distinctement une centaine d'hommes sur le tillac[300] du vaisseau qui s'enfonçait; ils levaient tous les mains au ciel, et jetaient des clameurs effroyables; en un moment tout fut englouti.

« Eh bien, dit Martin, voilà comme les hommes se traitent les uns les autres.

—Il est vrai, dit Candide, qu'il y a quelque chose de diabolique dans cette affaire. » En parlant ainsi il aperçut je ne sais quoi d'un rouge éclatant qui nageait auprès de son vaisseau. On détacha la chaloupe[301] pour voir ce que ce pouvait être: c'était un de ses moutons. Candide eut plus de joie de retrouver ce mouton qu'il n'avait été affligé d'en perdre cent tous chargés de gros diamants d'Eldorado.

Le capitaine français aperçut bientôt que le capitaine du vaisseau submergeant était espagnol, et que celui du vaisseau submergé était un pirate hollandais; c'était celui-là même qui avait volé Candide. Les richesses immenses dont ce scélérat s'était emparé furent ensevelies avec lui dans la mer, et il n'y eut qu'un mouton de sauvé. « Vous voyez, dit Candide à Martin, que le crime est puni quelquefois; ce coquin de patron hollandais a eu le sort qu'il méritait.

—Oui, dit Martin; mais fallait-il que les passagers qui étaient sur son vaisseau périssent aussi? Dieu a puni ce fripon, le diable a noyé les autres. »

Cependant le vaisseau français et l'espagnol continuèrent leur route, et Candide continua ses conversations avec Martin. Ils disputèrent quinze jours de suite, et au bout de quinze jours ils étaient

295. *manichéen:* Manichean (follower of Manes, Persian philosopher, third century A.D. He explained existence of evil by the opposition of a good principle, God, the spirit of light, and an evil spirit, the Devil, the spirit of darkness and matter. Humanity, created by the evil spirit, can be freed only by a slow progress toward truth.)

296. *Il faut...corps:* You must be full of deviltry.
297. *lunette:* spyglass.
298. *bordée:* broadside.
299. *coula:* sank.
300. *tillac:* deck.
301. *chaloupe:* skiff, ship's boat.

aussi avancés que le premier. Mais enfin ils parlaient, ils se communiquaient des idées, ils se consolaient. Candide caressait son mouton. « Puisque je t'ai retrouvé, dit-il, je pourrai bien retrouver Cunégonde. »

XXI. CANDIDE ET MARTIN APPROCHENT DES CÔTES DE FRANCE ET RAISONNENT

On aperçut enfin les côtes de France. « Avez-vous jamais été en France, monsieur Martin? dit Candide.

—Oui, dit Martin, j'ai parcouru plusieurs provinces. Il y en a où la moitié des habitants est folle, quelques-unes où l'on est trop rusé, d'autres où l'on est communément assez doux et assez bête; d'autres où l'on fait le bel esprit;[302] et dans toutes la principale occupation est l'amour, la seconde de médire, et la troisième de dire des sottises.

—Mais, monsieur Martin, avez-vous vu Paris?

—Oui, j'ai vu Paris; il tient de toutes ces espèces-là; c'est un chaos, c'est une presse dans laquelle tout le monde cherche le plaisir, et où presque personne ne le trouve, du moins à ce qu'il m'a paru. J'y ai séjourné peu; j'y fus volé en arrivant de tout ce que j'avais par des filous[303] à la foire Saint-Germain. On me prit moi-même pour un voleur, et je fus huit jours en prison; après quoi je me fis correcteur d'imprimerie[304] pour gagner de quoi retourner à pied en Hollande. Je connus la canaille écrivante, la canaille cabalante, et la canaille convulsionnaire.[305] On dit qu'il y a des gens fort polis dans cette ville-là; je le veux croire.

—Pour moi, je n'ai nulle curiosité de voir la France, dit Candide; vous devinez aisément que quand on a passé un mois dans Eldorado, on ne se soucie plus de rien voir sur la terre que mademoiselle Cunégonde; je vais l'attendre à Venise;

nous traverserons la France pour aller en Italie; ne m'accompagnerez-vous pas?

—Très volontiers, dit Martin; on dit que Venise n'est bonne que pour les nobles vénitiens, mais que cependant on y reçoit très bien les étrangers quand ils ont beaucoup d'argent; je n'en ai point, vous en avez, je vous suivrai partout.

—A propos, dit Candide, pensez-vous que la terre ait été originairement une mer, comme on l'assure dans ce gros livre[306] qui appartient au capitaine du vaisseau?

—Je n'en crois rien du tout, dit Martin, non plus que toutes les rêveries qu'on nous débite depuis quelque temps.

—Mais à quelle fin ce monde a-t-il donc été formé? dit Candide.

—Pour nous faire enrager, répondit Martin.

—N'êtes-vous pas bien étonné, continua Candide, de l'amour que ces deux filles du pays des Oreillons avaient pour ces deux singes, et dont je vous ai conté l'aventure?

—Point du tout, dit Martin; je ne vois pas ce que cette passion a d'étrange; j'ai tant vu de choses extraordinaires, qu'il n'y a plus rien d'extraordinaire.

—Croyez-vous, dit Candide, que les hommes se soient toujours mutuellement massacrés comme ils font aujourd'hui? qu'ils aient toujours été menteurs, fourbes, perfides, ingrats, brigands, faibles, volages, lâches, envieux, gourmands, ivrognes, avares, ambitieux, sanguinaires, calomniateurs, débauchés, fanatiques, hypocrites et sots?

—Croyez-vous, dit Martin, que les éperviers[307] aient toujours mangé des pigeons quand ils en ont trouvé?

—Oui, sans doute, dit Candide.

—Eh bien, dit Martin, si les éperviers ont toujours eu le même caractère, pourquoi voulez-vous que les hommes aient changé le leur?

302. *bel esprit:* wit.
303. *filous:* pickpockets.
304. *correcteur d'imprimerie:* proofreader.
305. A group of fanatics had found a method of inducing convulsive seizures, alleged to be divinely inspired.

306. *ce gros livre:* probably Buffon's *Théorie de la terre.* (Buffon believed that the earth was originally a sea; thus he seemed to corroborate the Biblical story of the Flood, and thereby he provoked Voltaire's hostile shafts.)
307. *éperviers:* hawks.

—Oh! dit Candide, il y a bien de la différence, car le libre arbitre... »[308] En raisonnant ainsi, ils arrivèrent à Bordeaux.

XXII. CE QUI ARRIVA EN FRANCE A CANDIDE ET A MARTIN

Candide ne s'arrêta dans Bordeaux qu'autant de temps qu'il en fallait pour vendre quelques cailloux du Dorado, et pour s'accommoder d'une bonne chaise à deux places, car il ne pouvait plus se passer de son philosophe Martin; il fut seulement très fâché de se séparer de son mouton, qu'il laissa à l'Académie des sciences de Bordeaux, laquelle proposa pour le sujet du prix de cette année de trouver pourquoi la laine de ce mouton était rouge; et le prix fut adjugé à un savant du Nord, qui démontra par A plus B, moins C, divisé par Z, que le mouton devait être rouge, et mourir de la clavelée.[309]

Cependant, tous les voyageurs que Candide rencontra dans les cabarets de la route lui disaient: « Nous allons à Paris. » Cet empressement général lui donna enfin l'envie de voir cette capitale; ce n'était pas beaucoup se détourner du chemin de Venise.

Il entra par le faubourg Saint-Marceau,[310] et crut être dans le plus vilain village de la Westphalie.

A peine Candide fut-il dans son auberge qu'il fut attaqué d'une maladie légère causée par ses fatigues. Comme il avait au doigt un diamant énorme, et qu'on avait aperçu dans son équipage une cassette[311] prodigieusement pesante, il eut aussitôt auprès de lui deux médecins qu'il n'avait

pas mandés,[312] quelques amis intimes qui ne le quittèrent pas, et deux dévotes qui faisaient chauffer ses bouillons. Martin disait: « Je me souviens d'avoir été malade aussi à Paris dans mon premier voyage; j'étais fort pauvre; aussi n'eus-je ni amis, ni dévotes, ni médecins, et je guéris. »

Cependant, à force de médecines et de saignées,[313] la maladie de Candide devint sérieuse. Un habitué du quartier vint avec douceur lui demander un billet payable au porteur pour l'autre monde.[314] Candide n'en voulut rien faire; les dévotes l'assurèrent que c'était une nouvelle mode. Candide répondit qu'il n'était point homme à la mode. Martin voulut jeter l'habitué par les fenêtres. Le clerc jura qu'on n'enterrerait point[315] Candide. Martin jura qu'il enterrerait le clerc s'il continuait à les importuner. La querelle s'échauffa; Martin le prit par les épaules et le chassa rudement; ce qui causa un grand scandale, dont on fit un procès-verbal.[316]

Candide guérit; et pendant sa convalescence il eut très bonne compagnie à souper chez lui. On jouait gros jeu. Candide était tout étonné que jamais les as[317] ne lui vinssent; et Martin ne s'en étonnait pas.

Parmi ceux qui lui faisaient les honneurs de la ville, il y avait un petit abbé périgourdin,[318] l'un de ces gens empressés,[319] toujours alertes, toujours serviables,[320] effrontés, caressants, accommodants, qui guettent les étrangers à leur passage, leur content l'histoire scandaleuse de la ville, et leur offrent des plaisirs à tout prix. Celui-ci mena d'abord Candide et Martin à la comédie.[321] On y jouait une tragédie nouvelle.[322] Candide se trouva placé

308. *libre arbitre:* free will.
309. *clavelée:* sheep pox.
310. *faubourg Saint-Marceau:* southern suburb, now a quarter of Paris. (Rousseau first entered Paris through this quarter; all the city's magnificence never suppressed his memory of the squalid streets and wretched people.)
311. *cassette:* strongbox.
312. *mandés:* summoned.
313. *saignées:* bleedings.
314. Because of the prevalence of Jansenism, judged heretical, the orthodox clergy granted extreme unction and the final communion only to those who could show a *billet de confession* signed by

a priest in good standing.
315. *on n'enterrerait point:* i.e., he would not be buried in consecrated ground with the rites of the Church.
316. *procés-verbal:* legal inquiry.
317. *as:* aces.
318. *périgourdin:* of Périgord, in southwestern France.
319. *empressés:* zealous, eager.
320. *serviables:* obliging.
321. *comédie:* theater.
322. *tragédie nouvelle:* perhaps Voltaire's *Mahomet* or his *Tancrède.*

auprès de quelques beaux esprits. Cela ne l'empêcha pas de pleurer à des scènes jouées parfaitement. Un des raisonneurs qui étaient à ses côtés lui dit dans un entr'acte: « Vous avez grand tort de pleurer: cette actrice est fort mauvaise; l'acteur qui joue avec elle est plus mauvais acteur encore; la pièce est encore plus mauvaise que les acteurs; l'auteur ne sait pas un mot d'arabe, et cependant la scène est en Arabie; et de plus, c'est un homme qui ne croit pas aux idées innées:[323] je vous apporterai demain vingt brochures contre lui.

—Monsieur, combien avez-vous de pièces de théâtre en France? dit Candide à l'abbé; lequel répondit: Cinq ou six mille.

—C'est beaucoup, dit Candide; combien y en a-t-il de bonnes?

—Quinze ou seize, répliqua l'autre.

—C'est beaucoup, » dit Martin.

Candide fut très content d'une actrice qui faisait la reine Élisabeth dans une assez plate tragédie[324] que l'on joue quelquefois. « Cette actrice, dit-il à Martin, me plaît beaucoup; elle a un faux air de mademoiselle Cunégonde; je serais bien aise de la saluer. » L'abbé périgourdin s'offrit à l'introduire chez elle. Candide, élevé en Allemagne, demanda quelle était l'étiquette, et comment on traitait en France les reines d'Angleterre. « Il faut distinguer, dit l'abbé; en province on les mène au cabaret; à Paris on les respecte quand elles sont belles, et on les jette à la voirie[325] quand elles sont mortes.

—Des reines à la voirie! dit Candide.

—Oui vraiment, dit Martin; monsieur l'abbé a raison: j'étais à Paris quand mademoiselle Monime[326] passa, comme on dit, de cette vie à l'autre; on lui refusa ce que ces gens-ci appellent *les honneurs de la sépulture*, c'est-à-dire, de pourrir avec tous les gueux du quartier dans un vilain cimetière; elle fut enterrée toute seule de sa bande au coin de la rue de Bourgogne; ce qui dut lui faire une peine extrême, car elle pensait très noblement.

—Cela est bien impoli, dit Candide.

—Que voulez-vous? dit Martin; ces gens-ci sont ainsi faits. Imaginez toutes les contradictions, toutes les incompatibilités possibles, vous les verrez dans le gouvernement, dans les tribunaux, dans les églises, dans les spectacles de cette drôle de nation.

—Est-il vrai qu'on rit toujours à Paris? dit Candide.

—Oui, dit l'abbé, mais c'est en enrageant; car on s'y plaint de tout avec de grands éclats de rire; même on y fait en riant les actions les plus détestables.

—Quel est, dit Candide, ce gros cochon qui me disait tant de mal de la pièce où j'ai tant pleuré, et des acteurs qui m'ont fait tant de plaisir?

—C'est un mal-vivant,[327] répondit l'abbé, qui gagne sa vie à dire du mal de toutes les pièces et de tous les livres; il hait quiconque réussit, comme les eunuques haïssent les jouissants; c'est un de ces serpents de la littérature qui se nourrissent de fange et de venin; c'est un folliculaire.

—Qu'appelez-vous folliculaire? dit Candide.

—C'est, dit l'abbé, un faiseur de feuilles, un Fréron.[328] »

C'est ainsi que Candide, Martin et le Péri-gourdin raisonnaient sur l'escalier, en voyant défiler le monde au sortir de la pièce. « Quoique je sois très empressé de revoir mademoiselle Cunégonde, dit Candide, je voudrais pourtant souper avec

323. *idées innées:* innate ideas, accepted by Descartes and most French thinkers. (Voltaire, following the Englishman Locke, rejected them. As a dramatist he had suffered from just such irrelevant criticism.)

324. *tragédie:* probably *Le Comte d'Essex* by Thomas Corneille.

325. *voirie:* city dump. (Voltaire still burns with indignation because, thirty years before, the brilliant actress Adrienne Lecouvreur had been

refused proper burial. The Church regarded actors as excommunicate on account of their supposedly scandalous profession. She was buried by stealth in the rue de Bourgogne, Voltaire himself perhaps lending a hand.)

326. *Monime:* the role in which Adrienne Lecouvreur first made a hit.

327. *mal-vivant:* loose liver.

328. *Fréron:* scurrilous journalistic enemy of Voltaire.

mademoiselle Clairon;[329] car elle m'a paru admirable. »

L'abbé n'était pas homme à approcher de mademoiselle Clairon, qui ne voyait que bonne compagnie. « Elle est engagée pour ce soir, dit-il; mais j'aurai l'honneur de vous mener chez une dame de qualité, et là vous connaîtrez Paris comme si vous y aviez été quatre ans. »

Candide, qui était naturellement curieux, se laissa mener chez la dame, au fond du faubourg Saint-Honoré;[330] on y était occupé d'un pharaon;[331] douze tristes pontes[332] tenaient chacun en main un petit livre de cartes, registre cornu[333] de leurs infortunes. Un profond silence régnait, la pâleur était sur le front des pontes, l'inquiétude sur celui du banquier, et la dame du logis, assise auprès de ce banquier impitoyable, remarquait avec des yeux de lynx tous les parolis,[334] tous les sept-et-le-va de campagne,[335] dont chaque joueur cornait ses cartes; elle les faisait décorner[336] avec une attention sévère, mais polie, et ne se fâchait point, de peur de perdre ses pratiques.[337] La dame se faisait appeler la marquise de Parolignac.[338] Sa fille, âgée de quinze ans, était au nombre des pontes, et avertissait d'un clin d'œil[339] des friponneries[340] de ces pauvres gens, qui tâchaient de réparer les cruautés du sort. L'abbé périgourdin, Candide et Martin entrèrent; personne ne se leva, ni les salua, ni les regarda; tous étaient profondément occupés de leurs cartes. « Madame la baronne de Thunder-ten-tronckh était plus civile, » dit Candide.

Cependant, l'abbé s'approcha de l'oreille de la marquise, qui se leva à moitié, honora Candide d'un sourire gracieux, et

Martin d'un air de tête tout-à-fait noble; elle fit donner un siège et un jeu[341] de cartes à Candide, qui perdit cinquante mille francs en deux tailles;[342] après quoi on soupa très gaiement, et tout le monde était étonné que Candide ne fût pas ému de sa perte: les laquais disaient entre eux, dans leur langage de laquais: « Il faut que ce soit quelque mylord anglais. »

Le souper fut comme la plupart des soupers de Paris; d'abord du silence, ensuite un bruit de paroles qu'on ne distingue point, puis des plaisanteries dont la plupart sont insipides, de fausses nouvelles, de mauvais raisonnements, un peu de politique et beaucoup de médisance; on parla même de livres nouveaux. « Avez-vous vu, dit l'abbé périgourdin, le roman du sieur Gauchat,[343] docteur en théologie?

—Oui, répondit un des convives, mais je n'ai pu l'achever. Nous avons une foule d'écrits impertinents,[344] mais tous ensemble n'approchent pas de l'impertinence de Gauchat, docteur en théologie; je suis si rassasié[345] de cette immensité de détestables livres qui nous inondent, que je me suis mis à ponter au pharaon.

—Et les *Mélanges* de l'archidiacre Trublet,[346] qu'en dites-vous? dit l'abbé.

—Ah! dit madame de Parolignac, l'ennuyeux mortel! comme il vous dit curieusement ce que tout le monde sait! comme il discute pesamment ce qui ne vaut pas la peine d'être remarqué légèrement! comme il s'approprie sans esprit l'esprit des autres! comme il gâte ce qu'il pille! comme il me dégoûte! mais il ne me dégoûtera plus; c'est assez d'avoir lu quelques pages de l'archidiacre. »

329. *Mademoiselle Clairon:* celebrated actress who scored a great hit in Voltaire's *Tancrède.*
330. *faubourg Saint-Honoré:* fashionable quarter.
331. *pharaon:* faro, popular card game.
332. *pontes:* players (against the *banquier*).
333. *livre de cartes, registre cornu:* record cards, creased (*cornu*), to indicate what cards had been turned up by the banker.
334. *parolis:* double bet, made by the player's signaling, by creasing a card, that he will let his previous winnings lie.
335. *sept-et-le-va de campagne:* faked bet of seven times one's stake.

336. *décorner:* uncrease.
337. *pratiques:* clients.
338. *Parolignac:* combination of *paroli* and the celebrated noble name of Polignac.
339. *clin d'œil:* wink.
340. *friponneries:* trickeries.
341. *jeu:* pack.
342. *tailles:* games.
343. *Gauchat:* hostile critic of Voltaire.
344. *impertinents:* silly.
345. *rassasié:* sated, sick.
346. *Trublet:* another hostile critic.

Il y avait à table un homme savant et de goût qui appuya ce que disait la marquise. On parla ensuite de tragédies;[347] la dame demanda pour-quoi il y avait des tragédies qu'on jouait quelquefois, et qu'on ne pouvait lire. L'homme de goût expliqua très bien comment une pièce pouvait avoir quelque intérêt, et n'avoir presque aucun mérite; il prouva en peu de mots que ce n'était pas assez d'amener une ou deux de ces situations qu'on trouve dans tous les romans, et qui séduisent toujours les spectateurs, mais qu'il faut être neuf sans être bizarre, souvent sublime, et toujours naturel, connaître le cœur humain et le faire parler, être grand poète, sans que jamais aucun personnage de la pièce paraisse poète; savoir parfaitement sa langue, la parler avec pureté, avec une harmonie continue, sans que jamais la rime coûte rien au sens. « Quiconque, ajouta-t-il, n'observe pas toutes ces règles, peut faire une ou deux tragédies applaudies au théâtre; mais il ne sera jamais compté au rang des bons écrivains; il y a très peu de bonnes tragédies: les unes sont des idylles en dialogues bien écrits et bien rimés; les autres, des raisonnements politiques qui endorment, ou des amplifications qui rebutent; les autres des rêves d'énergumène,[348] en style barbare, des propos interrompus, de longues apostrophes aux dieux, parce qu'on ne sait point parler aux hommes, des maximes fausses, des lieux communs ampoulés.[349] »

Candide écouta ce propos avec attention, et conçut une grande idée du discoureur; et comme la marquise avait eu soin de le placer à côté d'elle, il s'approcha de son oreille, et prit la liberté de lui demander qui était cet homme qui parlait si bien. « C'est un savant, dit la dame, qui ne ponte point, et que l'abbé m'amène quelquefois à souper; il se connaît parfaitement en tragédies et en livres, et il a fait une tragédie sifflée[350] et un livre dont on n'a jamais vu hors de la boutique de son libraire qu'un exemplaire, qu'il m'a dédié.

—Le grand homme! dit Candide; c'est un autre Pangloss. »

Alors se tournant vers lui, il lui dit: « Monsieur, vous pensez sans doute que tout est au mieux dans le monde physique et dans le moral, et que rien ne pouvait être autrement?

—Moi, monsieur, lui répondit le savant, je ne pense rien de tout cela; je trouve que tout va de travers[351] chez nous; que personne ne sait ni quel est son rang, ni quelle est sa charge,[352] ni ce qu'il fait, ni ce qu'il doit faire, et qu'excepté le souper, qui est assez gai, et où il paraît assez d'union, tout le reste du temps se passe en querelles impertinentes; jansénistes contre molinistes,[353] gens du parlement contre gens d'église, gens de lettres contre gens de lettres, courtisans[354] contre courtisans, financiers contre le peuple, femmes contre maris, parents contre parents; c'est une guerre éternelle. »

Candide lui répliqua: « J'ai vu pis; mais un sage, qui depuis a eu le malheur d'être pendu, m'apprit que tout cela est à merveille; ce sont des ombres à un beau tableau.

—Votre pendu se moquait du monde, dit Martin; vos ombres sont des taches horribles.

—Ce sont les hommes qui font les taches, dit Candide, et ils ne peuvent pas s'en dispenser.

—Ce n'est donc pas leur faute, » dit Martin. La plupart des pontes, qui n'entendaient rien à ce langage, buvaient; et Martin raisonna avec le savant, et Candide raconta une partie de ses aventures à la dame du logis.

Après souper, la marquise mena Candide dans son cabinet et le fit asseoir sur un canapé. « Eh bien, lui dit-elle, vous aimez donc toujours éperdument[355]

347. This analysis of tragic virtues is a reply to criticisms of *Tancrède*.
348. *énergumène:* fanatic.
349. *ampoulés:* bombastic.
350. *sifflée:* hissed.
351. *va de travers:* goes wrong.
352. *charge:* position, duty.
353. *molinistes:* Jesuits.
354. *courtisans:* courtiers.
355. *éperdument:* madly.

mademoiselle Cunégonde de Thunder-ten-tronckh!

—Oui, madame, » répondit Candide. La marquise lui répliqua avec un souris[356] tendre: « Vous me répondez comme un jeune homme de Westphalie; un Français m'aurait dit: « Il est vrai que j'ai aimé mademoiselle Cunégonde; mais en vous voyant, madame, je crains de ne la plus aimer. »

—Hélas! madame, dit Candide, je répondrai comme vous voudrez.

—Votre passion pour elle, dit la marquise, a commencé en ramassant son mouchoir; je veux que vous ramassiez ma jarretière.[357]

—De tout mon cœur, » dit Candide; et il la ramassa. « Mais je veux que vous me la remettiez, » dit la dame; et Candide la lui remit. « Voyez-vous? dit la dame, vous êtes étranger; je fais quelquefois languir mes amants de Paris quinze jours, mais je me rends à vous dès la première nuit, parce qu'il faut faire les honneurs de son pays à un jeune homme de Westphalie. » La belle ayant aperçu deux énormes diamants aux deux mains de son jeune étranger, les loua de si bonne foi, que des doigts de Candide ils passèrent aux doigts de la marquise.

Candide, en s'en retournant avec son abbé périgourdin, sentit quelque remords d'avoir fait une infidélité à mademoiselle Cunégonde. Monsieur l'abbé entra dans sa peine; il n'avait qu'une légère part aux cinquante mille livres perdues au jeu par Candide, et à la valeur des deux brillants moitié donnés, moitié extorqués. Son dessein était de profiter, autant qu'il le pourrait, des avantages que la connaissance de Candide pouvait lui procurer. Il lui parla beaucoup de Cunégonde; et Candide lui dit qu'il demanderait bien pardon à cette belle de son infidélité, quand il la verrait à Venise.

Le Périgourdin redoublait de politesses et d'attentions, et prenait un intérêt tendre à tout ce que Candide disait, à tout ce qu'il faisait, à tout ce qu'il voulait faire.

« Vous avez donc, monsieur, lui dit-il, un rendez-vous à Venise?

—Oui, monsieur l'abbé, dit Candide; il faut absolument que j'aille trouver mademoiselle Cunégonde. » Alors, engagé par le plaisir de parler de ce qu'il aimait, il conta, selon son usage, une partie de ses aventures avec cette illustre Westphalienne.

« Je crois, dit l'abbé, que mademoiselle Cunégonde a bien de l'esprit, et qu'elle écrit des lettres charmantes?

—Je n'en ai jamais reçu, dit Candide: car figurez-vous qu'ayant été chassé du château pour l'amour d'elle, je ne pus lui écrire; que bientôt après j'appris qu'elle était morte, qu'ensuite je la retrouvai, et que je la perdis, et que je lui ai envoyé à deux mille cinq cent lieues d'ici un exprès[358] dont j'attends la réponse. »

L'abbé écoutait attentivement, et paraissait un peu rêveur. Il prit bientôt congé des deux étrangers, après les avoir tendrement embrassés. Le lendemain Candide reçut à son réveil une lettre conçue en ces termes:

Monsieur, mon très cher amant, il y a huit jours que je suis malade en cette ville; j'apprends que vous y êtes. Je volerais dans vos bras si je pouvais remuer. J'ai su votre passage à Bordeaux; j'y ai laissé le fidèle Cacambo et la vieille, qui doivent bientôt me suivre. Le gouverneur de Buenos-Aires a tout pris, mais il me reste votre cœur. Venez, votre présence me rendra la vie, ou me fera mourir de plaisir.

Cette lettre charmante, cette lettre inespérée, transporta Candide d'une joie inexprimable; et la maladie de sa chère Cunégonde l'accabla de douleur. Partagé entre ces deux sentiments, il prend son or et ses diamants, et se fait conduire avec Martin à l'hôtel où mademoiselle Cunégonde demeurait. Il entre en tremblant d'émotion, son cœur palpite, sa voix sanglote; il veut ouvrir les rideaux du lit, il veut faire apporter de la lumière. « Gardez-vous-en

356. *souris = sourire.*
357. *jarretière*: garter.

358. *exprès:* message.

bien, lui dit la suivante, la lumière la tue;
» et soudain elle referme le rideau. « Ma
chère Cunégonde, dit Candide en pleurant,
comment vous portez-vous? si vous ne
pouvez me voir, parlez-moi du moins.

—Elle ne peut parler, » dit la suivante.
La dame alors tire du lit une main potelée[359]
que Candide arrose longtemps de ses
larmes, et qu'il remplit ensuite de diamants,
en laissant un sac plein d'or sur le fauteuil.

Au milieu de ses transports arrive un
exempt[360] suivi de l'abbé périgourdin et
d'une escouade.[361] « Voilà donc, dit-il,
ces deux étrangers suspects? » Il les fait
incontinent saisir, et ordonne à ses braves
de les traîner en prison. « Ce n'est pas ainsi
qu'on traite les voyageurs dans le Dorado,
dit Candide.

—Je suis plus manichéen que jamais,
dit Martin.

—Mais, monsieur, où nous menez-
vous? dit Candide.

—Dans un cul de basse-fosse,[362] » dit
l'exempt.

Martin, ayant repris son sang-froid,
jugea que la dame qui se prétendait
Cunégonde était une friponne, monsieur
l'abbé périgourdin un fripon qui avait abusé
au plus vite de l'innocence de Candide, et
l'exempt un autre fripon dont on pouvait
aisément se débarrasser.

Plutôt que de s'exposer aux procédures
de la justice, Candide, éclairé par son
conseil, et d'ailleurs toujours impatient de
revoir la véritable Cunégonde, propose à
l'exempt trois petits diamants d'environ
trois mille pistoles chacun. « Ah, monsieur,
lui dit l'homme au bâton d'ivoire, eussiez-
vous commis tous les crimes imaginables,
vous êtes le plus honnête homme du
monde; trois diamants! chacun de trois
mille pistoles! Monsieur! je me ferais tuer

pour vous, au lieu de vous mener dans un
cachot. On arrête tous les étrangers, mais
laissez-moi faire; j'ai un frère à Dieppe en
Normandie, je vais vous y mener; et si vous
avez quelque diamant à lui donner, il aura
soin de vous comme moi-même.

—Et pourquoi arrête-t-on tous les
étrangers? » dit Candide. L'abbé périgourdin
prit alors la parole et dit: « C'est parce qu'un
gueux du pays d'Atrébatie[363] a entendu dire
des sottises, cela seul lui a fait commettre un
parricide,[364] non pas tel que celui de 1610[365]
au mois de mai, mais tel que celui de 1594
au mois de décembre, et tel que plusieurs
autres commis dans d'autres années et
dans d'autres mois par d'autres gueux qui
avaient entendu dire des sottises. »

L'exempt alors expliqua de quoi il
s'agissait.[366] « Ah! les monstres! s'écria
Candide; quoi! de telles horreurs chez un
peuple qui danse et qui chante! ne pourrai-
je sortir au plus vite de ce pays où des
singes agacent des tigres?[367] J'ai vu des ours
dans mon pays; je n'ai vu des hommes que
dans le Dorado. Au nom de Dieu, monsieur
l'exempt, menez-moi à Venise, où je dois
attendre mademoiselle Cunégonde.

—Je ne peux nous mener qu'en Basse-
Normandie, dit le barigel.[368] » Aussitôt il
lui fait ôter ses fers, dit qu'il s'est mépris,
renvoie ses gens, emmène à Dieppe Candide
et Martin, et les laisse entre les mains de son
frère. Il y avait un petit vaisseau hollandais
à la rade. Le Normand, à l'aide de trois
autres diamants, devenu le plus serviable
des hommes, embarque Candide et ses gens
dans le vaisseau qui allait faire voile pour
Portsmouth en Angleterre. Ce n'était pas
le chemin de Venise; mais Candide croyait
être délivré de l'enfer, et il comptait bien
reprendre la route de Venise à la première
occasion.

359. *potelée:* plump, shapely.
360. *exempt:* police officer.
361. *escouade:* squad (of police).
362. *cul de basse-fosse:* dungeon.
363. *Atrébatie:* region of Arras, northern France.
(Damiens, from this region, was a religious
fanatic who attempted to assassinate Louis XV
in 1757.)
364. *parricide:* i.e., attempt to assassinate the King.

365. In this year Ravaillac, another fanatic,
assassinated Henri IV. In 1594, Chatel tried to
kill Henri IV; the Jesuits were accused of having
prompted him.
366. The policeman evidently recounts the means by
which Damiens was publicly tortured to death.
367. *singes, tigres:* i.e., monks and fanatic dupes.
368. *barigel:* police officer.

XXIII. CANDIDE ET MARTIN VONT SUR LES CÔTES D'ANGLETERRE; CE QU'ILS Y VOIENT

« Ah! Pangloss! Pangloss! Ah! Martin! Martin! Ah! ma chère Cunégonde! qu'est-ce que ce monde-ci? disait Candide sur le vaisseau hollandais.

—Quelque chose de bien fou et de bien abominable, répondait Martin.

—Vous connaissez l'Angleterre; y est-on aussi fou qu'en France?

—C'est une autre espèce de folie, dit Martin. Vous savez que ces deux nations sont en guerre pour quelques arpents de neige[369] vers le Canada, et qu'elles dépensent pour cette belle guerre beaucoup plus que tout le Canada ne vaut. De vous dire précisément s'il y a plus de gens à lier[370] dans un pays que dans un autre, c'est ce que mes faibles lumières ne me permettent pas. Je sais seulement qu'en général les gens que nous allons voir sont fort atrabilaires.[371] »

En causant ainsi ils abordèrent à Portsmouth; une multitude de peuple couvrait le rivage, et regardait attentivement un assez gros homme[372] qui était à genoux, les yeux bandés, sur le tillac d'un des vaisseaux de la flotte; quatre soldats, postés vis-à-vis de cet homme, lui tirèrent chacun trois balles dans le crâne le plus paisiblement du monde, et toute l'assemblée s'en retourna extrêmement satisfaite. « Qu'est-ce donc que tout ceci? dit Candide, et quel démon exerce partout son empire? » Il demanda qui était ce gros homme qu'on venait de tuer en cérémonie. « C'est un amiral, lui répondit-on.

—Et pourquoi tuer cet amiral?

—C'est, lui dit-on, parce qu'il n'a pas fait tuer assez de monde; il a livré un combat à un amiral français, et on a trouvé qu'il n'était pas assez près de lui.

—Mais, dit Candide, l'amiral français était aussi loin de l'amiral anglais que celui-ci l'était de l'autre!

—Cela est incontestable, lui répliquat-on; mais dans ce pays-ci il est bon de tuer de temps en temps un amiral pour encourager les autres.[373] »

Candide fut si étourdi et si choqué de ce qu'il voyait et de ce qu'il entendait qu'il ne voulut pas seulement mettre pied à terre, et qu'il fit son marché avec le patron hollandais (dût-il le voler comme celui de Surinam) pour le conduire sans délai à Venise.

Le patron fut prêt au bout de deux jours. On côtoya[374] la France; on passa à la vue de Lis-bonne, et Candide frémit. On entra dans le détroit[375] et dans la Méditerranée; enfin on aborda à Venise. « Dieu soit loué! dit Candide en embrassant Martin; c'est ici que je reverrai la belle Cunégonde. Je compte sur Cacambo comme sur moi-même. Tout est bien, tout va bien, tout va le mieux qu'il soit possible. »

XXIV. DE PAQUETTE ET DE FRÈRE GIROFLÉE

Dès qu'il fut à Venise, il fit chercher Cacambo dans tous les cabarets, dans tous les cafés, chez toutes les filles de joie, et ne le trouva point. Il envoyait tous les jours à la découverte de tous les vaisseaux et de toutes les barques. Nulles nouvelles de Cacambo. « Quoi! disait-il à Martin, j'ai eu le temps de passer de Surinam à Bordeaux, d'aller de Bordeaux à Paris, de Paris à Dieppe, de Dieppe à Portsmouth, de côtoyer le Portugal et l'Espagne, de traverser toute la Méditerranée, de passer quelques mois à Venise, et la belle Cunégonde n'est point

369. *quelques arpents de neige:* a few acres of snow. An estimate of the value of Canada often quoted as an example of the errors of enlightened eighteenth-century opinion. (The question of ownership of Canada precipitated the Seven Years' War, the American campaigns of which we call the French and Indian War.)

370. *à lier = fous à lier:* crazy enough to be tied up.

371. *atrabilaires:* splenetic, moody.

372. Admiral John Byng, defeated by French fleet in Mediterranean in 1756. On his return he was court-martialed for excessive caution, condemned, and executed on his own ship. Voltaire, who had known him, appealed through every avenue of influence to save him.

373. *pour…autres:* the phrase has become proverbial.

374. *côtoya:* coasted along.

375. *détroit:* straits (of Gibraltar).

venue! Je n'ai rencontré au lieu d'elle qu'une drôlesse[376] et un abbé périgourdin! Cunégonde est morte sans doute; je n'ai plus qu'à mourir. Ah! il valait mieux rester dans le paradis du Dorado que de revenir dans cette maudite Europe. Que vous avez raison, mon cher Martin! tout n'est qu'illusion et calamité. »

Il tomba dans une mélancolie noire, et ne prit aucune part à l'opéra *alla moda*, ni aux autres divertissements du carnaval; pas une dame ne lui donna la moindre tentation. Martin lui dit: « Vous êtes bien simple, en vérité, de vous figurer qu'un valet métis, qui a cinq ou six millions dans ses poches, ira chercher votre maîtresse au bout du monde et vous l'amènera à Venise. Il la prendra pour lui, s'il la trouve. S'il ne la trouve pas, il en prendra une autre: je vous conseille d'oublier votre valet Cacambo et votre maîtresse Cunégonde. » Martin n'était pas consolant. La mélancolie de Candide augmenta, et Martin ne cessait de lui prouver qu'il y avait peu de vertu et peu de bonheur sur la terre, excepté peut-être dans Eldorado, où personne ne pouvait aller.

En disputant sur cette matière importante, et en attendant Cunégonde, Candide aperçut un jeune théatin[377] dans la place Saint-Marc, qui tenait sous le bras une fille. Le théatin paraissait frais, potelé, vigoureux; ses yeux étaient brillants, son air assuré, sa mine haute, sa démarche fière. La fille était très jolie et chantait; elle regardait amoureusement son théatin, et de temps en temps lui pinçait ses grosses joues. « Vous m'avouerez du moins, dit Candide à Martin, que ces gens-ci sont heureux. Je n'ai trouvé jusqu'à présent dans toute la terre habitable, excepté dans Eldorado, que des infortunés; mais, pour cette fille et ce théatin, je gage que ce sont des créatures très heureuses.

—Je gage que non, dit Martin.

—Il n'y a qu'à les prier à dîner, dit Candide, et vous verrez si je me trompe. »

Aussitôt il les aborde, il leur fait son compliment, et les invite à venir à son hôtellerie manger des macaroni, des perdrix[378] de Lombardie, des œufs d'esturgeon, et à boire du vin de Montpelliérain, du Lacrima-christi, du Chypre et du Samos. La demoiselle rougit, le théatin accepta la partie, et la fille le suivit en regardant Candide avec des yeux de surprise et de confusion qui furent obscurcis de quelques larmes. A peine fut-elle entrée dans la chambre de Candide, qu'elle lui dit: « Eh quoi, monsieur Candide ne reconnaît plus Paquette! » A ces mots, Candide, qui ne l'avait pas considérée jusque-là avec attention, parce qu'il n'était occupé que de Cunégonde, lui dit: « Hélas! ma pauvre enfant, c'est donc vous qui avez mis le docteur Pangloss dans le bel état où je l'ai vu?

—Hélas! monsieur, c'est moi-même, dit Paquette; je vois que vous êtes instruit de tout. J'ai su les malheurs épouvantables arrivés à toute la maison de madame la baronne et à la belle Cunégonde. Je vous jure que ma destinée n'a guère été moins triste. J'étais fort innocente quand vous m'avez vue. Un cordelier qui était mon confesseur me séduisit aisément. Les suites en furent affreuses; je fus obligée de sortir du château quelque temps après que monsieur le baron vous eut renvoyé à grands coups de pied dans le derrière. Si un fameux médecin n'avait pas pris pitié de moi, j'étais morte. Je fus quelque temps par reconnaissance la maîtresse de ce médecin. Sa femme, qui était jalouse à la rage, me battait tous les jours impitoyablement; c'était une furie. Ce médecin était le plus laid de tous les hommes, et moi la plus malheureuse de toutes les créatures, d'être battue continuellement pour un homme que je n'aimais pas. Vous savez, monsieur, combien il est dangereux pour une femme acariâtre[379] d'être l'épouse d'un médecin. Celui-ci, outré des procédés de sa femme,

376. *drôlesse:* strumpet.
377. *théatin:* member of Theatins, Catholic congregation.
378. *perdrix:* partridges.
379. *acariâtre:* shrewish.

lui donna un jour, pour la guérir d'un petit rhume, une médecine si efficace qu'elle en mourut en deux heures de temps dans des convulsions horribles. Les parents de madame intentèrent[380] à monsieur un procès criminel; il prit la fuite, et moi, je fus mise en prison. Mon innocence ne m'aurait pas sauvée, si je n'avais été un peu jolie. Le juge m'élargit[381] à condition qu'il succéderait au médecin. Je fus bientôt supplantée par une rivale, chassée sans récompense, et obligée de continuer ce métier abominable qui vous paraît si plaisant à vous autres hommes, et qui n'est pour nous qu'un abîme de misères. J'allai exercer la profession à Venise. Ah! monsieur, si vous pouviez imaginer ce que c'est que d'être obligée de caresser indifféremment un vieux marchand, un avocat, un moine, un gondolier, un abbé; d'être exposée à toutes les insultes, à toutes les avanies;[382] d'être souvent réduite à emprunter une jupe pour aller se la faire lever par un homme dégoûtant; d'être volée par l'un de ce qu'on a gagné avec l'autre; d'être rançonnée par les officiers de justice, et de n'avoir en perspective qu'une vieillesse affreuse, un hôpital et un fumier,[383] vous concluriez que je suis une des plus malheureuses créatures du monde. »

Paquette ouvrait ainsi son cœur au bon Candide, dans un cabinet, en présence de Martin, qui disait à Candide: « Vous voyez qui j'ai déjà gagné la moitié de la gageure. »

Frère Giroflée était resté dans la salle à manger, et buvait un coup en attendant le dîner. « Mais, dit Candide à Paquette, vous aviez l'air si gai, si content, quand je vous ai rencontrée; vous chantiez, vous caressiez le théatin avec une complaisance naturelle; vous m'avez paru aussi heureuse que vous prétendez être infortunée.

—Ah! monsieur, répondit Paquette, c'est encore là une des misères du métier. J'ai été hier volée et battue par un officier, et il faut aujourd'hui que je paraisse de bonne humeur pour plaire à un moine. »

Candide n'en voulut pas davantage; il avoua que Martin avait raison. On se mit à table avec Paquette et le théatin; le repas fut assez amusant, et sur la fin on se parla avec quelque confiance. « Mon père, dit Candide au moine, vous me paraissez jouir d'une destinée que tout le monde doit envier; la fleur de la santé brille sur votre visage, votre physionomie annonce le bonheur; vous avez une très jolie fille pour votre récréation, et vous paraissez très content de votre état de théatin.

J'ai été tenté cent fois de mettre le feu au couvent, et d'aller me faire Turc. Mes parents me forcèrent à l'âge de quinze ans d'endosser[384] cette détestable robe, pour laisser plus de fortune à un maudit frère aîné, que Dieu confonde. La jalousie, la discorde, la rage, habitent dans le couvent. Il est vrai que j'ai prêché quelques mauvais sermons qui m'ont valu un peu d'argent, dont le prieur me vole la moitié: le reste me sert à entretenir des filles; mais quand je rentre le soir dans le monastère, je suis prêt de me casser la tête contre les murs du dortoir;[385] et tous mes confrères sont dans le même cas. »

Martin se tournant vers Candide avec son sang-froid ordinaire: « Eh bien! lui dit-il, n'ai-je pas gagné la gageure tout entière? » Candide donna deux mille piastres à Paquette et mille piastres à frère Giroflée. « Je vous réponds, dit-il, qu'avec cela ils seront heureux.

—Je n'en crois rien du tout, dit Martin; vous les rendrez peut-être avec ces piastres beaucoup plus malheureux encore.

—Il en sera ce qui pourra, dit Candide; mais une chose me console, je vois qu'on retrouve souvent les gens qu'on ne croyait jamais retrouver; il se pourra bien faire qu'ayant rencontré mon mouton rouge et Paquette, je rencontre aussi Cunégonde.

—Je souhaite, dit Martin, qu'elle fasse un jour votre bonheur; mais c'est de quoi je doute fort.

380. *intentèrent*: instituted.
381. *élargit*: released.
382. *avanies*: affronts.

383. *fumier*: dunghill (*i.e.,* for burial place).
384. *endosser*: don.
385. *dortoir*: dormitory.

—Vous êtes bien dur, dit Candide.

—C'est que j'ai vécu, dit Martin.

—Mais regardez ces gondoliers, dit Candide; ne chantent-ils pas sans cesse?

—Vous ne les voyez pas dans leur ménage, avec leurs femmes et leurs marmots[386] d'enfants, dit Martin. Le doge[387] a ses chagrins, les gondoliers ont les leurs. Il est vrai qu'à tout prendre le sort d'un gondolier est préférable à celui d'un doge; mais je crois la différence si médiocre que cela ne vaut pas la peine d'être examiné.

—On parle, dit Candide, du sénateur Pococurante[388] qui demeure dans ce beau palais sur la Brenta, et qui reçoit assez bien les étrangers. On prétend que c'est un homme qui n'a jamais eu de chagrin.

—Je voudrais voir une espèce si rare, dit Martin. » Candide aussitôt fit demander au seigneur Pococurante la permission de venir le voir le lendemain.

XXV. VISITE CHEZ LE SEIGNEUR POCOCURANTE, NOBLE VÉNITIEN

Candide et Martin allèrent en gondole sur la Brenta et arrivèrent au palais du noble Pococurante. Les jardins étaient bien entendus,[389] et ornés de belles statues de marbre; le palais, d'une belle architecture. Le maître du logis, homme de soixante ans, fort riche, reçut très poliment les deux curieux, mais avec très peu d'empressement, ce qui déconcerta Candide et ne déplut point à Martin.

D'abord deux filles jolies et proprement mises servirent du chocolat, qu'elles firent très bien mousser.[390] Candide ne put s'empêcher de les louer sur leur beauté, sur leur bonne grâce et sur leur adresse. « Ce sont d'assez bonnes créatures, dit le sénateur Pococurante; je les fais quelquefois coucher dans mon lit, car je suis bien las des dames de la ville, de leurs coquetteries, de leurs jalousies, de leurs querelles, de leurs humeurs, de leurs petitesses, de leur orgueil, de leurs sottises, et des sonnets qu'il faut faire ou commander pour elles; mais après tout, ces deux filles commencent fort à m'ennuyer. »

Candide, après le déjeuner, se promenant dans une longue galerie, fut surpris de la beauté des tableaux. Il demanda de quel maître étaient les deux premiers. « Ils sont de Raphaël, dit le sénateur; je les achetai fort cher par vanité, il y a quelques années; on dit que c'est ce qu'il y a de plus beau en Italie, mais ils ne me plaisent point du tout; la couleur en est très rembrunie,[391] les figures ne sont pas assez arrondies, et ne sortent[392] point assez; les draperies ne ressemblent en rien à une étoffe. En un mot, quoi qu'on en dise, je ne trouve point là une imitation vraie de la nature elle-même. Je n'aimerai un tableau que quand je croirai voir la nature elle-même: il n'y en a point de cette espèce. J'ai beaucoup de tableaux, mais je ne les regarde plus. »

Pococurante, en attendant le dîner, se fit donner un concerto. Candide trouva la musique délicieuse. « Ce bruit, dit Pococurante, peut amuser une demi-heure; mais, s'il dure plus longtemps, il fatigue tout le monde, quoique personne n'ose l'avouer. La musique aujourd'hui n'est plus que l'art d'exécuter des choses difficiles, et ce qui n'est que difficile ne plaît point à la longue.[393]

« J'aimerais peut-être mieux l'opéra, si on n'avait pas trouvé le secret d'en faire un monstre qui me révolte. Ira voir qui voudra de mauvaises tragédies en musique, où les scènes ne sont faites que pour amener très mal à propos deux ou trois chansons ridicules qui font valoir le gosier[394] d'une actrice. Se pâmera de plaisir qui voudra, ou qui pourra, en voyant un

386. *marmots:* brats.
387. *doge:* ruler of Venice.
388. *Pococurante:* "Little-Caring" (*Italian*). (Despite striking resemblances between the character and opinions of Pococurante and those of Voltaire, this is not a self-portrait.)
389. *entendus:* arranged.
390. *mousser:* froth.
391. *rembrunie:* darkened.
392. *sortent:* stand out.
393. An attack on current French music of Rameau. But Voltaire had little taste or competence in music.
394. *gosier:* throat.

châtré[395] fredonner[396] le rôle de César et de Caton, et se promener d'un air gauche sur des planches; pour moi, il y a longtemps que j'ai renoncé à ces pauvretés, qui font aujourd'hui la gloire de l'Italie, et que des souverains payent si chèrement. » Candide disputa un peu, mais avec discrétion. Martin fut entièrement de l'avis du sénateur.

On se mit à table, et après un excellent dîner, on entra dans la bibliothèque. Candide en voyant un Homère magnifiquement relié,[397]loua l'illustrissime sur son bon goût. « Voilà, dit-il, un livre qui faisait les délices du grand Pangloss, le meilleur philosophe de l'Allemagne.

—Il ne fait pas les miennes, dit froidement Pococurante; on me fit accroire[398] autrefois que j'avais du plaisir en le lisant; mais cette répétition continuelle de combats qui se ressemblent tous, ces dieux qui agissent toujours pour ne rien faire de décisif, cette Hélène qui est le sujet de la guerre, et qui à peine est une actrice de la pièce; cette Troie qu'on assiège et qu'on ne prend point; tout cela me causait le plus mortel ennui. J'ai demandé quelquefois à des savants s'ils s'ennuyaient autant que moi à cette lecture. Tous les gens sincères m'ont avoué que le livre leur tombait des mains, mais qu'il fallait toujours l'avoir dans sa bibliothèque, comme un monument de l'antiquité, et comme ces médailles rouillées[399] qui ne peuvent être de commerce.[400]

—Votre Excellence ne pense pas ainsi de Virgile? dit Candide.

—Je conviens, dit Pococurante, que le second, le quatrième, et le sixième livre de son *Énéide* sont excellents; mais pour son pieux Énée, et le fort Cloanthe, et l'ami Achates, et le petit Ascanius, et l'imbécile roi Latinus, et la bourgeoise Amata, et l'insipide Lavinia, je ne crois pas qu'il y

ait rien de si froid et de plus désagréable. J'aime mieux le Tasse[401] et les contes à dormir debout de l'Arioste.[402]

—Oserais-je vous demander, monsieur, dit Candide, si vous n'avez pas un grand plaisir à lire Horace?

—Il y a des maximes, dit Pococurante, dont un homme du monde peut faire son profit, et qui, étant resserrées dans des vers énergiques, se gravent plus aisément dans la mémoire. Mais je me soucie fort peu de son voyage à Brindes,[403] et de sa description d'un mauvais dîner, et de la querelle de crocheteurs[404] entre je ne sais quel Pupilus, dont les paroles, dit-il, *étaient pleines de pus,* et un autre dont les paroles *étaient du vinaigre.* Je n'ai lu qu'avec un extrême dégoût ses vers grossiers contre des vieilles et contre des sorcières; et je ne vois pas quel mérite il peut y avoir à dire à son ami Mécénas que, s'il est mis par lui au rang des poètes lyriques, il frappera les astres de son front sublime. Les sots admirent tout dans un auteur estimé. Je ne lis que pour moi; je n'aime que ce qui est à mon usage. » Candide, qui avait été élevé à ne jamais juger de rien par lui-même, était fort étonné de ce qu'il entendait; et Martin trouvait la façon de penser de Pococurante assez raisonnable.

« Oh! voici un Cicéron, dit Candide; pour ce grand homme-là, je pense que vous ne vous lassez point de le lire?

—Je ne le lis jamais, répondit le Vénitien. Que m'importe qu'il ait plaidé pour Rabirius ou pour Cluentius? J'ai bien assez des[405] procès que je juge; je me serais mieux accommodé de ses œuvres philosophiques; mais quand j'ai vu qu'il doutait de tout, j'ai conclu que j'en savais autant que lui, et que je n'avais besoin de personne pour être ignorant.

395. *châtré:* castrated (singer). (These sang many of the roles in Italian opera. Voltaire took an active part in agitation against the practice.)
396. *fredonner:* hum, trill.
397. *relié:* bound.
398. *me fit accroire:* deluded me into believing.
399. *rouillées:* rusty.
400. *être de commerce:* i.e., be used as currency.
401. Torquato Tasso (1544–95), author of epic poems.
402. Ludovico Ariosto (1474–1533), author of the epic *Orlando Furioso.*
403. Brindisi, Italy.
404. *crocheteurs:* porters.
405. *des:* Be careful, this is not *de.*

—Ah, voilà quatre-vingts volumes de recueils d'une académie des sciences, s'écria Martin; il se peut qu'il y ait là du bon.

—Il y en aurait, dit Pococurante, si un seul des auteurs de ces fatras[406] avait inventé seulement l'art de faire des épingles; mais il n'y a dans tous ces livres que de vains systèmes et pas une seule chose utile.

—Que de pièces de théâtre je vois là! dit Candide, en italien, en espagnol, en français!

—Oui, dit le sénateur, il y en a trois mille, et pas trois douzaines de bonnes. Pour ces recueils de sermons, qui tous ensemble ne valent pas une page de Sénèque, et tous ces gros volumes de théologie, vous pensez bien que je ne les ouvre jamais, ni moi, ni personne. »

Martin aperçut des rayons[407] chargés de livres anglais. « Je crois, dit-il, qu'un républicain doit se plaire à la plupart de ces ouvrages écrits si librement.

—Oui, répondit Pococurante, il est beau d'écrire ce qu'on pense; c'est le privilège de l'homme. Dans toute notre Italic, on n'écrit que ce qu'on ne pense pas; ceux qui habitent la patrie des Césars et des Antonins n'osent pas avoir une idée sans la permission d'un jacobin.[408] Je serais content de la liberté qui inspire les génies anglais, si la passion et l'esprit de parti ne corrompaient pas tout ce que cette précieuse liberté a d'estimable. »

Candide, apercevant un Milton, lui demanda s'il ne regardait pas cet auteur comme un grand homme. « Qui? dit Pococurante, ce barbare qui fait un long commentaire du premier chapitre de la Genèse en dix livres de vers durs, ce grossier imitateur des Grecs, qui défigure la création, et qui, tandis que Moïse[409] représente l'Etre éternel produisant le monde par la parole, fait prendre un grand compas par le Messiah dans une armoire[410] du ciel pour tracer son ouvrage? Moi, j'estimerais celui

qui a gâté l'enfer et le diable du Tasse; qui déguise Lucifer tantôt en crapaud,[411] tantôt en pygmée; qui le fait rebattre[412] cent fois les mêmes discours; qui lui fait disputer sur la théologie; qui, en imitant sérieusement l'invention comique des armes à feu de l'Arioste, fait tirer le canon dans le ciel par les diables? Ni moi ni personne en Italie n'a pu se plaire à toutes ces tristes extravagances. Le mariage du péché et de la mort, et les couleuvres[413] dont le péché accouche, font vomir tout homme qui a le goût un peu délicat, et sa longue description d'un hôpital n'est bonne que pour un fossoyeur.[414] Ce poème obscur, bizarre et dégoûtant, fut méprisé à sa naissance; je le traite aujourd'hui comme il fut traité dans sa patrie par les contemporains. Au reste, je dis ce que je pense, et je me soucie fort peu que les autres pensent comme moi. » Candide était affligé de ces discours; il respectait Homère, il aimait un peu Milton. « Hélas! dit-il tous bas à Martin, j'ai bien peur que cet homme-ci n'ait un souverain mépris pour nos poètes allemands.

—Il n'y aurait pas grand mal à cela, dit Martin.

—Oh! quel homme supérieur! disait encore Candide entre ses dents, quel grand génie que ce Pococurante! rien ne peut lui plaire. »

Après avoir fait ainsi la revue de tous les livres, ils descendirent dans le jardin. Candide en loua toutes les beautés. « Je ne sais rien de si mauvais goût, dit le maître; nous n'avons ici que des colifichets;[415] mais je vais dès demain en faire planter un d'un dessin plus noble. »

Quand les deux curieux eurent pris congé de Son Excellence: « Or ça, dit Candide à Martin, vous conviendrez que voilà le plus heureux de tous les hommes, car il est au-dessus de tout ce qu'il possède.

—Ne voyez-vous pas, dit Martin, qu'il est dégoûté de tout ce qu'il possède? Platon

406. *fatras:* rubbish.
407. *rayons:* shelves.
408. *jacobin:* Dominican monk (censor).
409. *Moïse:* Moses.
410. *armoire:* cupboard.

411. *crapaud:* toad.
412. *rebattre:* rehash.
413. *couleuvres:* adders.
414. *fossoyeur:* gravedigger.
415. *colifichets:* trifles.

a dit,[416] il y a longtemps, que les meilleurs estomacs ne sont pas ceux qui rebutent tous les aliments.

—Mais, dit Candide, n'y a-t-il pas du plaisir à tout critiquer, à sentir des défauts où les autres hommes croient voir des beautés?

—C'est-à-dire, reprit Martin, qu'il y a du plaisir à n'avoir pas de plaisir?

—Oh bien! dit Candide, il n'y a donc d'heureux que moi, quand je reverrai mademoiselle Cunégonde.

—C'est toujours bien fait d'espérer, » dit Martin.

Cependant les jours, les semaines s'écoulaient; Cacambo ne revenait point, et Candide était si abîmé dans sa douleur, qu'il ne fit pas même réflexion que Paquette et frère Giroflée n'étaient pas venus seulement le remercier.

XXVI. D'UN SOUPER QUE CANDIDE ET MARTIN FIRENT AVEC SIX ÉTRANGERS, ET QUI ILS ÉTAIENT

Un soir que Candide, suivi de Martin, allait se mettre à table avec les étrangers qui logeaient dans la même hôtellerie, un homme à visage couleur de suie[417] l'aborda par derrière, et, le prenant par le bras, lui dit: « Soyez prêt à partir avec nous, n'y manquez pas. » Il se retourne, et voit Cacambo. Il n'y avait que la vue de Cunégonde qui pût l'étonner et lui plaire davantage. Il fut sur le point de devenir fou de joie. Il embrasse son cher ami. « Cunégonde est ici, sans doute? Où est-elle? Mène-moi vers elle, que je meure de joie avec elle.

—Cunégonde n'est point ici, dit Cacambo, elle est à Constantinople.

—Ah ciel! à Constantinople! mais, fût-elle à la Chine, j'y vole, partons.

—Nous partirons après souper, reprit Cacambo; je ne peux vous en dire davantage; je suis esclave, mon maître m'attend; il faut que j'aille le servir à table; ne dites mot; soupez et tenez-vous prêt. »

Candide, partagé entre la joie et la douleur, charmé d'avoir revu son agent fidèle, étonné de le voir esclave, plein de l'idée de retrouver sa maîtresse, le cœur agité, l'esprit bouleversé, se mit à table avec Martin, qui voyait de sang-froid toutes ces aventures, et avec six étrangers qui étaient venus passer le carnaval à Venise.

Cacambo, qui versait à boire à l'un de ces six étrangers, s'approcha de l'oreille de son maître, sur la fin du repas, et lui dit: « Sire, Votre Majesté partira quand elle voudra, le vaisseau est prêt. » Ayant dit ces mots, il sortit. Les convives, étonnés, se regardaient sans proférer une seule parole, lorsqu'un autre domestique, s'approchant de son maître, lui dit: « Sire, la chaise de Votre Majesté est à Padoue,[418] et la barque est prête. » Le maître fit un signe, et le domestique partit. Tous les convives se regardèrent encore, et la surprise commune redoubla. Un troisième valet, s'approchant aussi d'un troisième étranger, lui dit: « Sire, croyez-moi, Votre Majesté ne doit pas rester ici plus longtemps: je vais tout préparer; » et aussitôt il disparut.

Candide et Martin ne doutèrent pas alors que ce ne fût une mascarade du carnaval. Un quatrième domestique dit au quatrième maître: « Votre Majesté partira quand elle voudra, » et sortit comme les autres. Le cinquième valet en dit autant au cinquième maître. Mais le sixième valet parla différemment au sixième étranger qui était auprès de Candide; il lui dit: « Ma foi, Sire, on ne veut plus faire crédit à Votre Majesté, ni à moi non plus; et nous pourrions bien être coffrés[419] cette nuit, vous et moi; je vais pourvoir à mes affaires; adieu. »

Tous les domestiques ayant disparu, les six étrangers, Candide et Martin, demeurèrent dans un profond silence. Enfin Candide le rompit. « Messieurs, dit-il, voilà une singulière plaisanterie. Pourquoi êtes-vous tous rois? Pour moi, je vous avoue que ni moi ni Martin nous ne le sommes. »

Le maître de Cacambo prit alors gravement la parole, et dit en italien: « Je ne

416. *Platon a dit:* In fact, it was Seneca.
417. *suie:* soot.
418. Padua, on mainland near Venice.
419. *coffrés:* jailed.

suis point plaisant,[420] je m'appelle Achmet III.[421] J'ai été grand-sultan plusieurs années; je détrônai mon frère; mon neveu m'a détrôné; on a coupé le cou à mes visirs;[422] j'achève ma vie dans le vieux sérail; mon neveu le grand-sultan Mahmoud me permet de voyager quelquefois pour ma santé, et je suis venu passer le carnaval à Venise. »

Un jeune homme qui était auprès d'Achmet parla après lui, et dit: « Je m'appelle Ivan;[423] j'ai été empereur de toutes les Russies; j'ai été détrôné au berceau;[424] mon père et ma mère ont été enfermés; on m'a élevé en prison; j'ai quelquefois la permission de voyager, accompagné de ceux qui me gardent, et je suis venu passer le carnaval à Venise. »

Le troisième dit: « Je suis Charles-Édouard, roi d'Angleterre;[425] mon père m'a cédé ses droits au royaume; j'ai combattu pour les soutenir; on a arraché le cœur à huit cents de mes partisans, et on leur en a battu les joues. J'ai été mis en prison; je vais à Rome faire une visite au roi mon père, détrôné, ainsi que moi et mon grand-père, et je suis venu passer le carnaval à Venise. »

Le quatrième prit alors la parole, et dit: « Je suis roi des Polaques;[426] le sort de la guerre m'a privé de mes états héréditaires; mon père a éprouvé les mêmes revers; je me résigne à la Providence comme le sultan Achmet, l'empereur Ivan et le roi Charles-Édouard, à qui Dieu donne une longue vie; et je suis venu passer le carnaval à Venise. »

Le cinquième dit: « Je suis aussi roi des Polaques;[427] j'ai perdu mon royaume deux fois; mais la Providence m'a donné un autre état, dans lequel j'ai fait plus de bien que tous les rois des Sarmates[428] ensemble n'en ont jamais pu faire sur les bords de la Vistule;[429] je me résigne aussi à la Providence; et je suis venu passer le carnaval à Venise. »

Il restait au sixième monarque à parler. « Messieurs, dit-il, je ne suis pas si grand seigneur que vous; mais enfin j'ai été roi tout comme un autre. Je suis Théodore;[430] on m'a élu roi en Corse;[431] on m'a appelé *Votre Majesté*, et à présent à peine m'appelle-t-on *Monsieur*. J'ai fait frapper de la monnaie, et je ne possède pas un denier; j'ai eu deux secrétaires d'État, et j'ai à peine un valet; je me suis vu sur un trône, et j'ai longtemps été à Londres en prison, sur la paille. J'ai bien peur d'être traité de même ici, quoique je sois venu comme Vos Majestés passer le carnaval à Venise. »

Les cinq autres rois écoutèrent ce discours avec une noble compassion. Chacun d'eux donna vingt sequins au roi Théodore pour avoir des habits et des chemises; Candide lui fit présent d'un diamant de deux mille sequins. « Quel est donc, disaient les cinq rois, cet homme qui est en état de donner cent fois autant que chacun de nous, et qui le donne? Êtes-vous roi aussi, monsieur?

—Non, messieurs, et n'en ai nulle envie. »

Dans l'instant qu'on sortait de table, il arriva dans la même hôtellerie quatre

420. *plaisant:* joking.
421. *Achmet III:* Sultan of Turkey until deposed by janizaries in 1730. He died before supposed date of Candide's adventures.
422. *visirs:* viziers, councilors.
423. Ivan VI (1740–64) of Russia. Proclaimed Emperor at the age of ten weeks, he reigned for a year. He was dethroned by a rival party and kept chained in a prison cell until, on the approach of a rescuing party, he was slain by his jailers. Obviously he was not permitted to spend the carnival in Venice.
424. *berceau:* cradle.
425. Charles Edward (1720–88), the "Young Pretender," grandson of James II, and the last serious Stuart claimant to the English throne. His invasion of Scotland was checked at Culloden in 1746.
426. *roi des Polaques:* Augustus III (1696–1763), who, though titled King of Poland from 1733 till his death, was only nominal ruler.
427. *roi des Polaques:* Stanislas I (1677–1766), father-in-law of Louis XV of France, who was driven from his country by Russians in 1735. He was granted the dukedom of Lorraine, and ruled in his enlightened "Court of Nancy." Voltaire had received many favors from him.
428. *Sarmates:* Russians.
429. *Vistule:* river of Poland.
430. *Théodore:* Baron von Neuhof, a German adventurer, who induced Corsicans to proclaim him King, and who led a series of revolts against Genoese from 1736 to 1743. He died in London in 1756.
431. *Corse:* Corsica.

altesses sérénissimes qui avaient aussi perdu leurs états par le sort de la guerre, et qui venaient passer le reste du carnaval à Venise. Mais Candide ne prit pas seulement garde à ces nouveaux venus. Il n'était occupé que d'aller trouver sa chère Cunégonde à Constantinople.

XXVII. VOYAGE DE CANDIDE A CONSTANTINOPLE

Le fidèle Cacambo avait déjà obtenu du patron turc qui allait reconduire le sultan Achmet à Constantinople qu'il recevrait Candide et Martin sur son bord.[432] L'un et l'autre s'y rendirent après s'être prosternés devant Sa misérable Hautesse. Candide, chemin faisant, disait à Martin: « Voilà pourtant six rois détrônés, avec qui nous avons soupé, et encore dans ces six rois il y en a un à qui j'ai fait l'aumône. Peut-être y a-t-il beaucoup d'autres princes plus infortunés. Pour moi, je n'ai perdu que cent moutons, et je vole dans les bras de Cunégonde. Mon cher Martin, encore une fois, Pangloss avait raison: Tout est bien.

—Je le souhaite, dit Martin.

—Mais, dit Candide, voilà une aventure bien peu vraisemblable que nous avons eue à Venise. On n'avait jamais vu ni ouï conter que six rois détrônés soupassent ensemble au cabaret.

—Cela n'est pas plus extraordinaire, dit Martin, que la plupart des choses qui nous sont arrivées. Il est très commun que des rois soient détrônés; et à l'égard de l'honneur que nous avons eu de souper avec eux, c'est une chose qui ne mérite pas notre attention. Qu'importe avec qui l'on soupe, pourvu qu'on fasse bonne chère? »

A peine Candide fut-il dans le vaisseau, qu'il sauta au cou de son ancien valet, de son ami Cacambo. « Eh bien, lui dit-il, que fait Cunégonde? est-elle toujours un prodige de beauté? M'aime-t-elle toujours? Comment se porte-t-elle? Tu lui as sans doute acheté un palais à Constantinople?

—Mon cher maître, répondit Cacambo, Cunégonde lave les écuelles[433] sur le bord de la Propontide,[434] chez un prince qui a très peu d'écuelles; elle est esclave dans la maison d'un ancien souverain nommé Ragotski,[435] à qui le Grand-Turc donne trois écus par jour dans son asile; mais ce qui est bien plus triste, c'est qu'elle a perdu sa beauté, et qu'elle est devenue horriblement laide.

—Ah! belle ou laide, dit Candide, je suis honnête homme, et mon devoir est de l'aimer toujours. Mais comment peut-elle être réduite à un état si abject avec les cinq ou six millions que tu avais apportés?

—Bon, dit Cacambo, ne m'en a-t-il pas fallu donner deux millions au señor Don Fernando d'Ibaraa, y Figueora, y Mascarenes, y Lampourdos, y Souza, gouverneur de Buenos-Aires, pour avoir la permission de reprendre mademoiselle Cunégonde? Et un pirate ne nous a-t-il pas bravement dépouillé de tout le reste? Ce pirate ne nous a-t-il pas menés au cap de Matapan, à Milo, à Nicarie, à Samos, à Petra, aux Dardanelles, à Marmora, à Scutari? Cunégonde et la vieille servent chez ce prince dont je vous ai parlé, et moi je suis esclave du sultan détrôné.

—Que d'épouvantables calamités enchaînées les unes aux autres! dit Candide. Mais, après tout, j'ai encore quelques diamants; je délivrerai aisément Cunégonde. C'est bien dommage qu'elle soit devenue si laide. »

Ensuite, se tournant vers Martin: « Que pensez-vous, dit-il, qui soit le plus à plaindre, de l'empereur Achmet, de l'empereur Ivan, du roi Charles-Édouard, ou de moi?

—Je n'en sais rien, dit Martin; il faudrait que je fusse dans vos cœurs pour le savoir.

—Ah! dit Candide, si Pangloss était ici il le saurait et nous l'apprendrait.

—Je ne sais, dit Martin, avec quelles balances votre Pangloss aurait pu peser

432. *sur son bord:* aboard his ship.
433. *écuelles:* dishes.
434. *Propontide:* Sea of Marmora, on which Constantinople (Istanbul) is situated.

435. Francis Rakóczy, Prince of Transylvania (1676–1735), leader of a well-nigh successful revolt of Hungary against Austria (1703–08). Banished, he retired to Constantinople in 1717.

les infortunes des hommes et apprécier leurs douleurs. Tout ce que je présume, c'est qu'il y a des millions d'hommes sur la terre cent fois plus à plaindre que le roi Charles-Édouard, l'empereur Ivan et le sultan Achmet.

—Cela pourrait bien être, » dit Candide.

On arriva en peu de jours sur le canal[436] de la mer Noire. Candide commença par racheter Cacambo fort cher, et sans perdre de temps il se jeta dans une galère, avec ses compagnons, pour aller sur le rivage de la Propontide chercher Cunégonde, quelque laide qu'elle pût être.

Il y avait dans la chiourme[437] deux forçats[438] qui ramaient[439] fort mal, et à qui le lévanti patron[440] appliquait de temps en temps quelques coups de nerf de bœuf[441] sur leurs épaules nues; Candide, par un mouvement naturel, les regarda plus attentivement que les autres galériens, et s'approcha d'eux avec pitié. Quelques traits de leurs visages défigurés lui parurent avoir un peu de ressemblance avec Pangloss et avec ce malheureux Jésuite, ce baron, ce frère de mademoiselle Cunégonde. Cette idée l'émut et l'attrista. Il les considéra encore plus attentivement. « En vérité, dit-il à Cacambo, si je n'avais pas vu pendre maître Pangloss, et si je n'avais pas eu le malheur de tuer le baron, je croirais que ce sont eux qui rament dans cette galère. »

Au nom du baron et de Pangloss les deux forçats poussèrent un grand cri, s'arrêtèrent sur leur banc, et laissèrent tomber leurs rames. Le lévanti patron accourait sur eux, et les coups de nerf de bœuf redoublaient. « Arrêtez, arrêtez, seigneur, s'écria Candide, je vous donnerai tant d'argent que vous voudrez.

—Quoi! c'est Candide! disait l'un des forçats.

—Quoi! c'est Candide! disait l'autre.

—Est-ce un songe? dit Candide; veillé-je?[442] suis-je dans cette galère? Est-ce là

monsieur le baron que j'ai tué? Est-ce là maître Pangloss que j'ai vu pendre?

—C'est nous-mêmes, c'est nous-mêmes, répondaient-ils.

—Quoi! c'est là ce grand philosophe? disait Martin.

—Eh! monsieur le lévanti patron, dit Candide, combien voulez-vous d'argent pour la rançon de monsieur de Thunder-ten-tronckh, un des premiers barons de l'empire, et de monsieur Pangloss, le plus profond méta-physicien d'Allemagne?

—Chien de chrétien, répondit le lévanti patron, puisque ces deux chiens de forçats chrétiens sont des barons et des métaphysiciens, ce qui est sans doute une grande dignité dans leur pays, tu m'en donneras cinquante mille sequins.

—Vous les aurez, monsieur; ramenez-moi comme un éclair à Constantinople, et vous serez payé sur-le-champ. Mais non, menez-moi chez mademoiselle Cunégonde. Le lévanti patron, sur la première offre de Candide, avait déjà tourné la proue vers la ville, et il faisait ramer plus vite qu'un oiseau ne fend les airs.

Candide embrassa cent fois le baron et Pangloss. « Et comment ne vous ai-je pas tué, mon cher baron? et mon cher Pangloss, comment êtes-vous en vie après avoir été pendu? et pourquoi êtes-vous tous deux aux galères en Turquie?

—Est-il bien vrai que ma chère sœur soit dans ce pays? disait le baron.

—Oui, répondait Cacambo.

—Je revois donc mon cher Candide, » s'écriait Pangloss. Candide leur présentait Martin et Cacambo. Ils s'embrassaient tous, ils parlaient tous à la fois. La galère volait, ils étaient déjà dans le port. On fit venir un Juif, à qui Candide vendit pour cinquante mille sequins un diamant de la valeur de cent mille, et qui lui jura par Abraham qu'il n'en pouvait donner davantage. Il paya incontinent la rançon du baron et de Pangloss. Celui-ci se jeta aux pieds de son

436. *canal:* channel.
437. *chiourme:* slave gang.
438. *forçats:* convicts.
439. *ramaient:* were rowing.

440. *lévanti patron:* Turkish galley captain.
441. *nerf de bœuf:* bull whip.
442. *veillé-je = est-ce que je veille?* am I awake?

libérateur, et les baigna de larmes; l'autre le remercia par un signe de tête, et lui promit de lui rendre cet argent à la première occasion. « Mais est-il bien possible qua ma sœur soit en Turquie? disait-il.

—Rien n'est si possible, reprit Cacambo, puisqu'elle écure la vaisselle[443] chez un prince de Transylvanie. » On fit aussitôt venir deux Juifs; Candide vendit encore des diamants; et ils repartirent tous dans une autre galère pour aller délivrer Cunégonde.

XXVIII. CE QUI ARRIVA A CANDIDE, A CUNÉGONDE, A PANGLOSS, A MARTIN, ETC.

« Pardon, encore une fois, dit Candide au baron; pardon, mon révérend père, de vous avoir donné un grand coup d'épée au travers du corps.

—N'en parlons plus, dit le baron; je fus un peu trop vif, je l'avoue; mais puisque vous voulez savoir par quel hasard vous m'avez vu aux galères, je vous dirai qu'après avoir été guéri de ma blessure par le frère apothicaire du collège, je fus attaqué et enlevé par un parti espagnol: on me mit en prison à Buenos-Aires dans le temps que ma sœur venait d'en partir. Je demandai à retourner à Rome auprès du père général. Je fus nommé pour aller servir d'aumônier à Constantinople auprès de monsieur l'ambassadeur de France. Il n'y avait pas huit jours que j'étais entré en fonction, quand je trouvai sur le soir un jeune icoglan[444] très bien fait. Il faisait fort chaud: le jeune homme voulut se baigner; je pris cette occasion de me baigner aussi. Je ne savais pas que ce fût un crime capital pour un chrétien d'être trouvé tout nu avec un jeune musulman. Un cadi[445] me fit donner cent coups de bâton sous la plante des pieds et me condamna aux galères. Je ne crois pas qu'on ait fait une plus horrible injustice. Mais je voudrais bien savoir pourquoi ma sœur est dans la cuisine d'un souverain de Transylvanie réfugié chez les Turcs.

—Mais vous, mon cher Pangloss, dit Candide, comment se peut-il que je vous revoie?

—Il est vrai, dit Pangloss, que vous m'avez vu pendre; je devais naturellement être brûlé; mais vous vous souvenez qu'il plut à verse lorsqu'on allait me cuire: l'orage fut si violent qu'on désespéra d'allumer le feu; je fus pendu, parce qu'on ne put mieux faire: un chirurgien acheta mon corps, m'emporta chez lui, et me disséqua. Il me fit d'abord une incision cruciale depuis le nombril jusqu'à la clavicule.[446] On ne pouvait pas avoir été plus mal pendu que je l'avais été. L'exécuteur des hautes œuvres[447] de la sainte Inquisition, lequel était sousdiacre,[448] brûlait à la vérité les gens à merveille, mais il n'était pas accoutumé à pendre: la corde était mouillée et glissa mal, elle fut mal nouée;[449] enfin je respirais encore: l'incision cruciale me fit jeter un si grand cri que mon chirurgien tomba à la renverse, et, croyant qu'il disséquait le diable, il s'enfuit en mourant de peur, et tomba encore sur l'escalier en fuyant. Sa femme accourut au bruit, d'un cabinet voisin; elle me vit sur la table étendu avec mon incision cruciale: elle eut encore plus de peur que son mari, s'enfuit et tomba sur lui. Quand ils furent un peu revenus à eux, j'entendis la chirurgienne qui disait au chirurgien: « Mon bon, de quoi vous avisezvous aussi de disséquer un hérétique? Ne savez-vous pas que le diable est toujours dans le corps de ces gens-là? Je vais vite chercher un prêtre pour l'exorciser. » Je frémis à ce propos, et je ramassai le peu de forces qui me restaient, pour crier: « Ayez pitié de moi! » Enfin le barbier portugais s'enhardit; il recousut ma peau; sa femme même eut soin de moi; je fus sur pied au bout de quinze jours. Le barbier me trouva une condition,[450] et me fit laquais d'un chevalier de Malte qui allait à Venise; mais mon maître n'ayant pas de quoi me payer, je

443. *écure la vaisselle:* scours the dishes.
444. *icoglan:* page of the Sultan.
445. *cadi:* judge.
446. *incision...clavicule:* cross-shaped incision from the navel to the collarbone.

447. *exécuteur des hautes œuvres:* executioner.
448. *sousdiacre:* subdeacon.
449. *nouée:* knotted.
450. *condition:* job.

me mis au service d'un marchand vénitien, et je le suivis à Constantinople.

« Un jour il me prit fantaisie d'entrer dans une mosquée; il n'y avait qu'un vieux iman,[451] et une jeune dévote très jolie qui disait ses patenôtres;[452] sa gorge était toute découverte: elle avait entre ses deux tétons[453] un beau bouquet de tulipes, de roses, d'anémones, de renoncules,[454] d'hyacinthes et d'oreilles-d'ours;[455] elle laissa tomber son bouquet; je le ramassai, et je le lui remis avec un empressement très respectueux. Je fus si longtemps à le lui remettre que l'iman se mit en colère, et voyant que j'étais chrétien, il cria à l'aide. On me mena chez le cadi, qui me fit donner cent coups de lattes[456] sur la plante des pieds et m'envoya aux galères. Je fus enchaîné précisément dans la même galère et au même banc que monsieur le baron. Il y avait dans cette galère quart jeunes gens de Marseille, cinq prêtres napolitains, et deux moines de Corfou, qui nous dirent que de pareilles aventures arrivaient tous les jours. Monsieur le baron prétendait qu'il avait essuyé une plus grande injustice que moi; je prétendais, moi, qu'il était beaucoup plus permis de remettre un bouquet sur la gorge d'une femme, que d'être tout nu avec un icoglan. Nous disputions sans cesse, et nous recevions vingt coups de nerf de bœuf par jour, lorsque l'enchaînement des événements de cet univers vous a conduit dans notre galère, et que vous nous avez rachetés.

—Eh bien, mon cher Pangloss, lui dit Candide, quand vous avez été pendu, disséqué, roué de coups, et que vous avez ramé aux galères, avez-vous toujours pensé que tout allait le mieux du monde?

—Je suis toujours de mon premier sentiment, répondit Pangloss, car enfin je suis philosophe: il ne me convient pas de me dédire, Leibnitz ne pouvant pas avoir tort,

et l'harmonie préétablie étant d'ailleurs la plus belle chose du monde, aussi bien que le plein et la matière subtile.[457] »

XXIX. COMMENT CANDIDE RETROUVA CUNÉGONDE ET LA VIEILLE

Pendant que Candide, le baron, Pangloss, Martin et Cacambo contaient leurs aventures, qu'ils raisonnaient sur les événements contingents ou non contingents[458] de cet univers, qu'ils disputaient sur les effets et les causes, sur le mal moral et sur le mal physique, sur la liberté et la nécessité, sur les consolations que l'on peut éprouver lorsqu'on est aux galères en Turquie, ils abordèrent sur le rivage de la Propontide à la maison du prince de Transylvanie. Les premiers objets qui se présentèrent furent Cunégonde et la vieille, qui étendaient des serviettes sur des ficelles pour les faire sécher.

Le baron pâlit à cette vue. Le tendre amant Candide, en voyant sa belle Cunégonde rembrunie, les yeux éraillés,[459] la gorge sèche, les joues ridées, les bras rouges et écaillés,[460] recula trois pas, saisi d'horreur, et avança ensuite par bon procédé.[461] Elle embrassa Candide et son frère; on embrassa la vieille; Candide les racheta toutes deux.

Il y avait une petite métairie[462] dans le voisinage; la vieille proposa à Candide de s'en accommoder, en attendant que toute la troupe eût une meilleure destinée. Cunégonde ne savait pas qu'elle était enlaidie, personne ne l'en avait avertie: elle fit souvenir Candide de ses promesses avec un ton si absolu que le bon Candide n'osa pas la refuser. Il signifia donc au baron qu'il allait se marier avec sa sœur. « Je ne souffrirai jamais, dit le baron, une telle bassesse de sa part et une telle insolence de la vôtre; cette infamie ne me sera jamais reprochée: les enfants de ma sœur ne pourraient entrer

451. *iman:* cleric.
452. *patenôtres:* prayers.
453. *tétons:* breasts.
454. *renoncules:* buttercups.
455. *oreilles-d'ours:* yellow primroses.
456. *lattes:* laths, flat sticks.
457. *le plein...subtile:* terminology of Descartes', as

well as Leibnitz's, physics.
458. *contingents ou non contingents:* fortuitous or nonfortuitous.
459. *éraillés:* bloodshot.
460. *écaillés:* scaly, rough.
461. *bon procédé:* courtesy.
462. *métairie:* farm.

dans les chapitres[463] d'Allemagne. Non, jamais ma sœur n'épousera qu'un baron de l'empire. » Cunégonde se jeta à ses pieds et les baigna de larmes; il fut inflexible. « Maître fou, lui dit Candide, je t'ai réchappé des galères, j'ai payé ta rançon j'ai payé celle de ta sœur; elle lavait ici des écuelles, elle est laide, j'ai la bonté d'en faire ma femme, et tu prétends encore t'y opposer; je te retuerais si j'en croyais ma colère.

—Tu peux me tuer encore, dit le baron, mais tu n'épouseras pas ma sœur de mon vivant. »

XXX. CONCLUSION

Candide, dans le fond de son cœur, n'avait aucune envie d'épouser Cunégonde. Mais l'impertinence extrême du baron le déterminait à conclure le mariage, et Cunégonde le pressait si vivement qu'il ne pouvait s'en dédire. Il consulta Pangloss, Martin et le fidèle Cacambo. Pangloss fit un beau mémoire[464] par lequel il prouvait que le baron n'avait nul droit sur sa sœur, et qu'elle pouvait, selon toutes les lois de l'empire, épouser Candide de la main gauche.[465] Martin, conclut à jeter le baron dans la mer; Cacambo décida qu'il fallait le rendre au lévanti patron et le remettre aux galères, après quoi on l'enverrait à Rome au père général par le premier vaisseau. L'avis fut trouvé fort bon; la vieille l'approuva; on n'en dit rien à sa sœur; la chose fut exécutée pour quelque argent, et on eut le plaisir d'attraper un Jésuite et de punir l'orgueil d'un baron allemand.

Il était tout naturel d'imaginer qu'après tant de désastres, Candide, marié avec sa maîtresse et vivant avec le philosophe Pangloss, le philosophe Martin, le prudent Cacambo et la vieille, ayant d'ailleurs rapporté tant de diamants de la patrie des anciens Incas, mènerait la vie du monde la plus agréable; mais il fut tant friponné par les Juifs[466] qu'il ne lui resta plus rien que sa petite métairie; sa femme, devenant tous les jours plus laide, devint acariâtre et insupportable; la vieille était infirme et fut encore de plus mauvaise humeur que Cunégonde. Cacambo, qui travaillait au jardin, et qui allait vendre des légumes à Constantinople, était excédé[467] de travail et maudissait sa destinée. Pangloss était au désespoir de ne pas briller dans quelque université d'Allemagne. Pour Martin, il était fermement persuadé qu'on est également mal partout; il prenait les choses en patience. Candide, Martin et Pangloss disputaient quelquefois de métaphysique et de morale. On voyait souvent passer sous les fenêtres de la métairie des bateaux chargés d'effendis, de bachas, de cadis,[468] qu'on envoyait en exil à Lemnos, à Mytilène, à Erzerum. On voyait venir d'autres cadis, d'autres bachas, d'autres effendis, qui prenaient la place des expulsés et qui étaient expulsés à leur tour. On voyait des têtes proprement empaillées[469] qu'on allait présenter à la sublime Porte.[470] Ces spectacles faisaient redoubler les dissertations; et quand on ne disputait pas, l'ennui était si excessif que la vieille osa un jour leur dire: « Je voudrais savoir lequel est le pire, ou d'être violée cent fois par des pirates nègres, d'avoir une fesse coupée, de passer par les baguettes chez les Bulgares, d'être fouetté et pendu dans un auto-da-fé, d'être disséqué, de ramer en galère, d'éprouver enfin toutes les misères par lesquelles nous avons tous passé, ou bien de rester ici à ne rien faire?

463. *chapitres:* knightly assemblies.
464. *mémoire:* dissertation. (Note the gender.)
465. *de la main gauche:* morganatically. (Marriage of a noble and a commoner, not permitting the descent of the title, was performed by the joining of left hands.)
466. *friponné par les Juifs:* cheated by the Jews. Voltaire was resentful for having twice suffered from Jewish bankers. Because moneylending for profit was a sin (usury) for Christians, the profession of moneylender was reserved for Jews (who were greatly discriminated against in their efforts to hold other professions). Much of the anti-semitism in Europe was stoked by the frequently unreasonable resentment of debtors toward their creditors.
467. *excédé:* worn out.
468. *effendis, bachas cadis:* lords, governors, judges.
469. *empaillées:* stuffed.
470. *sublime Porte:* Sultan of Turkey.

—C'est une grande question, » dit Candide.

Ce discours fit naître de nouvelles réflexions, et Martin surtout conclut que l'homme était né pour vivre dans les convulsions de l'inquiétude, ou dans la léthargie de l'ennui. Candide n'en convenait pas, mais il n'assurait rien. Pangloss avouait qu'il avait toujours horriblement souffert; mais ayant soutenu une fois que tout allait à merveille, il le soutenait toujours, et n'en croyait rien.

Une chose acheva de confirmer Martin dans ses détestables principes, de faire hésiter plus que jamais Candide, et d'embarrasser Pangloss. C'est qu'ils virent un jour aborder dans leur métairie Paquette et le frère Giroflée, qui étaient dans la plus extrême misère; ils avaient bien vite mangé leurs trois mille piastres, s'étaient quittés, s'étaient raccommodés, s'étaient brouillés,[471] avaient été mis en prison, s'étaient enfuis, et enfin frère Giroflée s'était fait. Turc. Paquette continuait son métier partout, et n'y gagnait plus rien. « Je l'avais bien prévu, dit Martin à Candide, que vos présents seraient bientôt dissipés et ne les rendraient que plus misérables. Vous avez regorgé[472] de millions de piastres, vous et Cacambo, et vous n'êtes pas plus heureux que frère Giroflée et Paquette.

—Ah, ah, dit Pangloss à Paquette, le ciel vous ramène donc ici parmi nous, ma pauvre enfant! Savez-vous bien que vous m'avez coûté le bout du nez, un œil et une oreille? Comme vous voilà faite![473] eh! qu'est-ce que ce monde! » Cette nouvelle aventure les engagea à philosopher plus que jamais.

Il y avait dans le voisinage un derviche[474] très fameux, qui passait pour le meilleur philosophe de la Turquie; ils allèrent le consulter; Pangloss porta la parole, et lui dit: « Maître, nous venons vous prier de nous dire pourquoi un aussi étrange animal que l'homme a été formé.

—De quoi te mêles-tu?[475] dit le derviche, est-ce là ton affaire?

—Mais, mon révérend père, dit Candide, il y a horriblement de mal sur la terre.

—Qu'importe, dit le derviche, qu'il y ait du mal ou du bien? Quand Sa Hautesse envoie un vaisseau en Égypte, s'embarrasse-t-elle si les souris qui sont dans le vaisseau sont à leur aise ou non?

—Que faut-il donc faire? dit Pangloss.

—Te taire, dit le derviche.

—Je me flattais, dit Pangloss, de raisonner un peu avec vous des effets et des causes, du meilleur des mondes possibles, de l'origine du mal, de la nature de l'âme et de l'harmonie préétablie. » Le derviche, à ces mots, leur ferma la porte au nez.

Pendant cette conversation, la nouvelle s'était répandue qu'on venait d'étrangler à Constantinople deux visirs du banc[476] et le muphti,[477] et qu'on avait empalé[478] plusieurs de leurs amis. Cette catastrophe faisait partout un grand bruit pendant quelques heures. Pangloss, Candide et Martin, en retournant à la petite métairie, rencontrèrent un bon vieillard qui prenait le frais à sa porte sous un berceau[479] d'orangers. Pangloss, qui était aussi curieux que raisonneur, lui demanda comment se nommait le muphti qu'on venait d'étrangler. « Je n'en sais rien, répondit le bonhomme, et je n'ai jamais su le nom d'aucun muphti ni d'aucun visir. J'ignore absolument l'aventure dont vous me parlez; je présume qu'en général ceux qui se mêlent des affaires publiques périssent quelquefois misérablement, et qu'ils le méritent; mais je ne m'informe jamais de ce qu'on fait à Constantinople; je me contente d'y envoyer vendre les fruits du jardin que je cultive. » Ayant dit ces mots, il fit entrer les étrangers dans sa maison; ses

471. *brouillés:* quarreled.
472. *regorgé:* wallowed in.
473. *Comme vous voilà faite!* How (badly) you look!
474. *derviche:* dervish, holy man.
475. *De quoi te mêles-tu?* What business is it of yours?
476. *visirs du banc:* viziers of the divan; (*i.e.,* of the Sultan's private council).
477. *muphti:* head of Mohammedan religion.
478. *empalé:* impaled.
479. *berceau:* arbor.

deux filles et ses deux fils leur présentèrent plusieurs sortes de sorbets[480] qu'ils faisaient eux-mêmes, du kaïmak piqué d'écorces de cédrat confit,[481] des oranges, des citrons, des limons, des ananas,[482] des dattes, des pistaches, du café de Moka qui n'était point mêlé avec le mauvais café de Batavia et des îles.[483] Après quoi les deux filles de ce bon musulman parfumèrent les barbes de Candide, de Pangloss et de Martin.

« Vous devez avoir, dit Candide au Turc, une vaste et magnifique terre?

—Je n'ai que vingt arpents, répondit le Turc; je les cultive avec mes enfants; le travail éloigne de nous trois grands maux: l'ennui, le vice et le besoin. »[484]

Candide, en retournant dans sa métairie, fit de profondes réflexions sur le discours du Turc. Il dit à Pangloss et à Martin: « Ce bon vieillard me paraît s'être fait un sort bien préférable à celui des six rois avec qui nous avons eu l'honneur de souper.[485]

—Les grandeurs, dit Pangloss, sont fort dangereuses, selon le rapport de tous les philosophes: car enfin Églon, roi des Moabites, fut assassiné par Aod; Absalon fut pendu par les cheveux et percé de trois dards;[486] le roi Nadab, fils de Jéroboham, fut tué par Baza; le roi Éla, par Zambri; Okosias, par Jéhu; Athalia, par Joida; les rois Joakim, Jéconias, Sédécias, furent esclaves. Vous savez comment périrent Crésus, Astiage, Darius, Denys de Syracuse, Pyrrhus, Persée, Annibal, Jugurtha, Arioviste, César, Pompée, Néron, Othon, Vitellius, Domitien, Richard II d'Angleterre, Édouard II, Henri VI, Richard III, Marie Stuart, Charles I, les

trois Henri de France, l'empereur Henri IV? Vous savez…

—Je sais aussi, dit Candide, qu'il faut cultiver notre jardin.

—Vous avez raison, dit Pangloss; car quand l'homme fut mis dans le jardin d'Éden, il y fut mis *ut operaretur eum,* pour qu'il travaillât; ce qui prouve que l'homme n'est pas né pour le repos.

—Travaillons sans raisonner, dit Martin; c'est le seul moyen de rendre la vie supportable. »

Toute la petite société entra dans ce louable dessein; chacun se mit à exercer ses talents. La petite terre rapporta beaucoup. Cunégonde était à la vérité bien laide; mais elle devint une excellente pâtissière; Paquette broda;[487] la vielle eut soin du linge. Il n'y eut pas jusqu'à frère Giroflée qui ne rendît service; il fut un très bon menuisier,[488] et même devint honnête homme; et Pangloss disait quelquefois à Candide: « Tous les événements sont enchaînés dans le meilleur des mondes possibles; car enfin, si vous n'aviez pas été chassé d'un beau château à grands coups de pied dans le derrière pour l'amour de mademoiselle Cunégonde, si vous n'aviez pas été mis à l'Inquisition, si vous n'aviez pas couru l'Amérique à pied, si vous n'aviez pas donné un bon coup d'épée au baron, si vous n'aviez pas perdu tous vos moutons du bon pays d'Eldorado, vous ne mangeriez pas ici des cédrats confits et des pistaches.

—Cela est bien dit, répondit Candide, mais il faut cultiver notre jardin.[489] »

480. *sorbets:* sherbets.
481. *kaïmak…confit:* cream garnished with candied citron peel.
482. *ananas:* pineapples.
483. Voltaire was a connoisseur and an addict of coffee.
484. Voltaire is clearly referring to his own example.
485. Voltaire had been wretched in Berlin as the companion of Frederick the Great; when he wrote *Candide* he had just bought a house near

Geneva. His words have special significance for himself.
486. *dards:* darts.
487. *broda:* embroidered.
488. *menuisier:* cabinetmaker.
489. This famous moral is Voltaire's advice to himself, for the story of *Candide* is a wild exaggeration of his own spiritual progress. "Cultivate your garden" is also his advice to others, which all may heed and practice.

7. Denis Diderot

[1713-1784]

Lover of Everything

Denis Diderot was the archetype of the *philosophes,* the incarnation of their ideal and purpose. The faith of the *philosophes* was this: that reason is in harmony with Nature; that we learn true reason from the study of Nature; that reason can rule the world, and it will.

Diderot had the universal curiosity of the *philosophes.* (Voltaire called him *le Pantophile,* the lover of everything.) He had knowledge and opinions about literature, art, the theatre, philosophy, mathematics, physics, mechanics. In every field he sought to break down traditional rules, to establish liberty of speculation. But in every field he was less an achiever, a constructor of lasting systems, than a stimulator of ideas, an intellectual gadfly, like Socrates.

The Working-class Philosopher

He was born in Langres, in eastern France. His father was a maker of cutlery. Diderot is the first of our authors to come from this humble artisan class; his work will always be marked by proletarian sympathies. His exceptional promise brought him a good education with the Jesuits. He went to Paris, refused the ordinary roads to advancement, and lived precariously by tutoring and hack work, in order to have time for study. He married a woman of the people and had a daughter to whom he was touchingly devoted. (To give her a dowry he sold his precious library to the Empress Catherine the Great of Russia.) His speculative writings gained him celebrity, and also a sojourn in prison. His editorship of the *Encyclopédie* made him the chief of the *philosophes.* He died in 1784. (Most of the *philosophes* died luckily just before the Revolution.)

Encyclopedic Knowledge

His great achievement was the *Encyclopédie.* This was projected as a compendium of knowledge, like our modern encyclopedias. As such it is a remarkable work. It reviewed such familiar fields as literature and philosophy from an enlightened point of view. In addition, it showed the progress of applied science and the mechanic arts, and thus made the artisan's labors respectable. The modern mania for technology has its roots in the *Encyclopédie.* (Its magnificent engravings of industrial processes fascinate today the mechanically minded and especially the historians of science and industry.) But the *Encyclopédie* was more than a compendium of knowledge, it became an instrument of propaganda for the *philosophes'* faith in social progress under the guidance of reason. The volumes, with articles by Diderot, d'Alembert, Voltaire, and many others, are full of hints and innuendoes, suggesting that human progress is held back by political and religious tyranny, suggesting that our accepted faiths rest not on sound reason but on inherited prejudices and on doctrines promoted by interested, privileged groups. The *Encyclopédie* naturally had to make its way against every sort of interference and suppression by Church and State. But Diderot, alone undiscouraged, brought it eventually to triumphant completion.

Much of Diderot's work is contained in the *Encyclopédie,* and much in other compilations which he undertook merely for pay. He wrote, for instance, a series of detailed reviews of the annual Paris *salons* of new painting. In these articles he established *art criticism* in France as a literary type. In *dramatic criticism,* he demanded the renovation

of the theater in order to bring it closer to life. He proposed a new form, a *tragédie domestique et bourgeoise* (what we now call simply *le drame*), which should break down the rigid distinction between tragedy and comedy, and which should make use of the emotional and dramatic possibilities that exist in the life of the average man. To illustrate his views he wrote two such tragedies. Though modern readers find them pretty elementary, his contemporaries were thrilled by his revelation of the drama of ordinary existence. Goethe, for instance, was deeply impressed and influenced by the tragedies.

Diderot wrote also a number of novels and tales. They are to be classed as *novels of ideas*, in which the ideas propounded and discussed are more important than the story or the characters. *La Religieuse,* for example, greatly offended the clergy with its scathing look at convent life, and was

Denis Diderot. Courtesy of Bibliothèque nationale de France

censored for years. The *Supplément au voyage de Bougainville*, which is an example of the "extraordinary voyage" genre of novel popular in the eighteenth century, presents the Tahitians' point of view belying the Europeans' claim to owning any land upon which they stepped foot. *Jacques le fataliste et son maître*, perhaps Diderot's most interesting experiment, is an amusing picaresque yarn in which a servant constantly outdoes his master; its analysis of free will vs. determinism, as well as its original format employing intertwining anecdotes and riddles, make this book a perpetually worthy object of study. Diderot's *philosophical dialogues,* which are not unlike his novels, contain some of his most fascinating ideas, paradoxes, and fantastic speculations. The *Entretien entre d'Alembert et Diderot*, for example, is a deep philosophical conversation about materialism between Diderot and mathematician Jean d'Alembert (who wrote the *Discours préliminaire* of the *Encyclopédie* as well as editing or writing most of its mathematical and scientific content.)

❖ ❖ ❖

LE NEVEU DE RAMEAU

[Abridged]

[Le Neveu de Rameau, *of which about half is given here, is Diderot's most celebrated tale, and is at the same time a philosophical dialogue. Its history is curious. It was perhaps first written in 1762, and reworked and amplified in later years.*[1] *Diderot did not publish it, for its satire might well have landed him in jail. Goethe had a copy of it and published a German translation in 1805. It was then retranslated into French. The authentic text was not discovered and published until 1891.*

The frame is simple. The story is the amplification of a dialogue, which certainly took place in fact, between Diderot and Rameau, a starveling bohemian musician, nephew of

the celebrated composer of the same name. A sort of early hippie with a genius for music, Rameau is nonetheless a failure in his art, and is consumed with jealousy of his successful uncle. He lives as a parasite on the rich, pandering to the vanity and immorality of his hosts. Far from apologizing for his degradation, he chooses to boast of it, to turn the tables on virtue by saying: "Evil, be thou my good." This is total cynicism; but it is at the same time the pathetic effort of a brilliant but unstable man to retain some sort of self-respect. It is the drama of Lucifer, robbed of all dignity and nobility.

Within his frame, Diderot has an excellent opportunity for social criticism of many sorts. He uses Rameau as his mouthpiece to express his opinions on literature, music, society in general. What lesson would Diderot have us draw? Perhaps that the social system of his time warped the individual, debased the artist, made of the talented man a rebellious hypocrite. But the instinct *of man remains virtuous. If circumstances had permitted, Rameau would have been a successful musician, a worthy husband, father, citizen. His instincts, or Nature, would have been a good guide. But Society has made him—what you see.*

The social system of our time is far different from that of the Old Régime. The parasite, dear to the classic writers of Rome, France, and England, has disappeared from cultured society, for apart from movie stars and rock stars, there are no longer patrons who can afford parasites. The artist has gained a larger public, a better chance of a livelihood. But have the Rameaus vanished? How would a Rameau live today? Would the gossip tabloids be seeking his inside look at the music world? Could he sell his praises, his thought, his self-torturing scorn of faith and honor?]

❖ ❖ ❖

Qu'il fasse beau, qu'il fasse laid, c'est mon habitude d'aller sur les cinq heures du soir me promener au Palais-Royal.[2] C'est moi qu'on voit, toujours seul, rêvant sur le banc d'Argenson.[3] Je m'entretiens avec moi-même de politique, d'amour, de goût ou de philosophie; j'abandonne mon esprit à tout son libertinage; je le laisse maître de suivre la première idée sage ou folle qui se présente, comme on voit dans l'allée de Foy[4] nos jeunes dissolus marcher sur les pas d'une courtisane à l'air éventé,[5] au visage riant, à l'œil vif, au nez retroussé, quitter celle-ci pour une autre, les attaquant toutes et ne s'attachant à aucune. Mes pensées, ce sont mes catins.[6]

Si le temps est trop froid ou trop pluvieux, je me réfugie au café de la Régence.[7] Là, je m'amuse à voir jouer aux échecs.[8] Paris est l'endroit du monde, et le café de la Régence est l'endroit de Paris où l'on joue le mieux à ce jeu; c'est chez Rey[9] que font assaut Légal[10] le profond, Philidor[11] le subtil, le solide Mayot; qu'on voit les coups les plus surprenants et qu'on entend les plus mauvais propos; car si l'on peut être homme d'esprit et grand joueur d'échecs, comme Légal, on peut être aussi un grand joueur d'échecs et un sot comme Foubert et Mayot.[12]

Une après-dînée j'étais là, regardant beau-coup, parlant peu et écoutant le moins

2. *Palais-Royal:* splendid palace in the heart of Paris, near the Louvre, built by Cardinal Richelieu in the seventeenth century, bequeathed by him to Louis XIV, who gave it to his brother. By a needy successor it was turned into public gardens, surrounded by shops and cafés, and haunted by streetwalkers and pickpockets. Its appearance is little changed today.
3. *d'Argenson:* eminent liberal statesman (1694–1757).
4. *allée de Foy:* promenade in Palais-Royal gardens.
5. *éventé:* affected, silly.
6. *catins:* tarts.
7. *la Régence:* nearby café, headquarters for chess players, as it still is.
8. *échecs:* chess.
9. *Rey:* proprietor of café de la Régence.
10–11. *Légal, Philidor:* great names in history of chess.
12. *Foubert, Mayot:* now forgotten.

que je pouvais, lorsque je fus abordé par un des plus bizarres personnages de ce pays où Dieu n'en a pas laissé manquer. C'est un composé de hauteur et de bassesse, de bon sens et de déraison; il faut que les notions de l'honnête et du déshonnête soient bien étrangement brouillées dans sa tête, car il montre ce que la nature lui a donné de bonnes qualités sans ostentation, et ce qu'il en a reçu de mauvaises sans pudeur. Au reste, il est doué d'une organisation forte, d'une chaleur d'imagination singulière, et d'une vigueur de poumons[13] peu commune. Si vous le rencontrez jamais et que son originalité ne vous arrête pas, ou vous mettrez vos doigts dans vos oreilles, ou vous vous enfuirez. Dieux, quels terribles poumons! Rien ne dissemble[14] plus de lui que lui-même. Quelquefois il est maigre et hâve[15] comme un malade au dernier degré de la consomption; on compterait ses dents à travers ses joues, on dirait qu'il a passé plusieurs jours sans manger, ou qu'il sort de la Trappe.[16] Le mois suivant, il est gras et replet comme s'il n'avait pas quitté la table d'un financier, ou qu'il eût été renfermé dans un couvent de Bernardins.[17] Aujourd'hui en linge sale, en culotte déchirée, couvert de lambeaux,[18] presque sans souliers, il va la tête basse, il se dérobe, on serait tenté de l'appeler pour lui donner l'aumône. Demain poudré, chaussé, frisé, bien vêtu, il marche la tête haute, il se montre, et vous le prendriez à peu près pour un honnête homme.[19] Il vit au jour la journée;[20] triste ou gai, selon les circonstances. Son premier soin, le matin, quand il est levé, est de savoir où il dînera; après dîner, il pense où il ira souper. La nuit amène aussi son inquiétude: ou il regagne à pied un petit grenier[21] qu'il habite, à moins

Jean d'Alembert, co-editor with Diderot of the Encyclopédie. *Courtesy of Bibliothèque nationale de France*

que l'hôtesse, ennuyée d'attendre son loyer, ne lui en ait redemandé la clef; ou il se rabat[22] dans une taverne du faubourg où il attend le jour entre un morceau de pain et un pot de bière. Quand il n'a pas six sous dans sa poche, ce qui lui arrive quelquefois, il a recours soit à un fiacre[23] de ses amis, soit au cocher d'un grand seigneur qui lui donne un lit sur de la paille, à côté de ses chevaux. Le matin il a encore une partie de son matelas dans les cheveux. Si la saison est douce, il arpente[24] toute la nuit le Cours[25] ou les Champs-Élysées. Il reparaît avec le jour à la ville, habillé de la veille pour le lendemain, et du lendemain quelquefois pour le reste de la semaine. Je n'estime pas ces originaux-là; d'autres en font leurs connaissances familières, même leurs amis.

13. *poumons:* lungs. (The description of this "personnage" much resembles that of Diderot himself. We catch Diderot's sympathy with one of his possible selves, with what, by ill luck, he might have become.)
14. *dissemble:* is unlike.
15. *hâve:* haggard.
16. *la Trappe:* Trappist monastery, noted for austerity.
17. *Bernardins:* order founded by St. Bernard de

Clairvaux; evidently reputed for its cuisine.
18. *lambeaux:* rags.
19. *honnête homme:* man of social standing.
20. *au jour la journée:* from hand to mouth.
21. *grenier:* garret.
22. *se rabat:* falls back upon.
23. *fiacre:* cabman.
24. *arpente:* paces.
25. *le Cours-la Reine:* fashionable promenade beside the Seine.

Ils in arrêtent une fois l'an, quand je les rencontre, parce que leur caractère tranche[26] avec celui des autres, et qu'ils rompent cette fastidieuse[27] uniformité que notre éducation, nos conventions de société, nos bienséances d'usage, ont introduite. S'il en paraît un dans une compagnie, c'est un grain de levain[28] qui fermente et qui restitue à chacun une portion de son individualité naturelle. Il secoue, il agite, il fait approuver ou blâmer; il fait sortir la vérité, il fait connaître les gens de bien, il démasque les coquins; c'est alors que l'homme de bon sens écoute et démêle son monde.[29]

Je connaissais celui-ci de longue main.[30] Il fréquentait dans une maison dont son talent lui avait ouvert la porte. Il y avait une fille unique; il jurait au père et à la mère qu'il épouserait leur fille. Ceux-ci haussaient les épaules, lui riaient au nez, lui disaient qu'il était fou; et je vis le moment que la chose était faite. Il m'empruntait quelques écus que je lui donnais. Il s'était introduit, je ne sais comment, dans quelques maisons honnêtes où il avait son couvert,[31] mais à la condition qu'il ne parlerait pas sans en avoir obtenu la permission. Il se taisait et mangeait de rage; il était excellent à voir dans cette contrainte. S'il lui prenait envie de manquer au traité et qu'il ouvrît la bouche, au premier mot tous les convives s'écriaient: *Oh! Rameau!* alors la fureur étincelait[32] dans ses yeux et il se remettait

à manger avec plus de rage. Vous étiez curieux de savoir le nom de l'homme et vous le savez. C'est le neveu de ce musicien célèbre[33] qui nous a délivrés du plain-chant[34] de Lulli[35] que nous psalmodiions[36] depuis plus de cent ans, qui a tant écrit de visions inintelligibles et de vérités apocalyptiques sur la théorie de la musique, où ni lui ni personne n'entendit jamais rien, et de qui nous avons un certain nombre d'opéras où il y a de l'harmonie, des bouts de chants, des idées décousues,[37] du fracas, des vols,[38] des triomphes, des lances,[39] des gloires, des murmures, des victoires à perte d'haleine,[40] des airs de danse qui dureront éternellement et qui, après avoir enterré le Florentin,[41] sera enterré par les virtuoses italiens, ce qu'il pressentait[42] et qui le rendait sombre, triste, hargneux,[43] car personne n'a autant d'humeur,[44] pas même une jolie femme qui se lève avec un bouton[45] sur le nez, qu'un auteur menacé de survivre à sa réputation, témoin Marivaux et Crébillon le fils.[46]

Il m'aborde. « Ah! ah! Vous voilà, monsieur le philosophe; et que faites-vous ici parmi ce tas de fainéants? Est-ce que vous perdez aussi votre temps à pousser le bois?…(*C'est ainsi qu'on appelle par mépris jouer aux échecs et aux dames.*)[47]

MOI. Non, mais quand je n'ai rien de mieux à faire, je m'amuse à regarder un instant ceux qui le poussent bien.

26. *tranche:* contrasts.
27. *fastidieuse:* tiresome.
28. *levain:* leaven, yeast.
29. *démêle son monde:* distinguishes the characters of those present.
30. *de longue main:* for a long time.
31. *couvert*: place at table.
32. *étincelait:* would sparkle.
33. *musicien célèbre:* Jean-Philippe Rameau (1683–1764), composer of many operas and writer of a score of works on musical theory. Rousseau and the *philosophes*, partisans of the new Italian music, attacked Rameau savagely and saddened his last years. But musicologists today esteem him highly.
34. *plain-chant:* plain song (medieval ecclesiastical melody).
35. Jean-Baptiste Lulli (1633–87), Italian-born operatic composer who dominated French music

under Louis XIV. (He went to France in 1646 and remained there for the rest of his life. Remember that he played *le Mufti* at the première of *Le Bourgeois gentilhomme*.)
36. *nous psalmodiions:* we had been intoning (like psalms).
37. *décousues:* disconnected.
38. *vols:* flights.
39. *lances:* i.e., soldier choruses.
40. *à perte d'haleine:* to the point of exhaustion.
41. *le Florentin:* Lulli.
42. *pressentait:* foresaw (*lit.*, forefelt).
43. *hargneux:* ill-tempered.
44. *humeur:* ill humor.
45. *bouton:* pimple.
46. *Crébillon le fils:* writer of facetious tales, now barely remembered.
47. *dames:* checkers.

LUI. En ce cas, vous vous amusez rarement; excepté Légal et Philidor, le reste n'y entend rien.

MOI. Et M. de Bissy[48] donc?

LUI. Celui-là est en joueur d'échecs ce que Mlle Clairon[49] est en actrice: ils savent de ces jeux l'un et l'autre tout ce qu'on en peut apprendre.

MOI. Vous êtes difficile, et je vois que vous ne faites grâce qu'aux hommes sublimes.

LUI. Oui, aux échecs, aux dames, en poésie, en éloquence, en musique et autres fadaises[50] comme cela. A quoi bon la médiocrité dans ces genres?

MOI. A peu de chose, j'en conviens. Mais c'est qu'il faut qu'il y ait un grand nombre d'hommes qui s'y appliquent pour faire sortir l'homme de génie. Il est un dans la multitude. Mais laissons cela. Il y a une éternité que je ne vous ai vu. Je ne pense guère à vous quand je ne vous vois pas, mais vous me plaisez toujours à revoir. Qu'avez-vous fait?

LUI. Ce que vous, moi et tous les autres font, du bien, du mal, et rien. Et puis j'ai eu faim, et j'ai mangé, quand l'occasion s'en est présentée; après avoir mangé, j'ai eu soif et j'ai bu quelque fois. Cependant la barbe me venait, et quand elle a été venue je l'ai fait raser.

MOI. Vous avez mal fait; c'est la seule chose qui vous manque pour être un sage.[51]

LUI. Oui-da. J'ai le front grand et ridé, l'œil ardent, le nez saillant, les joues larges, le sourcil noir et fourni,[52] la bouche bien fendue, la lèvre rebordée[53] et la face carrée. Si ce vaste menton était couvert d'une longue barbe, savez-vous que cela figurerait très bien en bronze ou en marbre?

MOI. A côté d'un César, d'un Marc-Aurèle,[54] d'un Socrate.

LUI. Non. Je serais mieux entre Diogène[55] et Phryné.[56] Je suis effronté comme l'un, et je fréquente volontiers chez les autres.

MOI. Vous portez-vous toujours bien?

LUI. Oui, ordinairement; mais pas merveilleusement aujourd'hui.

MOI. Comment! vous voilà avec un ventre de Silène[57] et un visage…

LUI. Un visage qu'on prendrait pour son antagoniste.[58] C'est que l'humeur qui fait sécher mon cher oncle engraisse apparemment son cher neveu.

MOI. A propos de cet oncle, le voyez-vous quelquefois?

LUI. Oui, passer dans la rue.

MOI. Est-ce qu'il ne vous fait aucun bien?

LUI. S'il en fait à quelqu'un, c'est sans s'en douter. C'est un philosophe dans son espèce; il ne pense qu'à lui, le reste de l'univers lui est comme d'un clou à soufflet.[59] Sa fille et sa femme n'ont qu'à mourir quand elles voudront, pourvu que les cloches de la paroisse qui sonneront pour elles continuent de résonner la *douzième*[60] et la *dix-septième*,[61] tout sera bien. Cela est heureux pour lui, et c'est ce que je prise particulièrement dans les gens de génie. Ils ne sont bons qu'à une chose, passé cela, rien; ils ne savent ce que c'est d'être citoyens, pères, mères, frères, parents, amis. Entre nous, il faut leur ressembler de tout point, mais ne pas désirer que la graine[62] en soit commune. Il faut des hommes; mais pour des hommes de génie, point; non, ma foi, il n'en faut point. Ce sont eux qui changent la face du globe; et dans les plus petites choses, la sottise est si commune et si puissante

48. *M. de Bissy:* insignificant writer.
49. *Mlle Clairon:* celebrated actress (1723–1803), heroine of Voltaire's tragedies; noted rather for technical mastery than for emotional inspiration. Mentioned in *Candide.*
50. *fadaises:* trifles.
51. Many philosophers, especially the Greek cynics, affected a scorn of appearances.
52. *fourni:* ample.
53. *rebordée:* thick.
54. Marcus Aurelius, Roman emperor and stoic philosopher, second century A.D.
55. Diogenes, cynic philosopher, fourth century B.C., famed for his rudeness.
56. *Phryné:* Greek courtesan.
57. Silenus, drunken, pot-bellied satyr.
58. *son antagoniste:* i.e., the enemy, or opposite, of the joviality suggested by the stomach.
59. *clou à soufflet:* bellows nail (*i.e.,* of no interest).
60–61. *douzième, dix-septième:* musical intervals.
62. *graine:* seed; *here:* type.

qu'on ne la réforme pas sans charivari.[63]
Il s'établit partie de ce qu'ils ont
imaginé, partie reste comme il était; de
là deux évangiles, un habit d'arlequin.[64]
La sagesse du moine de Rabelais[65] est la
vraie sagesse pour son repos et pour celui
des autres. Faire son devoir tellement
quellement,[66] toujours dire du bien de M.
le prieur[67] et laisser aller le monde à sa
fantaisie. Il va bien, puisque la multitude
en est contente. Si je savais l'histoire, je
vous montrerais que le mal est toujours
venu ici-bas par quelque homme de génie;
mais je ne sais pas l'histoire, parce que je
ne sais rien. Le diable m'emporte si j'ai
jamais rien appris, et si, pour n'avoir rien
appris, je m'en trouve plus mal. J'étais
un jour à la table d'un ministre[68] du roi de
France, qui a de l'esprit comme quatre;
eh bien, il nous démontra clair comme
un et un font deux que rien n'était plus
utile aux peuples que le mensonge, rien
de plus nuisible que la vérité. Je ne me
rappelle pas bien ses preuves, mais il
s'ensuivait évidemment que les gens de
génie sont détestables, et que si un enfant
apportait en naissant, sur son front, la
caractéristique de ce dangereux présent
de la nature, il faudrait ou l'étouffer ou le
jeter au cagnard.[69]

MOI. Cependant ces personnages-là, si
ennemis du génie, prétendent tous en
avoir.

LUI. Je crois bien qu'ils le pensent au dedans
d'eux-mêmes, mais je ne crois pas qu'ils
osassent l'avouer.

MOI. C'est par modestie. Vous conçûtes donc
là une terrible haine contre le génie?

LUI. A n'en jamais revenir.

MOI. Mais j'ai vu un temps que vous vous
désespériez de n'être qu'un homme
commun. Vous ne serez jamais heureux
si le pour et le contre vous affligent

également; il faudrait prendre son
parti, et y demeurer attaché. Tout en
convenant avec vous que les hommes
de génie sont communément singuliers,
ou, comme dit le proverbe, qu'*il n'y
a pas de grands esprits sans un grain
de folie,* on n'en reviendra pas,[70] on
méprisera les siècles qui n'en auront
point produit. Ils feront l'honneur des
peuples chez lesquels ils auront existé;
tôt ou tard on leur élève des statues, et
on les regarde comme les bienfaiteurs
du genre humain. N'en déplaise au[71]
ministre sublime que vous m'avez cité,
je crois que si le mensonge peut servir un
moment, il est nécessairement nuisible
à la longue, et qu'au contraire la vérité
sert nécessairement à la longue, bien
qu'il puisse arriver qu'elle nuise dans le
moment. D'où je serais tenté de conclure
que l'homme de génie qui décrie[72] une
erreur générale, ou qui accrédite une
grande vérité, est toujours un être digne
de notre vénération. Il peut arriver que cet
être soit la victime du préjugé et des lois;
mais il y a deux sortes de lois, les unes
d'une équité, d'une généralité absolues,
d'autres bizarres, qui ne doivent leur
sanction qu'à l'aveuglement ou la
nécessité des circonstances. Celles-ci ne
couvrent le coupable qui les enfreint[73] que
d'une ignominie passagère, ignominie
que le temps reverse sur les juges et
sur les nations, pour y rester à jamais.
De Socrate ou du magistrat qui lui fit
boire la ciguë,[74] quel est aujourd'hui le
déshonoré?

LUI. Le voilà bien avancé! en a-t-il été
moins condamné? en a-t-il moins été mis
à mort? en a-t-il moins été un citoyen
turbulent? par le mépris d'une mauvaise
loi, en a-t-il moins encouragé les fous
au mépris des bonnes? en a-t-il moins

63. *charivari:* uproar.
64. *habit d'arlequin:* Harlequin costume (of contrasting colors).
65. *moine de Rabelais:* Frère Jean des Entomeures.
66. *tellement quellement:* more or less.
67. *prieur:* prior (*i.e.,* one's superior).
68. *ministre:* le duc de Choiseul, Minister of Foreign

Affairs.
69. *cagnard:* refuge of destitute.
70. *on n'en reviendra pas:* one must admit.
71. *N'en déplaise au:* With all due respect to.
72. *décrie:* discredits.
73. *enfreint:* infringes, violates.
74. *ciguë:* hemlock (poison).

été un particulier[75] audacieux et bizarre? Vous n'étiez pas éloigné tout à l'heure d'un aveu peu favorable aux hommes de génie.

MOI. Écoutez-moi, cher homme. Une société ne devrait point avoir de mauvaises lois, et si elle n'en avait que de bonnes, elle ne serait jamais dans le cas de persécuter un homme de génie. Je ne vous ai pas dit que le génie fût indivisiblement attaché à la méchanceté, ni la méchanceté au génie. Un sot sera plus souvent un méchant qu'un homme d'esprit. Quand un homme de génie serait communément d'un commerce[76] dur, difficile, épineux,[77] insupportable, quand même ce serait un méchant, qu'en concluriez-vous?

LUI. Qu'il est bon à noyer.

MOI. Doucement, cher homme. Çà, dites-moi, je ne prendrai pas votre oncle pour exemple. C'est un homme dur, c'est un brutal; il est sans humanité, il est avare, il est mauvais père, mauvais époux, mauvais oncle; mais il n'est pas assez décidé que ce soit un homme de génie, qu'il ait poussé son art fort loin, et qu'il soit question de ses ouvrages dans dix ans. Mais Racine? celui-là certes avait du génie, et ne passait pas pour un trop bon homme. Mais Voltaire![78]…

LUI. Ne me pressez pas, car je suis conséquent.[79]

MOI. Lequel des deux préféreriez-vous, ou qu'il eût été un bon homme, identifié avec son comptoir,[80] comme Briasson,[81] ou avec son aune,[82] comme Barbier,[83] bon mari, bon père, bon oncle, bon voisin, honnête commerçant, mais rien de plus; ou qu'il eût été fourbe, traître, ambitieux, envieux, méchant, mais auteur d'*Andromaque,* de *Britannicus,* d'*Iphigénie,* de *Phèdre,* d'*Athalie*?

LUI. Pour lui, ma foi, peut-être que de ces deux hommes, il eût mieux valu qu'il eût été le premier.

MOI. Cela est même infiniment plus vrai que vous ne le sentez.

LUI. Oh! vous voilà, vous autres! Si nous disons quelque chose de bien, c'est comme des fous ou des inspirés, par hasard. Il n'y a que vous autres qui vous entendiez;[84] oui, monsieur le philosophe, je m'entends, et je m'entends ainsi que vous vous entendez.

MOI. Voyons; eh bien, pourquoi pour lui?[85]

LUI. C'est que toutes ces belles choses-là qu'il a faites ne lui ont pas rendu vingt mille francs, et que s'il eût été un bon marchand en soie de la rue Saint-Denis ou Saint-Honoré, un bon épicier en gros,[86] un apothicaire bien achalandé,[87] il eût amassé une fortune immense, et qu'en l'amassant il n'y aurait eu sorte de plaisirs dont il n'eût joui; qu'il aurait donné de temps en temps la pistole à un pauvre diable de bouffon comme moi qui l'aurait fait rire, qui lui aurait procuré dans l'occasion une jeune fille qui l'aurait désennuyé de l'éternelle cohabitation avec sa femme; que nous aurions fait d'excellents repas chez lui, joué gros jeu, bu d'excellents vins, d'excellentes liqueurs, d'excellent café, fait des parties de campagne; et vous voyez que je m'entendais; vous riez?… Mais laissez-moi dire: il eût été mieux pour ses entours.[88]

MOI. Sans contredit. Pourvu qu'il n'eût pas employé d'une façon déshonnête l'opulence qu'il aurait acquise par un commerce légitime; qu'il eût éloigné de sa maison tous ces joueurs, tous ces parasites, tous ces fades[89] complaisants, tous ces pervers inutiles; et qu'il eût fait

75. *particulier:* individual.
76. *commerce:* social manners.
77. *épineux:* prickly, bristly.
78. Diderot was at this time (about 1762) on the outs with Voltaire.
79. *conséquent:* logical.
80. *comptoir:* counter, shop.
81. *Briasson:* one of publishers of *Encyclopédie.* (Diderot had many difficulties with him.)

82. *aune:* yardstick.
83. *Barbier:* prosperous dry goods merchant.
84. *vous entendiez:* know what you are saying.
85. *pour lui:* recalls phrase of line 41.
86. *épicier en gros:* wholesale grocer.
87. *achalandé:* patronized.
88. *entours:* associates.
89. *fades:* insipid.

assommer à coups de bâtons, par ses garçons de boutique, l'homme officieux[90] qui soulage, par la variété, les maris du dégoût d'une cohabitation habituelle avec leurs femmes.

LUI. Assommer, monsieur! Assommer! On n'assomme personne dans une ville bien policée. C'est un état[91] honnête. Beaucoup de gens, même titrés, s'en mêlent. Et à quoi diable voulez-vous donc qu'on emploie son argent, si ce n'est à avoir bonne table, bonne compagnie, bons vins, belles femmes, plaisirs de toutes les couleurs, amusements de toutes les espèces? J'aimerais autant être gueux que de posséder une grande fortune sans aucune de ces jouissances. Mais revenons à Racine. Cet homme n'a été bon que pour des inconnus et que pour le temps où il n'était plus.

MOI. D'accord; mais pesez le mal et le bien. Dans mille ans d'ici, il fera verser des larmes; il sera l'admiration des hommes dans toutes les contrées de la terre; il inspirera l'humanité, la commisération, la tendresse. On demandera qui il était, de quel pays, et on l'enviera à la France. Il a fait souffrir quelques êtres qui ne sont plus, auxquels nous ne prenons presque aucun intérêt; nous n'avons rien à redouter ni de ses vices, ni de ses défauts. Il eût été mieux sans doute qu'il eût reçu de la nature la vertu d'un homme de bien avec les talents d'un grand homme. C'est un arbre qui a fait sécher quelques arbres plantés dans son voisinage, qui a étouffé les plantes qui croissaient à ses pieds; mais il a porté sa cime[92] jusque dans la nue, ses branches se sont étendues au loin; il a prêté son ombre à ceux qui venaient, qui viennent et qui viendront se reposer autour de son tronc majestueux; il a produit des fruits d'un goût exquis,

et qui se renouvellent sans cesse. Il serait à souhaiter que Voltaire eût encore la douceur de Duclos, l'ingénuité[93] de l'abbé Trublet, la droiture de l'abbé d'Olivet;[94] mais puisque cela ne se peut, regardons la chose du côté vraiment intéressant; oublions pour un moment le point que nous occupons dans l'espace et dans la durée, et étendons notre vue sur les siècles à venir, les régions les plus éloignées et les peuples à naître. Songeons au bien de notre espèce; si nous ne sommes point assez généreux, pardonnons au moins à la nature d'avoir été plus sage que nous. Si vous jetez de l'eau froide sur la tête de Greuze,[95] vous éteindrez peut-être son talent avec sa vanité. Si vous rendez Voltaire moins sensible à la critique, il ne saura plus descendre dans l'âme de Mérope,[96] il ne vous touchera plus.

LUI. Mais si la nature était aussi puissante que sage, pourquoi ne les a-t-elle pas faits aussi bons qu'elle les a faits grands?

MOI. Mais ne voyez-vous pas qu'avec un pareil raisonnement vous renversez l'ordre général, et que si tout ici-bas était excellent, il n'y aurait rien d'excellent?

LUI. Vous avez raison; le point important est que vous et moi nous soyons, et que nous soyons vous et moi; que tout aille d'ailleurs comme il pourra. Le meilleur ordre des choses, à mon avis, est celui où je devais être, et foin[97] du plus parfait des mondes, si je n'en suis pas. J'aime mieux être, et même être impertinent raisonneur, que de n'être pas.

MOI. Il n'y a personne qui ne pense comme vous, et qui ne fasse le procès à l'ordre qui est, sans s'apercevoir qu'il renonce à sa propre existence.[98]

LUI. Il est vrai.

MOI. Acceptons donc les choses comme elles sont. Voyons ce qu'elles nous coûtent,

90. *officieux:* obliging.
91. *état:* profession (*i.e.*, of the procurer).
92. *cime:* summit.
93. *ingénuité:* sincerity.
94. *Duclos, Trublet, d'Olivet:* minor literary men, whose characteristics were the reverse of those declared by Diderot.

95. *Greuze:* eighteenth-century genre painter, whose vanity was notorious.
96. *Mérope,* tragedy of Voltaire (1743).
97. *foin:* to the devil with.
98. I.e., each individual is a part of the "order"; he cannot abstract a part without altering the whole, and himself as a part of the whole.

et ce qu'elles nous rendent, et laissons là le tout que nous ne connaissons pas assez pour le louer ou le blâmer, et qui n'est peut-être ni bien ni mal, s'il est nécessaire, comme beaucoup d'honnêtes gens l'imaginent.

LUI. Je n'entends pas grand'chose à tout ce que vous me débitez[99] là. C'est apparemment de la philosophie; je vous préviens que je ne m'en mêle pas. Tout ce que je sais, c'est que je voudrais bien être un autre, au hasard d'être un homme de génie, un grand homme; oui, il faut que j'en convienne, il y a là quelque chose qui me le dit. Je n'en ai jamais entendu louer un seul que son éloge ne m'ait fait secrètement enrager. Je suis envieux. Lorsque j'apprends de leur vie privée quelque trait qui les dégrade, je l'écoute avec plaisir; cela nous rapproche, j'en supporte plus aisément ma médiocrité. Je me dis: Certes, tu n'aurais jamais fait *Mahomet*,[100] mais ni l'éloge de Maupeou.[101] J'ai donc été, je suis donc fâché d'être médiocre. Oui, oui, je suis médiocre et fâché. Je n'ai jamais entendu jouer l'ouverture des *Indes galantes*,[102] jamais entendu chanter *Profonds abîmes du Ténare; Nuit, éternelle nuit*,[103] sans me dire avec douleur: voilà ce que tu ne feras jamais. J'étais donc jaloux de mon oncle; et s'il y avait eu à sa mort[104] quelques belles pièces de clavecin[105] dans son portefeuille, je n'aurais pas balancé à rester moi et à être lui.[106]

MOI. S'il n'y a que cela qui vous chagrine, cela n'en vaut pas trop la peine.

LUI. Ce n'est rien, ce sont des moments qui passent.

Puis il se remettait à chanter l'ouverture des *Indes galantes* et l'air *Profonds abîmes*, et il ajoutait:

Le quelque chose qui est là et qui me parle me dit: Rameau, tu voudrais bien avoir fait ces deux morceaux-là; si tu avais fait ces deux morceaux-là, tu en ferais bien deux autres; et quand tu en aurais fait un certain nombre, on te jouerait, on te chanterait partout. Quand tu marcherais, tu aurais la tête droite, la conscience te rendrait témoignage à toi-même de ton propre mérite, les autres te désigneraient du doigt, on dirait: C'est lui qui a fait les jolies gavottes (*et il chantait les gavottes. Puis, avec l'air d'un homme touché qui nage dans la joie et qui en a les yeux humides, il ajoutait en se frottant les mains*): Tu aurais une bonne maison (*il en mesurait l'étendue avec ses bras*), un bon lit (*et il s'y étendait nonchalamment*), de bons vins (*qu'il goûtait en faisant claquer sa langue contre son palais*[107]), un bon équipage (*et il levait le pied pour y monter*); cent faquins[108] te viendraient encenser tous les jours (*et il croyait les voir autour de lui: il voyait Palissot, Poinsinet, les Fréron père et fils, La Porte;*[109] *il les entendait, il se rengorgeait,*[110] *les approuvait, leur souriait, les dédaignait, les méprisait, les chassait, les rappelait; puis il continuait*). Et c'est ainsi que l'on te dirait le matin que tu es un grand homme; tu lirais dans l'histoire des *Trois Siècles*[111] que tu es un grand homme, tu serais convaincu le soir que tu es un grand homme, et le grand Rameau s'endormirait au doux murmure de l'éloge qui retentirait dans son oreille

99. *débitez:* are saying, "handing out."
100. *Mahomet:* tragedy by Voltaire, attacking fanaticism.
101. When the Chancellor Maupeou suppressed the *parlement,* Voltaire, who feared anarchy, applauded him, to the disgust of the *philosophes.*
102. *Indes galantes:* opera by Rameau, revived in our time as a ballet.
103. *Profonds..nuit:* songs by Rameau.
104. Only a page or two back, the uncle Rameau was spoken of as alive. He died in 1764. This passage

is one of many later additions, never properly harmonized with the first text.
105. *clavecin:* harpsichord (forerunner of piano).
106. *à être lui:* i.e., to pass off his work as my own.
107. *palais:* palate, roof of mouth.
108. *faquins:* lackeys.
109. *Palissot...La Porte:* Literary and journalistic enemies of *philosophes.*
110. *se rengorgeait:* puffed himself up.
111. *Trois siècles de la littérature française,* by Sabatier de Castres.

même en dormant, il aurait l'air satisfait: sa poitrine se dilaterait, s'élèverait, s'abaisserait avec aisance: il ronflerait[112] comme un grand homme…

Et en parlant ainsi, il se laissait aller mollement sur une banquette;[113] il fermait les yeux, et il imitait le sommeil heureux qu'il imaginait. Après avoir goûté quelques instants la douceur de ce repos, il se réveillait, étendait ses bras, bâillait,[114] se frottait les yeux, et cherchait encore autour de lui ses adulateurs insipides.

MOI. Vous croyez donc que l'homme heureux a son sommeil?

LUI. Si je le crois! Moi, pauvre hère,[115] lorsque le soir j'ai regagné mon grenier et que je me suis fourré dans mon grabat,[116] je suis ratatiné[117] sous ma couverture, j'ai la poitrine étroite et la respiration gênée; c'est une espèce de plainte faible qu'on entend à peine, au lieu qu'un financier fait retentir son appartement et étonne toute sa rue. Mais ce qui m'afflige aujourd'hui, ce n'est pas de ronfler et de dormir mesquinement comme un misérable.

MOI. Cela est pourtant triste.

LUI. Ce qui m'est arrivé l'est bien davantage.

MOI. Qu'est-ce donc?

LUI. Vous avez toujours pris quelque intérêt à moi, parce que je suis un bon diable, que vous méprisez dans le fond, mais qui vous amuse…

MOI. C'est la vérité.

LUI. Et je vais vous le dire.

Avant que de commencer il pousse un profond soupir et porte ses deux mains à son front; ensuite, il reprend un air tranquille et me dit:

Vous savez que je suis un ignorant, un sot, un fou, un impertinent, un paresseux, ce que nos Bourguignons appellent un *fieffé truand*,[118] *un escroc*,[119] un gourmand…

MOI. Quel panégyrique!

LUI. Il est vrai de tout point, il n'y en a pas un mot à rabattre;[120] point de contestation là-dessus, s'il vous plaît. Personne ne me connaît mieux que moi, et je ne dis pas tout.

MOI. Je ne veux point vous fâcher, et je conviendrai de tout.

LUI. Eh bien, je vivais avec des gens qui m'avaient pris en gré,[121] précisément parce que j'étais doué à un rare degré de toutes ces qualités.

MOI. Cela est singulier: jusqu'à présent j'avais cru ou qu'on se les cachait à soi-même ou qu'on se les pardonnait et qu'on les méprisait dans les autres.

LUI. Se les cacher! Est-ce qu'on le peut? Soyez sûr que quand Palissot est seul et qu'il revient sur lui-même, il se dit bien d'autres choses; soyez sûr qu'en tête à tête avec son collègue ils s'avouent franchement qu'ils ne sont que deux insignes maroufles.[122] Les mépriser dans les autres! Mes gens étaient plus équitables, et mon caractère me réussissait merveilleusement auprès d'eux; j'étais comme un coq en pâte:[123] on me fêtait, on ne me perdait pas un moment sans me regretter; j'étais leur petit Rameau, leur joli Rameau, leur Rameau le fou, l'impertinent, l'ignorant, le paresseux, le gourmand, le bouffon, la grosse bête. Il n'y avait pas une de ces épithètes familières qui ne me valût un sourire, une caresse, un petit coup sur l'épaule, un soufflet,[124] un coup de pied; à table, un bon morceau qu'on me jetait sur mon assiette; hors de table, une liberté que je prenais sans conséquence, car, moi, je suis sans conséquence. On fait de moi, avec moi, devant moi tout ce qu'on veut sans que je m'en formalise.[125] Et les petits présents qui me pleuvaient! Le grand

112. *ronflerait:* would snore.
113. *banquette:* bench.
114. *bâillait:* yawned.
115. *pauvre hère:* poor devil.
116. *grabat:* pallet, wretched bed.
117. *ratatiné:* shrunk, huddled.
118. *fieffé truand:* loafer.
119. *escroc:* here, sponger.

120. *à rabattre:* to be deducted.
121. *m'avaient pris en gré:* had taken a liking to me.
122. *insignes maroufles:* notable scoundrels.
123. *coq en pâte:* fattened rooster.
124. *soufflet:* slap.
125. *sans que je m'en formalise:* without my objecting.

chien[126] que je suis, j'ai tout perdu! J'ai tout perdu pour avoir eu le sens commun une fois, une seule fois en ma vie. Ah! si cela m'arrive jamais!

MOI. De quoi s'agissait-il donc?

LUI. C'est une sottise incomparable, incompréhensible, irrémissible.

MOI. Quelle sottise encore?

LUI. Rameau! Rameau! vous avait-on pris pour cela? La sottise d'avoir eu un peu de goût, un peu d'esprit, un peu de raison; Rameau, mon ami, cela vous apprendra à rester ce que Dieu vous fit, et ce que vos protecteurs vous voulaient. Aussi l'on vous a pris par les épaules, on vous a conduit à la porte, on vous a dit: « Faquin, tirez,[127] ne reparaissez plus; cela veut avoir du sens, de la raison, je crois! Tirez! Nous avons de ces qualités-là de reste.[128] » Vous vous en êtes allé en vous mordant les doigts; c'est votre langue maudite qu'il fallait mordre auparavant. Pour ne vous en être pas avisé, vous voilà sur le pavé, sans le sou, et ne sachant où donner de la tête,[129] Vous étiez nourri à bouche que veux-tu![130] et vous retournerez au regrat;[131] bien logé, et vous serez trop heureux si l'on vous rend votre grenier; bien couché, et la paille vous attend entre le cocher de M. de Soubise[132] et l'ami Robbé;[133] au lieu d'un sommeil doux et tranquille comme vous l'aviez, vous entendrez d'une oreille le hennissement[134] et le piétinement[135] des chevaux, de l'autre le bruit mille fois plus insupportable de vers secs, durs et barbares. Malheureux, mal avisé, possédé d'un million de diables!

MOI. Mais n'y aurait-il pas moyen de se rapatrier? La faute que vous avez commise est elle si impardonnable? A votre place, j'irais retrouver mes gens.

Vous leur êtes plus nécessaire que vous ne croyez.

LUI. Ho, je suis sûr qu'à présent qu'ils ne m'ont pas pour les faire rire, ils s'ennuient comme des chiens.

MOI. J'irais donc les retrouver. Je ne leur laisserais pas le temps de se passer de moi, de se tourner vers quelque amusement honnête; car qui sait ce qui peut arriver?

LUI. Ce n'est pas là ce que je crains. Cela n'arrivera pas.

MOI. Quelque sublime que vous soyez, un autre peut vous remplacer.

LUI. Difficilement.

MOI. D'accord. Cependant j'irais avec ce visage défait, ces yeux égarés, ce cou débraillé,[136] ces cheveux ébouriffés,[137] dans l'état vraiment tragique où vous voilà. Je me jetterais aux pieds de la divinité.[138] Je me collerais la face contre terre, et sans me relever, je lui dirais d'une voix basse et sanglotante: Pardon, madame! Pardon! Je suis un indigne, un infâme. Ce fut un malheureux instant; car vous savez que je ne suis pas sujet à avoir du sens commun, et je vous promets de n'en avoir de ma vie.

Ce qu'il y a de plaisant, c'est que, tandis que je lui tenais ce discours, il en exécutait la pantomime. Il s'était prosterné; il avait collé son visage contre terre; il paraissait tenir entre ses deux mains le bout d'une pantoufle;[139] il pleurait; il sanglotait; il disait: Oui, ma petite reine; oui, je le promets; je n'en aurai de ma vie, de ma vie. Puis, se relevant brusquement, il ajouta d'un ton sérieux et réfléchi:

LUI. Oui, vous avez raison. Je crois que c'est le mieux. Elle est bonne. M. Vieillard[140] dit qu'elle est si bonne. Moi, je sais un peu qu'elle l'est. Mais cependant aller

126. *chien:* here, fool.
127. *tirez:* get out.
128. *de reste:* in plenty.
129. *où donner de la tête:* which way to turn.
130. *à bouche que veux-tu:* richly.
131. *regrat:* scraps.
132. M. de Soubise's extensive stables sheltered many vagabonds.
133. *Robbé:* a starveling poet.
134. *hennissement:* whinnying.
135. *piétinement:* stamping.
136. *débraillé:* untidy.
137. *ébouriffés:* wild.
138. *la divinité:* Mlle Hus, celebrated actress, mistress of the opulent financier Bertin.
139. *pantoufle:* slipper.
140. *M. Vieillard:* rival of M. Bertin for the favors of Mlle Hus.

s'humilier devant une guenon![141] Crier miséricorde aux pieds d'une misérable petite histrionne[142] que les sifflets[143] du parterre ne cessent de poursuivre! Moi, Rameau! fils de M. Rameau, apothicaire de Dijon, qui est un homme de bien et qui n'a jamais fléchi le genou devant qui que ce soit! Moi, Rameau, le neveu de celui qu'on appelle le grand Rameau, qu'on voit se promener droit et les bras en l'air, au Palais Royal, depuis que M. Carmontelle[144] l'a dessiné courbé, et les mains sous les basques[145] de son habit! Moi qui ai composé des pièces de clavecin que personne ne joue, mais qui seront peut-être les seules qui passeront à la postérité, qui les jouera! Moi! moi enfin! j'irais…Tenez, Monsieur, cela ne se peut!…

MOI. Ayez donc le courage d'être gueux.

LUI. Il est dur d'être gueux, tandis qu'il y a tant de sots opulents aux dépens desquels on peut vivre. Et puis le mépris de soi; il est insupportable.

MOI. Est-ce que vous connaissez ce sentiment-là?

LUI. Si je le connais! Combien de fois je me suis dit: Comment, Rameau, il y a dix mille bonnes tables à Paris, à quinze ou vingt couverts chacune; et de ces couverts-là, il n'y en a pas un pour toi! Il y a des bourses pleines d'or qui se versent de droite et de gauche, et il n'en tombe pas une pièce sur toi! Mille petits beaux esprits, sans talent, sans mérite; mille petites créatures, sans charmes; mille plats intrigants sont bien vêtus, et tu irais tout nu? Et tu serais imbécile à ce point? Est-ce que tu ne saurais pas flatter comme un autre? Est-ce que tu ne saurais pas mentir, jurer, parjurer, promettre, tenir ou manquer comme un autre? Est-ce que tu ne saurais pas te mettre à quatre pattes,

comme un autre? Est-ce que tu ne saurais pas favoriser l'intrigue de Madame, et porter le billet-doux de Monsieur, comme un autre? Est-ce que tu ne saurais pas encourager ce jeune homme à parler à Mademoiselle, et persuader à Mademoiselle de l'écouter, comme un autre? Est-ce que tu ne saurais pas faire entendre à la fille d'un de nos bourgeois qu'elle est mal mise,[146] que de belles boucles d'oreilles, un peu de rouge, des dentelles, une robe à la polonaise,[147] lui siéraient[148] à ravir? que ces petits pieds-là ne sont pas faits pour marcher dans la rue? qu'il y a un beau monsieur, jeune et riche, qui a un habit galonné[149] d'or, un superbe équipage, six grands laquais, qui l'a vue en passant, qui la trouve charmante; et que depuis ce jour-là il en a perdu le boire et le manger; qu'il n'en dort plus, et qu'il en mourra?—Mais mon papa!—Bon, bon, votre papa! il s'en fâchera d'abord un peu.—Et maman qui me recommande tant d'être honnête fille?—Vieux propos qui ne signifient rien.—Et mon confesseur?—Vous ne le verrez plus: ou si vous persistez dans la fantaisie d'aller lui faire l'histoire de vos amusements, il vous en coûtera quelques livres de sucre et de café. —C'est un homme sévère qui m'a déjà refusé l'absolution, pour la chanson, *Viens dans ma cellule*.[150]— C'est que vous n'aviez rien à lui donner. Mais quand vous lui apparaîtrez en dentelles…—J'aurai donc des dentelles? —Sans doute, et de toutes les sortes…en belles boucles de diamants…—J'aurai donc de belles boucles de diamants?— Oui. —Comme celles de cette marquise qui vient quelquefois prendre des gants, dans notre boutique?—Précisément. Dans un bel équipage, avec des chevaux gris pommelés,[151] deux grands laquais,

141. *guenon:* monkey.
142. *histrionne:* bad actress.
143. *sifflets:* whistles, hisses.
144. *Carmontelle:* artist and dramatic writer. (His engraving of Rameau the musician is as Diderot describes it.)
145. *basques:* coattails.
146. *mal mise:* poorly dressed.

147. *robe à la polonaise:* furtrimmed dress, in fashion of the moment.
148. *siéraient:* would suit.
149. *galonné:* frogged, adorned.
150. *Viens dans ma cellule:* popular song, suggesting loose habits of monks.
151. *pommelés:* dappled.

un petit nègre, et le coureur[152] en avant, du rouge, des mouches,[153] la queues[154] portée.—Au bal?—Au bal, à l'Opéra, à la Comédie…(Déjà le cœur lui tressaillit[155] de joie. Tu joues avec un papier entre les doigts.)—Qu'est cela?—Ce n'est rien.— Il me semble que si. —C'est un billet.—Et pour qui?—Pour vous, si vous étiez un peu curieuse.—Curieuse, je le suis beaucoup. Voyons…(*Elle le lit*.) Une entrevue, cela ne se peut.—En allant à la messe.— Maman m'accompagne toujours; mais s'il venait ici, un peu matin; je me lève la première; et je suis au comptoir avant qu'on soit levé…Il vient; il plaît; un beau jour, à la brune,[156] la petite disparaît, et l'on compte mes deux mille écus…Et quoi, tu possèdes ce talent-là, et tu manques de pain? N'as-tu pas de honte, malheureux? Je me rappelais un tas de coquins qui ne m'allaient pas à la cheville[157] et qui regorgeaient de richesse. J'étais en surtout de baracan,[158] et ils étaient couverts de velours; ils s'appuyaient sur la canne à pomme d'or[159] et en bec de corbin;[160] et ils avaient l'Aristote ou le Platon[161] au doigt. Qu'étaient-ce pourtant? la plupart de misérables croquenotes;[162] aujourd'hui ce sont des espèces de seigneurs. Alors je me sentais du courage, l'âme élevée, l'esprit subtil, et capable de tout. Mais ces heureuses dispositions apparemment ne duraient pas; car jusqu'à présent, je n'ai pu faire un certain chemin. Quoi qu'il en soit, voilà le texte de mes fréquents soliloques, que vous pouvez paraphraser à votre fantaisie, pourvu que vous concluiez que je connais le mépris de soi-même, ou ce tourment de la conscience qui naît de l'inutilité des dons que le Ciel nous a

départis;[163] c'est le plus cruel de tous. Il vaudrait presque autant que l'homme ne fût pas né.

Je l'écoutais; et à mesure qu'il faisait la scène du proxénète[164] et de la jeune fille qu'il séduisait, l'âme agitée de deux mouvements opposés, je ne savais si je m'abandonnerais à l'envie de rire, ou au transport de l'indignation. Je souffrais. Vingt fois un éclat de rire empêcha ma colère d'éclater; vingt fois la colère qui s'élevait au fond de mon cœur se termina par un éclat de rire. J'étais confondu de tant de sagacité et de tant de bassesse, d'idées si justes et alternativement si fausses; d'une perversité si générale de sentiments, d'une turpitude si complète, et d'une franchise si peu commune.

[*Rameau protests that he has nevertheless the equipment of a good musician and especially great strength and suppleness of wrist.*]

Et tout en disant cela, de la main droite il s'était saisi les doigts et le poignet[165] de la main gauche et il les renversait en dessus, en dessous, l'extrémité des doigts touchait au bras, les jointures en craquaient; je craignais que les os n'en demeurassent disloqués.

Prenez garde, lui dis-je, vous allez vous estropier.[166]

LUI. Ne craignez rien, ils y sont faits; depuis dix ans je leur en ai bien donné d'une autre façon; malgré qu'ils en eussent,[167] il a bien fallu que les bougres[168] s'y accoutumassent et qu'ils apprissent à se placer sur les touches[169] et à voltiger[170] sur les cordes; aussi à présent cela va, oui, cela va…

152. *coureur:* outrider, mounted servant.
153. *mouches:* beauty patches.
154. *queue:* train (of gown).
155. *tressaillit* (an unusual form instead of *tressaille*): quivers.
156. *à la brune:* at dusk or dawn.
157. *cheville:* ankle.
158. *surtout de baracan:* coat of rough material.
159. *à pomme d'or:* gold-knobbed.
160. *en bec de corbin:* crutch-handled.
161. *l'Aristote ou le Platon:* perhaps types of

diamonds, perhaps ancient cameos.
162. *croquenotes:* wretched musicians.
163. *départis:* assigned, granted.
164. *proxénète:* go-between, pander.
165. *poignet:* wrist.
166. *estropier:* cripple.
167. *malgré qu'ils en eussent:* in spite of themselves.
168. *bougres:* little devils.
169. *touches:* keys.
170. *voltiger:* flutter.

En même temps, il se met dans l'attitude d'un joueur de violon; il fredonne[171] de la voix un *allegro* de Locatelli, son bras droit imite le mouvement de l'archet,[172] sa main gauche et ses doigts semblent se promener sur la longueur du manche;[173] s'il fait un faux ton, il s'arrête, il remonte ou baisse la corde; il la pince de l'ongle pour s'assurer si elle est juste; il reprend le morceau où il l'a laissé. Il bat la mesure du pied, il se démène[174] de la tête, des pieds, des mains, des bras, du corps, comme vous avez vu quelquefois, au concert spirituel,[175] Ferrari ou Chiabran, ou quelque autre virtuose dans les mêmes convulsions, m'offrant l'image du même supplice et me causant à peu près la même peine; car n'est-ce pas une chose pénible à voir que le tourment dans celui qui s'occupe à me peindre le plaisir? Tirez entre cet homme et moi un rideau qui me la cache, s'il faut qu'il me montre un patient appliqué à la question.[176] Au milieu de ses agitations et de ses cris, s'il se présentait une tenue,[177] un de ces endroits harmonieux où l'archet se meut lentement sur plusieurs cordes à la fois, son visage prenait l'air de l'extase, sa voix s'adoucissait, il s'écoutait avec ravissement; il est sûr que les accords[178] résonnaient dans ses oreilles et dans les miennes. Puis remettant son instrument sous son bras gauche de la même main dont il le tenait, et laissant tomber sa main droite avec son archet: Eh bien, me disait-il, qu'en pensez-vous?

MOI. A merveille!

LUI. Cela va, ce me semble, cela résonne à peu près comme les autres…

Et aussitôt il s'accroupit[179] comme un musicien qui se met au clavecin.

MOI. Je vous demande grâce pour vous et pour moi.

LUI. Non, non, puisque je vous tiens, vous m'entendrez. Je ne veux point d'un suffrage qu'on m'accorde sans savoir pourquoi. Vous me louerez d'un ton plus assuré, et cela me vaudra[180] quelque écolier.

MOI. Je suis si peu répandu,[181] et vous allez vous fatiguer en pure perte.

LUI. Je ne me fatigue jamais.

Comme je vis que je voudrais inutilement avoir pitié de mon homme, car la sonate sur le violon l'avait mis tout en eau, je pris le parti de le laisser faire; le voilà donc assis au clavecin, les jambes fléchies,[182] la tête élevée vers le plafond où l'on eût dit qu'il voyait une partition[183] notée, chantant, préludant, exécutant une pièce d'Alberti ou de Galuppi, je ne sais lequel des deux. Sa voix allait comme le vent et ses doigts voltigeaient sur les touches, tantôt laissant le dessus[184] pour prendre la basse, tantôt quittant la partie d'accompagnement pour revenir au dessus. Les passions se succédaient sur son visage; on y distinguait la tendresse, la colère, le plaisir, la douleur: on sentait les *piano*, les *forte*, et je suis sûr qu'un plus habile que moi aurait reconnu le morceau au mouvement, au caractère, à ses mines et à quelques traits de chant qui lui échappaient par intervalle. Mais, ce qu'il avait de bizarre, c'est que de temps en temps il tâtonnait,[185] se reprenait[186] comme s'il eût manqué, et se dépitait[187] de n'avoir plus la pièce dans les doigts.

Enfin, vous voyez, dit-il en se redressant et en essuyant les gouttes de sueur qui descendaient le long de ses joues, que nous savons aussi placer un

171. *fredonne:* hums.
172. *archet:* violin bow.
173. *manche:* neck (of violin).
174. *se démène:* tosses about.
175. *concert spirtuel:* concerts of religious music, given at Tuileries palace.
176. *patient…question:* victim submitted to legal torture.
177. *tenue:* sustained note.
178. *accords:* chords.

179. *s'accroupit:* crouched.
180. *vaudra: here,* will bring in.
181. *Je suis si peu répandu:* I get around so little.
182. *fléchies:* bent.
183. *partition:* score.
184. *dessus:* treble.
185. *tâtonnait:* would feel his way.
186. *se reprenait:* would correct himself.
187. *se dépitait:* would show annoyance.

triton,[188] une quinte[189] superflue, et que l'enchaînement des dominantes nous est familier. Ces passages enharmoniques,[190] dont le cher oncle a fait tant de bruit, ce n'est pas la mer à boire, nous nous en tirons.

MOI. Vous vous êtres donné bien de la peine pour me montrer que vous étiez fort habile; j'étais homme à vous croire sur votre parole.

LUI. Fort habile, oh! non; pour mon métier, je le sais à peu près, et c'est plus qu'il ne faut; car, dans ce pays-ci, est-ce qu'on est obligé de savoir ce qu'on montre?[191]

MOI. Pas plus que de savoir ce qu'on apprend.

LUI. Cela est juste, morbleu! et très juste! Là, monsieur le philosophe, la main sur la conscience, parlez net;[192] il y eut un temps où vous n'étiez pas cossu[193] comme aujourd'hui.

MOI. Je ne le suis pas encore trop.

LUI. Mais vous n'iriez plus au Luxembourg[194] en été…Vous vous en souvenez?…

MOI. Laissons cela, oui, je m'en souviens.

LUI. En redingote de peluche grise…[195]

MOI. Oui, oui.

LUI. Éreintée[196] par un des côtés, avec la manchette[197] déchirée et les bas de laine noirs et recousus par derrière avec du fil blanc.

MOI. Et oui, oui, tout comme il vous plaira.

LUI. Que faisiez-vous alors dans l'allée des Soupirs?[198]

MOI. Une assez triste figure.

LUI. Au sortir de là, vous trottiez sur le pavé.

MOI. D'accord.

LUI. Vous donniez des leçons de mathématiques.[199]

MOI. Sans en savoir un mot; n'est-ce pas là que vous en vouliez venir?

LUI. Justement.

MOI. J'apprenais en montrant aux autres, et j'ai fait quelques bons écoliers.

LUI. Cela se peut; mais il n'en est pas de la musique comme de l'algèbre ou de la géométrie. Aujourd'hui que vous êtes un gros monsieur…

MOI. Pas si gros.

LUI. Que vous avez du foin dans vos bottes…[200]

MOI. Très peu.

LUI. Vous donnez des maîtres à votre fille.

MOI. Pas encore; c'est sa mère qui se mêle de son éducation; car il faut avoir la paix chez soi.[201]

LUI. La paix chez soi? Morbleu! on ne l'a que quand on est le serviteur ou le maître, et c'est le maître qu'il faut être…J'ai eu une femme…Dieu veuille avoir son âme; mais quand il lui arrivait quelquefois de se rebéquer,[202] je m'élevais sur mes ergots,[203] je déployais mon tonnerre, je disais comme Dieu: « Que la lumière se fasse »; et la lumière était faite. Aussi, en quatre années de temps, nous n'avons pas eu dix fois un mot plus haut que l'autre. Quel âge a votre enfant?

MOI. Cela ne fait rien à l'affaire.

LUI. Quel âge a votre enfant?

MOI. Eh que diable! laissons là mon enfant et son âge, et revenons aux maîtres qu'elle aura.

LUI. Pardieu! je ne sache rien de si têtu[204] qu'un philosophe. En vous suppliant

188. *triton:* tritone, augmented fourth.
189. *quinte:* fifth.
190. enharmonic modulations (developed by Rameau).
191. *montre:* teaches.
192. *parlez net:* speak clearly, tell the truth.
193. *cossu:* rich.
194. *Luxembourg:* public gardens, on left bank of the Seine.
195. *redingote de peluche grise:* tail coat of gray plush.
196. *Éreintée:* Threadbare.
197. *manchette:* cuff.
198. *allée des Soupirs:* walk in Luxembourg gardens; so called, no doubt, because frequented by lovers.
199. *Vous donniez…mathématiques:* A fact.
200. *vous avez…bottes:* you are well off.
201. Mme Diderot was said to be a complaining termagant.
202. *se rebéquer:* talk back.
203. *ergots:* spurs (of a cock); *je m'élevais sur mes ergots:* I would stand up on my hind legs.
204. *têtu:* obstinate.

très humblement, ne pourrait-on savoir de monseigneur le philosophe quel âge à peu près peut avoir mademoiselle sa fille?

MOI. Supposez-lui huit ans.

LUI. Huit ans! Il y a quatre ans que cela devrait avoir les doigts sur les touches.

MOI. Mais peut-être ne me soucié-je pas trop de faire entrer dans le plan de son éducation une étude qui occupe si longtemps et qui sert si peu.

LUI. Et que lui apprendrez-vous donc, s'il vous plaît?

MOI. A raisonner juste, si je puis; chose si peu commune parmi les hommes, et plus rare encore parmi les femmes.

LUI. Eh! laissez-la déraisonner tant qu'elle voudra, pourvu qu'elle soit jolie, amusante et coquette.

MOI. Puisque la nature a été assez ingrate envers elle pour lui donner une organisation délicate avec une âme sensible, et l'exposer aux mêmes peines de la vie que si elle avait une organisation forte et un cœur de bronze, je lui apprendrai, si je puis, à les supporter avec courage.

LUI. Eh! laissez-la pleurer, souffrir, minauder,[205] avoir des nerfs agacés comme les autres, pourvu qu'elle soit jolie, amusante et coquette. Quoi! point de danse?

MOI. Pas plus qu'il n'en faut pour faire une révérence, avoir un maintien décent, se bien présenter et savoir marcher.

LUI. Point de chant?

MOI. Pas plus qu'il n'en faut pour bien prononcer.

LUI. Point de musique?

MOI. S'il y avait un bon maître d'harmonie, je la lui confierais volontiers deux heures par jour pendant un ou deux ans, pas davantage.

LUI. Et à la place des choses essentielles que vous supprimez?…

MOI. Je mets de la grammaire, de la fable,[206] de l'histoire, de la géographie, un peu de dessin et beaucoup de morale.

LUI. Combien il me serait facile de vous prouver l'inutilité de toutes ces connaissances-là dans un monde tel que le nôtre; que dis-je, l'inutilité! peut-être le danger! Mais je m'en tiendrai pour ce moment à une question: ne lui faudra-t-il pas un ou deux maîtres?

MOI. Sans doute.

LUI. Ah! nous y revoilà. Et ces maîtres, vous espérez qu'ils sauront la grammaire, la fable, l'histoire, la géographie, la morale, dont ils lui donneront des leçons? Chansons,[207] mon cher maître, chansons; s'ils possédaient ces choses assez pour les montrer, ils ne les montreraient pas.

MOI. Et pourquoi?

LUI. C'est qu'ils auraient passé leur vie à les étudier. Il faut être profond dans l'art ou dans la science pour en bien posséder les éléments. Les ouvrages classiques[208] ne peuvent être bien faits que par ceux qui ont blanchi sous le harnais,[209] c'est le milieu et la fin qui éclaircissent les ténèbres du commencement; demandez à votre ami, M. d'Alembert,[210] le coryphée[211] de la science mathématique, s'il serait trop bon pour en faire des éléments. Ce n'est qu'après trente à quarante à quarante ans d'exercice que mon oncle a entrevu les premières lueurs de la théorie musicale.

MOI. O fou, archifou! m'écriai-je, comment se fait-il que dans ta mauvaise tête il se trouve des idées si justes pêle-mêle avec tant d'extravagances?

LUI. Qui diable sait cela? C'est le hasard qui vous le jette, et elles demeurent. Tant y a[212] que quand on ne sait pas tout, on ne sait rien de bien; on ignore où une chose

205. *minauder:* simper.
206. *fable:* mythology.
207. *Chansons:* Nonsense.
208. *ouvrages classiques:* textbooks.
209. *blanchi sous le harnais:* grown gray in the service.
210. *d'Alembert:* celebrated mathematician and *philosophe*, Diderot's collaborator on the *Encyclopédie.*
211. *coryphée:* ballet leader, prima donna.
212. *Tant y a:* The fact remains.

va, d'où une autre vient, où celle-ci et celle-là veulent être placées; laquelle doit passer la première, où sera mieux la seconde. Montre-t-on bien sans la méthode? Et la méthode, d'où naît-elle? Tenez, mon philosophe, j'ai dans la tête que la physique sera toujours une pauvre science; une goutte d'eau prise avec la pointe d'une aiguille dans le vaste océan, un grain détaché de la chaîne des Alpes. Et les raisons des phénomènes? En vérité, il vaudrait autant ignorer que de savoir si peu et si mal; et c'était précisément où j'en étais, lorsque je me fis maître d'accompagnement et de composition. A quoi rêvez-vous?

MOI. Je rêve que tout ce que vous venez de dire est plus spécieux que solide. Mais laissons cela. Vous avez montré, dites-vous, l'accompagnement et la composition?

LUI. Oui.

MOI. Et vous n'en saviez rien du tout?

LUI. Non, ma foi; et c'est pour cela qu'il y en avait de pires que moi: ceux qui croyaient savoir quelque chose. Au moins, je ne gâtais ni le jugement ni les mains des enfants. En passant de moi à un bon maître, comme ils n'avaient rien appris, du moins ils n'avaient rien à désapprendre; et c'était toujours autant d'argent et de temps épargné.

MOI. Comment faisiez-vous?

LUI. Comme ils font tous. J'arrivais. Je me jetais dans une chaise. « Que le temps est mauvais! Que le pavé est fatigant! » Je bavardais[213] quelques nouvelles. « Mademoiselle Lemière devait faire un rôle de vestale dans l'opéra nouveau; mais elle est grosse pour la seconde fois. On ne sait qui la doublera.[214] Mademoiselle Arnould[215] vient de quitter son petit comte. On dit qu'elle est en négociation avec Bertin.[216] Le petit comte a pourtant trouvé la porcelaine de M. de Montamy.[217] Il y avait, au dernier Concert des Amateurs, une Italienne qui a chanté comme un ange. C'est un rare corps que ce Préville.[218] Il faut le voir dans le *Mercure galant*; l'endroit de l'énigme est impayable.[219] Cette pauvre Dumesnil[220] ne sait plus ce qu'elle dit ni ce qu'elle fait. Allons, Mademoiselle; prenez votre livre! »

Tandis que Mademoiselle, qui ne se presse pas, cherche son livre, qu'elle a égaré, qu'on appelle une femme de chambre, qu'on gronde, je continue: « La Clairon[221] est vraiment incompréhensible. On parle d'un mariage fort saugrenu.[222] C'est celui de Mademoiselle…comment l'appelez-vous? une petite créature qu'il entretenait, à qui il a fait deux ou trois enfants, qui avait été entretenue par tant d'autres.—Allons, Rameau, cela ne se peut; vous radotez.[223]—Je ne radote point; on dit même que la chose est faite. Le bruit court que Voltaire est mort;[224] tant mieux.—Et pourquoi tant mieux? C'est qu'il va nous donner quelque bonne folie; c'est son usage que de mourir une quinzaine auparavant. » Que vous dirai-je encore? Je disais quelques polissonneries[225] que je rapportais des maisons où j'avais été, car nous sommes tous grands colporteurs.[226] Je faisais le fou, on m'écoutait, on riait, on s'écriait: « Il est toujours charmant. » Cependant le livre de mademoiselle s'était retrouvé sous un fauteuil où il avait été traîné,

213. *bavardais:* would gossip; *here,* tell idly.
214. *doublera:* will replace.
215. *Arnould:* famous actress, supported by comte de Lauraguais.
216. *Bertin:* financier, already mentioned.
217. *Montamy:* chemist who spent his life seeking to reproduce Chinese porcelain. (The Comte de Lauraguais employed a group of chemists to discover the secret, and outdistanced Montamy.)
218. *Préville:* popular actor, starred in *Mercure galant,* seventeenth-century comedy by Boursault.
219. *impayable:* marvelous, "terrific."
220. *Dumesnil:* famous actress, ruined by drink.
221. *Clairon:* actress, already mentioned.
222. *saugrenu:* ridiculous.
223. *vous radotez:* you're talking drivel.
224. Voltaire's death had been three times reported. Voltaire, delighted, with the publicity, made amusing denials.
225. *polissonneries:* broad jests.
226. *colporteurs:* here, scandal bearers.

mâchonné,[227] déchiré par un jeune doguin,[228] ou par un petit chat. Elle se mettait à son clavecin: d'abord elle y faisait du bruit toute seule, ensuite je m'approchais, après avoir fait à la mère un signe d'approbation.

La mère: « Cela ne va pas mal; on n'aurait qu'à vouloir, mais on ne veut pas; on aime mieux perdre son temps à jaser,[229] a chiffonner,[230] à courir, à je ne sais quoi. Vous n'êtes pas sitôt parti, que le livre est fermé pour ne le rouvrir qu'à votre retour. Aussi vous ne la grondez jamais. »

Cependant, comme il fallait faire quelque chose, je lui prenais les mains que je lui plaçais autrement; je me dépitais, je criais: « *Sol, sol, sol*, mademoiselle, c'est un *sol*. »

La mère: « Mademoiselle, est-ce que vous n'avez point d'oreille? Moi qui ne suis pas au clavecin, et qui ne vois pas sur votre livre, je sens qu'il faut un *sol*. Vous donnez une peine infinie à monsieur; je ne conçois pas sa patience; vous ne retenez rien de ce qu'il vous dit, vous n'avancez point… »

Alors je rabattais un peu les coups,[231] et hochant[232] de la tête, je disais: « Pardonnez-moi, madame, pardonnez-moi; cela pourrait aller mieux si mademoiselle voulait, si elle étudiait un peu, mais cela ne va pas mal. »

La mère: « A votre place, je la tiendrais un an sur la même pièce.

—Oh! pour cela, elle n'en sortira pas qu'elle ne soit au-dessus de toute difficulté, et cela ne sera pas aussi long que madame le croit.

—Monsieur Rameau, vous la flattez. Vous êtes trop bon. Voilà de la leçon la seule chose qu'elle retiendra et qu'elle saura bien me répéter dans l'occasion… »

L'heure se passait, mon écolière me présentait mon petit cachet[233] avec la grâce du bras et la révérence qu'elle avait apprise du maître à danser: je le mettais dans ma poche, pendant que la mère disait: « Fort bien, mademoiselle; si Javillier[234] était là, il vous applaudirait… » Je bavardais encore un moment par bienséance;[235] je disparaissais ensuite, et voilà ce qu'on appelait alors une leçon d'accompagnement.

MOI. Et aujourd'hui c'est donc autre chose?

LUI. Vertudieu! je le crois. J'arrive; je suis grave; je me hâte d'ôter mon manchon,[236] j'ouvre le clavecin, j'essaye les touches. Je suis toujours pressé; si l'on me fait attendre un moment, je crie comme si l'on me volait un écu; dans une heure d'ici il faut que je sois là, dans deux heures chez Mme la duchesse une telle; je suis attendu à dîner chez une belle marquise, et au sortir de là, c'est un concert chez M. le baron de Bagge,[237] rue Neuve-des-Petits-Champs.

MOI. Et cependant vous n'êtes attendu nulle part?

LUI. Il est vrai.

MOI. Et pourquoi employer toutes ces petites viles ruses-là?

LUI. Viles! Et pourquoi, s'il vous plaît? Elles sont d'usage dans mon état; je ne m'avilis pas en faisant comme tout le monde. Ce n'est pas moi qui les ai inventées, et je serais bizarre et maladroit de ne pas m'y conformer. Vraiment, je sais bien que si vous allez appliquer à cela certains principes généraux de je ne sais quelle morale qu'ils ont tous à la bouche et qu'aucun d'eux ne pratique, il se trouvera que ce qui est blanc est noir et que ce qui est noir sera blanc; mais, monsieur le philosophe, il y a une conscience générale, comme il y a une grammaire générale, et puis des exceptions dans chaque langue, que vous appelez, je crois, vous autres savants, des…aidez-moi donc, des…

227. *mâchonné*: chewed.
228. *doguin*: pug dog.
229. *jaser*: chatter.
230. *chiffonner*: fuss with clothes.
231. *rabattais…coups*: would calm things down a little.
232. *hochant:* tossing (to express disagreement).
233. *cachet:* fee.
234. *Javillier:* the King's dancing master.
235. *bienséance:* good form.
236. *manchon:* muff.
237. *de Bagge:* wealthy Dutch amateur of music.

MOI. *Idiotismes.*[238]

LUI. Tout juste. Eh bien, chaque état[239] a ses exceptions à la conscience générale auxquelles je donnerais volontiers les noms d'*idiotismes* de métier.

MOI. J'entends, Fontenelle parle bien, écrit bien, quoique son style fourmille[240] d'*idiotismes* français.

LUI. Et le souverain, le ministre, le financier, le magistrat, le militaire, l'homme de lettres, l'avocat, le procureur,[241] le commerçant, le banquier, l'artisan, le maître à chanter, le maître à danser, sont de fort honnêtes gens, quoique leur conduite s'écarte en plusieurs points de la conscience générale, et soit remplie d'idiotismes moraux. Plus l'institution des choses est ancienne, plus il y a d'idiotismes; plus les temps sont malheureux, plus les idiotismes se multiplient. Tant vaut l'homme, tant vaut le métier; et réciproquement, à la fin, tant vaut le métier, tant vaut l'homme. On fait donc valoir le métier tant qu'on peut.

MOI. Ce que je conçois clairement à tout cet entortillage,[242] c'est qu'il y a peu de métiers honnêtement exercés, ou peu d'honnêtes gens dans leurs métiers.

LUI. Bon! il n'y en a point; mais, en revanche, il y a peu de fripons hors de leur boutique, et tout irait assez bien sans un certain nombre de gens qu'on appelle assidus, exacts, remplissant rigoureusement leur devoir, stricts, ou, ce qui revient au même, toujours dans leur boutique, et faisant leur métier depuis le matin jusqu'au soir, et ne faisant que cela. Aussi sont-ils les seuls qui deviennent opulents et qui soient estimés.

MOI. A force d'idiotismes.

LUI. C'est cela; je vois que vous m'avez compris. Or donc un idiotisme de presque tous les états, car il y en a de communs à tous les pays, à tous les temps, comme il y a des sottises communes, un idiotisme commun est de se procurer le plus de pratiques[243] que l'on peut: une sottise commune est de croire que le plus habile est celui qui en a le plus. Voilà deux exceptions à la conscience générale auxquelles il faut se plier. C'est une espèce de crédit, ce n'est rien en soi; mais cela vaut par l'opinion. On a dit que *bonne renommée valait mieux que ceinture dorée*; cependant qui a bonne renommée n'a pas ceinture dorée, et je vois aujourd'hui que qui a ceinture dorée ne manque guère de renommée. Il faut, autant qu'il est possible, avoir le renom et la ceinture, et c'est mon objet lorsque je me fais valoir par ce que vous qualifiez d'adresses viles, d'indignes petites ruses. Je donne ma leçon et je la donne bien: voilà la règle générale; je fais croire que j'en ai plus à donner que la journée n'a d'heures, voilà l'idiotisme.

MOI. Et la leçon, vous la donnez bien?

LUI. Oui, pas mal, passablement. La basse fondamentale[244] du cher oncle a bien simplifié tout cela. Autrefois je volais l'argent de mon écolier, oui, je le volais, cela est sûr; aujourd'hui je le gagne, du moins comme les autres.

MOI. Et le voliez-vous sans remords?

LUI. Ho! sans remords. On dit que *si un voleur vole l'autre, le diable s'en rit.* Les parents regorgeaient d'une fortune acquise Dieu sait comment; c'étaient des gens de cour, des financiers, de gros commerçants, des banquiers, des gens d'affaires. Je les aidais à restituer, moi et une foule d'autres qu'ils employaient comme moi. Dans la nature, toutes les espèces se dévorent; toutes les conditions se dévorent dans la société. Nous faisons justice les uns des autres sans que la loi s'en mêle. La Deschamps[245] autrefois, aujourd'hui la Guimard[246] vengent le

238. *Idiotismes:* Idioms; *here,* accepted violations of general rules; tricks of the trade.

239. *état:* profession, trade.

240. *fourmille:* swarms.

241. *procureur:* attorney.

242. *entortillage:* jumble.

243. *pratiques:* clients, business.

244. *basse fondamentale:* a rational, unwritten bass on which Rameau superimposed his melody.

245–246. *Deschamps, Guimard:* opera dancers, famous for their gallantries, their ill-acquired wealth, their lavish spending, their ultimate destitution.

prince du financier; et c'est la marchande de modes, le bijoutier, le tapissier, la lingère, l'escroc,[247] la femme de chambre, le cuisinier, le bourrelier[248] qui vengent le financier de la Deschamps. Au milieu de tout cela il n'y a que l'imbécile ou l'oisif qui soit lésé[249] sans avoir vexé[250] personne, et c'est fort bien fait. D'où vous voyez que ces exceptions à la conscience générale, ou ces idiotismes moraux dont on fait tant de bruit sous la dénomination de *tours du bâton*,[251] ne sont rien, et qu'à tout prendre, il n'y a que le coup d'œil qu'il faut avoir juste.

MOI. J'admire le vôtre.

LUI. Et puis la misère. La voix de la conscience et de l'honneur est bien faible, lorsque les boyaux crient.[252] Suffit que si je deviens jamais riche, il faudra bien que je restitue, et que je suis bien résolu à restituer de toutes les manières possibles, par la table, par le jeu, par le vin, par les femmes.

MOI. Mais j'ai peur que vous ne deveniez jamais riche.

LUI. Moi, j'en ai le soupçon.

MOI. Mais s'il en arrivait autrement, que feriez-vous?

LUI. Je ferais comme tous les gueux revêtus;[253] je serais le plus insolent maroufle[254] qu'on eût encore vu. C'est alors que je me rappellerais tout ce qu'ils m'ont fait souffrir, et je leur rendrais bien les avanies[255] qu'ils m'ont faites. J'aime à commander, et je commanderai. J'aime qu'on me loue, et l'on me louera. J'aurai à mes gages toute la troupe vilmorienne,[256] et je leur dirai, comme on me l'a dit: « Allons, faquins, qu'on m'amuse, » et l'on m'amusera; « Qu'on me déchire les honnêtes gens, » et on les déchirera, si l'on en trouve encore; et puis nous aurons

des filles, nous nous tutoierons quand nous serons ivres; nous nous enivrerons, nous ferons des contes, nous aurons toutes sortes de travers et de vices. Cela sera délicieux. Nous prouverons que Voltaire est sans génie; que Buffon,[257] toujours guindé sur des échasses,[258] n'est qu'un déclamateur ampoulé;[259] que Montesquieu n'est qu'un bel esprit; nous reléguerons d'Alembert dans ses mathématiques; nous en donnerons sur dos et ventre à tous ces petits Catons[260] comme vous qui nous méprisent par envie, dont la modestie est le manteau de l'orgueil, et dont la sobriété est la loi du besoin. Et de la musique! C'est alors que nous en ferons.

MOI. Au digne emploi que vous feriez de la richesse, je vois combien c'est grand dommage que vous soyez gueux. Vous vivriez là d'une manière bien honorable pour l'espèce humaine, bien utile à vos concitoyens, bien glorieuse pour vous.

LUI. Mais je crois que vous vous moquez de moi. Monsieur le philosophe, vous ne savez pas à qui vous vous jouez; vous ne vous doutez pas que dans ce moment je représente la partie la plus importante de la ville et de la cour. Nos opulents dans tous les états ou se sont dit à eux-mêmes ou ne se sont pas dit les mêmes choses que je vous ai confiées; mais le fait est que la vie que je mènerais à leur place est exactement la leur. Voilà où vous en êtes, vous autres, vous croyez que le même bonheur est fait pour tous. Quelle étrange vision! Le vôtre suppose un certain tour d'esprit romanesque que nous n'avons pas, une âme singulière, un goût particulier. Vous décorez cette bizarrerie du nom de vertu, vous l'appelez philosophie; mais la vertu, la philosophe,

247. *escroc:* swindler.
248. *bourrelier:* harness maker.
249. *lésé:* injured.
250. *vexé:* harmed.
251. *tours du bâton:* graft.
252. *les boyaux crient:* the bowels complain (with hunger).
253. *revêtus:* dressed up (*i.e.*, suddenly prosperous).
254. *maroufle:* scoundrel.

255. *avanies:* affronts.
256. *troupe vilmorienne:* parasites on rich financier Vilmorien.
257. Buffon, celebrated scientist, writer on natural history. (See p. 446.)
258. *guindé sur des échasses:* stilt walking, stilted (in style).
259. *ampoulé:* inflated.
260. *Catons:* Catos, severe moralists.

sont-elles faites pour tout le monde? En a qui peut, en conserve qui peut. Imaginez l'univers sage et philosophe; convenez qu'il serait diablement triste. Tenez, vive la philosophie, vive la sagesse de Salomon:[261] boire de bon vin, se gorger de mets délicats, avoir de jolies femmes, se reposer dans des lits bien mollets;[262] excepté cela, le reste n'est que vanité.

MOI. Quoi! défendre sa patrie?

LUI. Vanité! Il n'y a plus de patrie; je ne vois d'un pôle à l'autre que des tyrans et des esclaves.

MOI. Servir ses amis?

LUI. Vanité! Est-ce qu'on a des amis? Quand on en aurait, faudrait-il en faire des ingrats? Regardez-y bien, et vous verrez que c'est presque toujours là ce qu'on recueille des services rendus. La reconnaissance est un fardeau, et tout fardeau est fait pour être secoué.

MOI. Avoir un état dans la société et en remplir les devoirs?

LUI. Vanité! Qu'importe qu'on ait un état ou non, pourvu qu'on soit riche, puisqu'on ne prend un état que pour le devenir? Remplir ses devoirs, à quoi cela mène-t-il? A la jalousie, au trouble, à la persécution. Est-ce ainsi qu'on avance? Faire sa cour, morbleu! faire sa cour, voir les grands, étudier leurs goûts, se prêter à leurs fantaisies, servir leurs vices, approuver leurs injustices: voilà le secret.

MOI. Veiller à l'éducation de ses enfants?

LUI. Vanité! C'est l'affaire d'un précepteur.

MOI. Mais si ce précepteur, pénétré de vos principes, néglige ses devoirs, qui est-ce qui en sera châtié?[263]

LUI. Ma foi, ce ne sera pas moi, mais peut-être un jour le mari de ma fille ou la femme de mon fils.

MOI. Mais si l'un et l'autre se précipitent dans la débauche et les vices?

LUI. Cela est de leur état.

MOI. S'ils se déshonorent?

LUI. Quoi qu'on fasse, on ne peut se déshonorer quand on est riche.

MOI. S'ils se ruinent?

LUI. Tant pis pour eux!

[*Rameau, reversing all accepted values, continues his cynical defense of parasitism, with many satirical mockeries of his companions, who are, as it happens, enemies of Diderot and the philosophes.*]

J'étais quelquefois surpris de la justesse des observations de ce fou sur les hommes et sur les caractères, et je le lui témoignai.

LUI. C'est, me répondit-il, qu'on tire parti de la mauvaise compagnie comme du libertinage; on est dédommagé[264] de la perte de son innocence par celle de ses préjugés: dans la société des méchants, où le vice se montre à masque levé, on apprend à les connaître; et puis j'ai un peu lu.

MOI. Qu'avez-vous lu?

LUI. J'ai lu et je lis, et relis sans cesse Théophraste,[265] La Bruyère et Molière.

MOI. Ce sont d'excellents livres.

LUI. Ils sont bien meilleurs qu'on ne pense; mais qui est-ce qui sait les lire?

MOI. Tout le monde, selon la mesure de son esprit.

LUI. Presque personne. Pourriez-vous me dire ce qu'on y cherche?

MOI. L'amusement et l'instruction.

LUI. Mais quelle instruction? car c'est là le point.

MOI. La connaissance de ses devoirs, l'amour de la vertu, la haine du vice.

LUI. Moi, j'y recueille tout ce qu'il faut faire et tout ce qu'il ne faut pas dire. Ainsi, quand je lis *L'Avare*,[266] je me dis: Sois avare si tu veux, mais garde-toi de parler comme l'avare. Quand je lis *Le Tartuffe*,[267] je me dis: Sois hypocrite si tu veux, mais ne parle pas comme

261. This hedonistic philosophy is not at all the wisdom of Solomon's Proverbs. Perhaps a reference to Ecclesiastes.

262. *mollets:* soft.

263. *châtié:* chastised, punished.

264. *dédommagé:* compensated.

265. Theophrastus, Greek philosopher and moralist, La Bruyère's model.

266. *L'Avare:* by Molière.

267. *Le Tartuffe:* by Molière.

l'hypocrite si tu veux, mais ne parle pas comme l'hypocrite. Garde des vices qui te sont utiles; mais n'en aie ni le ton ni les apparences qui te rendraient ridicule. Pour se garantir de ce ton, de ces apparences, il faut les connaître; or, ces auteurs en ont fait des peintures excellentes. Je suis moi et je reste ce que je suis, mais j'agis et je parle comme il convient. Je ne suis pas de ces gens qui méprisent les moralistes; il y a beaucoup à profiter, surtout en ceux qui ont mis la morale en action. Le vice ne blesse les hommes que par intervalle; les caractères apparents du vice les blessent du matin au soir. Peut-être vaudrait-il mieux être un insolent que d'en avoir la physionomie; l'insolent de caractère n'insulte que de temps en temps, l'insolent de physionomie insulte toujours. Au reste, n'allez pas imaginer que je sois le seul lecteur de mon espèce; je n'ai d'autre mérite ici que d'avoir fait, par système, par justesse d'esprit, par une vue raisonnable et vraie, ce que la plupart des autres font par instinct. De là vient que leurs lectures ne les rendent pas meilleurs que moi, mais qu'ils restent ridicules en dépit d'eux; au lieu que je ne le suis que quand je veux, et que je les laisse alors loin derrière moi; car le même art qui m'apprend à me sauver du ridicule en certaines occasions, m'apprend aussi dans d'autres à l'attraper[268] supérieurement. Je me rappelle alors tout ce que les autres ont dit, tout ce que j'ai lu, et j'y ajoute tout ce qui sort de mon fonds,[269] qui est en ce genre d'une fécondité surprenante.

MOI. Vous avez bien fait de me révéler ces mystères, sans quoi je vous aurais cru en contradiction.

LUI. Je n'y suis point, car pour une fois où il faut éviter le ridicule, heureusement il y en a cent où il faut s'en donner. Il n'y a pas de meilleur rôle auprès des grands que celui de fou. Longtemps il y a eu le fou du roi en titre,[270] en aucun[271] il n'y a eu en titre le sage du roi. Moi, je suis le fou de Bertin et de beaucoup d'autres, le vôtre peut-être dans ce moment, ou peut-être vous le mien: celui qui serait sage n'aurait point de fou; celui donc qui a un fou n'est pas sage; s'il n'est pas sage il est fou; et peut-être, fût-il le roi, le fou de son fou. Au reste, souvenez-vous que dans un sujet aussi variable que les mœurs, il n'y a rien d'absolument, d'essentiellement, de généralement vrai ou faux; sinon qu'il faut être ce que l'intérêt veut qu'on soit, bon ou mauvais, sage ou fou, décent ou ridicule, honnête ou vicieux. Si par hasard la vertu avait conduit à la fortune, ou j'aurais été vertueux, ou j'aurais simulé la vertu comme un autre; on m'a voulu ridicule et je me le suis fait; pour vicieux, nature seule en avait fait les frais.[272] Quand je dis vicieux, c'est pour parler votre langue, car si nous venions à nous expliquer, il pourrait arriver que vous appelassiez vice ce que j'appelle vertu, et vertu ce que j'appelle vice.

[*The conversation turns to music; Rameau makes many keen observations applauding and illustrating the work of the new Italian school.*]

Tandis qu'il me parlait ainsi, la foule qui nous environnait, ou n'entendant rien, ou prenant peu d'intérêt à ce qu'il disait, parce qu'en général l'enfant comme l'homme, et l'homme comme l'enfant, aime mieux s'amuser que s'instruire, s'était retirée; chacun était à son jeu, et nous étions restés seuls dans notre coin. Assis sur une banquette, la tête appuyée contre le mur, les bras pendants, les yeux à demi fermés, il me dit:

LUI. Je ne sais ce qui j'ai; quand je suis venu ici, j'étais frais et dispos, et me voilà roué,[273] brisé, comme si j'avais fait dix lieues; cela m'a pris subitement.

MOI. Voulez-vous vous rafraîchir?

268. *attraper: her*e, attain.
269. *fonds:* resources.
270. *fou...titre:* official King's jester.
271. *en aucun = en aucun temps.*

272. *en avait fait les frais:* had paid for it, was responsible.
273. *roué:* broken, exhausted.

LUI. Volontiers. Je me sens enroué,[274] les forces me manquent, et je souffre un peu de la poitrine. Cela m'arrive presque tous les jours comme cela, sans que je sache pourquoi.

MOI. Que voulez-vous?

LUI. Ce qui vous plaira; je ne suis pas difficile; l'indigence m'a appris à m'accommoder de tout.

On nous sert de la bière, de la limonade; il en remplit un grand verre qu'il vide deux ou trois fois…Il allait se noyer comme il s'était épuisé, sans s'en apercevoir, si je n'avais déplacé la bouteille qu'il cherchait de distraction.[275] Alors je lui dis:

MOI. Comment se fait-il qu'avec un tact aussi fin, une si grande sensibilité pour les beautés de l'art musical, vous soyez aussi aveugle sur les belles choses en morale, aussi insensible aux charmes de la vertu?

LUI. C'est apparemment qu'il y a pour les unes un sens que je n'ai pas, une fibre qui ne m'a point été donnée, une fibre lâche qu'on a beau pincer et qui ne vibre pas; ou peut-être c'est que j'ai toujours vécu avec de bons musiciens et de méchantes gens, d'où il arrive que mon oreille est devenue très fine et que mon cœur est devenu sourd. Et puis c'est qu'il y avait quelque chose de race. Le sang de mon père et le sang de mon oncle est le même sang; mon sang est le même que celui de mon père; la molécule paternelle était dure et obtuse, et cette maudite molécule première s'est assimilé tout le reste.

MOI. Aimez-vous votre enfant?

LUI. Si je l'aime, le petit sauvage! j'en suis fou.

MOI. Est-ce que vous ne vous occuperez pas sérieusement d'arrêter en lui l'effet de la maudite molécule paternelle?

LUI. J'y travaillerais, je crois, bien inutilement. S'il est destiné à devenir un homme de bien, je n'y nuirai pas; mais si la molécule voulait qu'il fût un vaurien[276] comme son père, les peines que j'aurais prises pour en faire un homme honnête lui seraient très nuisibles. L'éducation croisant sans cesse la pente de la molécule, il serait tiré comme par deux forces contraires et marcherait tout de guingois[277] dans le chemin de la vie, comme j'en vois une infinité, également gauches dans le bien et dans le mal. C'est ce que nous appelons des espèces,[278] de toutes les épithètes la plus redoutable, parce qu'elle marque la médiocrité et le dernier degré du mépris. Un grand vaurien est un grand vaurien, mais n'est point une espèce. Avant que la molécule paternelle n'eût repris le dessus et ne l'eût amené à la parfaite abjection où j'en suis, il lui faudrait un temps infini; il perdrait ses plus belles années; je n'y fais rien à présent, je le laisse venir. Je l'examine. Il est déjà gourmand, patelin,[279] filou,[280] paresseux, menteur; je crains bien qu'il ne chasse de race.[281]

MOI. Et vous en ferez un musicien afin qu'il ne manque rien à la ressemblance?

LUI. Un musicien! un musicien! quelquefois je le regarde en grinçant les dents et je dis: « Si tu devais jamais savoir une note, je crois que je te tordrais le cou. »

MOI. Et pourquoi cela, s'il vous plaît?

LUI. Cela ne mène a rien.

MOI. Cela mène à tout.

LUI. Oui, quand on excelle; mais qui est-ce qui peut se promettre de son enfant qu'il excellera? Il y a dix mille à parier contre un qu'il ne serait qu'un misérable râcleur[282] de cordes comme moi. Savez-vous qu'il serait peut-être plus aisé de trouver un enfant propre à gouverner un royaume, à faire un grand roi, qu'un grand violon![283]

MOI. Il me semble que les talents agréables, même médiocres, chez un peuple sans

274. *enroué:* hoarse.
275. *de distraction:* absent-mindedly.
276. *vaurien:* good-for-nothing, rogue.
277. *de guingois:* crooked.
278. *espèces:* commonplace, conformant types.
279. *patelin:* sly.
280. *filou:* trickster.
281. *chasse de race:* i.e., follow in his father's footsteps.
282. *râcleur:* scraper.
283. *violon:* violinist.

mœurs, perdu de débauche et de luxe, avancent rapidement un homme dans le chemin de la fortune. Moi qui vous parle, j'ai entendu la conversation qui suit entre une espèce de protecteur et une espèce de protégé. Celui-ci avait été adressé au premier comme à un homme obligeant qui pourrait le servir: « Monsieur, que savez-vous?

—Je sais passablement les mathématiques.

—Eh bien, montrez les mathématiques; après vous être crotté[284] dix à douze ans sur le pavé de Paris, vous aurez trois à quatre cents livres de rente.

—J'ai étudié les lois et je suis versé[285] dans le droit.

—Si Puffendorf et Grotius[286] revenaient au monde, ils mourraient de faim contre une borne.[287]

—Je sais très bien l'histoire et la géographie.

—S'il y avait des parents qui eussent à cœur la bonne éducation de leurs enfants, votre fortune serait faite; mais il n'y en a point.

—Je suis assez bon musicien.

—Eh! que ne disiez-vous cela d'abord? Et pour vous faire voir le parti qu'on peut tirer de ce dernier talent, j'ai une fille: venez tous les jours, depuis sept heures et demie du soir jusqu'à neuf, vous lui donnerez leçon, et je vous donnerai vingt-cinq louis par an; vous déjeunerez, dînerez, goûterez,[288] souperez avec nous; le reste de votre journée vous appartiendra, vous en disposerez à votre profit. »

LUI. Et cet homme, qu'est-il devenu?

MOI. S'il eût été sage, il eût fait fortune, la seule chose qu'il paraît que vous ayez en vue.

LUI. Sans doute, de l'or, de l'or; l'or est tout, et le reste, sans or, n'est rien. Aussi au lieu

de lui[289] farcir[290] la tête de belles maximes, qu'il faudrait qu'il oubliât sous peine de n'être qu'un gueux, lorsque je possède un louis, ce qui ne m'arrive pas souvent, je me plante devant lui, je tire le louis de ma poche, je le lui montre avec admiration, j'élève les yeux au ciel, je baise le louis devant lui, et pour lui faire entendre mieux encore l'importance de la pièce sacrée, je lui bégaye[291] de la voix, je lui désigne du doigt tout ce qu'on en peut acquérir: un beau fourreau,[292] un beau toquet,[293] un bon biscuit; ensuite je mets le louis dans ma poche, je me promène avec fierté, je relève la basque de ma veste,[294] je frappe de la main sur mon gousset;[295] et c'est ainsi que je lui fais concevoir que c'est du louis qui est là que naît l'assurance qu'il me voit.

MOI. On ne peut rien de mieux; mais s'il arrivait que, profondément pénétré de la valeur du louis, un jour…?

LUI. Je vous entends. Il faut fermer les yeux là-dessus. Il n'y a point de principe de morale qui n'ait son inconvénient. Au pis aller, c'est un mauvais quart d'heure et tout est fini.

MOI. Même d'après des vues si courageuses et si sages, je persiste à croire qu'il serait bon d'en faire un musicien. Je ne connais pas de moyen d'approcher plus rapidement des grands, de servir leurs vices et de mettre à profit les siens.

LUI. Il est vrai; mais j'ai des projets d'un succès plus prompt et plus sûr. Ah! si c'était aussi bien une fille! mais comme on ne fait pas ce qu'on veut, il faut prendre ce qui vient, en tirer le meilleur parti, et pour cela ne pas donner bêtement, comme la plupart des pères qui ne feraient rien de pis quand ils auraient médité le malheur de leurs enfants, l'éducation de Lacédémone[296] à un enfant destiné à

284. *après vous être crotté:* after befouling yourself.
285. *versé:* well versed.
286. *Puffendorf, Grotius:* Seventeenth-century legal authorities.
287. *borne:* milestone.
288. *goûterez:* will have afternoon tea.
289. *lui = à mon fils.*

290. *farcir:* stuff.
291. *bégaye:* stammer.
292. *fourreau:* child's dress.
293. *toquet:* child's cap.
294. *basque de ma veste:* my coattail.
295. *gousset:* pocket.
296. *de Lacédémone:* Spartan.

vivre à Paris. Si elle est mauvaise, c'est la faute des mœurs de ma nation et non la mienne. En répondra qui pourra; je veux que mon fils soit heureux, ou, ce qui revient au même, honoré, riche et puissant. Je connais un peu les voies les plus faciles d'arriver à ce but et je les lui enseignerai de bonne heure. Si vous me blâmez, vous autres sages, la multitude et le succès m'absoudront. Il aura de l'or, c'est moi qui vous le dis. S'il en a beaucoup, rien ne lui manquera, pas même votre estime et votre respect.

MOI. Vous pourriez vous tromper.

LUI. Ou il s'en passera, comme bien d'autres…

Il y avait dans tout cela beaucoup de choses qu'on pense, d'après lesquelles on se conduit, mais qu'on ne dit pas. Voilà, en vérité, la différence la plus marquée entre mon homme et la plupart de nos entours.[297] Il avouait les vices qu'il avait, que les autres ont; mais il n'était pas hypocrite. Il n'était ni plus ni moins abominable qu'eux; il était seulement plus franc, et plus conséquent,[298] et quelquefois profond dans sa dépravation.

[*The conversation continues, sophistical, paradoxical, bearing social criticism on wings of irony. Finally:*]

Mais il est cinq heures et demie. J'entends la cloche qui sonne les vêpres de l'abbé de Canaye[299] et les miennes.

LUI. Adieu, Monsieur le philosophe. N'est-il pas vrai que je suis toujours le même?

MOI. Hélas! oui, malheureusement.

LUI. Que j'aie ce malheur-là seulement encore une quarantaine d'années. Rira bien qui rira le dernier.[300]

✤ ✤ ✤

8. Libertinage and Chastity

Two completely opposite conceptions of the ideal love life resulted, in the eighteenth century, in two competing types of literary expression. The first type to arrive was the literature of *libertinage*, a philosophy and lifestyle that had taken root in the seventeenth century under Louis XIV and become a full scale sexual revolution under his successors. Then came the reaction to libertinage, a wave of disgust with the immorality of it all. A Pre-Romantic movement of literature espousing modesty, purity, and above all chastity swept France. It is amusing for us to contemplate the great battle waged by the prudes vs. the seducers, but it was all taken quite seriously at the time. And right into the twenty-first century, even the casual observer of French society cannot miss detecting both trends still in force. A modern French culture that encourages boasting about seductions and simultaneously makes a scandal out of such behavior is living proof that the eighteenth century has not completely died out.

✤ ✤ ✤

297. *entours:* here, associates, fellows.
298. *conséquent:* logical
299. *l'abbé de Canaye:* a musician friend of Diderot. (At 5.30 P.M., the hour when bells announced the Catholic vesper prayers, a bell rang in the Palais-Royal gardens to announce the opera, which began at 6.)

300. Think of all the highly popular young music stars of three or four years ago who are already has-beens and nearly forgotten. How many of them can be expected to make a successful comeback thirty or forty years from now?

Choderlos de Laclos

[1747-1803]

A Soldier's Liaisons

Not a professional writer, and probably never imagining that he would ever be considered one, Pierre-Amboise-François Choderlos de Laclos served as a career military man. He wrote one great novel, *Les Liaisons dangereuses*, which is widely regarded the finest psychological analysis of the libertine era. Whether Laclos wrote this as propaganda for libertinage or as an exposé of it is a matter of debate. He gives us ample opportunity to wallow in the pleasures and excesses of that lifestyle, but is careful to tack on a very moral finale dutifully punishing the wicked.

Born into a noble family in Amiens, Laclos spent his life in quest of a glorious military career. Unfortunately for him, he was frustrated in his efforts to advance in the army. After the age of forty (considered old in those times), he turned to literature. *Les Liaisons dangereuses* (1782) was a scandalous success, but then fell victim to censorship some forty years later; not until the mid-twentieth century would it be rediscovered and acclaimed by academics as a French literary classic. It provides the best look we have at libertinage, the philosophy and way of life promoted by Regent Philippe d'Orléans. Sexual debauchery, corruption, and egotism were hallmarks of this lifestyle, which greatly influenced court behavior under Louis XV and Louis XVI. Adulterers, gigolos, seductresses, and sexual adventurers of all types found a haven at Versailles.

In 1790, Laclos turned against his fellow nobles and became a fervent revolutionary. First he joined the radical Jacobin party, and then rejoined the army. This was Laclos's one great opportunity to attain the military glory he had always sought. He became a general under Napoleon, helping to lead a campaign in Italy. But at Taranto he fell ill and died. Laclos could scarcely have guessed that his *Liaisons* would go on to influence novelists such as Stendhal and Balzac in the nineteenth century, and inspire at least four feature films in the twentieth.

Postal Prose

Liaisons is what is known as an *epistolary* novel, meaning that it is made up entirely of letters written from the various characters to one another. This was not a new genre, but one at which Laclos excelled, his many years of writing letters while in the Army obviously serving him well. One of the advantages of this format is that it enables the author and reader to enter the minds of all the major characters. The difficulty of this genre makes it a rare one; the author must be enough of an epistolary master to convincingly write in the style of several different persons. Laclos amazes us with his ability to write like a fifteen-year-old girl at one moment, and like a thirty-year-old man the next.

In the story, the charmingly depraved Marquise de Merteuil and her sometimes lover, a handsome Viscount named Valmont, take revenge upon their enemies by planning the seduction of various innocent third parties dear to their enemies. The libertines revel in such behavior for sport, but they also have the philosophical conviction that they can prove their worth by seducing carefully selected victims who pose a sufficiently difficult challenge. Laclos's knowledge of military strategy wittily informs male-female relationships of the era. No general ever put more thought and care into a battle plan than Mme de Merteuil and Valmont do in plotting the seduction of the prudish Mme de Tourvel, an elegant married woman who is attracted to Valmont but who still stubbornly refuses to accept his love

letters. This novel, in which the characters do so much writing, is, in a sense, *about* writing itself. Our selection, consisting of a letter from Mme de Merteuil to Valmont, and a letter in which he replies to her, has our characters discussing the nature of language as it pertains to the question of whether writing or speaking is the preferable weapon of choice for the seducer.

❖ ❖ ❖

Les Liaisons dangereuses

[*Selections slightly abridged, deleting a few lines extraneous to the central matter of the letters. The style of the capitalization of nouns is kept as in the author's original text.*]

Lettre XXXIII

La Marquise de Merteuil au Vicomte de Valmont

Dès que vous craignez de réussir, mon cher Vicomte, dès que votre projet est de fournir des armes contre vous, et que vous désirez moins de vaincre que de combattre, je n'ai plus rien à dire.[1]... Mais la véritable école[2] est de vous être laissé aller à écrire. Je vous défie à présent de prévoir où ceci peut vous mener. Par hasard, espérez-vous prouver à cette femme[3] qu'elle doit se rendre?[4] Il me semble que ce ne peut être là qu'une vérité de sentiment, et non de démonstration;[5] et que pour la faire recevoir, il s'agit d'attendrir[6] et non de raisonner; mais à quoi vous servirait d'attendrir par Lettres, puisque vous ne seriez pas là pour en profiter? Quand vos belles phrases produiraient l'ivresse de l'amour, vous flattez-vous qu'elle soit assez longue pour que la réflexion n'ait pas le temps d'en empêcher l'aveu? Songez donc à celui[7] qu'il faut pour écrire une Lettre, à celui qui se passe avant qu'on la remette; et voyez si surtout une femme à principes comme votre Dévote[8] peut vouloir si longtemps

ce qu'elle tâche de ne vouloir jamais, cette marche peut réussir avec des enfants, qui, quand ils écrivent «je vous aime», ne savent pas qu'ils disent «je me rends». Mais la vertu raisonneuse de Madame de Tourvel me paraît fort bien connaître la valeur des termes. Aussi, malgré l'avantage que vous aviez pris sur elle dans votre conversation, elle vous bat dans sa Lettre. Et puis, savez-vous ce qui arrive? par cela seul qu'on dispute, on ne veut pas céder. A force de chercher de bonnes raisons, on en trouve; on les dit; et après on y tient, non pas tant parce qu'elles sont bonnes que pour ne pas se démentir.

De plus, une remarque que je m'étonne que vous n'ayez pas faite, c'est qu'il n'y a rien de si difficile en amour que d'écrire ce qu'on ne sent pas. Je dis écrire d'une façon vraisemblable: ce n'est pas qu'on ne se serve des mêmes mots; mais on ne les arrange pas de même, ou plutôt on les arrange, et cela suffit. Relisez votre Lettre : il y règne un ordre qui vous décèle[9] à chaque phrase. Je veux croire que votre Présidente[10] est assez peu formée pour ne s'en pas apercevoir : mais qu'importe? l'effet n'en est pas moins manqué. C'est le défaut des romans;

1. She is scolding Valmont for what she considers his bad strategy. Despite her claim to the contrary, she has much more to say to him on this issue.
2. *la véritable école:* the major issue.
3. *cette femme:* Reference to Mme de Tourvel, object of Valmont's "affections."
4. *se rendre:* surrender herself to you.
5. *une vérité ... démonstration:* an intuited truth and not a factually demonstrated one. Mme de Merteuil's half-serious use of such philosophical jargon reflects the quasi-scientific approach

that she and Valmont take toward the art of seduction.
6. *attendrir:* to soften her up.
7. *celui:* the amount of time.
8. *Dévote:* pious woman (a sarcastic, though accurate, way of designating Mme de Tourvel).
9. *qui vous décèle:* that gives you away (reveals your intentions).
10. *Présidente:* Mme de Tourvel's title; she is married to a *Président*, that is to say, a Presiding Judge.

l'Auteur se bat les flancs pour s'échauffer, et le Lecteur reste froid. *Héloïse*[11] est le seul qu'on en puisse excepter; et malgré le talent de l'Auteur, cette observation m'a toujours fait croire que le fond en était vrai. Il n'en est pas de même en parlant. L'habitude de travailler son organe[12] y donne de la sensibilité; la facilité des larmes y ajoute encore: l'expression du désir se confond dans les yeux avec celle de la tendresse; enfin le discours moins suivi amène plus aisément cet air de trouble et de désordre, qui est la véritable éloquence de l'amour; et surtout la présence de l'objet aimé empêche la réflexion et nous fait désirer d'être vaincues.

Croyez-moi, Vicomte: on vous demande de ne plus écrire: profitez-en pour réparer votre faute et attendez l'occasion de parler. Savez-vous que cette femme a plus de force que je ne croyais? Sa défense est bonne; et sans la longueur de sa Lettre, et le prétexte qu'elle vous donne pour rentrer en matière dans sa phrase de reconnaissance, elle ne se serait pas du tout trahie.

Ce qui me paraît encore devoir vous rassurer sur le succès, c'est qu'elle use trop de forces[13] à la fois; je prévois qu'elle les épuisera pour la défense du mot, et qu'il ne lui en restera plus pour celle de la chose….

Adieu pour aujourd'hui.

*De... ce 24 août 17**.*

Lettre XXXIV

Le Vicomte de Valmont à la Marquise de Merteuil

Vous parlez à merveille, ma belle amie: mais pourquoi vous tant fatiguer à prouver ce que personne n'ignore? Pour aller vite en amour, il vaux mieux parler qu'écrire; voilà, je crois, toute votre Lettre. Eh mais! ce sont les plus simples éléments de l'art de séduire. Je remarquerai seulement que vous ne faites qu'une exception à ce principe, et qu'il y en a deux. Aux enfants qui suivent cette marche[14] par timidité et se livrent par ignorance, il faut joindre les femmes Beaux-Esprits, qui s'y laissent engager par amour-propre, et que la vanité conduit dans le piège. Par exemple, je suis bien sûr que la Comtesse de B... qui répondit sans difficulté à ma première Lettre, n'avait pas alors plus d'amour pour moi que moi pour elle; et qu'elle ne vit que l'occasion de traiter un sujet qui devait lui faire honneur.

Quoiqu'il en soit, un Avocat vous dirait que le principe ne s'applique pas à la question. En effet, vous supposez que j'ai le choix entre écrire et parler, ce qui n'est pas. Depuis l'affaire du 19, mon inhumaine,[15] qui se tient sur la défensive, a mis à éviter les rencontres une adresse[16] qui a déconcerté la mienne. C'est au point que si cela continue, elle me forcera à m'occuper sérieusement des moyens de reprendre cet avantage; car assurément je ne veux être vaincu par elle en aucun genre. Mes Lettres mêmes sont le sujet d'une petite guerre: non contente de n'y pas répondre, elle refuse de les recevoir. Il faut pour chacune une ruse nouvelle, et qui ne réussit pas toujours….

Vous me connaissez; je n'ai pas besoin de vous peindre ma fureur. Il fallut pourtant reprendre son sang-froid, et chercher de nouveaux moyens. Voici le seul que je trouvai.

On va d'ici, tous les matins, chercher les Lettres à la Poste, qui est à environ trois quarts de lieue:[17] on se sert, pour cet objet d'une boîte couverte à peu près comme un tronc, dont le Maître de la Poste a une clef et Madame de Rosemonde[18] l'autre. Chacun y met ses Lettres dans la journée, quand bon lui semble; on les porte le soir à la Poste,

11. *Héloïse:* Sentimental novel by Jean-Jacques Rousseau entitled *Julie, ou la nouvelle Héloïse.*
12. *travailler son organe:* to use one's voice.
13. *elle use trop de forces:* she is using up too many weapons (i.e., defenses against Valmont).
14. marche: path
15. *mon inhumaine:* mock term of endearment applied to Mme de Tourvel.
16. *adresse:* skillfulness

17. *trois quarts de lieue:* three quarters of a league. In the system of measurement of the time, a league was roughly three miles, or about 4,800 meters.
18. *Madame de Rosemond:* A noblewoman of advanced years who is currently hosting Valmont, Mme de Tourvel, and other guests at her estate.

et le matin on va chercher celles qui sont arrivées. Tous les gens, étrangers ou autres, font ce service également. Ce n'était pas le tour de mon domestique; mais il se chargea d'y aller sous le prétexte qu'il avait affaire de ce côté.

Cependant j'écrivis ma Lettre. Je déguisai mon écriture[19] pour l'adresse, et je contrefis[20] assez bien, sur l'enveloppe, le timbre de *Dijon*.[21] Je choisis cette ville, parce que je trouvai plus gai, puisque je demandais les mêmes droits que le mari,[22] d'écrire aussi du même lieu, et aussi parce que ma Belle avait parlé toute la journée du désir qu'elle avait de recevoir des Lettres de Dijon. Il me parut juste de lui procurer ce plaisir.

Ces précautions une fois prises, il était facile de faire joindre cette Lettre aux autres. Je gagnais encore à cet expédient d'être témoin de la réception: car l'usage[23] est ici de se rassembler pour déjeuner et d'attendre l'arrivée des Lettres avant de se séparer. Enfin elles arrivèrent.

Madame de Rosemonde ouvrit la boîte. «De Dijon », dit-elle, en donnant la Lettre à Madame de Tourvel. «Ce n'est pas l'écriture de mon mari», reprit celle-ci d'une voix inquiète, en rompant le cachet[24] avec vivacité: le premier coup d'œil l'instruisit; et il se fit une telle révolution sur sa figure[25] que Madame de Rosemonde s'en aperçut, et lui dit : « Qu'avez-vous? » Je m'approchai aussi, en disant : « Cette Lettre est donc bien terrible? » La timide Dévote n'osait lever les yeux, ne disait mot, et, pour sauver son embarras, feignait de parcourir l'Epître, qu'elle n'était guère en état de lire. Je jouissais de son trouble; et n'étais pas fâché de la

Dressmaker readying a lady for a dangerous liaison. From Galerie des Modes, *1778-87*

pousser un peu : «Votre air plus tranquille, ajoutai-je, fait espérer que cette Lettre vous a causé plus d'étonnement que de douleur.» La colère alors l'inspira mieux que n'eût pu faire la prudence. « Elle contient, répondit-elle, des choses qui m'offensent, et que je suis étonnée qu'on ait osé m'écrire. » « Et qui donc? » interrompit Madame de Rosemonde. «Elle n'est pas signée», répondit la belle courroucée:[26] « mais la Lettre et son Auteur m'inspirent un égal mépris. On m'obligera de ne m'en plus parler. » En disant ces mots, elle déchira l'audacieuse missive, en mit les morceaux dans sa poche, se leva, et sortit.

19. *écriture:* handwriting.
20. *je contrefis:* I counterfeited.
21. *le timbre de Dijon:* the Dijon postmark. Mme de Tourvel's husband is away for an extended time due to a trial taking place in the town of Dijon. Thus Valmont knows that she will open the envelope containing his love letter if it has on it what appears to be a Dijon postmark.
22. *les mêmes droits que le mari:* Valmont, in his love letter, is asking Mme de Tourvel to bestow upon him her favors, i.e., the equivalent of marital rights.
23. *l'usage:* the custom.

24. *rompant le cachet:* breaking the seal.
25. *sur sa figure:* on her (Mme de Tourvel's) face. Mme de Tourvel, shocked and embarrassed to find a love letter from Valmont in her hands, does not want Mme de Rosemonde to know its contents, for fear that gossip about it might spread and ruin her reputation.
26. *courroucée:* angered one. Archaic term, such as would be found in Corneille or Racine, used sarcastically by Valmont to characterize Mme de Tourvel as someone out of the seventeenth century.

Malgré cette colère, elle n'en a pas moins eu ma Lettre; et je m'en remets bien à sa curiosité, du soin de l'avoir lue en entier.[27]

Le détail de la journée me mènerait trop loin. Je joins à ce récit le brouillon[28] de mes deux Lettres: vous serez aussi instruite que moi. Si vous voulez être au courant de ma correspondance, il faut vous accoutumer à déchiffrer mes minutes:[29] car pour rien au monde, je ne dévorerais l'ennui de les recopier. Adieu, ma belle amie.

*De... ce 25 août 17**.*

❖ ❖ ❖

Bernardin de Saint-Pierre

[1737-1814]

The Answer to the Libertines

In direct response to the amorality and immorality found in libertine literature, Bernardin de Saint-Pierre promotes the spiritual side of the eighteenth century. But it is not traditional Catholic theology that interests him. Rather, it is an exotic, personal sort of spirituality that finds goodness in nature and chaste love.

A Peripatetic Existence

Jacques Henri Bernardin de Saint-Pierre, perhaps the most successful precursor of Romanticism, was born in Le Havre, on the Normandy coast. Educated by the Jesuits, he spent his childhood dreaming of becoming a missionary and traveling to faraway places. After reading Daniel Defoe's novel *Robinson Crusoe* (the story of a shipwrecked sailor's adventures on a desert island), he sailed to Martinique in the French Caribbean, but found it disappointing. Orphaned at the age of 18, he studied to become an engineer, only to see the school close down before he could finish the program. He then entered the military with the intention of finishing his engineering studies; soon, by some fluke, the army awarded him an engineering license that he had not yet earned. A moody individual, Bernardin was later decommissioned for insubordination and for years thereafter had trouble finding his niche in life. He lived in a succession of countries, working as an engineer in Malta, then as a teacher of mathematics in Paris, a journalist in Holland, and a bureaucrat in Russia and Mauritius. Although never a great success at any of these careers, he did attain spectacular fame and fortune at the age of 51 when his novel *Paul et Virginie* (1788) was published and became one of the biggest bestsellers of the century. Marrying his publisher's daughter, he then fathered children whom they named Paul and Virginie. Now a disciple of Jean-Jacques Rousseau, Bernardin was considered a major figure in the rising cultural revolt. After another unfortunate period of failures and depression, he received new life from the French Revolution. Given a university chair in ethics and later named head of the Académie française under Napoleon, he was lionized beyond all reason. After his retirement, his wife passed away and he married a girl 43 years younger than himself. Not surprisingly, he died soon after, one of the most honored writers and intellectuals in France.

27. *Malgré ... entier:* Despite this anger, she nonetheless had my letter, and I am relying on her curiosity to take care of making her read it in its entirety.
28. *brouillon:* rough draft.
29. *déchiffrer mes minutes:* decipher my notes.

A Tale of Chaste Lovers

The almost incomprehensibly huge success of Bernardin's *Paul et Virginie* helped launch the still embryonic Romantic movement. His other major works, *Voyage à l'île de France* (1773), *Études de la nature* (1784), and *La Chaumière indienne* (1790) were influential as well, extolling the virtues of exotic nature and what were then called primitive cultures. For us today, though, only *Paul et Virginie* comes to mind when the name Bernardin de Saint-Pierre is mentioned. It is precisely the kind of novel that Mme de Tourvel, the prudish character in *Liaisons dangereuses*, would have loved, or at least pretended to love while searching the shelves for something more spicy. *Paul et Virginie* tells the sentimental story of two youngsters on a tropical island (Mauritius, east of Madagascar in the Indian Ocean) who grow up together as chaste lovers enjoying a primitive paradise until civilization arrives to separate them and put an end to their idyll. One famous scene stands out: the concluding tragic moment when, during a shipwreck off the coast of the island, shy Virginie chooses to drown rather

Paul and Virginie. Courtesy of Bibliothèque nationale de France

than take off her heavy clothes in the presence of the sailor who is attempting to rescue her. What seems sheer insanity to most of us grabbed the hearts of many thousands of enthralled readers in the 1700s. And, perhaps to your own surprise, it will probably move you too.

✤ ✤ ✤

PAUL ET VIRGINIE

[*From the island, the narrator and his friends, including Paul, watch in horror as the France-bound ship, the Saint-Géran, is hit by a sudden storm and begins to sink with Virginie on board.*]

Dans les balancements du vaisseau, ce qu'on craignait arriva. Les câbles de son avant rompirent, et comma il n'était plus retenu que par une seule aussière[1] il fut jeté sur les rochers à une demi-encablure[2] du rivage. Ce ne fut qu'un cri de douleur parmi nous. Paul allait s'élancer à la mer lorsque je le saisis par le bras: «Mon fils, lui dis-je, voulez-vous périr? — Que j'aille à son secours, s'écria-t-il, ou que je meure!» Comme le désespoir lui ôtait la raison, pour prévenir sa perte, Domingue et moi lui attachâmes à la ceinture une longue corde dont nous saisîmes l'une des extrémités. Paul alors s'avança vers le Saint-Géran, tantôt nageant, tantôt marchant sur les récifs.[3] Quelquefois il avait l'espoir de l'aborder car la mer dans ses mouvements

1. *aussière:* cable.
2. *une demi-encablure:* half a cable's length (about 100 meters.)
3. *récifs:* reefs.

irréguliers, laissait le vaisseau presque à sec, de manière qu'on en eût pu faire le tour à pied; mais bientôt après, revenant sur ses pas avec une nouvelle furie, elle le couvrait d'énormes voûtes d'eau qui soulevaient tout l'avant de sa carène,[4] et rejetaient bien loin sur le rivage le malheureux Paul, les jambes en sang, la poitrine meurtrie, et à demi noyé.[5] A peine ce jeune homme avait-il repris usage de ses sens qu'il se relevait et retournait avec une nouvelle ardeur vers le vaisseau, que la mer cependant entrouvrait[6] par d'horribles secousses. Tout l'équipage,[7] désespérant alors de son salut, se précipitait en foule à la mer sur des vergues,[8] des planches, des cages à poules, des tables, et des tonneaux. On vit alors un objet digne d'une éternelle pitié: une jeune demoiselle parut dans la galerie de la poupe[9] du Saint-Géran, tendant les bras vers celui qui faisait tant d'efforts pour la joindre. C'était Virginie. Elle avait reconnu son amant à son intrépidité. La vue de cette aimable personne, exposée à un si terrible danger, nous remplit de douleur et de désespoir pour Virginie, d'un port noble et assuré,[10] elle nous faisait signe de la main, comme nous disant un éternel adieu.

Tous les matelots s'étaient jetés à la mer. Il n'en restait plus qu'un sur le pont, qui était tout nu et nerveux[11] comme Hercule.

Il s'approcha de Virginie avec respect: nous le vîmes se jeter à ses genoux, et s'efforcer même de lui ôter ses habits;[12] mais elle le repoussant[13] avec dignité, détourna de lui sa vue. On entendit aussitôt ces cris redoublés des spectateurs : « Sauvez-la, sauvez-la ; ne la quittez pas! » Mais dans ce moment une montagne d'eau d'une effroyable grandeur s'engouffra[14] entre l'île d'Ambre et la côte, et s'avança en rugissant[15] vers le vaisseau, qu'elle menaçait de ses flancs noirs et de ses sommets écumants.[16] A cette terrible vue le matelot s'elança seul à la mer; et Virginie, voyant la mort inévitable, posa une main sur ses habits, l'autre sur son cœur et levant en haut des yeux sereins, parut un ange qui prend son vol vers les cieux.

O jour affreux! hélas! tout fut englouti.[17] La lame[18] jeta bien avant dans les terres une partie des spectateurs qu'un mouvement d'humanité avait portés à s'avancer vers Virginie, ainsi que le matelot qui l'avait voulu sauver à la nage.[19] Cet homme, échappé à une mort presque certaine, s'agenouilla sur le sable, en disant : « O mon Dieu ! Vous m'avez sauvé la vie: mais je l'aurais donnée de bon cœur pour cette digne demoiselle qui n'a jamais voulu se déshabiller comme moi. » …

4. *carène:* hull.
5. *à demi noyé:* half drowned.
6. *entrouvrait:* was cracking open.
7. *l'équipage:* the crew.
8. *vergues:* yards (in this case, debris of some wooden enclosures onboard.)
9. *galerie de la poupe:* the stern walk (deck at the rear of the ship.)
10. *d'un port noble et assuré:* with a noble and confident bearing.
11. *tout nu et nerveux:* totally naked and sinewy.
12. *nous le vîmes… habits:* we saw him drop to his knees and strive to remove her clothing.
13. *le repoussant:* pushing him away.
14. *s'engouffra:* surged up.
15. *rugissant:* roaring.
16. *sommets écumants:* foamy peaks.
17. *englouti:* swallowed up.
18. *lame:* surge (of the wave.)
19. *à la nage:* by swimming.

9. Jean-Jacques Rousseau

[1712-1778]

Feeling Truth

When the undergraduate walks out at the end of day to gaze at a sunset and feel the exaltation of beauty, or when regarding a mountain peak with emotional awe, he or she is imitating Jean-Jacques Rousseau, for Rousseau invented (as far as we are concerned) the beauty of sunsets and mountains. When a young man or woman exclaims: "I have a right to happiness, haven't I?" he or she is quoting a phrase of Rousseau, a rather contestable phrase, indeed. When the student writes, with an air of saying something momentous: "I feel that this or that is true," the student is paying tribute to Rousseau, for before Rousseau people *thought* about truth instead of *feeling* about it.

Jean-Jacques Rousseau, with facsimile of his signature. Courtesy of Bibliothèque nationale de France

Rousseau, in short, has impressed himself upon the ways of thinking, feeling, and acting of the Western world as probably no other single human being has done. We meet him not only in courses in literature, but in government, education, philosophy, and music. Our taste for primitivism in art and literature derives from him. His specific influence is strong in the philosophy of Kant and Hegel, in the poetry of Wordsworth, in the faith of Tolstoy, in the music of Beethoven and Schubert — and even in the political doctrines of such an unlikely medley as Jefferson, Marx, Lenin, Mussolini, and Hitler.

And this man who so profoundly altered our intellectual world was formally uneducated, morally reprehensible, a crank, dangerously neurotic, at times actually insane. He seemed to many of his contemporaries, and he often seems to us, simply an infernal fool.

Here is one of the great paradoxes of cultural history. The paradox cannot be solved in a sentence. But perhaps the clue is "feeling." Rousseau was an intensely emotive type. He felt more deeply than most men. He trembled before beauty, his love was intolerable agony-bliss; a new idea once sent him into such a trance of feeling that when he emerged he found his coat soaked with tears. He had no "super-ego," no inward censor. To a century desiccated by reason he brought the revelation of emotion. For emotion is natural, important, and useful. Rousseau preached the return to feeling, not as an end in itself, not as an escape, but as a means to knowledge. The return to feeling was a part of Rousseau's essential doctrine: the *return to Nature*.

A Life of Passion

Rousseau was born in 1712, in Geneva, in Protestant French-speaking Switzerland. His background is the first thing to notice. He did not know the indoctrinated loyalties of the Frenchman to the Catholic Church and to the French crown. He felt himself always an outsider in France, a solitary excluded from the group. His father was a watchmaker, a *petit*

bourgeois (member of the artisan/shopkeeper class)*;* and Rousseau, in his dealings with the great, was always to be intensely class-conscious. His mother died at his birth. This is important too. His fixation on his lost mother, whose life he had cost, and his resulting guilt complex, explain many of his later emotional troubles. He had no formal education, except a year or so of casual instruction in a country rectory. Thus, like Pascal, he never knew the school's drill and discipline in conformity, subjection, the group spirit; nor did he have the sense of *belonging* one learns in school. He was apprenticed to an engraver. One evening in 1728 he returned from a country walk to find the gates of Geneva shut against him. He turned about and set off at random, into the unknown. The occurrence was symbolic. His life was a flight and a search, and the doors of home, of security, were always barred against him.

He was rescued by a country priest and confided to a charitable lady, Mme de Warens, who made a business of picking up waifs and making good Catholics of them; she also did a little mild espionage. Jean-Jacques adored Mme de Warens, his *Maman.* He turned Catholic, served as a lackey in noble houses, as a surveyor's helper, as a teacher of music, as a tutor. He wandered through Switzerland as aide to a shysterish Greek priest, collecting funds (which were never forwarded) for the Holy Sepulchre.

He returned to Mme de Warens, who became his mistress as well as mother. (The situation is the psychoanalyst's delight.) For several years, from the time he was twenty-four, he gave himself up to a rage of self-education, according to a system of his own. This is important too. Instead of learning in school the facts and principles which will serve a man's experience, he had his experience first, and then made himself an education to suit.

In 1742, at the age of thirty, he came to Paris and offered to the *Académie des Sciences* a new system of representing musical symbols by figures. He served briefly in the French embassy in Venice. Again in Paris, he taught music in wealthy families, became friendly with the *philosophes,* and made a regrettable alliance with an illiterate woman of the people, Thérèse Levasseur. Five children were born; Rousseau deposited each of them in the Foundling Asylum, where all trace of them was lost. For this "crime" he later reproached himself bitterly, as his enemies reproached him, and still do.

His literary career begins at the late age of thirty-eight. The *Académie de Dijon* proposed as a subject for a prize essay the question whether the arts and sciences have contributed toward the purification of morals and manners. Rousseau answered with a resounding No, and won the prize (in 1750). He was now established as an enemy of civilization. He reformed his manners to suit his thesis, lived in ostentatious simplicity, earned his bread by copying music. He also did important work for the *Encyclopédie.* In 1755 appeared his second *Discours,* on the origin of human inequality. This was more than an amusing paradox; it was revolutionary, it was dangerous. Rousseau had hoped to be triumphantly received in his native city, but the conservatives of Geneva took alarm at his radicalism. Again the gates of home were shut.

Now begins the most fecund period of Rousseau's life. He retired with Thérèse to the *Ermitage,* a charming country house near Paris put at his disposal by a rich noble lady. He broke with Diderot and the other Encyclopedists, because of their cynical, atheistic tendency, and with Voltaire, with whom he was simply incompatible. He underwent a terrific emotional experience. And in a continuing fever of excitement he wrote his three most influential works: his novel, *Julie ou la nouvelle Héloïse;* his treatise on education, *Émile;* and his great work of political theory, *Le Contrat social.*

The radicalism of his views brought the inevitable result, a warrant for his arrest. Forewarned, he fled with Thérèse to Switzerland, which he found almost as hostile as France. He succeeded in spending three years there, under various protectors. However,

Rousseau's cabin near Ermenonville. Courtesy of Bibliothèque nationale de France

his indiscreet writings forced him to take refuge in England in 1765. He was cordially received by his English admirers, especially the philosopher Hume. But poor Rousseau's actual greatness and actual persecutions were now blended with delusions of greatness and persecution; at times he was definitely mad. He fled to France and there found at last toleration and periods of happy tranquility, alternating with unbalanced stages. He died in 1778, two months after his enemy Voltaire.

Five Major Works

Of his many works in many fields we can discuss here only five.

The *Discours sur l'origine et les fondements de l'inégalité parmi les hommes* appeared in 1755, the same year as the great Lisbon earthquake that inspired Voltaire's *Candide*. Rousseau's discourse makes Voltaire's work seem positively conservative in comparison. Rousseau dares to demand equality, in the name of Nature. The idea that all men are created equal, implicit though it is in the teachings of Jesus, was by no means an axiom in the mid-eighteenth century; it was, rather, a bold and terrifying idea. In the First Part of his *Discours,* Rousseau speculates on the nature of primitive man. This man was a creature of instinct, solitary, independent, accessible to pity. "Equality" had little meaning in this stage of society. The Second Part is the important one. The concept of *property* was the first cause of inequality. The discovery of metallurgy was the next step, dividing humanity into owner-exploiters and exploited workers. Social conflict arose; the exploiters maintained peace by establishing states, in which the inequality of possessions was legalized and sanctified. The power of the state tends to give ever greater privileges to the rich, to impoverish ever more the poor. The only recourse of the poor is Force. (One need hardly comment upon the revolutionary character of this *Discours.*)

Julie ou la nouvelle Héloïse (1761) is Rousseau's only novel. It is a transposition of an emotional adventure of his own. It tells a lyric tale of true love, affirms (for the coming Romanticists to copy) the divine rights of passion as against social convention. Passion is good, because it is natural; it is Nature. The story is set in the idyllic background of Lac Leman, the Lake of Geneva, in Switzerland, and is enlivened with beautiful, lush

descriptions of Nature unspoiled by man. The book is important in literary history for a dozen reasons; for example, it made the novel, in France, the preeminent literary form; it introduced such types as *l'homme sensible,* the Man of Feeling, and such concepts as *le droit au bonheur* (which Jefferson transformed into his "pursuit of happiness" in the American Declaration of Independence.). The book's popularity was fantastic in its time, but considerably less so today.

Le Contrat social (1762) is Rousseau's great treatise on government. He pictures the kind of society in which, he thinks, the natural man can live freely and happily. Like the British philosopher John Locke, Rousseau begins with the revolutionary premise that governments have a right to exist only when the people consent in a tacit contractual agreement. Then he proceeds to speculate on the structures of the ideal representative government, and from there develops a full theory of politics. Even the briefest summary of its contentions would take more space than we can afford. Let it suffice that Rousseau's theories, variously interpreted, inspired the leaders of the French Revolution (who considered monarchy non-consensual), the theoreticians of socialism and communism (who touted self-rule for the workers in a society with no private property), and also the fascist doctrinaires of corporate and totalitarian states (twisting the rousseauist appeal to emotion into a justification for hitlerian mass hysteria and prejudice.)

Émile, ou de l'éducation (1762) gives us the proper education of the natural man. The child, like primitive man, is naturally good; the effort of education should be to preserve this natural goodness, not to warp it to the convenience of a vicious society. The purpose of education is to make a complete man, not merely to train the mind. The book gives, in story form, the methods recommended. A virtuous preceptor (Rousseau at fifty) devotes himself totally to the education of a virtuous child (Rousseau in childhood). *Émile* had a prodigious popularity. Since Rousseau told mothers not to put their babies out to wet nurses but to breast-feed them personally, the great ladies did so, even in their boxes at the opera. One enthusiastic follower wrote a book in which his subject was kept in a cage until the age of twenty and then put naked on a desert island. *Émile* is one of the great classics of educational theory. Our "child-centered" or progressive education stems from Rousseau. In fact, we are all more or less Rousseauists in education.

The *Confessions* were written between 1764 and 1770, but were published only after Rousseau's death. In the first part, a happy, serene recollection of childhood and youth, Rousseau created the literary type which poetically recalls and interprets childhood for the pleasure of adulthood. The sweet nostalgia of his evocations created further what has been called genre painting in literature. The second part of the *Confessions* is clouded by Rousseau's conviction of persecution, which was in fact largely justified. The book is one of the great classics of self-revelation. In its organization, treatment of incidents, development of character, it is a kind of novel, the first *vie romancée* (novelized life). It remains the work of Rousseau that the average modern reads with the greatest pleasure.

Lyrical Style for Emotional Ideas

Rousseau's *style* is rich, poetic, and sensitive. He employs the *style périodique* rather than the *style coupé* of Voltaire, the result being that Rousseau expresses himself in long, flowing sentences with rhetorical effect rather than in the classical style of short, curt enunciations. As a musician, he was deeply conscious of the melodic effect of written words. His style is especially apt in the rendering of emotional, passionate thought. Most noteworthy are his descriptions of nature, which are in effect prose poems, or perhaps prose lyrics.

Rousseau was more than a literary man, more than a great originator of ideas. He represents a whole aspect of humanity, a whole attitude toward life. To many, Rousseau

stands for the victory of the heart over the head, even though he was truly an intellectual philosopher. In contrast, Voltaire, even though he was a man of compassion, is often seen as representing only the intellect. We are all, in a way, either Rousseauists or Voltairians, just to varying degrees.

✣ ✣ ✣

DISCOURS SUR L'ORIGINE DE L'INÉGALITÉ

Seconde Partie
[*Abridged.*]

[*In this essay, written for the Dijon competition of 1755, Rousseau figuratively throws a bomb at the political establishment and the social order of his time. His technique, typical of both eighteenth-century and ancient philosophy, is to set up a grand and useful myth of humanity's development that will show in what direction society has moved, is moving, and ought to move if justice is to be done. In reading Rousseau's argument, you will see how humankind has allegedly progressed (or degressed) in the following stages: From the primitive individualism of the Noble Savage to a desirable collectivity, then to excessively organized societies, then to egotistic societies based on private property, then to wars between societies and within societies, then to a reactionary despotism enforcing a warped equality in which almost everyone is equally debased, and on to perhaps a future revolution liberating humanity to rediscover its natural rights and reestablish a social contract that works*]

Le premier qui ayant enclos un terrain s'avisa de dire: *Ceci est à moi,* et trouva des gens assez simples pour le croire, fut le vrai fondateur de la société civile.[1] Que de crimes, de guerres, de meurtres, que de misères et d'horreurs n'eût point épargnés au genre humain celui qui, arrachant les pieux[2] ou comblant le fossé, eût crié à ses semblables: « Gardez-vous d'écouter cet imposteur; vous êtes perdus si vous oubliez que les fruits[3] sont à tous, et que la terre n'est à personne! » Mais il y a grande apparence qu'alors les choses en étaient déjà venues au point de ne pouvoir plus durer comme elles étaient: car cette idée de propriété, dépendant de beaucoup d'idées antérieures qui n'ont pu naître que successivement, ne se forma pas tout d'un coup dans l'esprit humain: il fallut faire bien des progrès, acquérir bien de l'industrie et des lumières,[4] les transmettre et les augmenter d'âge en âge, avant que d'arriver à ce dernier terme de l'état de nature.[5] Reprenons donc les choses de plus haut, et tâchons de rassembler sous un seul point de vue cette lente succession d'événements et de connaissances dans leur ordre le plus naturel.[6]

1. This resounding sentence, denying by implication the justice of private property, had a portentous echo in the eighteenth and nineteenth centuries. One might paraphrase it to read: *Le premier qui s'avisa de faire des formules tellement retentissantes fut le vrai fondateur de l'esprit égalitaire et révolutionnaire.*
2. *pieux:* stakes.
3. *fruits:* i.e., products of the earth.
4. *lumières:* enlightenment.
5. Notice how Rousseau, after his sensational opening sentence, makes a very important qualification, almost a retraction. If circumstances had made the institution of private property inevitable, the *état de nature* was certainly responsible, and the first usurper of land was

hardly to be blamed. The French Revolution will end up with the same mixed message. The revolutionaries will express the attitude that private property was a bad idea to start with, but, since modern society is essentially saddled with it, there is little choice but to have the *Declaration of the Rights of Man* include a clause protecting the citizen from those in or out of the government who might want to seize that individual's property for themselves.

6. *ordre le plus naturel:* i.e., the order that seems most natural to the reflective thinker. Rousseau merely conjectures what probably happened. He makes little appeal to historical or anthropological evidence.

[*Primitive man was independent and solitary. As men's numbers increased, they learned to live in groups; they formed a clumsy language.*]

Ces premiers progrès mirent enfin l'homme à portée d'en faire de plus rapides. Plus l'esprit s'éclairait, et plus l'industrie se perfectionna. Bientôt, cessant de s'endormir sous le premier arbre, ou de se retirer dans des cavernes, on trouva quelques sortes de haches de pierres dures et tranchantes qui servirent à couper du bois, creuser la terre, et faire des huttes de branchages qu'on s'avisa ensuite d'enduire d'argile et de boue.[7] Ce fut là l'époque d'une première révolution qui forma l'établissement et la distinction des familles, et qui introduisit une sorte de propriété, d'où naquirent déjà bien des querelles et des combats. Cependant, comme les plus forts furent vraisemblablement les premiers à se faire des logements qu'ils se sentaient capables de defender, il est à croire que les faibles trouvèrent plus court et plus sûr de les imiter que de tenter de les déloger; et quant à ceux qui avaient déjà des cabanes, aucun d'eux ne dut chercher à s'approprier celle de son voisin, moins parce qu'elle lui était inutile, et qu'il ne pouvait s'en emparer sans s'exposer à un combat très vif avec la famille qui l'occupait.

Les premiers développements du cœur[8] furent l'effet d'une situation nouvelle qui réunissait dans une habitation commune les maris et les femmes, les pères et les enfants. L'habitude de vivre ensemble fit naître les plus doux sentiments qui soient connus des hommes, l'amour conjugal et l'amour paternel. Chaque famille devint une petite société d'autant mieux unie que l'attachement réciproque et la liberté en étaient les seuls liens; et ce fut alors que s'établit la première différence dans la manière de vivre des deux sexes, qui jusqu'ici n'en avaient qu'une. Les femmes devinrent

plus sédentaires, et s'accoutumèrent à garder la cabane et les enfants, tandis que l'homme allait chercher la subsistance commune. Les deux sexes commencèrent aussi, par une vie un peu plus molle, à perdre quelque chose de leur férocité et de leur vigueur. Mais si chacun séparément devint moins propre à combattre les bêtes sauvages, en revanche il fut plus aisé de s'assembler pour leur résister en commun.

Dans ce nouvel état, avec une vie simple et solitaire, des besoins très bornés, et les instruments qu'ils avaient inventés pour y pourvoir, les hommes, jouissant d'un fort grand loisir, l'employèrent à se procurer plusieurs sortes de commodités inconnues à leurs pères; et ce fut là le premier joug qu'ils s'imposèrent sans y songer, et la première source de maux qu'ils préparèrent à leurs descendants; car, outre qu'ils continuèrent ainsi à s'amollir le corps et l'esprit, ces commodités ayant par l'habitude perdu presque tout leur agrément, et étant en même temps dégénérés en de vrais besoins, la privation en devint beaucoup plus cruelle que la possession n'en était douce; et l'on était malheureux de les perdre, sans être heureux de les posséder.

[*Primitive societies take shape, with their languages, customs, ideas, conventionalized emotions.*]

Un sentiment tendre et doux s'insinue dans l'âme, et par la moindre opposition devient une fureur impétueuse: la jalousie s'éveille avec l'amour; la discorde triomphe, et la plus douce des passions reçoit des sacrifices de sang humain.

A mesure que les idées et les sentiments se succèdent, que l'esprit et le cœur s'exercent, le genre humain continue à s'apprivoiser.[9] Les liaisons[10] s'étendent et les liens se resserrent. On s'accoutuma à s'assembler devant les cabanes ou autour d'un grand arbre: le chant et la danse, vrais enfants de l'amour et du loisir, devinrent

7. *enduire...boue:* smear with clay and mud. Rousseau recognizes tool-making and house-building as evidences of primitive intelligence.

8. Notice Rousseau's preoccupation with the development of emotional life. Obviously his

statements are based more on his own intuition than on evidence.

9. *s'apprivoiser:* become tame.

10. *liaisons:* relationships.

l'amusement ou plutôt l'occupation des hommes et des femmes oisifs et attroupés. Chacun commença à regarder les autres et à vouloir être regardé soi-même, et l'estime publique eut un prix.[11] Celui qui chantait ou dansait le mieux, le plus beau, le plus fort, le plus adroit, ou le plus éloquent, devint le plus considéré; et ce fut le premier pas vers l'inégalité, et vers le vice en même temps: de ces premières préférences[12] naquirent d'un côté la vanité et le mépris; de l'autre, la honte et l'envie; et la fermentation causée par ces nouveaux levains[13] produisit enfin des composés funestes au bonheur et à l'innocence.

Sitôt que les hommes eurent commencé à s'apprécier mutuellement, et que l'idée de la considération[14] fut formée dans leur esprit, chacun prétendit y avoir droit, et il ne fut plus possible d'en manquer impunément pour personne. De là sortirent les premiers devoirs de la civilité,[15] même parmi les sauvages; et de là tout tort volontaire devint un outrage, parce qu'avec le mal qui résultait de l'injure[16] l'offensé y voyait le mépris de sa personne, souvent plus insupportable que le mal même. C'est ainsi que, chacun punissant le mépris qu'on lui avait témoigné d'une manière proportionnée au cas[17] qu'il faisait de lui-même, les vengeances devinrent terribles, et les hommes sanguinaires et cruels.

Voilà précisément le degré où étaient parvenus la plupart des peuples sauvages qui nous sont connus; et c'est faute d'avoir suffisamment distingué les idées, et remarqué combien ces peuples étaient déjà loin du premier état de nature, que plusieurs se sont hâtés de conclure que l'homme est naturellement cruel, et qu'il a besoin de police[18] pour l'adoucir; tandis que rien n'est si doux que lui dans son état

primitif, lorsque, placé par la nature à des distances égales de la stupidité des brutes et des lumières[19] funestes de l'homme civil, et borné également par l'instinct et par la raison à se garantir du mal qui le menace, il est retenu par la pitié naturelle de faire lui-même du mal à personne, sans y être porté par rien, même après en avoir reçu. Car selon l'axiome du sage Locke,[20] *il ne saurait y avoir d'injure où il n'y a point de propriété.*

Mais il faut remarquer que la société commencée et les relations déjà établies entre les hommes exigeaient en eux des qualités différentes de celles qu'ils tenaient de leur constitution primitive; que la moralité commençant à s'introduire dans les actions humaines, et chacun, avant les lois, étant seul juge et vengeur des offenses qu'il avait reçues, la bonté convenable au pur état de nature n'était plus celle qui convenait à la société naissante; qu'il fallait que les punitions devinssent plus sévères à mesure que les occasions d'offenser devenaient plus fréquentes; et que c'était à la terreur des vengeances de tenir lieu du frein des lois. Ainsi, quoique les hommes fussent devenus moins endurants, et que la pitié naturelle eût déjà souffert quelque altération, cette période du développement des facultés humaines, tenant un juste milieu entre l'indolence de l'état primitif et la pétulante[21] activité de notre amour-propre, dut être l'époque la plus heureuse et la plus durable. Plus on y réfléchit, plus on trouve que cet état était le moins sujet aux révolutions, le meilleur à l'homme, et qu'il n'en a dû sortir que par quelque funeste hasard, qui, pour l'utilité commune,[22] eût dû ne jamais arriver. L'exemple des sauvages qu'on a presque tous trouvés à ce point, semble confirmer que le genre humain était

11. *prix:* value.
12. *préférences:* marks of preference, distinctions.
13. *levains:* leavens, yeasts. (Rousseau's ascription of emotions such as rivalry and jealousy to communal human existence is fanciful. Animals display these emotions.)
14. *considération:* public esteem, importance.
15. *civilité:* i.e., social conventions.
16. *injure: here,* injustice, injury.

17. *cas:* esteem.
18. *police:* here, social organization.
19. *lumières: here,* sophistication.
20. John Locke (1632–1704). English political philosopher. His *Second Treatise on Government* espoused the theory of the Social Contract that influenced Rousseau.
21. *pétulante: here,* quarrelsome.
22. *utilité commune:* common good.

fait pour y rester toujours, que cet état est la véritable jeunesse du monde, et que tous les progrès ultérieurs ont été en apparence autant de pas vers la perfection de l'individu, et en effet vers la décrépitude de l'espèce.[23]

Tant que les hommes se contentèrent de leurs cabanes rustiques, tant qu'ils se bornèrent à coudre leurs habits de peaux avec des épines ou des arêtes,[24] à se parer de plumes et de coquillages,[25] a se peindre le corps de diverses couleurs, à perfectionner ou embellir leurs arcs et leurs flèches, à tailler avec des pierres tranchantes quelques canots de pêcheurs ou quelques grossiers instruments de musique; en un mot, tant qu'ils ne s'appliquèrent qu'à des arts ouvrages qu'un seul pouvait faire, et qu'à des arts qui n'avaient pas besoin du concours[26] de plusieurs mains, ils vécurent libres, sains, bons et heureux autant qu'ils pouvaient l'être par leur nature, et continuèrent à jouir entre eux des douceurs d'un commerce indépendant;[27] mais dès l'instant qu'un homme eut besoin du secours d'un autre, dès qu'on s'aperçut qu'il était utile à un seul d'avoir des provisions pour deux, l'égalité disparut, la propriété s'introduisit, le travail devint nécessaire et les vastes forêts se changèrent en des campagnes riantes qu'il fallut arroser de la sueur des hommes, et dans lesquelles on vit bientôt l'esclavage et la misère germer et croître avec les moissons.

La métallurgie et l'agriculture furent les deux arts dont l'invention produisit cette grande révolution.[28] Pour le poète,[29] c'est l'or et l'argent, mais pour le philosophe, ce sont le fer et le blé qui ont civilisé les hommes et perdu le genre humain. Aussi l'un et l'autre étaient-ils inconnus aux sauvages de l'Amérique, qui pour cela sont toujours demeurés tels;[30] les autres peuples semblent même être restés barbares tant qu'ils ont pratiqué l'un de ces arts sans l'autre. Et l'une des meilleures raisons peut-être pourquoi l'Europe a été, sinon plus tôt, du moins plus constamment et mieux policée[31] que les autres parties du monde, c'est qu'elle est à la fois la plus abondante en fer et la plus fertile en blé.

[*Rousseau speculates on the circumstances attending the discovery of iron. Agriculture did not develop far until man had made himself tools.*]

L'invention des autres arts fut donc nécessaire pour forcer le genre humain de s'appliquer à celui de l'agriculture. Dès qu'il fallut des hommes pour fondre et forger le fer, il fallut d'autres hommes pour nourrir ceux-là. Plus le nombre des ouvriers vint à se multiplier, moins il y eut de mains employées à fournir à la subsistance commune, sans qu'il y eût moins de bouches pour la consommer; et, comme il fallut aux uns des denrées[32] en échange de leur fer, les autres trouvèrent enfin le secret d'employer le fer à la multiplication des denrées. De là naquirent d'un côté le labourage[33] et l'agriculture, et de l'autre l'art de travailler les métaux et d'en multiplier les usages.

De la culture des terres s'ensuivit nécessairement leur partage,[34] et de la propriété une fois reconnue les premières règles de justice: car, pour rendre à chacun le sien, il faut que chacun puisse avoir quelque chose; de plus, les hommes commençant à porter leurs vues dans l'avenir, et se voyant tous quelques biens à perdre,[35] il n'y en avait aucun qui n'eût

23. *décrépitude de l'espèce:* deterioration of the species. Rousseau does not posit a steady degradation of man from original felicity. He arbitrarily chooses as his golden age this intermediate stage, which might have persisted had not man ruined it by "progress," or had not a "funeste hasard" intervened. But notice his admission that modern society conduces to the development of the individual.
24. *arêtes:* fishbones.
25. *coquillages:* shells.
26. *concours:* cooperation.
27. *commerce indépendant:* i.e., relationships independent of cooperative labor.
28. *révolution:* This is the "funeste hasard" just mentioned.
29. *poète:* classic portrayers of gold and silver ages.
30. Rousseau overlooks Indian corn.
31. *policée:* socially organized. (This word does *not* mean "policed.")
32. *denrées:* goods; *here,* foodstuffs.
33. *labourage:* tilling of the soil.
34. *partage:* sharing, apportionment.
35. *se voyant...perdre:* all recognizing that they possessed some goods which could be lost.

à craindre pour soi la représaille[36] des torts qu'il pouvait faire à autrui. Cette origine est d'autant plus naturelle, qu'il est impossible de concevoir l'idée de la propriété naissante d'ailleurs[37] que de la main-d'œuvre;[38] car on ne voit pas ce que, pour s'approprier[39] les choses qu'il n'a point faites, l'homme y peut mettre de plus que son travail. C'est le seul travail[40] qui, donnant droit au cultivateur sur le produit de la terre qu'il a labourée, lui en donne par conséquent sur le fonds,[41] au moins jusqu'à la récolte, et ainsi d'année en année; ce qui, faisant une possession continue, se transforme aisément en propriété. Lorsque les anciens, dit Grotius,[42] ont donné à Cérès[43] l'épithète de législatrice, et à une fête célébrée en son honneur le nom de Thesmophorie,[44] ils ont fait entendre par là que le partage des terres a produit une nouvelle sorte de droit, c'est-à-dire le droit de propriété, différent de celui qui résulte de la loi naturelle.[45]

Les choses en cet état eussent pu demeurer égales,[46] si les talents eussent été égaux, et que, par exemple, l'emploi du fer et la consommation des denrées eussent toujours fait une balance exacte: mais la proportion que rien ne maintenait fut bientôt rompue; le plus fort faisait plus d'ouvrage; le plus adroit tirait meilleur parti du sien; le plus ingénieux trouvait des moyens d'abréger le travail; le laboureur avait plus besoin de fer, ou le forgeron[47] plus besoin de blé; et en travaillant également, l'un gagnait beaucoup, tandis que l'autre avait peine à vivre. C'est ainsi que l'inégalité naturelle se déploie[48] insensiblement avec celle de combinaison, et que les différences des hommes, développées par celles des circonstances, se rendent plus sensibles, plus permanentes dans leurs effets, et commencent à influer dans la même proportion sur le sort des particuliers.

Les choses étant parvenues à ce point, il est facile d'imaginer le reste. Je ne m'arrêterai pas à décrire l'invention successive des autres arts, le progrès des langues, l'épreuve[49] et l'emploi des talents, l'inégalité des fortunes, l'usage ou l'abus des richesses, ni tous les détails qui suivent ceux-ci, et que chacun peut aisément suppléer. Je me bornerai seulement à jeter un coup d'œil sur le genre humain placé dans ce nouvel ordre de choses.

Voilà donc toutes nos facultés développées, la mémoire et l'imagination en jeu, l'amour-propre intéressé,[50] la raison rendue active, et l'esprit arrivé presque au terme de la perfection dont il est susceptible. Voilà toutes les qualités naturelles mises en action, le rang et le sort de chaque homme établis, non seulement sur la quantité des biens et le pouvoir de servir ou de nuire, mais sur l'esprit, la beauté, la force ou l'adresse, sur le mérite ou les talents; et ces qualités étant les seules qui pouvaient attirer de la considération, il fallut bientôt les avoir ou les affecter. Il fallut, pour son avantage, se montrer autre que ce qu'on était en effet. Être et paraître devinrent deux choses tout à fait différentes; et de cette distinction sortirent le faste[51] imposant, la ruse trompeuse, et tous les vices qui en sont le cortège.[52] D'un autre côté, de libre et indépendant qu'était auparavant l'homme, le voilà, par une multitude de nouveaux besoins, assujetti pour ainsi dire à toute la nature, et surtout à ses semblables, dont il devient l'esclave en un sens, même en devenant leur maître: riche, il a besoin de

36. *représaille:* reprisals.
37. *d'ailleurs: here,* from any other source.
38. *main-d'œuvre:* labor.
39. *pour s'approprier:* i.e., to justify his appropriation of.
40. *le seul travail:* labor alone. (Rousseau constantly uses *seul* in this sense.)
41. *fonds:* i.e., the land itself.
42. Grotius, seventeenth-century Dutch jurist, who wrote on the rights of man.
43. *Cérès:* goddess of agriculture (*in Greek,* Demeter).

44. *Thesmophorie:* "lawmaking festival" (*Greek*).
45. This is important: the laws of property are not natural laws.
46. *Les choses...égales:* i.e., equality among producers could have been preserved.
47. *forgeron:* smith.
48. *se déploie: here,* develops.
49. *épreuve:* testing out.
50. *intéressé:* i.e., pursuing its advantage.
51. *faste:* ostentation of wealth.
52. *cortège:* accompaniment.

leurs services; pauvre, il a besoin de leurs secours; et la médiocrité[53] ne le met point en état de se passer d'eux. Il faut donc qu'il cherche sans cesse à les intéresser à son sort, et à leur faire trouver, en effet[54] ou en apparence, leur profit à travailler pour le sien: ce qui le rend fourbe et artificieux[55] avec les uns, impérieux et dur avec les autres, et le met dans la nécessité d'abuser tous ceux dont il a besoin quand il ne peut s'en faire craindre, et qu'il ne trouve pas son intérêt à les servir utilement. Enfin l'ambition dévorante, l'ardeur d'élever sa fortune relative, moins par un véritable besoin que pour se mettre au-dessus des autres, inspire à tous les hommes un noir penchant à se nuire mutuellement, une jalousie secrète d'autant plus dangereuse, que, pour faire son coup plus en sûreté, elle prend souvent le masque de la bienveillance; en un mot, concurrence et rivalité d'une part, de l'autre opposition d'intérêts, et toujours le désir caché de faire son profit aux dépens d'autrui: tous ces maux sont le premier effet de la propriété et le cortège inséparable de l'inégalité naissante.

Avant qu'on eût inventé les signes représentatifs des richesses,[56] elles ne pouvaient guère consister qu'en terres et en bestiaux, les seuls biens réels que les hommes puissent posséder. Or, quand les héritages se furent accrus en nombre et en étendue au point de couvrir le sol entier et de se toucher tous, les uns ne purent plus s'agrandir qu'aux dépens des autres, et les surnuméraires[57] que la faiblesse ou l'indolence avaient empêchés d'en acquérir à leur tour, devenus pauvres sans avoir rien perdu, parce que, tout changeant autour d'eux, eux seuls n'avaient point changé, furent obligés de recevoir ou de ravir

leur subsistance de la main des riches; et de là commencèrent à naître, selon les divers caractères des uns et des autres, la domination et la servitude, ou la violence et les rapines. Les riches, de leur côté, connurent à peine le plaisir de dominer, qu'ils dédaignèrent bientôt tous les autres, et, se servant de leurs anciens esclaves pour en soumettre de nouveaux, ils ne songèrent qu'à subjuguer et asservir leurs voisins: semblables à ces loups affamés qui, ayant une fois goûté de la chair humaine, rebutent[58] toute autre nourriture, et ne veulent plus que dévorer des hommes.[59]

C'est ainsi que, les plus puissants ou les plus misérables se faisant de leurs forces ou de leurs besoins une sorte de droit au bien d'autrui, équivalant, selon eux, à celui de propriété, l'égalité rompue fut suivie du plus affreux désordre; c'est ainsi que les usurpations des riches, les brigandages des pauvres, les passions effrénées de tous, étouffant la pitié naturelle et la voix encore faible de la justice, rendirent les hommes avares, ambitieux et méchants. Il s'élevait entre le droit du plus fort et le droit du premier occupant un conflit perpétuel qui ne se terminait que par des combats et des meurtres. La société naissante fit place au plus horrible état de guerre: le genre humain, avili et désolé, ne pouvant plus retourner sur ses pas, ni renoncer aux acquisitions malheureuses qu'il avait faites, et ne travaillant qu'à sa honte, par l'abus des facultés qui l'honorent, se mit lui-même à la veille de sa ruine.

Attonitus novitate mali, divesque
 miserque,
Effugere optat opes, et quae modo
 voverat odit.[60]
OVIDE, *Métamorphoses* (lib. XI, v. 127)

53. *médiocrité:* middle state (between rich and poor).
54. *en effet:* in fact.
55. *fourbe et artificieux:* swindling and cunning.
56. *signes...richesses:* i.e., money.
57. *surnuméraires:* i.e., the excessive population, the propertyless.
58. *rebutent:* refuse.
59. The foregoing paragraph represents the kind of doctrine on which the revolutionaries based

their claim for a redistribution of property, and on which "emerging nations" justify the confiscation of foreign holdings. For many political philosophers, the causes of poverty are numerous and complex. For Rousseau, it is simple: poor people are poor because rich people are hoarding all the money.
60. "Overwhelmed by this unexpected evil, both rich and wretched, he hopes to discard his wealth, and hates what lately he had longed for."

Il n'est pas possible que les hommes n'aient fait enfin des réflexions sur une situation aussi misérable et sur les calamités dont ils étaient accablés. Les riches surtout durent bientôt sentir combien leur était désavantageuse une guerre perpétuelle dont ils faisaient seuls tous les frais,[61] et dans laquelle le risque de la vie était commun, et celui des biens particulier. D'ailleurs, quelque couleur qu'ils pussent donner à leurs usurpations, ils sentaient assez qu'elles n'étaient établies que sur un droit précaire[62] et abusif, et que, n'ayant été acquises que par la force, la force pouvait les leur ôter sans qu'ils eussent raison de s'en plaindre. Ceux mêmes que la seule industrie avait enrichis ne pouvaient guère fonder leur propriété sur de meilleurs titres. Ils avaient beau dire: « C'est moi qui ai bâti ce mur; j'ai gagné ce terrain par mon travail.—Qui vous a donné les alignements, leur pouvait-on répondre, et en vertu de quoi prétendez-vous être payés à nos dépens d'un travail que nous ne vous avons point imposé? Ignorez-vous qu'une multitude de vos frères périt ou souffre du besoin de ce que vous avez de trop, et qu'il vous fallait un consentement exprès et unanime du genre humain pour vous approprier sur la subsistance commune tout ce qui allait au delà de la vôtre? »[63] Destitué de raisons valables pour se justifier et de forces suffisantes pour se défendre; écrasant facilement un particulier, mais écrasé lui-même par des troupes de bandits; seul contre tous, et ne pouvant, à cause de jalousies mutuelles, s'unir avec ses égaux contre des ennemis unis par l'espoir commun du pillage, le riche, pressé par la nécessité, conçut enfin le projet le plus réfléchi qui soit jamais entré dans l'esprit humain: ce fut d'employer en sa faveur les forces mêmes de ceux qui l'attaquaient, de faire ses défenseurs de ses adversaires, de leur inspirer d'autres maximes, et de leur donner d'autres institutions qui lui fussent aussi favorables que le droit naturel lui était contraire.[64]

Dans cette vue, après avoir exposé à ses voisins l'horreur d'une situation qui les armait tous les uns contre les autres, qui leur rendait leurs possessions aussi onéreuses[65] que leurs besoins, et où nul ne trouvait sa sûreté ni dans la pauvreté ni dans la richesse, il inventa aisément des raisons spécieuses pour les amener à son but. « Unissons-nous, leur dit-il, pour garantir de l'oppression les faibles, contenir les ambitieux, et assurer à chacun la possession de ce qui lui appartient: instituons des règlements de justice et de paix auxquels tous soient obligés de se conformer, qui ne fassent acception[66] de personne, et qui réparent en quelque sorte les caprices de la fortune, en soumettant également le puissant et le faible à des devoirs mutuels. En un mot, au lieu du tourner nos forces contre nous-mêmes, rassemblons-les en un pouvoir suprême qui nous gouverne selon de sages lois, qui protège et défende tous les membres de l'association, repousse, les ennemis communs, et nous maintienne dans une concorde éternelle. »

Il en fallut beaucoup moins que l'équivalent de ce discours pour entraîner des hommes grossiers, faciles à séduire, qui d'ailleurs avaient trop d'affaires à démêler[67] entre eux pour pouvoir se passer d'arbitres,[68] et trop d'avarice et d'ambition pour pouvoir longtemps se passer de maîtres. Tous coururent au-devant de leurs fers,[69] croyant assurer leur liberté; car, avec assez de raison pour sentir les avantages d'un établissement politique, ils n'avaient

61. *ils faisaient…frais:* they alone paid all the costs (*i.e.,* only the rich had property to lose).
62. *précaire:* precarious, revocable.
63. A forecast of Rousseau's later *Contrat social;* indeed, a forecast of communistic theory.
64. Thus, Rousseau implies, our society, with its consecration of property, is the result of a deliberate conspiracy of the rich, using psychological propaganda to give the populace

a faith contrary to their interest. And just in case some members of the populace weren't sufficiently fooled, the rich created government for the specific purpose of keeping them in line.
65. *onéreuses:* onerous, burdensome.
66. *acception:* preference.
67. *affaires à démêler:* disputes to be settled.
68. *arbitres:* judges.
69. *coururent…fers:* ran to put on their shackles.

pas assez d'expérience pour en prévoir les dangers: les plus capables de pressentir les abus[70] étaient précisément ceux qui comptaient d'en profiter; et les sages mêmes virent qu'il fallait se résoudre à sacrifier une partie de leur liberté à la conservation de l'autre, comme un blessé se fait couper le bras pour sauver le reste du corps.

Telle fut ou dut être[71] l'origine de la société et des lois, qui donnèrent de nouvelles entraves[72] au faible et de nouvelles forces au riche, détruisirent sans retour la liberté naturelle, fixèrent pour jamais la loi de la propriété et de l'inégalité, d'une adroite usurpation firent un droit irrévocable, et, pour le profit de quelques ambitieux, assujettirent désormais tout le genre humain au travail, à la servitude et à la misère. On voit aisément comment l'établissement d'une seule société rendit indispensable celui de toutes les autres, et comment, pour faire tête à des forces unies, il fallut s'unir à son tour.[73] Les sociétés, se multipliant ou s'étendant rapidement, couvrirent bientôt toute la surface de la terre; et il ne fut plus possible de trouver un seul coin dans l'univers où l'on pût s'affranchir du joug, et soustraire sa tête au glaive[74] souvent mal conduit que chaque homme vit perpétuellement suspendu sur la sienne. Le droit civil étant ainsi devenu la règle commune des citoyens, la loi de nature n'eut plus lieu qu'entre les diverses sociétés, où, sous le nom de droit des gens,[75] elle fut tempérée par quelques conventions tacites pour rendre le commerce possible et suppléer à la commisération[76] naturelle, qui, perdant de société à société presque toute la force qu'elle avait d'homme à homme, ne réside plus que dans quelques grandes âmes

cosmopolites qui franchissent les barrières imaginaires qui séparent les peuples, et qui, à l'exemple de l'Être souverain qui les a créés, embrassent tout le genre humain dans leur bienveillance.[77]

Les corps politiques, restant ainsi entre eux dans l'état de nature,[78] se ressentirent[79] bientôt des inconvénients qui avaient forcé les particuliers d'en sortir; et cet état devint encore plus funeste entre ces grands corps qu'il ne l'avait été auparavant entre les individus dont ils étaient composés. De là sortirent les guerres nationales, les batailles, les meurtres, les représailles, qui font frémir la nature et choquent la raison, et tous ces préjugés horribles qui placent au rang des vertus l'honneur de répandre le sang humain. Les plus honnêtes gens apprirent à compter parmi leurs devoirs celui d'égorger leurs semblables: on vit enfin les hommes se massacrer par milliers sans savoir pourquoi; et il se commettait plus de meurtres en un seul jour de combat, et plus d'horreurs à la prise d'une seule ville, qu'il ne s'en était commis dans l'état de nature, durant des siècles entiers, sur toute la surface de la terre. Tels sont les premiers effets qu'on entrevoit de la division du genre humain en différentes sociétés.

[*States, continues Rousseau, were founded by the rich, in order to preserve their wealth and perpetuate inequality. The administration of states was entrusted to "magistrates." It is often asserted that the docility of subjects shows that they prize peace and order above freedom; but this assertion is belied by the desperation with which free peoples fight against subjection. One proves nothing by comparing a*

70. *pressentir les abus:* recognize the abuses (of wealth and power).
71. *Telle...être:* A revealing phrase. Rousseau does not claim to base his picture of man's evolution on scientific evidence, only on his speculation on what "must have been."
72. *entraves:* bonds.
73. *il fallut...tour:* i.e., other peoples had to form societies to restrain the first one formed.
74. *glaive:* sword.
75. *droit des gens:* human rights. (Civil law ruled

within states; as international law hardly existed yet, relations between states were determined only by force and pressure, natural law.)
76. *suppléer à la commisération:* make up for the fellow feeling, sympathy.
77. A forecast of the spirit of internationalism, of United Nations.
78. *état de nature:* i.e., controlled by no pacts or laws.
79. *se ressentirent:* felt the effects.

state to a family, an absolute monarch to a stern but kindly father; this, says Rousseau, is a false analogy. Every despotism is a usurpation. The existence of a state implies a contract between a people and its leader. Either party has a right to revoke the contract. If the leader does not fulfill its terms, the people may revoke the contract by reasserting their independence.]

Si nous suivons le progrès de l'inégalité dans ces différentes révolutions, nous trouverons que l'établissement de la loi et du droit de propriété fut son premier terme, l'institution de la magistrature le second, que le troisième et dernier fut le changement du pouvoir légitime en pouvoir arbitraire; en sorte que l'état de riche et de pauvre fut autorisé par la première époque, celui de puissant et de faible par la seconde, et par la troisième celui de maître et d'esclave, qui est le dernier degré de l'inégalité et le terme auquel aboutissent enfin tous les autres, jusqu'à ce que de nouvelles révolutions dissolvent tout à fait le gouvernement, ou le rapprochent de l'institution légitime.

[*Political distinctions bring civil distinctions. The morally base, the greedy, the ambitious, gain the status of nobility, and reenforce their supremacy by inherited wealth. Honest workers are forced to resort to violence simply to regain their natural rights.*]

C'est du sein de ces désordres et de ces révolutions que le despotisme, élevant par degrés sa tête hideuse, et dévorant tout ce qu'il aurait aperçu de bon et de sain dans toutes les parties de l'État, parviendrait enfin à fouler aux pieds les lois et le peuple, et à s'établir sur les ruines de la république.[80] Les temps qui précéderaient ce dernier changement seraient des temps de troubles et de calamités; mais à la fin tout serait englouti par le monstre, et les peuples n'auraient plus de chefs ni de lois, mais seulement des tyrans. Dès cet instant aussi il cesserait d'être question de mœurs et de vertu: car partout où règne le despotisme, *cui ex honesto nulla est spes,*[81] il ne souffre aucun autre maître; sitôt qu'il parle, il n'y a ni probité ni devoir à consulter, et la plus aveugle obéissance est la seule vertu qui reste aux esclaves.

C'est ici le dernier terme de l'inégalité, et le point extrême qui ferme le cercle et touche au point d'où nous sommes partis: c'est ici que tous les particuliers redeviennent égaux, parce qu'ils ne sont rien, et que les sujets n'ayant plus d'autre loi que la volonté du maître, ni le maître d'autre règle que ses passions, les notions du bien et les principes de la justice s'évanouissent derechef:[82] c'est ici que tout se ramène à la seule loi du plus fort, et, par conséquent, à un nouvel état de nature, différent de celui par lequel nous avons commencé, en ce que l'un était l'état de nature dans sa pureté, et que ce dernier est le fruit d'un excès de corruption. Il y a si peu de différence d'ailleurs entre ces deux états, et le contrat de gouvernement est tellement dissous par le despotisme, que le despote n'est le maître qu'aussi longtemps qu'il est le plus fort; et que sitôt qu'on peut l'expulser, il n'a point à réclamer contre la violence. L'émeute[83] qui finit par étrangler ou détrôner un sultan est un acte aussi juridique que ceux par lesquels il disposait, la veille, des vies et des biens de ses sujets.[84] La seule force le maintenait, la seule force le renverse: toutes choses se passent ainsi selon l'ordre naturel; et, quel que puisse être l'événement[85] de ces courtes et fréquentes révolutions, nul ne peut se plaindre de l'injustice d'autrui, mais seulement de sa propre imprudence ou de son malheur.

En découvrant et suivant ainsi les routes oubliées et perdues qui de l'état naturel ont dû mener l'homme à l'état civil; en rétablissant, avec les positions intermédiaires que je viens de marquer, celles que le temps qui me presse m'a fait supprimer, ou que l'imagination ne

80. *république:* state.
81. *cui...spes:* which has nothing to hope for in virtue.
82. *derechef:* immediately.
83. *émeute:* mob rising.
84. An ominous statement, despite the cautious word "sultan."
85. *événement:* outcome.

m'a point suggérées, tout lecteur attentif ne pourra qu'être frappé de l'espace immense qui sépare ces deux états. C'est dans cette lente succession des choses qu'il verra la solution d'une infinité de problèmes de morale et de politique que les philosophes ne peuvent résoudre. Il sentira que le genre humain d'un âge n'étant pas le genre humain d'un autre âge, la raison pourquoi Diogène ne trouvait point d'homme, c'est qu'il cherchait parmi ses contemporains l'homme d'un temps qui n'était plus. Caton, dira-t-il, périt avec Rome et la liberté, parce qu'il fut déplacé dans son siècle; et le plus grand des hommes ne fit qu'étonner le monde qu'il eût gouverné cinq cents ans plus tôt.[86] En un mot, il expliquera comment l'âme et les passions humaines, s'altérant insensiblement, changent pour ainsi dire de nature; pourquoi nos besoins et nos plaisirs changent d'objet à la longue; pourquoi l'homme originel s'évanouissant par degrés, la société n'offre plus aux yeux du sage qu'un assemblage d'hommes artificiels et de passions factices qui sont l'ouvrage de toutes ces nouvelles relations, et n'ont aucun vrai fondement dans la nature. Ce que la réflexion nous apprend là-dessus, l'observation le confirme parfaitement:[87] l'homme sauvage et l'homme policé[88] diffèrent tellement par le fond du cœur et des inclinations, que ce qui fait le bonheur suprême de l'un réduirait l'autre au désespoir. Le premier ne respire que le repos et la liberté; il ne veut que vivre et rester oisif, et l'ataraxie[89] même du stoïcien[90] n'approche pas de sa profonde indifférence pour tout autre objet. Au contraire, le citoyen, toujours actif, sue, s'agite, se tourmente sans cesse pour chercher des occupations encore plus laborieuses; il travaille jusqu'à la mort, il y court même pour se mettre en état de vivre, ou renonce à la vie pour acquérir l'immortalité; il fait sa cour aux grands qu'il hait, et aux riches qu'il méprise; il n'épargne

rien pour obtenir l'honneur de les servir; il se vante orgueilleusement de sa bassesse et de leur protection;[91] et, fier de son esclavage, il parle avec dédain de ceux qui n'ont pas l'honneur de le partager. Quel spectacle pour un Caraïbe[92] que les travaux pénibles et enviés d'un ministre européen! Combien de morts cruelles ne préférerait pas cet indolent sauvage à l'horreur d'une pareille vie, qui souvent n'est pas même adoucie par le plaisir de bien faire! Mais, pour voir le but de tant de soins, il faudrait que ces mots: *puissance* et *réputation,* eussent un sens dans son esprit; qu'il apprît qu'il y a une sorte d'hommes qui comptent pour quelque chose les regards du reste de l'univers, qui savent être heureux et contents d'eux-mêmes sur le témoignage d'autrui plutôt que sur le leur propre. Telle est, en effet, la véritable cause de toutes ces différences: le sauvage vit en lui-même; l'homme sociable,[93] toujours hors de lui, ne sait vivre que dans l'opinion des autres; et c'est pour ainsi dire de leur seul jugement qu'il tire le sentiment de sa propre existence.[94] Il n'est pas de mon sujet de montrer comment d'une telle disposition naît tant d'indifférence pour le bien et le mal, avec de si beaux discours de morale; comment, tout se réduisant aux apparences, tout devient factice et joué, honneur, amitié, vertu, et souvent jusqu'aux vices mêmes, dont on trouve enfin le secret de se glorifier; comment, en un mot, demandant toujours aux autres ce que nous sommes, et n'osant jamais nous interroger là-dessus nous-mêmes, au milieu de tant de philosophie, d'humanité, de politesse et de maximes sublimes, nous n'avons qu'un extérieur trompeur et frivole, de l'honneur sans vertu, de la raison sans sagesse, et du plaisir sans bonheur. Il me suffit d'avoir prouvé que ce n'est point là l'état originel de l'homme, et que c'est le seul esprit de la société et l'inégalité qu'elle engendre, qui changent

86. Evidently Rousseau regards Cato as "le plus grand des hommes."
87. A significant statement of Rousseau's logical method.
88. *policé:* civilized.
89. *ataraxie:* impassiveness, freedom from passion.

90. *stoïcien:* stoic.
91. Compare *Le Neveu de Rameau.*
92. *Caraïbe:* native of Caribbean islands.
93. *sociable:* social, civilized.
94. This phrase states one of the contentions of modern existentialism.

et altèrent ainsi toutes nos inclinations naturelles.

J'ai tâché d'exposer l'origine et le progrès de l'inégalité, l'établissement et l'abus des sociétés politiques, autant que ces choses peuvent se déduire de la nature de l'homme par les seules lumières de la raison, et indépendamment des dogmes sacrés qui donnent à l'autorité souveraine la sanction du droit divin.[95] Il suit de cet exposé que l'inégalité, étant presque nulle dans l'état de nature, tire sa force et son accroissement du développement de nos facultés et des progrès de l'esprit humain, et devient enfin stable et légitime par l'établissement de la propriété et des lois.

Il suit encore que l'inégalité morale,[96] autorisée par le seul droit positif,[97] est contraire au droit naturel toutes les fois qu'elle ne concourt pas en même proportion avec l'inégalité physique,[98] distinction qui détermine suffisamment ce qu'on doit penser à cet égard de la sorte d'inégalité qui règne parmi tous les peuples policés, puisqu'il est manifestement contre la loi de nature, de quelque manière qu'on la définisse, qu'un enfant commande à un vieillard, qu'un imbécile conduise un homme sage, et qu'une poignée de gens regorge de superfluités, tandis que la multitude affamée manque du nécessaire.[99]

❖ ❖ ❖

ÉMILE, OU DE L'ÉDUCATION

[Excerpts]

[Society, Rousseau held, is bad; its evil results in part from vicious methods of education. To reform society, he must then begin by reforming education. In Émile, he gives us the picture of an ideal education. He divides his work into five books, according to the physiological stages of a child's development. The First Book treats of babyhood.

Rousseau begins with a sensational passage, designed to capture the reader's interest, whether assenting or dissenting.]

Tout est bien, sortant des mains de l'Auteur des choses; tout dégénère entre les mains de l'homme. Il force une terre à nourrir les productions d'une autre, un arbre à porter les fruits d'un autre; il mêle et confond les climats, les éléments, les saisons; il mutile son chien, son cheval,[100] son esclave;[101] il bouleverse tout, il défigure tout; il aime la difformité, les monstres; il

ne veut rien tel que l'a fait la nature, pas même l'homme; il le faut dresser pour lui, comme un cheval de manège;[102] il le faut contourner à sa mode, comme un arbre de son jardin.

Sans cela, tout irait plus mal encore,[103] et notre race ne veut pas être façonnée à demi. Dans l'état où sont désormais les choses, un homme abandonné dès sa naissance

95. *droit divin:* Notice that Rousseau does not say whether or not it is legitimate for any government to claim divine right.
96. *morale:* social (deriving from *mœurs*).
97. *droit positif:* established, instituted law.
98. *toutes les fois...physique:* i.e., the physical differences of men are "natural"; but these are not commonly the basis of our civil laws.
99. Thus Rousseau ends with an incendiary, eloquent, quotable *phrase à effet.* It should be evident by now that Rousseau's spectacular rhetoric both reinforces his insights and masks his failings. The student might well engage in the exercise of writing a reply to Rousseau, pointing out the weaknesses and fallacies of his argument, as

well as pointing out its strengths and truths.
100. *cheval:* reference to the docking of horses' tails.
101. *esclave:* perhaps reference to the branding of slaves.
102. *cheval de manège:* trained, trick horse.
103. *Sans cela...encore:* A surprising statement, which seems to destroy the force of what has gone before. Apparently, Rousseau means that in this corrupt, unnatural society, a good and naïve "natural man" would get victimized even worse than would a man trained to unnaturalness. But we don't ideally want to have to educate our children to adapt to an evil society. So, to permit humanity to get back on the track to natural development, we shall have to remake society.

à lui-même parmi les autres serait le plus défiguré de tous. Les préjugés, l'autorité, la nécessité, l'exemple, toutes les institutions sociales dans lesquelles nous nous trouvons submergés étoufferaient en lui la nature, et ne mettraient rien à sa place. Elle y serait comme un arbrisseau[104] que le hasard fait naître au milieu d'un chemin, et que les passants font bientôt périr, en le heurtant de toutes parts et le pliant dans tous les sens.

[*Mothers, especially the upper-class mothers who would read this book, should personally tend to their baby children, and should feed them at breast instead of turning them over to wet-nurses.*]

Mais que[105] les mères daignent nourrir leurs enfants, les mœurs vont se réformer d'elles-mêmes, les sentiments de la nature se réveiller dans tous les cœurs: l'État va se repeupler: ce premier point,[106] ce point seul va tout réunir. L'attrait de la vie domestique est le meilleur contre-poison des mauvaises mœurs. Le tracas[107] des enfants, qu'on croit importun, devient agréable; il rend le père et la mère plus nécessaires, plus chers l'un à l'autre; il resserre entre eux le lien conjugal. Quand la famille est vivante[108] et animée, les soins domestiques font la plus chère occupation de la femme et le plus doux amusement du mari. Ainsi de ce seul abus corrigé résulterait bientôt une réforme générale, bientôt la nature aurait repris tous ses droits. Qu'une fois les femmes redeviennent mères, bientôt les hommes redeviendront pères et maris.

Discours superflus! l'ennui même des plaisirs du monde ne ramène jamais à ceux-là.[109] Les femmes ont cessé d'être mères; elles ne le seront plus; elles ne veulent plus l'être. Quand elles le voudraient, à peine le pourraient-elles; aujourd'hui que l'usage contraire est établi, chacune aurait à combattre l'opposition de toutes celles qui l'approchent, liguées contre un exemple que les unes n'ont pas donné et que les autres ne veulent pas suivre.

Il se trouve pourtant quelquefois encore de jeunes personnes d'un bon naturel qui, sur ce point osant braver l'empire de la mode et les clameurs de leur sexe, remplissent avec une vertueuse intrépidité ce devoir si doux que la nature leur impose. Puisse leur nombre augmenter par l'attrait des biens destinés à celles qui s'y livrent! Fondé sur des conséquences que donne le plus simple raisonnement, et sur des observations que je n'ai jamais vues démenties, j'ose promettre à ces dignes mères un attachement solide et constant de la part de leurs maris, une tendresse vraiment filiale de la part de leurs enfants, l'estime et le respect du public, d'heureuses couches[110] sans accident et sans suite, une santé ferme et vigoureuse, enfin le plaisir de se voir un jour imiter par leurs filles, et citer en exemple à celles d'autrui.

[*The Second Book treats of the child from the time he is able to speak until about the age of twelve, provided he is fortunate enough to live that long. Education in this stage should be negative; the child should not be stuffed with information, but he should be protected from the evil contact of the world, and his body, his senses, his heart should be developed. In the following passage, Rousseau attacks conventional education and gives his theory of life and happiness.*]

Quoiqu'on assigne à peu près[111] le plus long terme de la vie humaine et les probabilités qu'on a d'approcher de ce terme à chaque âge, rien n'est plus incertain que la durée de la vie de chaque homme en

104. *arbrisseau:* shrubby tree.
105. *que:* if.
106. *ce premier point:* i.e., the suckling (*l'allaitement naturel*) of infants by their mothers.
107. *tracas:* pestering.
108. *vivante:* lively.
109. *ceux-là:* i.e., the pleasures of family life.
110. *couches:* childbirths. But the *attachement*

between mother and child is precisely why mothers did not want to breast-feed babies in an era of high infant mortality. The children's deaths were less emotionally wrenching for the mother if she had had no physical contact with them.
111. *Quoiqu'on...près:* Although we are able to fix approximately.

particulier; très peu parviennent à ce plus long terme. Les plus grands risques de la vie sont dans son commencement; moins on a vécu, moins on doit espérer de vivre. Des enfants qui naissent, la moitié, tout au plus, parvient à l'adolescence; et il est probable que votre élève n'atteindra pas l'âge d'homme.[112]

Que faut-il donc penser de cette éducation barbare qui sacrifie le présent à un avenir incertain, qui charge un enfant de chaînes de toute espèce, et commence par le rendre misérable pour lui préparer au loin je ne sais quel prétendu bonheur dont il est à croire qu'il ne jouira jamais?[113] Quand je supposerais cette éducation raisonnable dans son objet, comment voir sans indignation de pauvres infortunés soumis à un joug insupportable et condamnés à des travaux continuels comme des galériens,[114] sans être assurés que tant de soins leur seront jamais utiles! L'âge de la gaieté se passe au milieu des pleurs, des châtiments, des menaces, de l'esclavage. On tourmente le malheureux pour son bien; et l'on ne voit pas la mort qu'on appelle, et qui va le saisir au milieu de ce triste appareil.[115] Qui sait combien d'enfants périssent victimes de l'extravagante sagesse d'un père ou d'un maître? Heureux d'échapper à sa cruauté, le seul avantage qu'ils tirent des maux qu'il leur a fait souffrir est de mourir sans regretter la vie, dont ils n'ont connu que les tourments.

Hommes, soyez humains, c'est votre premier devoir: soyez-le pour tous les états, pour tous les âges, pour tout ce qui n'est pas étranger à l'homme. Quelle sagesse y a-t-il pour vous hors de l'humanité? Aimez l'enfance: favorisez ses jeux; ses plaisirs, son aimable instinct. Qui de vous n'a pas regretté quelquefois cet âge où le rire est toujours sur les lèvres, et où l'âme est toujours en paix? Pourquoi voulez-vous ôter à ces petits innocents la jouissance d'un temps si court qui leur échappe, et d'un bien si précieux dont ils ne sauraient abuser! Pourquoi voulez-vous remplir d'amertume et de douleurs ces premiers ans si rapides, qui ne reviendront pas plus pour eux qu'ils ne peuvent revenir pour vous? Pères, savez-vous le moment où la mort attend vos enfants? Ne vous préparez pas des regrets en leur ôtant le peu d'instants que la nature leur donne: aussitôt qu'ils peuvent sentir le plaisir d'être, faites qu'ils en jouissent, faites qu'à quelque heure que Dieu les appelle, ils ne meurent point sans avoir goûté la vie.

Que de voix vont s'élever contre moi! J'entends de loin les clameurs de cette fausse sagesse qui nous jette incessamment hors de nous, qui compte toujours le présent pour rien, et, poursuivant sans relâche un avenir qui fuit à mesure qu'on avance, à force de nous transporter où nous ne sommes pas, nous transporte où nous ne serons jamais.

C'est, me répondez-vous, le temps de corriger les mauvaises inclinations de l'homme;[116] c'est dans l'âge de l'enfance, où les peines sont le moins sensibles, qu'il faut les multiplier pour les épargner dans l'âge de la raison. Mais qui vous dit que tout cet arrangement est à votre disposition, et que toutes ces belles instructions, dont vous accablez le faible esprit d'un enfant, ne lui seront pas un jour plus pernicieuses qu'utiles? Qui vous assure que vous épargnez quelque chose par les chagrins que vous lui prodiguez? Pourquoi lui donnez-vous plus de maux que son état n'en comporte, sans être sûrs que ces maux présents sont à la décharge de l'avenir?[117]

112. This statement, by no means true today, suggests the incidence of infant and child mortality in the eighteenth century. Today's students find this so alien to their experience that they often miss the central point of Rousseau's argument here. He is saying that since the majority of children will die before reaching adulthood, why torture them with brutal educational methods? Why not let them enjoy what little time they have?

113. This argument is still invoked by advocates of the "child-centered" school, and contested by partisans of "the three R's."

114. *galériens:* galley slaves.

115. *appareil: here,* environment.

116. Reference to the Christian doctrine of innate depravity, due to Original Sin.

117. *sont...l'avenir:* will spare trouble in the future.

Et comment me prouverez-vous que ces mauvais penchants, dont vous prétendez le guérir, ne lui viennent pas de vos soins mal entendus bien plus que de la nature? Malheureuse prévoyance, qui rend un être actuellement[118] misérable, sur l'espoir bien ou mal fondé de le rendre heureux un jour! Que si ces raisonneurs vulgaires confondent la licence avec la liberté, et l'enfant qu'on rend heureux avec l'enfant qu'on gâte, apprenez-leur à les distinguer.

Pour ne point courir après des chimères, n'oublions pas ce qui convient à notre condition. L'humanité a sa place dans l'ordre des choses; l'enfance a la sienne dans l'ordre de la vie humaine; il faut considérer l'homme dans l'homme et l'enfant dans l'enfant. Assigner à chacun sa place et l'y fixer, ordonner les passions humaines selon la constitution de l'homme est tout ce que nous pouvons faire pour son bien-être. Le reste dépend de causes étrangères, qui ne sont point en notre pouvoir.

L'ÉDUCATION NÉGATIVE

Oserais-je exposer ici la plus grande, la plus importante, la plus utile règle de toute l'éducation? ce n'est pas de gagner du temps, c'est d'en perdre. Lecteurs vulgaires,[119] pardonnez-moi mes paradoxes: il en faut faire quand on réfléchit; et, quoi que vous puissiez dire, j'aime mieux être homme à paradoxes qu'homme à préjugés.[120] Le plus dangereux intervalle de la vie humaine est celui de la naissance à l'âge de douze ans. C'est le temps où germent les erreurs et les vices, sans qu'on ait encore aucun instrument pour les détruire; et quand l'instrument vient, les racines sont si profondes, qu'il n'est plus temps[121] de les arracher. Si les enfants sautaient tout d'un coup de la mamelle[122] à l'âge de raison, l'éducation qu'on leur donne pourrait leur

convenir; mais, selon le progrès naturel, il leur en faut une toute contraire. Il faudrait qu'ils ne fissent rien de leur âme jusqu'à ce qu'elle eût toutes ses facultés; car il est impossible qu'elle aperçoive le flambeau que vous lui présentez tandis qu'elle est aveugle, et qu'elle suive dans l'immense plaine des idées une route que la raison trace encore si légèrement pour les meilleurs yeux.

La première éducation doit donc être purement négative. Elle consiste, non point à enseigner la vertu ni la vérité, mais à garantir le cœur du vice et l'esprit de l'erreur. Si vous pouviez ne rien faire et ne rien laisser faire; si vous pouviez amener votre élève sain et robuste à l'âge de douze ans, sans qu'il sût distinguer sa main droite de sa main gauche, dès vos premières leçons les yeux de son entendement s'ouvriraient à la raison; sans préjugés, sans habitudes, il n'aurait rien en lui qui pût contrarier l'effet de vos soins. Bientôt il deviendrait entre vos mains le plus sage des hommes; et en commençant par ne rien faire, vous auriez fait un prodige d'éducation.

L'ENSEIGNEMENT DE LA LECTURE

En ôtant ainsi tous les devoirs des enfants, j'ôte les instruments de leur plus grande misère, savoir: les livres. La lecture est le fléau de l'enfance,[123] et presque la seule occupation qu'on sait lui donner. A peine à douze ans Emile saura-t-il ce que c'est qu'un livre. Mais il faut au moins, dira-t-on, qu'il sache lire. J'en conviens: il faut qu'il sache lire quand la lecture lui est utile; jusqu'alors, elle n'est bonne qu'à l'ennuyer.

Si l'on ne doit rien exiger des enfants par obéissance, il s'ensuit qu'ils ne peuvent rien apprendre dont ils ne sentent l'avantage actuel et présent, soit d'agrément, soit

118. *actuellement:* in the present.
119. *Lecteurs vulgaires:* i.e., average, nonspecialist readers.
120. This is a key to Rousseau's mentality.
121. *il n'est plus temps:* it is too late.
122. *mamelle:* (mother's) breast.
123. But Rousseau says in his *Confessions* that he learned to read very young, and that reading

was his great joy. Is there a contradiction here? Various questions arise from this paradox, such as: At what age is it appropriate for children to be taught to read? Do some children develop the ability to read later than others? Should a particular child be forced into reading if he does not appear ready for it?

d'utilité; quel motif les porterait à l'apprendre? L'art de parler aux absents et de les entendre, l'art de leur communiquer au loin sans médiateur nos sentiments, nos volontés, nos désirs, est un art dont l'utilité peut être rendue sensible à tous les âges. Par quel prodige cet art si utile et si agréable est-il devenu un tourment pour l'enfance? Parce qu'on la contraint de s'y appliquer malgré elle, et qu'on le[124] met à des usages auxquels elle ne comprend rien. Un enfant n'est pas fort curieux de perfectionner l'instrument avec lequel on le tourmente;[125] mais faites que cet instrument serve à ses plaisirs, et bientôt il s'y appliquera malgré vous.

On se fait une grande affaire de chercher les meilleures méthodes d'apprendre à lire; on invente des bureaux,[126] des cartes; on fait de la chambre d'un enfant un atelier d'imprimerie. Locke[127] veut qu'il apprenne à lire avec des dés.[128] Ne voilà-t-il pas une invention bien trouvée? Quelle pitié! Un moyen plus sûr que tous ceux-là, et celui qu'on oublie toujours, est le désir d'apprendre. Donnez à l'enfant ce désir, puis laissez là vos bureaux et vos dés; toute méthode lui sera bonne.

L'intérêt présent, voilà le grand mobile, le seul qui mène sûrement et loin. Émile reçoit quelquefois de son père, de ses parents, de ses amis, des billets d'invitation pour un dîner, pour une promenade, pour une partie sur l'eau, pour voir quelque fête publique. Ces billets sont courts, clairs, nets, bien écrits. Il faut trouver quelqu'un qui les lui lise; ce quelqu'un ne se trouve pas toujours à point nommé, ou rend à l'enfant le peu de complaisance que l'enfant eut pour lui la veille. Ainsi l'occasion, le moment se passe. On lui lit enfin le billet, mais il n'est plus temps. Ah! si l'on eût su lire soi-même! On en reçoit d'autres: ils sont si courts! le sujet en est si intéressant! on voudrait essayer de les déchiffrer; on trouve tantôt de l'aide et tantôt des refus. On s'évertue,[129] on déchiffre enfin la moitié d'un billet: il s'agit d'aller demain manger de la crème…on ne sait où ni avec qui…combien on fait d'efforts pour lire le reste! Je ne crois pas qu'Émile ait besoin du bureau. Parlerai-je à présent de l'écriture? Non, j'ai honte de m'amuser à ces niaiseries dans un traité de l'éducation.

J'ajouterai ce seul mot qui fait une importante maxime: c'est que, d'ordinaire, on obtient très sûrement et très vite ce qu'on n'est pas pressé d'obtenir. Je suis presque sûr qu'Émile saura parfaitement lire et écrire avant l'âge de dix ans, précisément parce qu'il m'importe fort peu qu'il le sache avant quinze; mais j'aimerais mieux qu'il ne sût jamais lire que d'acheter cette science au prix de tout ce qui peut la rendre utile: de quoi lui servira la lecture quand on l'en aura rebuté[130] pour jamais?

PORTRAIT D'ÉMILE À DIX OU DOUZE ANS

Quand je me figure un enfant de dix à douze ans, sain, vigoureux, bien formé pour son âge, il ne me fait pas naître une idée qui ne soit agréable, soit pour le présent, soit pour l'avenir: je le vois bouillant, vif, animé, sans souci rongeant, sans longue et pénible prévoyance, tout entier à son être actuel,[131] et jouissant d'une plénitude de vie qui semble vouloir s'étendre hors de lui. Je le prévois dans un autre âge, exerçant le sens, l'esprit, les forces, qui se développent en lui de jour en jour, et dont il donne à chaque instant de nouveaux indices: je le contemple enfant, et il me plaît; je l'imagine

124. *le = l'art.*
125. And, by extension, we can presume that a student at any age is not highly eager to perfect the instrument of his own torment. How many students in first-semester French classes have quit because they were tortured by grammar drills instead of having a chance to absorb the language in a pleasant fashion? Rousseau believes that a painful education is the worst education.
126. *bureaux:* apparently mechanical devices.
127. *Locke:* in his *Thoughts on Education.*
128. *dés:* dice.
129. *s'évertue:* struggles.
130. *rebuté:* repelled. (Does Rousseau's argument about reading apply to the study of French literature?)
131. *tout entier…actuel:* entirely occupied with his present existence.

homme, et il me plaît davantage; son sang ardent semble réchauffer le mien; je crois vivre de sa vie, et sa vivacité me rajeunit.

L'heure[132] sonne, quel changement! A l'instant son œil se ternit,[133] sa gaieté s'efface; adieu la joie, adieu les folâtres jeux. Un homme sévère et fâché le prend par la main, lui dit gravement, *Allons, monsieur,* et l'emmène. Dans la chambre où ils entrent j'entrevois des livres. Des livres! quel triste ameublement pour son âge! Le pauvre enfant se laisse entraîner, tourne un œil de regret sur tout ce qui l'environne, se tait, et part, les yeux gonflés de pleurs qu'il n'ose répandre, et le cœur gros de soupirs qu'il n'ose exhaler.

O toi qui n'as rien de pareil à craindre, toi pour qui nul temps de la vie n'est un temps de gêne et d'ennui, toi qui vois venir le jour sans inquiétude, la nuit sans impatience, et ne comptes les heures que par tes plaisirs, viens, mon heureux, mon aimable élève, nous consoler par ta présence du départ de cet infortuné; viens…Il arrive, et je sens à son approche un mouvement de joie que je lui vois partager. C'est son ami, son camarade, c'est le compagnon de ses jeux qu'il aborde; il est bien sûr, en me voyant, qu'il ne restera pas longtemps sans amusement: nous ne dépendons jamais l'un de l'autre, mais nous nous accordons toujours, et nous ne sommes avec personne aussi bien qu'ensemble.

Sa figure, son port,[134] sa contenance, annoncent l'assurance et le contentement; la santé brille sur son visage; ses pas affermis lui donnent un air de vigueur; son teint, délicat encore sans être fade, n'a rien d'une mollesse efféminée; l'air et le soleil y ont déjà mis l'empreinte honorable de son sexe; ses muscles, encore arrondis, commencent à marquer quelques traits d'une physionomie[135] naissante; ses yeux, que le feu du sentiment n'anime point encore, ont au moins toute leur sérénité native, de

longs chagrins ne les ont point obscurcis, des pleurs sans fin n'ont point sillonné ses joues. Voyez dans ses mouvements prompts, mais sûrs, la vivacité de son âge, la fermeté de l'indépendance, l'expérience des exercices multipliés. Il a l'air ouvert et libre, mais non pas insolent ni vain: son visage, qu'on n'a pas collé sur des livres, ne tombe point sur son estomac[136] on n'a pas besoin de lui dire: *Levez la tête*; la honte ni la crainte ne la lui firent jamais baisser.

Faisons-lui place au milieu de l'assemblée: messieurs, examinez-le, interrogez-le en toute confiance; ne craignez ni ses importunités, ni son babil,[137] ni ses questions indiscrètes. N'ayez pas peur qu'il s'empare de vous, qu'il prétende vous occuper de lui seul, et que vous ne puissiez plus vous en défaire.

N'attendez pas non plus de lui des propos agréables, ni qu'il vous dise ce que je lui aurai dicté; n'en attendez que la vérité naïve et simple, sans ornement, sans apprêt,[138] sans vanité. Il vous dira le mal qu'il a fait ou celui qu'il pense, tout aussi librement que le bien, sans s'embarrasser en aucune sorte de l'effet que fera sur vous ce qu'il aura dit: il usera de la parole dans toute la simplicité de sa première institution.

L'on aime à bien augurer des enfants, et l'on a toujours regret à ce flux d'inepties[139] qui vient presque toujours renverser les espérances qu'on voudrait tirer de quelque heureuse rencontre[140] qui par hasard leur tombe sur la langue. Si le mien donne rarement de telles espérances, il ne donnera jamais ce regret, car il ne dit jamais un mot inutile, et ne s'épuise pas sur un babil qu'il sait qu'on n'écoute point. Ses idées sont bornées, mais nettes; s'il ne sait rien par cœur, il sait beaucoup par expérience; s'il lit moins bien qu'un autre enfant dans nos livres, il lit mieux dans celui de la nature; son esprit n'est pas dans sa langue, mais dans sa tête; il a moins de mémoire que de

132. *l'heure:* the study hour.
133. *se ternit:* clouds over.
134. *port:* carriage.
135. *physionomie:* i.e., the distinctive features of the adult.
136. *estomac:* chest.
137. *babil:* chatter.
138. *apprêt:* affectation.
139. *flux d'inepties:* flow of silliness.
140. *rencontre:* here, happy thought, idea.

jugement; il ne sait parler qu'un langage, mais il entend ce qu'il dit; et s'il ne dit pas si bien que les autres disent, en revanche, il fait mieux qu'ils ne font.

Il ne sait ce que c'est que routine, usage, habitude; ce qu'il fit hier n'influe point sur ce qu'il fait aujourd'hui: il ne suit jamais de formule, ne cède point à l'autorité ni à l'exemple, et n'agit ni ne parle que comme il lui convient. Ainsi n'attendez pas de lui des discours dictés ni des manières étudiées, mais toujours l'expression fidèle de ses idées et la conduite qui naît de ses penchants.

Vous lui trouvez un petit nombre de notions morales qui se rapportent à son état actuel, aucune sur l'état relatif[141] des hommes: et de quoi lui serviraient-elles, puisqu'un enfant n'est pas encore un membre actif de la société? Parlez-lui de liberté, de propriété, de convention même; il peut en savoir jusque-là, il sait pourquoi ce qui est à lui est à lui, et pourquoi ce qui n'est pas à lui n'est pas à lui: passé cela, il ne sait plus rien. Parlez-lui de devoir, d'obéissance, il ne sait ce que vous voulez dire; commandez-lui quelque chose, il ne vous entendra pas: mais dites-lui: « Si vous me faisiez un tel plaisir, je vous le rendrais dans l'occasion; » à l'instant il s'empressera de vous complaire, car il ne demande pas mieux que d'étendre son domaine, et d'acquérir sur vous des droits qu'il sait être inviolables. Peut-être même n'est-il pas fâché de tenir une place, de faire nombre, d'être compté pour quelque chose: mais s'il a ce dernier motif, le voilà déjà sorti de la nature, et vous n'avez pas bien bouché d'avance toutes les portes de la vanité.

De son côté, s'il a besoin de quelque assistance, il la demandera indifféremment au premier qu'il rencontre; il la demanderait au roi comme à son laquais: tous les hommes sont encore égaux à ses yeux. Vous voyez, à l'air dont il prie, qu'il sent qu'on ne lui doit rien; il sait que ce qu'il demande est une grâce. Il sait aussi que l'humanité porte à en accorder. Ses expressions sont simples et laconiques. Sa voix, son regard, son geste, sont d'un être également accoutumé à la complaisance et au refus. Ce n'est ni la rampante et servile soumission d'un esclave, ni l'impérieux accent d'un maître; c'est une modeste confiance en son semblable, c'est la noble et touchante douceur d'un être libre, mais sensible et faible, qui implore l'assistance d'un être libre, mais fort et bien faisant. Si vous lui accordez ce qu'il vous demande, il ne vous remerciera pas,[142] mais sentira qu'il a contracté une dette. Si vous le lui refusez, il ne se plaindra point, il n'insistera point, il sait que cela serait inutile: il ne se dira point: « On m'a refusé; » mais il se dira: « Cela ne pouvait pas être »; et, comme je l'ai déjà dit, on ne se mutine guère contre la nécessité bien reconnue.

Laissez-le seul en liberté, voyez-le agir sans lui rien dire; considérez ce qu'il fera et comment il s'y prendra. N'ayant pas besoin de se prouver qu'il est libre, il ne fait jamais rien par étourderie,[143] et seulement pour faire un acte de pouvoir sur lui-même:[144] ne sait-il pas qu'il est toujours maître de lui? il est alerte, léger, dispos, ses mouvements ont toute la vivacité de son âge, mais vous n'en voyez pas un qui n'ait une fin. Quoi qu'il veuille faire, il n'entreprendra jamais rien qui soit au-dessus de ses forces, car il les a bien éprouvées et les connaît; ses moyens seront toujours appropriés à ses desseins et rarement il agira sans être assuré de succès. Il aura l'œil attentif et judicieux: il n'ira pas niaisement interrogeant les autres sur tout ce qu'il voit; mais il l'examinera lui-même et se fatiguera pour trouver ce qu'il veut apprendre avant de le demander. S'il tombe dans des embarras imprévus, il se troublera moins qu'un autre; s'il y a du risque,

141. *état relatif:* social relationships.
142. *il ne vous remerciera pas:* (because Émile has never learned the vain formulas of social usage).
143. *étourderie:* thoughtlessness.
144. *un acte...lui-même:* i.e., to prove to himself that he is free to act.

il s'effrayera moins aussi. Comme son imagination reste encore inactive, et qu'on n'a rien fait pour l'animer, il ne voit que ce qui est, n'estime les dangers que ce qu'ils valent, et garde toujours son sang-froid. La nécessité s'appesantit[145] trop souvent sur lui pour qu'il regimbe[146] encore contre elle; il en porte le joug dès sa naissance, l'y voilà bien accoutumé; il est toujours prêt à tout.

Qu'il s'occupe ou qu'il s'amuse, l'un et l'autre est égal pour lui; ses jeux sont ses occupations, il n'y sent point de différence. Il met à tout ce qu'il fait un intérêt qui fait rire et une liberté qui plaît, en montrant à la fois le tour de son esprit et la sphère[147] de ses connaissances. N'est-ce pas le spectacle de cet âge, un spectacle charmant et doux, de voir un joli enfant, l'œil vif et gai, l'air content et serein, la physionomie ouverte et riante, et faire, en se jouant, les choses les plus sérieuses, ou profondément occupé des plus frivoles amusements?

Voulez-vous à présent le juger par comparaison? Mêlez-le avec d'autres enfants, et laissez-le faire. Vous verrez bientôt lequel est le plus vraiment formé, lequel approche le mieux de la perfection de leur âge. Parmi les enfants de la ville nul n'est plus adroit que lui, mais il est plus fort qu'aucun autre. Parmi les jeunes paysans il les égale en force et les passe en adresse.[148] Dans tout ce qui est à portée de l'enfance, il juge, il raisonne, il prévoit mieux qu'eux tous. Est-il question d'agir, de courir, de sauter, d'ébranler des corps,[149] d'enlever des masses,[150] d'estimer des distances, d'inventer des jeux, d'emporter des prix? on dirait que la nature est à ses ordres, tant il sait aisément plier toute chose à ses volontés. Il est fait pour guider, pour gouverner ses égaux: le talent, l'expérience, lui tiennent lieu de droit et d'autorité. Donnez-lui l'habit et le nom qu'il vous plaira, peu importe, il primera[151] partout,

il deviendra partout le chef des autres: ils sentiront toujours sa supériorité sur eux: sans vouloir commander il sera le maître; sans savoir obéir,[152] ils obéiront.

Il est parvenu à la maturité de l'enfance, il a vécu de la vie d'un enfant, il n'a point acheté sa perfection aux dépens de son bonheur; au contraire, ils ont concouru l'un à l'autre. En acquérant toute la raison de son âge, il a été heureux et libre autant que sa constitution lui permettait de l'être. Si la fatale faux[153] vient moissonner en lui la fleur de nos espérances, nous n'aurons point à pleurer à la fois sa vie et sa mort, nous n'aigrirons point nos douleurs du souvenir de celles que nous lui aurons causées; nous dirons: « Au moins il a joui de son enfance; nous ne lui avons rien fait perdre de ce que la nature lui avait donné. »

[*The Third Book deals with Émile's education in the years between approximately twelve and fifteen. This is the stage of positive education, when the intellect is trained and specific information acquired. The pedagogical principle of utility is brought into play.*]

Sitôt que nous sommes parvenus à donner à notre élève une idée du mot *utile,* nous avons une grande prise de plus pour le gouverner; car ce mot le frappe beaucoup, attendu qu'il n'a pour lui qu'un sens relatif à son âge, et qu'il en voit clairement le rapport à son bien-être actuel. Vos enfants ne sont point frappés de ce mot parce, que vous n'avez pas eu soin de leur en donner une idée qui soit à leur portée, et que d'autres se chargeant toujours de pourvoir à ce qui leur est utile, ils n'ont jamais besoin d'y songer eux-mêmes, et ne savent ce que c'est qu'utilité.

A quoi cela est-il bon? Voilà désormais le mot sacré, le mot déterminant entre lui et moi dans toutes les actions de notre

145. *s'appesantit:* weighs.
146. *regimbe:* kick, fight against.
147. *sphère:* i.e., the limited range.
148. *adresse:* deftness, skill.
149. *ébranler des corps:* dislodge heavy objects.

150. *enlever des masses:* carry burdens.
151. *primera:* will be first.
152. *sans savoir obéir:* without realizing that they are obeying.
153. *faux:* scythe (of death).

vie: voilà la question qui de ma part suit infailliblement toutes ses questions, et qui sert de frein à ces multitudes d'interrogations sottes et fastidieuses[154] dont les enfants fatiguent sans relâche et sans fruit tous ceux qui les environnent, plus pour exercer sur eux quelque espèce d'empire que pour en tirer quelque profit. Celui à qui, pour sa plus importante leçon, l'on apprend à ne vouloir rien savoir que d'utile, interroge comme Socrate; il ne fait pas une question sans s'y rendre à lui-même la raison qu'il sait qu'on lui en va demander avant que de la résoudre.

Voyez quel puissant instrument je vous mets entre les mains pour agir sur votre élève. Ne sachant les raisons de rien, le voilà presque réduit au silence quand il vous plaît: et vous, au contraire, quel avantage vos connaissances et votre expérience ne vous donnent-elles point pour lui montrer l'utilité de tout ce que vous lui proposez! Car, ne vous y trompez pas, lui faire cette question, c'est lui apprendre à vous la faire à son tour; et vous devez compter, sur tout ce que vous lui proposez dans la suite, qu'à votre exemple il ne manquera pas de dire: *A quoi cela est-il bon?*

C'est ici peut-être le piège le plus difficile à éviter pour un gouverneur.[155] Si, sur la question de l'enfant, ne cherchant qu'à vous tirer d'affaire, vous lui donnez une seule raison qu'il ne soit pas en état d'entendre,[156] voyant que vous raisonnez sur vos idées et non sur les siennes, il croira ce que vous lui dites bon pour votre âge, et non pour le sien; il ne se fiera plus à vous, et tout est perdu. Mais où est le maître qui veuille bien rester court[157] et convenir de ses torts avec son élève? tous se font une loi de ne pas convenir même de ceux[158] qu'ils ont; et moi je m'en ferais une de convenir même de ceux que je n'aurais pas, quand je ne pourrais mettre mes raisons à sa portée: ainsi ma conduite, toujours nette dans son esprit, ne lui sera jamais suspecte, et je me conserverais plus de crédit en supposant des fautes,[159] qu'ils ne font[160] en cachant les leurs.

Premièrement, songez bien que c'est rarement à vous de lui proposer ce qu'il doit apprendre: c'est à lui de le désirer, de le chercher, de le trouver; à vous de le mettre à sa portée, de faire naître adroitement ce désir et de lui fournir les moyens de le satisfaire. Il suit de là que vos questions doivent être peu fréquentes, mais bien choisies; et que, comme il en aura beaucoup plus à vous faire que vous à lui, vous serez toujours moins à découvert,[161] et plus souvent dans le cas de lui dire: *En quoi ce que vous me demandez est-il utile à savoir?*

De plus, comme il importe peu qu'il apprenne ceci ou cela, pourvu qu'il conçoive bien ce qu'il apprend et l'usage de ce qu'il apprend, sitôt que vous n'avez pas à lui donner sur ce que vous lui dites un éclaircissement qui soit bon pour lui, ne lui en donnez point du tout. Dites-lui sans scrupule: « Je n'ai pas de bonne réponse à vous dire; j'avais tort, laissons cela. » Si votre instruction était réellement déplacée, il n'y a pas de mal à l'abandonner tout à fait; si elle ne l'était pas, avec un peu de soin vous trouverez bientôt l'occasion de lui en rendre l'utilité sensible.

Je n'aime point les explications en discours; les jeunes gens y font peu d'attention et ne les retiennent guère. Les choses! les choses! Je ne répéterai jamais assez que nous donnons trop de pouvoir aux mots: avec notre éducation babillarde[162] nous ne faisons que des babillards.

Supposons que, tandis que j'étudie avec mon élève le cours du soleil et la manière de s'orienter, tout à coup il m'interrompe pour me demander à quoi sert tout cela. Quel beau discours je vais lui faire! de combien de choses je saisis l'occasion de l'instruire en répondant à sa question,

154. *fastidieuses:* tiresome.
155. *gouverneur:* tutor.
156. *entendre = comprendre.*
157. *rester court:* be taken aback, at a loss.
158. *ceux = les torts.*

159. *en supposant des fautes:* i.e., in implying that I have made mistakes.
160. *qu'ils ne font:* i.e., than other teachers obtain.
161. *à découvert:* unprotected.
162. *babillarde:* talky, garrulous.

surtout si nous avons des témoins de notre entretien. Je lui parlerai de l'utilité des voyages, des avantages du commerce, des productions particulières à chaque climat, des mœurs des différents peuples, de l'usage du calendrier, de la supputation[163] du retour des saisons pour l'agriculture, de l'art de la navigation, de la manière de se conduire sur mer et de suivre exactement sa route sans savoir où l'on est. La politique, l'histoire naturelle, l'astronomie, la morale même, et le droit des gens, entreront dans mon explication, de manière à donner à mon élève une grande idée de toutes ces sciences et un grand désir de les apprendre. Quand j'aurai tout dit, j'aurai fait l'étalage[164] d'un vrai pédant, auquel il n'aura pas compris une seule idée. Il aurait grand envie de me demander comme auparavant à quoi sert de s'orienter; mais il n'ose, de peur que je me fâche. Il trouve mieux son compte à feindre d'entendre ce qu'on l'a forcé d'écouter. Ainsi se pratiquent les belles éducations.

Mais notre Émile, plus rustiquement élevé, et à qui nous donnons avec tant de peine une conception dure,[165] n'écoutera rien de tout cela. Du premier mot qu'il n'entendra pas il va s'enfuir, il va folâtrer[166] par la chambre et me laisser pérorer tout seul. Cherchons une solution plus grossière; mon appareil scientifique ne vaut rien pour lui.

Nous observions la position de la forêt au nord de Montmorency,[167] quand il m'a interrompu par son importune question: *A quoi sert cela?* Vous avez raison, lui dis-je, il y faut penser à loisir; et si nous trouvons que ce travail n'est bon à rien, nous ne le reprendrons plus, car nous ne manquons pas d'amusements utiles. On s'occupe d'autre chose, et il n'est plus question de géographie du reste de la journée.

Le lendemain matin je lui propose un tour de promenade avant le déjeuner; il ne demande pas mieux: pour courir, les enfants sont toujours prêts, et celui-ci a de bonnes jambes. Nous montons dans la forêt, nous parcourons les champeaux,[168] nous nous égarons, nous ne savons plus où nous sommes; et, quand il s'agit de revenir, nous ne pouvons plus retrouver notre chemin. Le temps se passe, la chaleur vient, nous avons faim; nous nous pressons, nous errons vainement de côté et d'autre, nous ne trouvons partout que des bois, des carrières,[169] des plaines, nul renseignement pour nous reconnaître.[170] Bien échauffés, bien recrus,[171] bien affamés nous ne faisons avec nos courses que nous égarer davantage. Nous nous asseyons enfin pour nous reposer, pour délibérer. Émile, que je suppose élevé comme un autre enfant, ne délibère point, il pleure; il ne sait pas que nous sommes à la porte de Montmorency, et qu'un simple taillis[172] nous le cache; mais ce taillis est une forêt pour lui, un homme de sa stature est enterré dans des buissons.

Après quelques moments de silence, je lui dis d'un air inquiet: « Mon cher Emile, comment ferons-nous pour sortir d'ici?

ÉMILE. (*en nage,[173] et pleurant à chaudes larmes*). Je n'en sais rien. Je suis las; j'ai faim; j'ai soif; je n'en puis plus.

JEAN-JACQUES. Me croyez-vous en meilleur état que vous? et pensez-vous que je me fisse faute[174] de pleurer si je pouvais déjeuner de mes larmes? Il ne s'agit pas de pleurer, il s'agit de se reconnaître. Voyons notre montre; quelle heure est-il?

ÉMILE. Il est midi, et je suis à jeun.

JEAN-JACQUES. Cela est vrai, il est midi, et je suis à jeun.

ÉMILE. Oh! que vous devez avoir faim!

163. *supputation:* calculation.
164. *étalage:* display.
165. *dure:* here, realistic.
166. *folâtrer:* frolic.
167. Montmorency, village near Paris, where Rousseau was domiciled while writing *Émile*.
168. *champeaux:* upland fields (localism of

Montmorency region).
169. *carrières:* quarries.
170. *nous reconnaître:* locate ourselves.
171. *recrus:* exhausted.
172. *taillis:* clump of trees.
173. *en nage:* sweating.
174. *je me fisse faute:* I would refrain.

JEAN-JACQUES. Le malheur est que mon dîner ne viendra pas me chercher ici. Il est midi: c'est justement l'heure où nous observions hier de Montmorency la position de la forêt. Si nous pouvions de même observer de la forêt la position de Montmorency?…

ÉMILE. Oui; mais hier nous voyions la forêt, et d'ici nous ne voyons pas la ville.

JEAN-JACQUES. Voilà le mal…Si nous pouvions nous passer de la voir pour trouver sa position?…

ÉMILE. O mon bon ami!

JEAN-JACQUES. Ne disions-nous pas que la forêt était…

ÉMILE. Au nord de Montmorency.

JEAN-JACQUES. Par conséquent Montmorency doit être…

ÉMILE. Au sud de la forêt.

JEAN-JACQUES. Nous avons un moyen de trouver le nord à midi.

ÉMILE. Oui, par la direction de l'ombre.

JEAN-JACQUES. Mais le sud?

ÉMILE. Comment faire?

JEAN-JACQUES. Le sud est l'opposé du nord.

ÉMILE. Cela est vrai; il n'y a qu'à chercher l'opposé de l'ombre. Oh! voilà le sud! sûrement Montmorency est de ce côté; cherchons de ce côté.

JEAN-JACQUES. Vous pouvez avoir raison: prenons ce sentier à travers le bois.

ÉMILE. (*frappant des mains, et poussant un cri de joie*). Ah! je vois Montmorency! le voilà tout[175] devant nous, tout à découvert. Allons déjeuner, allons dîner, courons vite: l'astronomie est bonne à quelque chose. »

Prenez garde que, s'il ne dit pas cette dernière phrase, il la pensera; peu importe, pourvu que ce ne soit pas moi qui la dise. Or, soyez sûr qu'il n'oubliera de sa vie la leçon de cette journée; au lieu que, si je n'avais fait que lui supposer tout cela dans sa chambre, mon discours eût été oublié dès le lendemain. Il faut parler tant qu'on peut par les actions, et ne dire que ce qu'on ne saurait faire.

175. *tout: here*, right.

CONFESSIONS

[*Excerpts*]

[*Rousseau begins, as usual, with a sentence designed to startle and capture the reader. Compare his opening lines with those of Montaigne's* Essais. *Compare also the announced purposes of the two writers. Montaigne's design was to paint himself, but with reservations, made "out of respect for the public." Rousseau refused to make any reservations, or to show any respect for the public. And Montaigne studied himself as an example of all humanity; Rousseau was concerned with his own uniqueness. He has had, however, a throng of imitators, who have equaled or outdone him in frankness.*]

Je forme une entreprise qui n'eut jamais d'exemple[176] et dont l'exécution n'aura point d'imitateur. Je veux montrer à mes semblables un homme dans toute la vérité de la nature; et cet homme, ce sera moi.

Moi seul. Je sens mon cœur et je connais les hommes.[177] Je ne suis fait comme aucun de ceux que j'ai vus; j'ose croire n'être fait comme aucun de ceux qui existent. Si je ne vaux pas mieux, au moins je suis autre. Si la nature a bien ou mal fait de briser le moule[178] dans lequel elle m'a jeté, c'est ce dont on ne peut juger qu'après m'avoir lu.

Que la trompette du jugement dernier sonne quand elle voudra, je viendrai, ce livre à la main, me présenter devant le souverain juge. Je dirai hautement: « Voilà ce que j'ai fait, ce que j'ai pensé, ce que je fus. J'ai dit le bien et le mal avec la même franchise. Je n'ai rien tu[179] de mauvais, rien ajouté de bon, et s'il m'est arrivé d'employer quelque ornement indifférent, ce n'a jamais été que pour remplir un vide occasionné par mon défaut de mémoire; j'ai pu supposer vrai ce que je savais avoir pu l'être, jamais ce que je savais être faux. Je me suis montré tel que je fus; méprisable et vil quand je l'ai été, bon, généreux, sublime, quand je l'ai été: j'ai dévoilé mon intérieur tel que tu l'as vu toi-même, Etre éternel. Rassemble autour de moi l'innombrable foule de mes semblables; qu'ils écoutent mes confessions, qu'ils gémissent de mes indignités, qu'ils rougissent de mes misères. Que chacun d'eux découvre à son tour son cœur aux pieds de ton trône avec la même sincérité; et puis qu'un seul te dise, s'il l'ose: *Je fus meilleur que cet homme-là.* »[180]

Je suis né à Genève en 1712, d'Isaac Rousseau, citoyen,[181] et de Susanne Bernard, citoyenne. Un bien fort médiocre, à partager entre quinze enfants, ayant réduit presque à rien la portion de mon père, il n'avait pour

176. *qui ... exemple:* which has never had any precedent. But hasn't the *confession* been an established genre of writing going back at least to Saint Augustine?

177. Rousseau claims to base all his insights on his ability to *feel his heart*, and, through feeling, to become able to understand not only himself but other people. Moreover, Rousseau explains elsewhere that he is religious because he can feel God as well. Rousseau revolutionizes French thought with such ideas, but not necessarily with the results he expected. Two centuries later, philosopher Jean-Paul Sartre will say that he is an atheist because he can *feel* the void in the universe. How reliable is feeling if it results in such contradictory conclusions? Can there be good decision-making based on feeling alone or reason alone, without the other? Remember that in the eighteenth century people still assumed (as Descartes had posited in the past century) that the intellect and the emotions were separate functions, probably centered in different bodily organs; there was no realization that the brain performs both functions together. None of this means that Rousseau neglects the intellect, however. Rather, it means that he insists on adding emotion to what he considers the sterile intellectualism of his century.

178. *moule:* mold.

179. *tu:* p.p. of *taire.*

180. This eloquent passage sets the key; it also gives more than a hint of Rousseau's conviction of grandeur and persecution, which became at times actual mental derangement.

181. *citoyen:* In Geneva, son of a bourgeois, born in the city, having a right of election to magistracy. The *citoyens* constituted a kind of minor aristocracy.

subsister que son métier d'horloger, dans lequel il était à la vérité fort habile. Ma mère, fille du ministre[182] Bernard, était plus riche: elle avait de la sagesse et de la beauté. Ce n'était pas sans peine que mon père l'avait obtenu. Leurs amours avaient commencé presque avec leur vie; dès l'âge de huit à neuf ans ils se promenaient ensemble tous les soirs sur la Treille;[183] à dix ans ils ne pouvaient plus se quitter. La sympathie, l'accord des âmes, affermit en eux le sentiment qu'avait produit l'habitude. Tous deux, nés tendres et sensibles, n'attendaient que le moment de trouver dans un autre la même disposition, ou plutôt ce moment les attendait eux-mêmes, et chacun d'eux jeta son cœur dans le premier qui s'ouvrit pour le recevoir. Le sort, qui semblait contrarier leur passion, ne fit que l'animer. Le jeune amant, ne pouvant obtenir sa maîtresse, se consumait de douleur: elle lui conseilla de voyager pour l'oublier. Il voyagea sans fruit et revint plus amoureux que jamais. Il retrouva celle qu'il aimait tendre et fidèle. Après cette épreuve, il ne restait qu'à s'aimer toute la vie; ils le jurèrent, et le Ciel bénit leur serment.

Gabriel Bernard, frère de ma mère, devint amoureux d'une des sœurs de mon père; mais elle ne consentit à épouser le frère qu'à condition que son frère épouserait la sœur. L'amour arrangea tout, et les deux mariages se firent le même jour. Ainsi mon oncle était le mari de ma tante, et leurs enfants furent doublement mes cousins germains.[184] Il en naquit un de part et d'autre au bout d'une année; ensuite il fallut encore se séparer.

Mon oncle Bernard était ingénieur: il alla servir dans l'Empire et en Hongrie sous le prince Eugène.[185] Il se distingua au siège et à la bataille de Belgrade.[186] Mon père, après la naissance de mon frère unique, partit pour Constantinople, où il était appelé, et devint horloger du sérail. Durant son absence, la beauté de ma mère, son esprit es talents, lui attirèrent des hommages. M. de La Closure, résident[187] de France, fut des plus empressés à lui en offrir. Il fallait que sa passion fût vive, puisqu'au bout de trente ans je l'ai vu s'attendrir en me parlant d'elle. Ma mère avait plus que de la vertu pour s'en défendre: elle aimait tendrement son mari. Elle le pressa de revenir: il quitta tout, et revient, Je fus le triste fruit de ce retour. Dix mois après, je naquis infirme et malade. Je coûtai le vie à ma mère,[188] et ma naissance fut le premier de mes malheurs.

Je n'ai pas su comment mon père supporta cette perte, mais je sais qu'il ne s'en consola jamais. Il croyait la revoir en moi, sans pouvoir oublier que je la lui avais ôtée; jamais il ne m'embrassa que je ne sentisse à ses soupirs, à ses convulsives étreintes,[189] qu'un regret amer se mêlait à ses caresses: elles n'en étaient que plus tendres. Quand il me disait: « Jean-Jacques, parlons de ta mère, » je lui disais: « Hé bien! mon père, nous allons donc pleurer »; et ce mot seul lui tirait déjà des larmes.[190] Ah! disait-il en gémissant, rends-la-moi, console-moi d'elle, remplis le vide qu'elle a laissé dans mon âme. T'aimerais-je ainsi si tu n'étais que mon fils? » Quarante ans après l'avoir perdue, il est mort dans les bras d'une seconde femme, mais le nom de la première à la bouche, et son image au fond du cœur.

Tels furent les auteurs de mes jours. De tous les dons que le Ciel leur avait départis,[191] un cœur sensible est le seul qu'ils me laissèrent; mais il avait fait leur bonheur, et fit tous les malheurs de ma vie.

182. *ministre:* i.e., Protestant minister.
183. *la Treille:* promenade in Geneva.
184. *cousins germains:* first cousins.
185. *Eugène:* Prince of Savoy (1662–1736), famous general in Austrian service. Rousseau's uncle, a wanderer like so many Swiss, was Commissioner of Fortifications in Charleston, South Carolina, in 1730.
186. Belgrade, present capital of Serbia in the former Yugoslavia; captured from Turks by Prince Eugene in 1717.
187. *résident:* diplomatic representative.
188. Rousseau's sense of guilt, reinforced by the implied reproaches of his father, was important in his psychological development.
189. *étreintes:* embraces.
190. Notice how the emotionalism of the father conditioned the child.
191. *départis:* allotted.

J'étais né presque mourant; on espérait peu de me conserver. J'apportai le germe d'une incommodité[192] que les ans ont renforcée, et qui maintenant ne me donne quelquefois des relâches que pour me laisser souffrir plus cruellement d'une autre façon. Une sœur de mon père, fille aimable et sage, prit si grand soin de moi qu'elle me sauva. Au moment où j'écris ceci, elle est encore en vie, soignant, à l'âge de quatre-vingts ans, un mari plus jeune qu'elle, mais usé par la boisson.[193] Chère tante, je vous pardonne de m'avoir fait vivre, et je m'afflige de ne pouvoir vous rendre à la fin de vos jours les tendres soins que vous m'avez prodigués au commencement des miens! J'ai aussi ma mie[194] Jacqueline encore vivante, saine et robuste. Les mains qui m'ouvrirent les yeux à ma naissance pourront me les fermer à ma mort.

Je sentis avant de penser: c'est le sort commun de l'humanité.[195] Je l'éprouvai plus qu'un autre. J'ignore ce que je fis jusqu'à cinq ou six ans; je ne sais comment j'appris à lire; je ne me souviens que de mes premières lectures et de leur effet sur moi: c'est le temps d'où je date sans interruption la conscience de moi-même. Ma mère avait laissé des romans. Nous nous mîmes à les lire après souper, mon père et moi. Il n'était question d'abord que de m'exercer à la lecture par des livres amusants; mais bientôt l'intérêt devint si vif, que nous lisions tour à tour sans relâche, et passions les nuits à cette occupation. Nous ne pouvions jamais quitter qu'à la fin du volume. Quelquefois mon père, entendant le matin les hirondelles,[196] disait tout honteux: « Allons nous coucher; je suis plus enfant que toi. »

En peu de temps j'acquis, par cette dangereuse méthode, non seulement une extrême facilité à lire et à m'entendre,[197] mais une intelligence[198] unique à mon âge sur les passions. Je n'avais aucune idée des choses, que[199] tous les sentiments m'étaient déjà connus. Je n'avais rien conçu, j'avais tout senti. Ces émotions confuses, que j'éprouvais coup sur coup, n'altéraient point la raison que je n'avais pas encore; mais elles m'en formèrent une d'une autre trempe,[200] et me donnèrent de la vie humaine des notions bizarres et romanesques, dont l'expérience et la réflexion n'ont jamais bien pu me guérir.

Les romans finirent avec l'été de 1719. L'hiver suivant, ce fut autre chose. La bibliothèque de ma mère épuisée, on eut recours à la portion de celle de son père qui nous était échue. Heureusement, il s'y trouva de bons livres; et cela ne pouvait guère être autrement: cette bibliothèque ayant été formée par un ministre, à la vérité, et savant même, car c'était la mode alors, mais homme de goût et d'esprit. L'*Histoire de l'Église et de l'Empire*, par Le Sueur; le *Discours* de Bossuet *sur l'Histoire universelle;* les *Hommes illustres*, de Plutarque; *l'Histoire de Venise*, par Nani; les *Métamorphoses* d'Ovide; La Bruyère; les *Mondes*[201] de Fontenelle; ses *Dialogues des Morts*, et quelques tomes de Molière, furent transportés dans le cabinet de mon père, et je les lui lisais tous les jours, durant son travail. J'y pris un goût rare et peut-être unique à cet âge. Plutarque surtout devint ma lecture favorite. Le plaisir que je prenais à le relire sans cesse me guérit un peu des romans; et je préférai bientôt Agésilas, Brutus, Aristide,[202] à Orondate, Artamene et Juba,[203] De ces intéressantes lectures,

192. *une incommodité:* an obstruction of the urinary passages. (Badly treated, his trouble was aggravated and became a constant torture. It also accounts largely for his social *sauvagerie*, even for aspects of his doctrines. For example, he was invited to court to meet the King; he refused, for fear of embarrassment, but he translated his refusal into contempt for worldly honors.)
193. *boisson:* drink.
194. *mie:* darling. (Jacqueline was his nurse.)
195. This principle is much applied in *Émile.*
196. *hirondelles:* swallows.
197. *m'entendre:* understand (my reading).
198. *intelligence:* comprehension.
199. *que:* when already.
200. *trempe:* character.
201. *Les Mondes: Entretiens sur la pluralité des mondes.*
202. *Agesilas, Brutus, Aristide:* heroic characters celebrated in Plutarch's *Lives.*
203. *Orondate, Artamène* et *Juba:* typical heroes of novels.

des entretiens qu'elles occasionnaient entre mon père et moi, se forma cet esprit libre et républicain, ce caractère indomptable et fier, impatient de joug et de servitude, qui m'a tourmenté tout le temps de ma vie dans les situations les moins propres à lui donner l'essor.[204] Sans cesse occupé de Rome et d'Athènes, vivant pour ainsi dire avec leurs grands hommes, né moi-même citoyen d'une république, et fils d'un père dont l'amour de la patrie était la plus forte passion, je m'en enflammais à son exemple; je me croyais Grec ou Romain; je devenais le personnage dont je lisais la vie: le récit des traits de constance et d'intrépidité qui m'avaient frappé me rendait les yeux étincelants et la voix forte. Un jour que je racontais à table l'aventure de Scævola,[205] on fut effrayé de me voir avancer et tenir la main sur un réchaud[206] pour représenter son action.

J'avais un frère plus âgé que moi de sept ans. Il apprenait la profession de mon père. L'extrême affection qu'on avait pour moi le faisait un peu négliger, et ce n'est pas cela que j'approuve. Son éducation se sentit[207] de cette négligence. Il prit le train du libertinage, même avant l'âge d'être un vrai libertin. On le mit chez un autre maître, d'où il faisait des escapades comme il en avait fait de la maison paternelle. Je ne le voyais presque point, à peine puis-je dire avoir fait connaissance avec lui; mais je ne laissais pas de l'aimer tendrement, et il m'aimait autant qu'un polisson[208] peut aimer quelque chose. Je me souviens qu'une fois que mon père le châtiait rudement et avec colère, je me jetai impétueusement entre-deux, l'embrassant étroitement. Je le couvris ainsi de mon corps, recevant les coups qui lui étaient portés, et je m'obstinai

si bien dans cette attitude qu'il fallut enfin que mon père lui fît grâce, soit désarmé par mes cris et mes larmes, soit pour ne pas me maltraiter plus que lui. Enfin mon frère tourna si mal qu'il s'enfuit et disparut tout à fait. Quelque temps après on sut[209] qu'il était en Allemagne. Il n'écrivit pas une seule fois. On n'a plus eu de ses nouvelles depuis ce temps-là, et voilà comment je suis demeuré fils unique.

Si ce pauvre garçon fut élevé négligemment, il n'en fut pas ainsi de son frère, et les enfants des rois ne sauraient être soignés avec plus de zèle que je le fus durant mes premiers ans, idolâtré de tout ce qui m'environnait, et toujours, ce qui est bien plus rare, traité en enfant chéri, jamais en enfant gâté. Jamais une seule fois, jusqu'à ma sortie de la maison paternelle, on ne m'a laissé courir seul dans la rue avec les autres enfants;[210] jamais on n'eut à réprimer en moi ni à satisfaire aucune de ces fantasques humeurs qu'on impute à la nature, et qui naissent toutes de la seule éducation. J'avais les défauts de mon âge: j'étais babillard, gourmand, quelquefois menteur. J'aurais volé des fruits, des bonbons, de la mangeaille;[211] mais jamais je n'ai pris plaisir à faire du mal, du dégât,[212] à charger[213] les autres, à tourmenter de pauvres animaux. Je me souviens pourtant d'avoir une fois pissé dans la marmite[214] d'une de nos voisines, appelée Mme Clot, tandis qu'elle était au prêche.[215] J'avoue même que ce souvenir me fait encore rire, parce que Mme Clot, bonne femme au demeurant, était bien la vieille la plus grognon[216] que je connus de ma vie. Voilà la courte et véridique[217] histoire de tous mes méfaits enfantins.

Comment serais-je devenu méchant, quand je n'avais sous les yeux que des

204. *lui donner l'essor:* inspire it.
205. Scaevola, a young Roman who, trying to assassinate the Etruscan king, killed only his secretary. He held his right hand over a fire to punish it for its error.
206. *réchaud:* grill.
207. *se sentit:* suffered.
208. *polisson:* scamp.
209. *sut:* learned.
210. No doubt this isolation from children of his

own age aggravated Rousseau's solitariness, his antisocial tendencies.
211. *mangeaille:* food.
212. *dégât:* damage.
213. *charger: here,* ridicule.
214. *marmite:* kettle.
215. *prêche:* Protestant service.
216. *grognon:* grumbling.
217. *véridique:* truthful.

exemples de douceur, et autour de moi que les meilleures gens du monde? Mon père, ma tante, ma mie, mes parents, nos amis, nos voisins, tout ce qui m'environnait ne m'obéissait pas à la vérité, mais m'aimait; et moi, je les aimais de même. Mes volontés étaient si peu excitées et si peu contrariées qu'il ne me venait pas dans l'esprit d'en avoir. Je puis jurer que jusqu'à mon asservissement sous un maître, je n'ai pas su ce que c'était qu'une fantaisie.[218] Hors le temps que je passais à lire ou écrire auprès de mon père, et celui où ma mie me menait promener, j'étais toujours avec ma tante, à la voir broder, à l'entendre chanter, assis ou debout à côté d'elle; et j'étais content. Son enjouement,[219] sa douceur, sa figure agréable, m'ont laissé de si fortes impressions que je vois encore son air, son regard, son attitude; je me souviens de ses petits propos caressants; je dirais comment elle était vêtue et coiffée, sans oublier les deux crochets[220] que ses cheveux noirs faisaient sur ses tempes,[221] selon la mode de ce temps-là.

Je suis persuadé que je lui dois le goût ou plutôt la passion pour la musique, qui ne s'est bien développée en moi que longtemps après. Elle savait une quantité prodigieuse d'airs et de chansons qu'elle chantait avec un filet de voix[222] fort douce. La sérénité d'âme de cette excellente fille éloignait d'elle et de tout ce qui l'environnait la rêverie et la tristesse. L'attrait que son chant avait pour moi fut tel que non seulement plusieurs de ces chansons me sont toujours restées dans la mémoire, mais qu'il m'en revient même, aujourd'hui que je l'ai perdue, qui, totalement oubliées depuis mon enfance, se retracent à mesure que je vieillis, avec un charme que je ne puis exprimer. Dirait-on que moi, vieux radoteur,[223] rongé de soucis et de peines, je me surprends quelquefois à pleurer comme un enfant, en marmottant[224] ces petits airs

d'une voix cassée et tremblante? Il y en a un surtout qui m'est bien revenu tout entier quant à l'air; mais la seconde moitié des paroles s'est constamment refusée à tous mes efforts pour me la rappeler, quoiqu'il m'en revienne confusément les rimes. Voici le commencement, et ce que j'ai pu me rappeler du reste:

> *Tircis, je n'ose*
> *Écouter ton chalumeau[225]*
> *Sous l'ormeau:[226]*
> *Car on en cause*
>
> *Déja dans notre hameau.*
> .
> *un berger*
> *s'engager*
> *sans danger;*
> *Et toujours l'épine est sous la rose.*

Je cherche où est le charme attendrissant que mon cœur trouve à cette chanson: c'est un caprice auquel je ne comprends rien, mais il m'est de toute impossibilité de la chanter jusqu'à la fin sans être arrêté par mes larmes. J'ai cent fois projeté d'écrire à Paris pour faire chercher le reste des paroles, si tant est que quelqu'un les connaisse encore. Mais je suis presque sûr que le plaisir que je prends à me rappeler cet air s'évanouirait en partie si j'avais la preuve que d'autres que ma pauvre tante Suson l'ont chanté.

Telles furent les premières affections de mon entrée à la vie; ainsi commençait à se former ou à se montrer en moi ce cœur à la fois si fier et si tendre, ce caractère efféminé, mais pourtant indomptable, qui, flottant toujours entre la faiblesse et le courage, entre la mollesse et la vertu, m'a jusqu'au bout mis en contradiction avec moi-même, et a fait que l'abstinence et la jouissance, le plaisir et la sagesse, m'ont également échappé.

218. *fantaisie:* prank.
219. *enjouement:* gaiety.
220. *crochets:* hooks, spit curls.
221. *tempes:* temples.
222. *filet de voix:* thin little voice.

223. *radoteur:* dodderer.
224. *marmottant:* mumbling.
225. *chalumeau:* shepherd's pipe.
226. *ormeau:* elm.

Ce train d'éducation fut interrompu par un accident dont les suites ont influé sur le reste de ma vie. Mon père eut un démêlé[227] avec un M.Gautier, capitaine en France et apparenté dans le conseil.[228] Ce Gautier, homme insolent et lâche, saigna du nez, et, pour se venger, accusa mon père d'avoir mis l'épée à la main dans la ville. Mon père, qu'on voulut envoyer en prison, s'obstinait à vouloir que, selon la loi, l'accusateur y entrât aussi bien que lui: n'ayant pu l'obtenir, il aima mieux sortir de Genève et s'expatrier pour le reste de sa vie que de céder sur un point où l'honneur et la liberté lui paraissaient compromis.

Je restai sous la tutèle[229] de mon oncle Bernard, alors employé aux fortifications de Genève. Sa fille aînée était morte, mais il avait un fils de même âge que moi. Nous fûmes mis ensemble à Bossey[230] en pension chez le ministre Lambercier, pour y apprendre, avec le latin, tout le menu fatras[231] dont on l'accompagne sous le nom d'éducation.

Deux ans passés au village adoucirent un peu mon âpreté romaine et me ramenèrent à l'état d'enfant. A Genève, où l'on ne m'imposait rien, j'aimais l'application, la lecture: c'était presque mon seul amusement; à Bossey, le travail me fit aimer les jeux qui lui servaient de relâche. La campagne était pour moi si nouvelle que je ne pouvais me lasser d'en jouir. Je pris pour elle un goût si vif qu'il n'a jamais pu s'éteindre. Le souvenir des jours heureux que j'y ai passés m'a fait regretter son séjour[232] et ses plaisirs dans tous les âges, jusqu'à celui qui m'y a ramené. M. Lambercier était un homme fort raisonnable, qui, sans négliger notre instruction, ne nous chargeait point de devoirs extrêmes. La prévue qu'il s'y prenait bien est que, malgré mon aversion pour la gêne, je ne me suis jamais rappelé avec dégoût mes heures d'étude, et que, si

je n'appris pas de lui beaucoup de choses, ce que j'appris je l'appris sans peine, et n'en ai rien oublié.

La simplicité de cette vie champêtre me fit un bien d'un prix inestimable, en ouvrant mon cœur à l'amitié. Jusqu'alors je n'avais connu que des sentiments élevés, mais imaginaires. L'habitude de vivre ensemble dans un état paisible m'unit tendrement à mon cousin Bernard. En peu de temps j'eus pour lui des sentiments plus affectueux que ceux que j'avais eus pour mon frère, et qui ne se sont jamais effacés. C'était un grand garçon fort efflanqué,[233] fort fluet,[234] aussi doux d'esprit que faible de corps, et qui n'abusait pas trop de la prédilection qu'on avait pour lui dans la maison comme fils de mon tuteur. Nos travaux, nos amusements, nos goûts, étaient les mêmes; nous étions seuls, nous étions de même âge, chacun des deux avait besoin d'un camarade; nous séparer était, en quelque sorte, nous anéantir. Quoique nous eussions peu d'occasions de faire prévue de notre attachement l'un pour l'autre, il était extrême, et non seulement nous ne pouvions vivre un instant séparés, mais nous n'imaginions pas que nous pussions jamais l'être. Tous deux d'un esprit facile à céder aux caresses, complaisant quand on ne voulait pas nous contraindre, nous étions toujours d'accord sur tout. Si, par la faveur de ceux qui nous gouvernaient, il avait sur moi quelque ascendant sous leurs yeux, quand nous étions seuls j'en avais un sur lui qui rétablissait l'équilibre. Dans nos études, je lui soufflais[235] sa leçon quand il hésitait; quand mon thème[236] était fait, je lui aidais à faire le sien, et, dans nos amusements, mon goût plus actif lui servait toujours de guide. Enfin nos deux caractères s'accordaient si bien, et l'amitié qui nous unissait était si vraie, que, dans plus de cinq ans que nous fumes presque inséparables, tant à Bossey qu'à Genève, nous nous battîmes souvent,

227. *démêlé:* quarrel.
228. *apparenté dans le conseil:* with relatives in the Council.
229. *tutèle:* guardianship.
230. Bossey, small village near Geneva.
231. *menu fatras:* trifling rubbish.

232. *regretter son séjour:* i. e., regret not living there.
233. *efflanqué:* lanky.
234. *fluet:* thin.
235. *soufflais:* would prompt.
236. *thème:* Latin translation.

je l'avoue, mais jamais on n'eut besoin de nous séparer, jamais une de nos querelles ne dura plus d'un quart d'heure, et jamais une seule fois nous ne portâmes l'un contre l'autre aucune accusation. Ces remarques sont, si l'on veut, puériles, mais il en résulte pourtant un exemple peut-être unique[237] depuis qu'il existe des enfants.

La manière dont je vivais à Bossey me convenait si bien qu'il ne lui a manqué que de durer plus longtemps pour fixer absolument mon caractère. Les sentiments tendres, affectueux, paisibles, en faisaient le fond. Je crois que jamais individu de notre espèce n'eut naturellement moins de vanité que moi. Je m'élevais par élans à des mouvements sublimes, mais je retombais aussitôt dans ma langueur. Être aimé de tout ce qui m'approchait était le plus vif de mes désirs. J'étais doux, mon cousin l'était; ceux qui nous gouvernaient l'étaient eux-mêmes. Pendant deux ans entiers je ne fus ni témoin ni victime d'un sentiment violent. Tout nourrissait dans mon cœur les dispositions qu'il reçut de la nature, Je ne connaissais rien d'aussi charmant que de voir tout le monde content de moi et de toute chose. Je me souviendrai toujours qu'au temple,[238] répondant au catéchisme, rien ne me troublait plus, quand il m'arrivait d'hésiter, que de voir sur le visage de Mlle Lambercier des marques d'inquiétude et de peine. Cela seul m'affligeait plus que la honte de manquer en public, qui m'affectait pourtant extrêmement: car, quoique peu sensible aux louanges, je le fus toujours beaucoup à la honte, et je puis dire ici que l'attente des réprimandes de Mlle Lambercier me donnait moins d'alarmes que la crainte de la chagriner.

Cependant elle ne manquait pas au besoin[239] de sévérité, non plus que son frère; mais, comme cette sévérité, presque toujours juste, n'était jamais emportée,[240] je m'en affligeais et ne m'en mutinais

point. J'étais plus fâché de déplaire que d'être puni, et le signe du mécontentement m'était plus cruel que la peine afflictive. Il est embarrassant de m'expliquer mieux, mais cependant il le faut. Qu'on changerait de méthode avec la jeunesse, si l'on voyait mieux les effets éloignés de celle que l'on emploie toujours indistinctement, et souvent indiscrètement! La grande leçon qu'on peut tirer d'un exemple aussi commun que funeste me fait résoudre à le donner.

Comme Mlle Lambercier avait pour nous l'affection d'une mère, elle en avait aussi l'autorité, et la portait quelquefois jusqu'à nous infliger la punition des enfants, quand nous l'avions méritée. Assez longtemps elle s'en tint à la menace, et cette menace d'un châtiment tout nouveau pour moi me semblait très effrayante; mais après l'exécution je la trouvai moins terrible à l'épreuve que l'attente ne l'avait été; et ce qu'il y a de plus bizarre est que ce châtiment m'affectionna davantage encore à celle qui me l'avait imposé. Il fallait même toute la vérité de cette affection et toute ma douceur naturelle pour m'empêcher de chercher le retour du même traitement en la méritant: car j'avais trouvé dans la douleur, dans la honte même, un mélange de sensualité qui m'avait laissé plus de désir que de crainte de l'éprouver derechef[241] par la même main. Il est vrai que, comme il se mêlait sans doute à cela quelque instinct précoce du sexe, le même châtiment reçu de son frère ne m'eût point du tout paru plaisant.[242] Mais, de l'humeur dont il était, cette substitution n'était guère à craindre; et, si je m'abstenais de mériter la correction, c'était uniquement de peur de fâcher Mlle Lambercier: car tel est en moi l'empire de la bienveillance, et même de celle que les sens ont fait naître, qu'elle leur donna toujours la loi dans mon cœur…

J'étudiais un jour seul ma leçon dans la chambre contiguë à la cuisine. La servante

237. Rousseau must be unique at all costs, even when the circumstance he relates is perfectly ordinary.
238. *temple:* Protestant church.
239. *au besoin:* when necessary.
240. *emportée:* angry.
241. *derechef:* again.
242. Rousseau is aware of the perverse quality of his pleasure in punishment, later to be termed masochism.

avait mis à sécher à la plaque[243] les peignes[244] de Mlle Lambercier. Quand elle revint les prendre, il s'en trouva un dont tout un côté de dents était brisé. A qui s'en prendre de ce dégât?[245] personne autre que moi n'était entré dans la chambre. On m'interroge: je nie d'avoir touché le peigne. M. et Mlle Lambercier se réunissent, m'exhortent, me pressent, me menacent: je persiste avec opiniâtreté; mais la conviction était trop forte, elle l'emporta sur toutes mes protestations, quoique ce fût la première fois qu'on m'eût troué tant d'audace à mentir. La chose fut prise au sérieux; elle méritait de l'être. La méchanceté, le mensonge, l'obstination, parurent également dignes de punition; elle me fut infligée. On écrivit `a mon oncle Bernard: il vint. Mon pauvre cousin était chargé d'un autre délit[246] non moins grave; nous fûmes enveloppés dans la même exécution. Elle fut terrible. Quand, cherchant le remède dans le mal même, on eût voulu pour jamais amortir[247] mes sens dépravés, on n'aurait pu mieux s'y prendre. Aussi me laissèrent-ils en repos pour longtemps.

On ne put m'arracher l'aveu qu'on exigeait. Repris[248] à plusieurs fois et mis dans l'état le plus affreux, je fus inébranlable.[249] J'aurais souffert la mort, et j'y étais résolu. Il fallut que la force même cédât au diabolique entêtement d'un enfant, car on n'appela pas autrement ma constance. Enfin je sortis de cette cruelle épreuve en pièces, mais triomphant.

Il y a maintenant près de cinquante ans de cette aventure, et je n'ai pas peur d'être puni derechef pour le même fait: hé bien! je déclare à la face du Ciel que j'en étais innocent, que je n'avais ni cassé ni touché le peigne, que je n'avais pas approché de la plaque, et que je n'y avais pas même songé. Qu'on ne me demande pas comment ce dégât se fit, je l'ignore et ne le puis comprendre;

ce que je sais très certainement, c'est que j'en étais innocent.

Qu'on se figure un caractère timide et docile dans la vie ordinaire, mais ardent, fier, indomptable dans les passions; un enfant toujours gouverné par la voix de la raison, toujours traité avec douceur, équité, complaisance, qui n'avait pas même l'idée de l'injustice, et qui pour la première la première fois en éprouve une si terrible de la part précisément des gens qu'il chérit et qu'il respecte le plus: quel renversement d'idées! quel désordre de sentiments! quel bouleversement dans son cœur, dans sa cervelle, dans tout son petit être intelligent et moral! Je dis qu'on s'imagine tout cela, s'il est possible: car pour moi je ne me sens pas capable de démêler, de suivre la moindre trace de tout ce qui se passait alors en moi.

Je n'avais pas encore assez de raison pour sentir combien les apparences me condamnaient, et pour me mettre à la place des autres. Je me tenais à la mienne, et tout ce que je sentais, c'était la rigueur d'un châtiment effroyable pour un crime que je n'avais pas commis. La douleur du corps, quoique vive, m'était peu sensible; je ne sentais que l'indignation, la rage, le désespoir. Mon cousin, dans un cas à peu près semblable, et qu'on avait puni d'une faute involontaire comme d'un acte prémédité, se mettait en fureur à mon exemple, et se montait,[250] pour ainsi dire, à mon unisson.[251] Tous deux dans le même lit, nous nous embrassions avec des transports convulsifs, nous étouffions;[252] et, quand nos jeunes cœurs un peu soulagés pouvaient exhaler leur colère, nous nous levions sur notre séant,[253] et nous nous mettions tous deux à crier cent fois de toute notre force: *carniflex*! *carnifex*! *carnifex*![254]

Je sens en écrivant ceci que mon pouls s'élève encore; ces moments me seront

243. *plaque:* warming chamber.
244. *peignes:* combs.
245. *A qui...dégât?* Whom to blame for this damage?
246. *délit:* crime.
247. *amortir:* dull, deaden.
248. *Repris:* Reproved (and beaten).

249. *inébranlable:* unshakable.
250. *se montait:* worked himself up.
251. *à mon unisson:* in unison with me.
252. *étouffions:* were choking (with rage).
253. *nous levions sur notre séant:* would sit up.
254. *carnifex:* executioner.

toujours présents, quand je vivrais cent mille ans. Ce premier sentiment de la violence et de l'injustice est resté si profondément gravé dans mon âme que toutes les idées qui s'y rapportent me rendent ma première émotion; et ce sentiment, relatif à moi dans son origine, a pris une telle consistance en lui-même, et s'est tellement détaché de tout intérêt personnel, que mon cœur s'enflamme au spectacle ou au récit de toute action injuste, quel qu'en soit l'objet et en quelque lieu qu'elle se commette, comme si l'effet en retombait sur moi. Quand je lis les cruautés d'un tyran féroce, les subtiles noirceurs d'un fourbe de prêtre, je partirais volontiers pour aller poignarder ces misérables, dussé-je cent fois y périr. Je me suis souvent mis en nage à pour-suivre à la course[255] ou à coups de pierre un coq, une vache, un chien, un animal que je voyais en tourmenter un autre uniquement parce qu'il se sentait le plus fort. Ce mouvement peut m'être naturel, et je crois qu'il l'est; mais le souvenir profond de la première injustice que j'ai soufferte y fut trop longtemps et trop fortement lié pour ne l'avoir pas beaucoup renforcé.[256]

Là fut le terme de la sérénité de ma vie enfantine. Dès ce moment je cessai de jouir d'un bonheur pur, et je sens aujourd'hui même que le souvenir des charmes de mon enfance s'arrête là. Nous restâmes encore à Bossey quelques mois. Nous y fûmes comme on nous représente le premier homme encore dans le paradis terrestre, mais ayant cessé d'en jouir: c'était en apparence la même situation, et en effet une tout autre manière d'être. L'attachement, le respect, l'intimité, la confiance, ne liaient plus les élèves à leurs guides; nous ne les regardions plus comme des dieux qui lisaient dans nos cœurs; nous étions moins honteux de mal faire et plus craintifs d'être accusés: nous commencions à nous cacher, à nous mutiner, à mentir.

Tous les vices de notre âge corrompaient notre innocence et enlaidissaient nos jeux. La campagne même perdit à nos yeux cet attrait de douceur et de simplicité qui va au cœur: elle nous semblait déserte et sombre; elle s'était comme couverte d'un voile qui nous en cachait les beautés. Nous cessâmes de cultiver nos petits jardins, nos herbes, nos fleurs. Nous n'allions plus gratter légèrement la terre, et crier de joie en découvrant le germe du grain que nous avions semé. Nous nous dégoûtâmes de cette vie; on se dégoûta de nous; mon oncle nous retira, et nous nous séparâmes de M. et Mlle Lambercier, rassasiés[257] les uns des autres, et regrettant peu de nous quitter.

Près de trente ans se sont passés depuis ma sortie de Bossey, sans que je m'en sois rappelé le séjour d'une manière agréable par des souvenirs un peu liés; mais, depuis qu'ayant passé l'âge mûr je décline vers la vieillesse, je sens que ces mêmes souvenirs renaissent tandis que les autres s'effacent, et se gravent dans ma mémoire avec des traits dont le charme et la force augmentent de jour en jour: comme si, sentant déjà la vie qui s'échappe, je cherchais à la ressaisir par ses commencements. Les moindres faits de ce temps-là me plaisent par cela seul qu'ils sont de ce temps-là. Je me rappelle toutes les circonstances des lieux, des personnes, des heures. Je vois la servante ou le valet agissant dans la chambre, une hirondelle entrant par la fenêtre, une mouche se poser sur ma main tandis que je récitais ma leçon; je vois tout l'arrangement de la chambre où nous étions; le cabinet de M. Lambercier à main droite, une estampe[258] représentant tous les papes, un baromètre, un grand calendrier, des framboisiers[259] qui, d'un jardin fort élevé dans lequel la maison s'enfonçait sur le derrière, venaient ombrager la fenêtre et passaient quelquefois jusqu'en dedans. Je sais bien que le lecteur n'a pas grand besoin de savoir tout cela, mais j'ai besoin, moi,

255. *à la course:* running.
256. Observe how Rousseau, like modern psychologists, sees key emotional experiences of childhood as determining adult character.
257. *rassasiés:* sated, "fed up."
258. *estampe:* engraving.
259. *framboisiers:* raspberry bushes.

de le lui dire. Que n'osé-je lui raconter de même toutes les petites anecdotes de cet heureux âge, qui me font encore tressaillir d'aise[260] quand je me les rappelle! cinq ou six surtout…Composons.[261] Je vous fais grâce des cinq; mais j'en veux une, une seule, pourvu qu'on me la laisse conter le plus longuement qu'il me sera possible, pour prolonger mon plaisir.

Si je ne cherchais que le vôtre, je pourrais choisir celle du derrière de Mlle Lambercier, qui, par une malheureuse culbute[262] au bas du pré,[263] fut étalé tout en plein devant le roi de Sardaigne[264] à son passage; mais celle du noyer[265] de la terrasse est plus amusante pour moi qui fus acteur, au lieu que je ne fus que spectateur de la culbute; et j'avoue que je ne trouvai pas le moindre mot pour rire à un accident qui, bien que comique en lui-même, m'alarmait pour une personne que j'aimais comme une mère.

O vous, lecteurs curieux de la grande histoire du noyer de la terrasse, écoutez-en l'horrible tragédie, et vous abstenez de frémir si vous pouvez!

Il y avait, hors la porte de la cour, une terrasse à gauche en entrant, sur laquelle on allait souvent s'asseoir l'après-midi, mais qui n'avait pas d'ombre. Pour lui en donner, M. Lambercier y fit planter un noyer. La plantation de cet arbre se fit avec solennité: les deux pensionnaires[266] en furent les parrains: et, tandis qu'on comblait le creux,[267] nous tenions l'arbre chacun d'une main avec des chants de triomphe. On fit, pour l'arroser, une espèce de bassin tout autour du pied. Chaque jour, ardents spectateurs de cet arrosement, nous nous confirmions, mon cousin et moi, dans l'idée naturelle qu'il était plus beau de planter un arbre sur la terrasse qu'un drapeau sur la brèche,[268] et nous résolûmes de nous procurer cette gloire sans la partager avec qui que ce fût.

Pour cela nous allâmes couper une bouture[269] d'un jeune saule,[270] et nous la plantâmes sur la terrasse, à huit ou dix pieds de l'auguste noyer. Nous n'oubliâmes pas de faire aussi un creux autour de notre arbre; la difficulté était d'avoir de quoi le remplir: car l'eau venait d'assez loin, et on ne nous laissait pas courir pour en aller prendre. Cependant il en fallait absolument pour notre saule. Nous employâmes toutes sortes de ruses pour lui en fournir durant quelques jours; et cela nous réussit si bien que nous le vîmes bourgeonner[271] et pousser de petites feuilles dont nous mesurions l'accroissement d'heure en heure, persuadés, quoiqu'il ne fût pas à un pied de terre, qu'il ne tarderait pas à nous ombrager.

Comme notre arbre, nous occupant tout entiers, nous rendait incapables de toute application, de toute étude, que nous étions comme en délire, et que, ne sachant à qui nous en avions,[272] on nous tenait de plus court qu'auparavant, nous vîmes l'instant fatal où l'eau nous allait manquer, et nous nous désolions dans l'attente de voir notre arbre périr de sécheresse. Enfin la nécessité, mère de l'industrie, nous suggéra une invention pour garantir l'arbre et nous d'une mort certaine: ce fut de faire par-dessous terre une rigole[273] qui conduisît secrètement au saule une partie de l'eau dont on arrosait le noyer. Cette entreprise, exécutée avec ardeur, ne réussit pourtant pas d'abord. Nous avions si mal pris la pente que l'eau ne coulait point; la terre s'éboulait[274] et bouchait la rigole; l'entrée se remplissait d'ordures;[275] tout allait de travers. Rien ne nous rebuta: *Labor omnia vincit improbus.*[276] Nous creusâmes davantage la terre et notre

260. *tressaillir d'aise:* thrill with pleasure.
261. *Composons:* Let us compromise.
262. *culbute:* fall.
263. *au bas du pré:* at the lower end of the meadow.
264. *roi de Sardaigne:* King of Sardinia and Savoy.
265. *noyer:* walnut tree.
266. *pensionnaires:* boarders.
267. *comblait le creux:* were filling up the hole.
268. *brèche:* breach (of a city wall, in a siege).

269. *bouture:* slip.
270. *saule:* willow.
271. *bourgeonner:* bud.
272. *à qui nous en avions:* what we were after.
273. *rigole:* channel.
274. *s'éboulait:* kept caving in.
275. *ordures:* dirt.
276. *Labor…improbus:* Persistent labor conquers all.

bassin, pour donner à l'eau son écoulement; nous coupâmes des fonds de boîtes en petites planches étroites, dont les unes mises de plat à la file et d'autres posées en angle des deux côtés sur celles-là nous firent un canal triangulaire pour notre conduit. Nous plantâmes à l'entrée de petits bouts de bois mince et à claire-voie[277] qui, faisant une espèce de grillage, retenaient le limon[278] et les pierres sans boucher le passage à l'eau. Nous recouvrîmes soigneusement notre ouvrage de terre bien foulée;[279] et le jour où tout fut fait, nous attendîmes dans des transes[280] d'espérance et de crainte l'heure de l'arrosement. Après des siècles d'attente, cette heure vint enfin; M. Lambercier vint aussi à son ordinaire assister à l'opération, durant laquelle nous nous tenions tous deux derrière lui pour cacher notre arbre, auquel très heureusement il tournait le dos.

A peine achevait-on de verser le premier seau[281] d'eau que nous commençâmes d'en voir couler dans notre bassin. A cet aspect, la prudence nous abandonna; nous nous mîmes à pousser des cris de joie qui firent retourner M. Lambercier; et ce fut dommage, car il prenait grand plaisir à voir comment la terre du noyer était bonne et buvait avidement son eau. Frappé de la voir se partager en deux bassins, il s'écrie à son tour, regarde, aperçoit la friponnerie, se fait brusquement apporter une pioche,[282] donne un coup, fiat voler deux ou trois élcats[283] de nos planches, et, criant, à pleine tête; « Un aqueduc! un aqueduc! » il frappe de toutes parts des coups impitoyables, dont chacun portait[284] au milieu de nos cœurs. En un moment, les planches, le conduit, le bassin, le saule, tout fut détruit, tout fut labouré,[285] sans qu'il y eût, dans cette exécution terrible, nul autre mot prononcé, sinon l'exclamation qu'il répétait sans cesse: « Un aqueduc! s'écriait-il en brisant tout, un aqueduc! un aqueduc! »

On croira que l'aventure finit mal pour les petits architectes; on se trompera: tout fut fini. M. Lambercier ne nous dit pas un mot de reproche, ne nous fit pas plus mauvais visage et ne nous en parla plus; nous l'entendîmes même un peu après rire auprès de sa sœur à gorge déployée,[286] car le rire de M. Lambercier s'entendait de loin; et ce qu'il y eut de plus étonnant encore, c'est que, passé le premier saisissement, nous ne fûmes pas nous-mêmes fort affligés. Nous plantâmes ailleurs un autre arbre, et nous nous rappelions souvent la catastrophe du premier, en répétant entre nous avec emphase:[287] « Un aqueduc! un aqueduc! » Jusque-là j'avais eu des accès d'orgueil par intervalles, quand j'étais Aristide ou Brutus: ce fut ici mon premier mouvement de vanité bien marquée. Avoir pu construire un aqueduc de nos mains, avoir mis une bouture en concurrence[288] avec un grand arbre, me paraissait le suprême degré de la gloire. A dix ans j'en jugeais mieux que César à trente.

L'idée de ce noyer et la petite histoire qui s'y rapporte m'est si bien restée ou revenue qu'un de mes plus agréables projets dans mon voyage de Genève, en 1754, était d'aller à Bossey revoir les monuments des jeux de mon enfance, et surtout le cher noyer, qui devait alors avoir déjà le tiers d'un siècle. Je fus si continuellement obsédé, si peu maître de moi-même, que je ne pus trouver le moment de me satisfaire. Il y a peu d'apparence que cette occasion renaisse jamais pour moi; cependant je n'en ai pas perdu le désir avec l'espérance; et je suis presque sûr que si jamais, retournant dans ces lieux chéris, j'y retrouvais mon cher noyer encore en être, je l'arroserais de mes pleurs.

De retour à Genève, je passai deux ou trois ans chez mon oncle, en attendant que l'on résolût ce que l'on ferait de moi.

277. *à claire-voie:* in openwork.
278. *limon:* mud.
279. *foulée:* trampled down.
280. *transes:* frenzies.
281. *seau:* pail.
282. *pioche:* pick.
283. *éclats:* fragments.
284. *portait: here,* landed.
285. *labouré:* plowed up.
286. *à gorge déployée:* very loudly.
287. *emphase:* pompous affectation.
288. *concurrence:* competition.

Comme il destinait son fils au génie,[289] il lui fit apprendre un peu de dessin, et lui enseignait les *Éléments* d'Euclide.[290] J'apprenais tout cela par compagnie, et j'y pris goût, surtout au dessin. Cependant on délibérait si on me ferait horloger, procureur[291] ou ministre. J'aimais mieux être ministre, car je trouvais bien beau de prêcher, mais le petit revenue du bien de ma mère à partager entre mon frère et moi ne suffisait pas pour pousser mes études. Comme l'âge où j'étais ne rendait pas ce choix bien pressant encore, je restais en attendant chez mon oncle, perdant à peu près mon temps, et ne laissant pas de payer, comme il était juste, une assez forte pension.[292]

Mon oncle, homme de plaisir ainsi que mon père, ne savait pas comme lui se captiver[293] pour ses devoirs, et prenait assez peu de soin de nous. Ma tante était une dévote un peu piétiste, qui aimait mieux chanter les psaumes que de veiller à notre éducation. On nous laissait presque une liberté entière, dont nous n'abusâmes jamais. Toujours inséparables, nous nous suffisions l'un à l'autre, et, n'étant point tentés de fréquenter les polissons de notre âge, nous ne prîmes aucune des habitudes libertines que l'oisiveté nous pouvait inspirer. J'ai même tort de nous supposer oisifs, car de la vie nous ne le fûmes moins, et ce qu'il y avait d'heureux était que tous les amusements dont nous nous passionnions successivement nous tenaient ensemble occupés dans la maison, sans que nous fussions même tentés de descendre à la rue. Nous faisions des cages, des flûtes, des volants,[294] des tambours, des maisons, des *équiffles*,[295] des arbalètes.[296] Nous gâtions

les outils de mon bon vieux grand-père pour faire des montres, à son imitation. Nous avions surtout un goût de préférence pour barbouiller[297] du papier, dessiner, laver,[298] enluminer, faire un dégât[299] de couleurs. Il vint à Genève un charlatan italien appelé Gamba-Corta; nous allâmes le voir une fois, et puis nous n'y voulûmes plus aller; mais il avait des marionnettes, et nous nous mîmes à faire des marionnettes; ses marionnettes jouaient des manières de comédies, et nous fîmes des comédies pour les nôtres. Faute de pratique,[300] nous contrefaisions[301] du gosier la voix de Polichinelle,[302] pour jouer ces charmantes comédies que nos pauvres bons parents avaient la patience de voir et d'entendre. Mais, mon oncle Bernard ayant un jour lu dans la famille un très beau sermon de sa façon,[303] nous quittâmes les comédies, et nous nous mîmes à composer des sermons. Ces détails ne sont pas fort intéressants, je l'avoue; mais ils montrent à quel point il fallait que notre première éducation eût été bien dirigée, pour que, maîtres presque de notre temps et de nous dans un âge si tendre, nous fussions si peu tentés d'en abuser. Nous avions si peu besoin de nous faire des camarades que nous en négligions même l'occasion. Quand nous allions nous promener, nous regardions en passant leurs jeux sans convoitise,[304] sans songer même à y prendre part. L'amitié remplissait si bien nos cœurs qu'il nous suffisait d'être ensemble pour que les plus simples goûts fissent nos délices.

A force de nous voir inséparables, on y prit garde; d'autant plus que, mon cousin étant très grand et moi très petit, cela faisait un couple assez plaisamment assort.[305] Sa longue figure effilée,[306] son petit visage de

289. *génie:* engineering.
290. Euclid, Greek geometrician, whose *Elements* were the standard geometry textbook until our own times.
291. *procureur:* lawyer.
292. *pension:* fee for board and lodging.
293. *se captiver:* control himself.
294. *volants:* shuttlecocks.
295. *équiffles:* squirt guns.
296. *arbalètes:* crossbows.
297. *barbouiller:* bedaub.
298. *laver:* make water colors.
299. *dégât:* mess.
300. *pratique:* "squeaker" used to produce characteristic voice of Punch and Judy shows.
301. *contrefaisions:* would imitate.
302. *Polichinelle:* Punch.
303. *de sa façon:* of his own composition.
304. *convoitise:* envy.
305. *plaisamment assorti:* comically matched.
306. *effilée:* thin.

pomme cuite, son air mou, sa démarche[307] nonchalante, excitaient les enfants à se moquer de lui. Dans le patois du pays on lui donna le surnom de *Bornâ Bredanna*;[308] et, sitôt que nous sortions, nous n'entendions que *Barnâ Bredanna* tout autour de nous. Il endurait cela plus tranquillement que moi. Je me fâchai, je voulus me battre: c'était ce que les petits coquins demandaient. Je battis, je fuis battu. Mon pauvre cousin me soutenait de son mieux; mais il était faible,

d'un coup de poing on le renversait. Alors je devenais furieux. Cependant, quoique j'attrapasse force horions,[309] ce n'était pas à moi qu'on en voulait, c'était à *Barnâ Bredanna*; mais j'augmentai tellement le mal par ma mutine[310] colère que nous n'osions plus sortir qu'aux heures où en était en classe, de peur d'être hués[311] et suivis par les écoliers.

Me voilà déjà redresseur de torts.[312]

10. Twelve Opinions To Close The Century

Not everyone can be a giant of literature or philosophy or political theory. But everyone can have an opinion, and in eighteenth-century France everyone who owned a pen seemed to believe his ideas worthy of immortality. As France careened into the Revolution of 1789, powerfully conveyed ideas emerged from all quarters. We wrap up this volume with strong opinions expressed by twelve diverse voices that did not quite rate our full treatment, but still merit being heard.

Political debate in a church. Courtesy of Bibliothèque nationale de France

Buffon

[1707-1788]

Organizing Nature

Georges-Louis Leclerc, comte de Buffon, was a Burgundian country gentleman with a passion for science. Appointed Director of the *Jardin du Roi*, now the *Jardin des Plantes* in Paris, he planned a gigantic synthesis of scientific knowledge. He had time to publish thirty-six volumes on geology, cosmology, mineralogy, and zoology. This was the first presentation of a precise, scientific view of the history of the physical world and its inhabitants.

The value of his scientific work is still disputed. He avoided conflict with the official cosmology of the Church; his prudence hampered his freedom of speculation. Nevertheless he established the theory of geological epochs; he recognized the development, mutability, and degeneration of species; he studied man in the scale of animal life. His recognition of modifications in organisms forecasts the work of his disciple Lamarck, who in turn influenced Darwin.

His chief service was as a *popularizer* and *generalizer of ideas*. His fame was worldwide. He gave natural history to literature; he fathered the great line of interpreters of nature that includes Henry David Thoreau, J.-H. Fabre, Jacques-Yves Cousteau, and Rachel Carson. The modern ecological movement owes every bit as much to Buffon as it does to Rousseau.

Style and Substance

His *Discours sur le style* was his formal speech at his reception by the Académie Française in 1753. It is a defense of the academic expository style, which is still that of most of our formal writing. His contention is that we should try to attain in our careful words the kind of perfection that is manifest in the works of nature. He insists on a secure plan, on exactness and dignity of expression, on a correspondence between the theme, the choice of words, and the rhythmical flow. All this is good advice for students, and the *Discours* has been required reading in French schools for two hundred years.

His most famous phrase is "le style est l'homme même": the subject matter is free to all; the style, or ordering of his thoughts, is the author's only contribution. Evidently he meant that when a writer treats a subject like science he brings it to life, transmits it to the world, by the power of his style. But the phrase is usually taken in a larger sense: style is a quality of spirit, not a craft one learns. Is this true? Well, Buffon was a big, vigorous, upright man, earnest, laborious, dignified, and dominating; and so was his style.

❖ ❖ ❖

307. *démarche:* gait.
308. *Barnâ Bredanna:* Lazy Bernard.
309. *horions:* blows.
310. *mutine:* rebellious.

311. *hués:* hooted at.
312. *redresseur de torts:* righter of wrongs. (Most of Rousseau's work was inspired by protest.)

DISCOURS SUR LE STYLE

[Excerpts]

...Il s'est trouvé dans tous les temps des hommes qui ont su commander aux autres par la puissance de la parole. Ce n'est néanmoins que dans les siècles éclairés que l'on a bien écrit et bien parlé. La véritable éloquence suppose l'exercice du génie[1] et la culture de l'esprit. Elle est bien différente de cette facilité naturelle de parler, qui n'est qu'un talent, une qualité accordée à tous ceux dont les passions sont fortes, les organes souples et l'imagination prompte. Ces hommes sentent vivement, s'affectent de même, le marquent fortement au dehors; et par une impression purement mécanique, ils transmettent aux autres leur enthousiasme et leurs affections. C'est le corps qui parle au corps; tous les mouvements, tous les signes concourent et servent également. Que faut-il pour émouvoir la multitude et l'entraîner? Que faut-il pour ébranler la plupart même des autres hommes et les persuader? Un ton véhément et pathétique, des gestes expressifs et fréquents, des paroles rapides et sonnantes. Mais, pour le petit nombre de ceux dont la tête est ferme, le goût délicat et le sens exquis, et qui comme vous, Messieurs, comptent pour peu le ton, les gestes et le vain son des mots, il faut des choses, des pensées, des raisons; il faut savoir les présenter, les nuancer, les ordonner: il ne suffit pas de frapper l'oreille et d'occuper les yeux; il faut agir sur l'âme et toucher le cœur en parlant à l'esprit.

Le style n'est que l'ordre et le mouvement qu'on met dans ses pensées.[2] Si on les enchaîne étroitement, si on les serre, le style devient ferme, nerveux et concis; si on les laisse se succéder lentement, et ne se joindre qu'à la faveur des mots, quelque élégants qu'ils soient, le style sera diffus, lâche et traînant...

[*One must first labor to make a careful plan.*]

Ce plan n'est pas encore le style, mais il en est la base; il le soutient, il le dirige, il règle son mouvement et le soumet à des lois: sans cela, le meilleur écrivain s'égare, sa plume marche sans guide, et jette à l'aventure des traits irréguliers et des figures discordantes. Quelque brillantes que soient les couleurs qu'il emploie, quelques beautés qu'il sème dans les détails, comme l'ensemble choquera, ou ne se fera pas assez sentir, l'ouvrage ne sera point construit; et, en admirant l'esprit de l'auteur, on pourra soupçonner qu'il manque de génie.[3] C'est par cette raison que ceux qui écrivent comme ils parlent, quoiqu'ils parlent très bien, écrivent mal; que ceux qui s'abandonnent au premier feu de leur imagination prennent un ton qu'ils ne peuvent soutenir;[4] que ceux qui craignent de perdre des pensées isolées, fugitives, et qui écrivent en différents temps des morceaux détachés, ne les réunissent jamais sans transitions forcées; qu'en un mot, il y a tant d'ouvrages faits de pièces de rapport,[5] et si peu qui soient fondus d'un seul jet.[6]

[*Beware of losing your design in a mass of details. Take counsel from nature, which subordinates parts to the whole.*]

C'est faute de plan, c'est pour n'avoir pas assez réfléchi sur son objet, qu'un homme d'esprit se trouve embarrassé et ne sait par où commencer à écrire. Il aperçoit à la fois un grand nombre d'idées; et, comme il ne les a ni comparées, ni subordonnées, rien ne le détermine à préférer les unes aux autres; il demeure donc dans la perplexité. Mais lorsqu'il se sera fait un plan, lorsqu'une fois il aura rassemblé et mis en

1. *génie:* superior intelligence.
2. A famous definition of style, which omits, however, all reference to verbal technique.
3. Perhaps a reference to Montesquieu's *Esprit des lois.*
4. Perhaps a dig at Diderot.
5. *pièces de rapport:* in sculpture, sections of a statue cast separately.
6. *fondus d'un seul jet:* cast in a single operation.

ordre toutes les pensées essentielles à son sujet, il s'apercevra aisément de l'instant auquel il doit prendre la plume, il sentira le point de maturité de la production de l'esprit, il sera pressé de la faire éclore, il n'aura même que du plaisir à écrire: les idées se succéderont aisément, et le style sera naturel et facile; la chaleur naîtra de ce plaisir, se répandra partout et donnera de la vie à chaque expression; tout s'animera de plus en plus; le ton s'élèvera, les objets prendront de la couleur; et le sentiment, se joignant à la lumière, l'augmentera, la portera plus loin, la fera passer de ce que l'on dit à ce que l'on va dire, et le style deviendra intéressant et lumineux.

Rien ne s'oppose plus à la chaleur que le désir de mettre partout des traits saillants;[7] rien n'est plus contraire à la lumière qui doit faire un corps et se répandre uniformément dans un écrit,[8] que ces étincelles qu'on ne tire que par force en choquant les mots les uns contre les autres, et qui ne nous éblouissent pendant quelques instants, que pour nous laisser ensuite dans les ténèbres. Ce sont des pensées qui ne brillent que par l'opposition: l'on ne présente qu'un côté de l'objet, on met dans l'ombre toutes les autres faces: et ordinairement ce côté qu'on choisit est une pointe, un angle sur lequel on fait jouer l'esprit avec d'autant plus de facilité, qu'on l'éloigne davantage des grandes faces sous lesquelles le bon sens a coutume de considérer les choses.

Rien n'est encore plus opposé à la véritable éloquence que l'emploi de ces pensées fines et la recherche de ces idées légères, déliées,[9] sans consistance, et qui, comme la feuille du métal battu, ne prennent de l'éclat qu'en perdant de la solidité.[10] Aussi, plus on mettra de cet esprit mince et brillant dans un écrit, moins il aura de nerf, de lumière, de chaleur et de style; à moins que cet esprit ne soit lui-même le fond du sujet, et que l'écrivain n'ait pas eu d'autre objet que la plaisanterie: alors l'art de dire de petites choses devient peut-être plus difficile que l'art d'en dire de grandes.

Rien n'est plus opposé au beau naturel que la peine qu'on se donne pour exprimer des choses ordinaires ou communes d'une manière singulière ou pompeuse; rien ne dégrade plus l'écrivain. Loin de l'admirer, on le plaint d'avoir passé tant de temps à faire de nouvelles combinaisons de syllabes, pour ne dire que ce que tout le monde dit. Ce défaut est celui des esprits cultivés, mais stériles; ils ont des mots en abondance, point d'idées; ils travaillent donc sur les mots, et s'imaginent avoir combiné des idées parce qu'ils ont arrangé des phrases, et avoir épuré le langage quand ils l'ont corrompu en détournant les acceptions,[11] Ces écrivains n'ont point de style, ou, si l'on veut, ils n'en ont que l'ombre. Le style doit graver des pensées; ils ne savent que tracer des paroles.

Pour bien écrire, il faut donc posséder pleinement son sujet; il faut y réfléchir assez pour voir clairement l'ordre de ses pensées, et en former une suite, une chaîne continue, dont chaque point représente une idée; et, lorsqu'on aura pris la plume, il faudra la conduire successivement sur ce premier trait,[12] sans lui permettre de s'en écarter, sans l'appuyer trop inégalement, sans lui donner d'autre mouvement que celui qui sera déterminé par l'espace qu'elle doit parcourir. C'est en cela que consiste la sévérité du style, c'est aussi ce qui en fera l'unité et ce qui en réglera la rapidité; et cela seul aussi suffira pour le rendre précis et simple, égal et clair, vif et suivi. A cette première règle, dictée par le génie, si l'on joint de la délicatesse et du goût, du scrupule sur le choix des expressions, de l'attention à ne nommer les choses que par les termes les plus généraux, le style aura de la noblesse.[13]

7. *traits saillants:* striking phrases.
8. I.e., in a written description, as in a painting, the source of light should be constant.
9. *déliées:* delicate, subtle.
10. Probably a hit at Marivaux.
11. *acceptions:* accepted meanings.
12. *trait:* outline.
13. These statements apply only to the classic-academic style. The use of general terms indeed confers a tone of *noblesse;* but we do not usually prize *noblesse,* and we demand the specific.

Si l'on y joint encore de la défiance pour son premier mouvement, du mépris pour tout ce qui n'est que brillant, et une répugnance constante pour l'équivoque[14] et la plaisanterie, le style aura de la gravité, il aura même de la majesté. Enfin, si l'on écrit comme l'on pense, si l'on est convaincu de ce que l'on veut persuader, cette bonne foi avec soi-même, qui fait la bienséance pour les autres et la vérité du style, lui fera produire tout son effet, pourvu que cette persuasion intérieure ne se marque pas par un enthousiasme trop fort, et qu'il y ait partout plus de candeur que de confiance, plus de raison que de chaleur.

C'est ainsi, Messieurs, qu'il me semblait, en vous lisant, que vous me parliez, que vous m'instruisiez. Mon âme, qui recueillait avec avidité ces oracles de la sagesse, voulait prendre l'essor et s'élever jusqu'à vous; vains efforts! Les règles, disiez-vous encore, ne peuvent suppléer au génie; s'il manque, elles seront inutiles. Bien écrire, c'est tout à la fois bien penser, bien sentir et bien rendre; c'est avoir en même temps de l'esprit, de l'âme et du goût. Le style suppose la réunion et l'exercice de toutes les facultés intellectuelles; les idées seules forment le fond du style, l'harmonie des paroles n'en est que l'accessoire, et ne dépend que de la sensibilité des organes: il suffit d'avoir un peu d'oreille pour éviter les dissonances, et de l'avoir exercée, perfectionnée par la lecture des poètes et des orateurs, pour que mécaniquement on soit porté à l'imitation de la cadence poétique et des tours oratoires. Or jamais l'imitation n'a rien créé; aussi cette harmonie des mots ne fait ni le fond ni le ton du style, et se trouve souvent dans des écrits vides d'idées…

[*The tone, or suitability of the style to the subject, will be the natural product of the superior mind at work on a worthy theme.*]

Les ouvrages bien écrits seront les seuls qui passeront à la postérité: la quantité des connaissances, la singularité des faits, la nouveauté même des découvertes ne sont pas de sûrs garants de l'immortalité; si les ouvrages qui les contiennent ne roulent que sur de petits objets, s'ils sont écrits sans goût, sans noblesse et sans génie, ils périront, parce que les connaissances, les faits et les découvertes s'enlèvent aisément, se transportent et gagnent même à être mis en œuvre par des mains plus habiles. Ces choses sont hors de l'homme, le style est l'homme même.[15] Le style ne peut donc ni s'enlever, ni se transporter, ni s'altérer: s'il est élevé, noble, sublime, l'auteur sera également admiré dans tous les temps; car il n'y a que la vérité qui soit durable et même éternelle. Or un beau style n'est tel en effet que par le nombre infini des vérités qu'il présente. Toutes les beautés intellectuelles qui s'y trouvent, tous les rapports dont il est composé, sont autant de vérités aussi utiles et peut-être plus précieuses pour l'esprit humain que celles qui peuvent faire le fond du sujet…

14. *équivoque:* double meaning.
15. This concept will resurface in the late twentieth century when critics will try essentially to abolish the author except as a specifically stylized vehicle for expressing ideas that were floating around free for the taking. So, if the author is just a mouthpiece, to Buffon, he may as well be a stylistically adept one.

Chamfort

[1741–1794]

Brilliant and Bitter

Sébastien-Roch Nicolas, who took the name of Chamfort, was an illegitimate child who never knew his father. As a student living on scholarships he showed brilliant promise. He tried free-lancing in Paris, wrote the usual comedies and miscellanies, mingled with the *philosophes,* and, thanks to his personal charm, had some access to high society. At thirty he was attacked by a repulsive skin disease, which became chronic and condemned him to relative solitude.

Illegitimate, ill, poor, and embittered, he blamed society for the destruction of his life. He embraced the Revolution with ardor, thus taking revenge on guilty society. But the extremists outdistanced him. During the Terror of 1793 he was arrested as a moderate. He shot himself, and finding himself still alive, tried to finish himself off with a razor. Horribly mutilated, he lingered for some months.

Denunciation

All that we read of him today are his *Maximes et pensées.* They are a denunciation of the social structure and the human products of the Old Régime, and thus represent the *esprit philosophique.* As historical testimony they are to be treated with caution; they are conceived in the bitter heart of a man mistreated by the world he pictures. But their skillful use of satire, irony, and mockery gives them a high standing in the literature of sententious misanthropy, which goes back at least to Ecclesiastes.

❧ ❧ ❧

MAXIMES ET PENSÉES

MAXIMES GÉNÉRALES

[1] Ce serait une chose curieuse qu'un livre qui indiquerait toutes les idées corruptrices de l'esprit humain, de la société, de la morale, et qui se trouvent développées ou supposées dans les écrits les plus célèbres, dans les auteurs les plus consacrés; les idées qui propagent la superstition religieuse, les mauvaises maximes politiques, le despotisme, la vanité de rang, les préjugés populaires de toute espèce. On verrait que presque tous les livres sont des corrupteurs, que les meilleurs font presque autant de mal que de bien.

[2] En général, si la société n'était pas une composition factice,[1] tout sentiment simple et vrai ne produirait pas le grand effet qu'il produit. Il plairait sans étonner. Mais il étonne et il plaît. Notre surprise est la satire de la société, et notre plaisir est un hommage à la Nature.

[3] La meilleure philosophie, relativement au monde, est d'allier, à son égard, le sarcasme de la gaîté avec l'indulgence du mépris.

[4] Le monde physique paraît l'ouvrage d'un Être puissant et bon, qui a été obligé d'abandonner à un Être malfaisant l'exécution d'une partie de son plan. Mais le monde moral paraît être le produit des caprices d'un diable devenu fou.

1. *factice:* factitious, artificial.

[5] Qu'est-ce qu'un philosophe? C'est un homme qui oppose la nature à la loi, la raison à l'usage, sa conscience à l'opinion, et son jugement à l'erreur.

[6] Il y a peu d'hommes qui se permettent un usage vigoureux et intrépide de leur raison, et osent l'appliquer à tous les objets dans toute sa force. Le temps est venu où il faut l'appliquer à tous les objets de la morale, de la politique et de la société, aux rois, aux ministres, aux grands, aux philosophes, aux principes des sciences, des beaux-arts, etc.; sans quoi, on restera dans la médiocrité.

[7] Les fléaux physiques et les calamités de la nature humaine ont rendu la société nécessaire. La société a ajouté aux malheurs de la nature. Les inconvénients de la société ont amené la nécessité du gouvernement, et le gouvernement ajoute aux malheurs de la société. Voilà l'histoire de la nature humaine.

[8] Le théâtre tragique a le grand inconvénient moral de mettre trop d'importance à la vie et à la mort.

[9] La plus perdue de toutes les journées est celle où l'on n'a pas ri.

[10] Vivre est une maladie dont le sommeil nous soulage toutes les seize heures. C'est un palliatif. La mort est le remède.

DE LA SOCIÉTÉ

[1] Je conseillerais à quelqu'un qui veut obtenir une grâce d'un Ministre de l'aborder d'un air triste, plutôt que d'un air riant. On n'aime pas à voir plus heureux que soi.

[2] Les courtisans sont des pauvres enrichis par la mendicité.

PENSÉES MORALES

[1] Le sentiment qu'on a pour la plupart des bienfaiteurs ressemble à la reconnaissance qu'on a pour les arracheurs de dents. On se dit qu'ils vous ont fait du bien, qu'ils vous ont délivré d'un mal, mais on se rappelle la douleur qu'ils ont causée, et on ne les aime guère avec tendresse.

[2] Ce que j'ai appris, je ne le sais plus. Le peu que je sais encore, je l'ai deviné.

DES FEMMES, DE L'AMOUR, DU MARIAGE ET DE LA GALANTERIE

[1] L'amour, tel qu'il existe dans la société, n'est que l'échange de deux fantaisies et le contact de deux épidermes.[2]

[2] Il y a telle fille qui trouve à se vendre, et ne trouverait pas à se donner.

[3] On dit communément: la plus belle femme du monde ne peut donner que ce qu'elle a; ce qui est très faux. Elle donne précisément ce qu'on croit recevoir, puisqu'en ce genre c'est l'imagination qui fait le prix de ce qu'on reçoit.

DES SAVANTS ET DES GENS DE LETTRES

[1] Les économistes sont des chirurgiens qui ont un excellent scalpel et un bistouri ébréché,[3] opérant à merveille sur le mort et martyrisant le vif.

DE L'ESCLAVAGE ET DE LA LIBERTÉ

[1] Il n'y a d'histoire digne d'attention que celle des peuples libres. L'histoire des peuples soumis au despotisme n'est qu'un recueil d'anecdotes.

[2] Il est malheureux pour les hommes, heureux peut-être pour les tyrans, que les pauvres, les malheureux, n'aient pas l'instinct ou la fierté de l'éléphant, qui ne se reproduit point dans la servitude.

[3] La plupart des institutions sociales paraissent avoir pour objet de maintenir l'homme dans une médiocrité d'idées et de sentiments qui le rendent plus propre à gouverner ou à être gouverné.

2. *épidermes:* epidermises, skins. This is Chamfort's most famous maxim. It expresses, in humorously caustic wit, a cynicism unequaled except perhaps by La Rochefoucauld.

3. *bistouri ébréché:* nicked lancet; i.e., economists are like surgeons whose small knife for operating on living patients is damaged, while their large knife for cutting open corpses is excellent.

Beaumarchais

[1732–1799]

Secret Agent

The formalized social structure of eighteenth-century France afforded many an opportunity to the brilliant adventurer who could infiltrate the system to his advantage. Beaumarchais (the name was his own creation) was such a brilliant adventurer. Pierre-Augustin Caron, born the son of a watchmaker, became music tutor for Louis XVI's daughters, secret-service agent (and apparently a double-crosser), speculator in big business and, occasionally, a prisoner; he was a type of go-getter, an operator, a player. America has reason to be grateful to him for supplying munitions to the rebellious colonies in the time before France declared its alliance. And we have some reason to be ashamed, because Beaumarchais and his heirs were never repaid for their outlays and services.

Incendiary Plays

He found time to write a number of plays, of which two — aided by the reputations of operas based on them by Rossini and Mozart — have gained persistent fame: *Le Barbier de Séville* and *Le Mariage de Figaro.*

The sharp social criticism and disrespect for authority in *Le Mariage* alarmed the censors. Louis XVI read the script and exclaimed: "Cela ne sera jamais joué!…Cet homme se joue de tout ce qu'il faut respecter dans un gouvernement!" But Marie-Antoinette and others intervened, and the play was triumphantly performed (three spectators were crushed to death — a new record) in April, 1784.

The play is a farce, incorporating political and social comedy, like the work of Aristophanes. The setting is Spain, but seems strangely like France. Figaro, valet of Comte Almaviva, is about to marry the *femme de chambre,* Suzanne. The Comte attempts to obtain her favors before the marriage. The main action is the contest between the Comte and Figaro.

We give the famous monologue of Figaro. Figaro is a descendant of the classic intriguing valet, like Covielle in *Le Bourgeois gentilhomme.* But he has risen somewhat in the world, only to hit what we now call a glass ceiling; he has had a bourgeois education; he is a victim of society, like Rameau, like Chamfort. All his wit, energy, competence, and shrewdness can hardly prevail against the system. Because of his social class, he can never hope to rise to the level of the corrupt and ignorant nobles who do not deserve their status. He is the mouthpiece of the author; representing Beaumarchais in his protest against privilege and the established injustices of absolutism, of the courts, of money power, of birth and rank. King Louis was quite right; Figaro indeed represents subversion of the old order.

✣ ✣ ✣

LE MONOLOGUE DE FIGARO

FIGARO (*seul, se promenant dans l'obscurité, dit du ton le plus sombre*): O femme! femme! femme! créature faible et décevante!…nul animal créé ne peut manquer à son instinct; le tien est-il donc de tromper?…Non, Monsieur le Comte, vous ne l'aurez pas…vous ne l'aurez pas…Parce que vous êtes un grand Seigneur, vous vous croyez un grand génie!…[1] Noblesse, fortune, un rang, des places: tout cela rend si fier!

1. *vous vous croyez un grand génie:* you think you possess great gifts.

Qu'avez-vous fait pour tant de biens! Vous vous êtes donné la peine de naître, et rien de plus; du reste, homme assez ordinaire! tandis que moi, morbleu! perdu dans la foule obscure, il m'a fallu déployer plus de science et de calculs pour subsister seulement, qu'on n'en a mis depuis cent ans à gouverner toutes les Espagnes: et vous voulez jouter.[2] On vient…c'est elle…ce n'est personne. — La nuit est noire en diable, et me voilà faisant le sot métier de mari, quoique je ne le sois qu'à moitié! (*Il s'assied sur un banc.*) Est-il rien de plus bizarre que ma destinée! Fils de je ne sais pas qui, volé par des bandits, élevé dans leurs mœurs, je m'en dégoûte et veux courir une carrière honnête; et partout je suis repoussé! J'apprends la chimie, la pharmacie, la chirurgie, et tout le crédit d'un grand Seigneur peut à peine me mettre à la main une lancette vétérinaire!—Las d'attrister des bêtes malades et pour faire un métier contraire, je me jette à corps perdu[3] dans le théâtre: me fussé-je mis une pierre au cou![4] Je broche[5] une comédie dans les mœurs du sérail; auteur espagnol, je crois pouvoir y fronder[6] Mahomet sans scrupule: à l'instant, un envoyé…de je ne sais où, se plaint de ce que j'offense dans mes vers la Sublime-Porte,[7] la Perse, une partie de la presqu'île de l'Inde, toute l'Égypte, les royaumes de Barca, de Tripoli, de Tunis, d'Alger et de Maroc: et voilà ma comédie flambée,[8] pour plaire aux princes mahométans, dont pas un, je crois, ne sait lire, et qui nous meurtrissent l'omoplate,[9] en nous disant: *Chiens de chrétiens*! — Ne pouvant avilir l'esprit, on se venge en le maltraitant. — Mes joues creusaient; mon terme était échu; je voyais de loin arriver l'affreux recors,[10] la plume fichée dans sa perruque: en frémissant, je m'évertue.[11] Il s'élève une question sur la nature des richesses, et, comme il n'est pas nécessaire de tenir les choses pour en raisonner, n'ayant pas un sol, j'écris sur la valeur de l'argent et sur son produit net; sitôt je vois, du fond d'un fiacre, baisser pour moi le pont[12] d'un château fort,[13] à l'entrée duquel je laissai l'espérance et la liberté. (*Il se lève.*) Que je voudrais bien tenir un de ces puissants de quatre jours, si légers sur le mal qu'ils ordonnent, quand une bonne disgrâce a cuvé[14] son orgueil! Je lui dirais…que les sottises imprimées n'ont d'importance qu'aux lieux où l'on en gêne le cours; que, sans la liberté de blâmer, il n'est point d'éloge flatteur, et qu'il n'y a que les petits hommes qui redoutent les petits écrits. (*Il se rassied.*) Las de nourrir un obscur pensionnaire, on me met un jour dans la rue; et comme il faut dîner quoiqu'on ne soit plus en prison, je taille[15] encore ma plume, et demande à chacun de quoi il est question: on me dit que pendant ma retraite économique il s'est établi dans Madrid un système de liberté sur la vente des productions, qui s'étend même à celles de la presse; et que, pourvu que je ne parle en mes écrits ni de l'autorité, ni du culte, ni de la politique, ni de la morale, ni des gens en place, ni des corps[16] en crédit, ni de l'Opéra, ni des autres spectacles, ni de personne qui tienne à quelque chose, je puis tout imprimer librement, sous l'inspection de deux ou trois censeurs. Pour profiter de cette douce liberté, j'annonce un écrit périodique, et, croyant n'aller sur les brisées[17] d'aucun autre, je le nomme *Journal inutile.* Pou-ou![18] je vois s'élever contre moi mille pauvres diables à la feuille;[19] on me supprime, et me voilà derechef[20] sans emploi!—Le désespoir m'allait saisir; on pense à moi pour une place, mais par malheur j'y étais propre: il fallait un calculateur, ce fut un danseur qui l'obtint.

2. *jouter:* joust, compete.
3. *à crops perdu:* recklessly.
4. *me fussé-je…cou!* I'd have done better to drown myself!
5. *broche:* patch together.
6. *fronder:* mock.
7. *Sublime-Porte:* Sultan of Turkey.
8. *flambée:* done for.
9. *nous meurtrissent l'omoplate:* beat our backs.
10. *recors:* bailiff.
11. *m'évertue:* struggle (to gain a living).
12. *pont:* drawbridge.
13. *château fort:* prison.
14. *cuvé:* dissipated.
15. *taille:* trim (a goose quill pen).
16. *corps:* organizations.
17. *aller sur les brisées:* compete with.
18. *Pou-ou!* Exclamation suggesting horrified wonderment.
19. *à la feuille:* paid by the page; hacks.
20. *derechef:* again.

Il ne me restait plus qu'à voler; je me fais banquier de pharaon:[21] alors, bonnes gens! je soupe en ville, et les personnes dites *comme il faut* m'ouvrent poliment leur maison en retenant pour elles les trois quarts du profit.[22] J'aurais bien pu me remonter; je commençais même à comprendre que, pour gagner du bien, le savoir-faire vaut mieux que le savoir. Mais comme chacun pillait autour de moi en exigeant que je fusse honnête, il fallut bien périr encore. Pour le coup je quittais[23] le monde, et vingt brasses[24] d'eau m'en allaient séparer, lorsqu'un Dieu bienfaisant m'appelle à mon premier état. Je reprends ma trousse[25] et mon cuir[26] anglais; puis laissant la fumée[27] aux sots qui s'en nourrissent, et la honte au milieu du chemin, comme trop lourde à un piéton, je vais rasant de ville en ville, et je vis enfin sans souci. Un grand seigneur passe à Séville; il me reconnaît, je le marie,[28] et pour prix d'avoir eu par mes soins son épouse, il veut intercepter la mienne! Intrigue, orage à ce sujet. Prêt à tomber dans un abîme, au moment d'épouser ma mère, mes parents m'arrivent à la file.[29] (*Il se lève en s'échauffant.*) On se débat; c'est vous, c'est lui, c'est moi, c'est toi; non, ce n'est pas nous: eh mais, qui donc? (*Il retombe assis.*) O bizarre suite d'événements! Comment cela m'est-il arrivé? Pourquoi ces choses et non pas d'autres? Qui les a fixées sur ma tête? Forcé de parcourir la route où je suis entré sans le savoir, comme j'en sortirai sans le vouloir, je l'ai jonchée[30] d'autant de fleurs que ma gaieté me l'a permis: encore je dis ma gaieté, sans savoir si elle est à moi plus que le reste, ni même quel est ce *moi* dont je m'occupe: un assemblage informe de parties inconnues, puis un chétif être imbécile, un petit animal folâtre, un jeune homme ardent au plaisir, ayant tous les goûts pour jouir, faisant tous les métiers pour vivre; maître ici, valet là, selon qu'il plaît à la fortune! ambitieux par vanité, laborieux par nécessité, mais paresseux…avec délices! orateur selon le danger, poète par délassement,[31] musicien par occasion, amoureux par folles bouffées,[32] j'ai tout vu, tout fait, tout usé. Puis l'illusion s'est détruite, et trop désabusé… désabusé!— Suzon,[33] Suzon, Suzon! Que tu me donnes de tourments!—J'entends marcher…on vient. Voici l'instant de la crise. (*Il se retire.*)

❖ ❖ ❖

Condorcet

[1743–1794]

The Last of the Optimists

Marie-Jean-Antoine-Nicolas Caritat, marquis de Condorcet, incarnates the idealism of the *esprit philosophique*. He was a mathematician, scientist, economic statistician, political and social theorist, and literary critic. He hailed the American Revolution as a great social achievement, and was in turn hailed by the Americans as a sympathetic spirit. He was proud indeed to be named an honorary citizen of New Haven, Connecticut.

The French Revolution of 1789 seemed at first the fulfillment of his utopian dreams. He was elected to the ruling Convention; however, he opposed the trial of Louis XVI

21. *banquier de pharaon:* card dealer.
22. See *Candide,* ch. XXII.
23. *je quittais:* I was about to leave.
24. *brasses:* fathoms.
25. *trousse:* barber's kit.
26. *cuir:* strop.
27. *fumée:* fame.

28. *Un grand seigneur…marie:* This is the story of *Le Barbier de Séville.*
29. Reference to preceding action of play.
30. *jonchée:* heaped, strewn.
31. *délassement:* diversion.
32. *bouffées:* gusts.
33. *Suzon:* diminutive of *Suzanne.*

(January 1793) on the ground that the King should not be held responsible for acts which were not crimes under the old laws. But the King was condemned and so was Condorcet, as a counter-revolutionary. He went into hiding for nine months, and emerged only to avoid compromising the good woman who had given him refuge. He was arrested and poisoned himself to escape the guillotine.

Progress Unlimited

During his last reclusion he wrote his *Esquisse d'un tableau historique des progrès de l'esprit humain.* Most of it is a history, in nine epochs, of man's upward climb. The last epoch, from which our selections are taken, is a glorious vision of the future. Condorcet sees man as indefinitely perfectible and foresees the attainment of universal well-being by the improvement of social institutions. We may now judge his prophecies and estimate how much or how little they have been fulfilled in a little over two centuries. At least we must recognize the noble example of the author, proclaiming his faith in the very society that hunted him down and killed him because of it.

❖ ❖ ❖

DES PROGRÈS FUTURS DE L'ESPRIT HUMAIN

Si l'homme peut prédire, avec une assurance presque entière, les phénomènes dont il connaît les lois; si lors même qu'elles lui sont inconnues, il peut, d'après l'expérience du passé, prévoir avec une grande probabilité les événements de l'avenir; pourquoi regarderait-on comme une entreprise chimérique celle de tracer avec quelque vraisemblance, le tableau des destinées futures de l'espèce humaine, d'après les résultats de son histoire? Le seul fondement de croyance dans les sciences naturelles est cette idée que les lois générales, connues ou ignorées, qui règlent les phénomènes de l'univers, sont nécessaires et constantes; et par quelle raison ce principe serait-il moins vrai pour le développement des facultés intellectuelles et morales de l'homme, que pour les autres opérations de la nature? Enfin, puisque des opinions formées d'après l'expérience du passé, sur des objets du même ordre, sont la seule règle de la conduite des hommes les plus sages, pourquoi interdirait-on au philosophe d'appuyer ses conjectures

sur cette même base, pourvu qu'il ne leur attribue pas une certitude supérieure à celle qui peut naître du nombre, de la constance, de l'exactitude des observations?

[*Now he lists his three great hopes for the future, all of which he believes will come about thanks to scientific and technological advancements.*]

Nos espérances, sur l'état à venir de l'espèce humaine, peuvent se réduire à ces trois points importants: la destruction de l'inégalité entre les nations; les progrès de l'égalité dans un même peuple; enfin, le perfectionnement réel de l'homme. Toutes les nations doivent-elles se rapprocher un jour de l'état de civilisation où sont parvenus les peuples les plus éclairés, les plus libres, les plus affranchis de préjugés, tels que les Français et les Anglo-Américains? Cette distance immense qui sépare ces peuples de la servitude des nations soumises à des rois, de la barbarie des peuplades africaines, de l'ignorance des sauvages, doit-elle peu à peu s'évanouir?[1]

1. Like most Europeans, Condorcet was utterly ignorant of the rich culture and history that Africa possessed, at least before it was despoiled by colonialists and slave traders. But as for his point about equality -- have we progressed in this respect? Or has technological advancement only widened the gulf between rich nations and poor ones, between healthy ones and afflicted ones, between the "haves" and the "have-nots" within nations?

Y a-t-il, sur le globe, des contrées, dont la nature ait condamné les habitants à ne jamais jouir de la liberté, à ne jamais exercer leur raison?

Cette différence de lumières, de moyens ou de richesses, observée jusqu'à présent chez tous les peuples civilisés, entre les différentes classes qui composent chacun d'eux; cette inégalité, que les premiers progrès de la société ont augmentée, et pour ainsi dire produite, tient-elle à la civilisation même, ou aux imperfections actuelles de l'art social? doit-elle continuellement s'affaiblir pour faire place à cette égalité de fait, dernier but de l'art social, qui, diminuant même les effets de la différence naturelle des facultés, ne laisse plus subsister qu'une inégalité utile à l'intérêt de tous, parce qu'elle favorisera les progrès de la civilisation, de l'instruction et de l'industrie, sans entraîner ni dépendance, ni humiliation, ni appauvrissement? En un mot, les hommes approcheront-ils de cet état, où tous auront les lumières nécessaires pour se conduire d'après leur propre raison dans les affaires communes de la vie, et la maintenir exempte de préjugés; pour bien connaître leurs droits et les exercer d'après leur opinion et leur conscience où tous pourront, par le développement de leurs facultés, obtenir des moyens sûrs de pourvoir à leurs besoins; où enfin, la stupidité et la misère ne seront plus que des accidents, et non l'état habituel d'une portion de la société?

Enfin, l'espèce humaine doit-elle s'améliorer, soit par de nouvelles découvertes dans les sciences et dans les arts, et par une conséquence nécessaire, dans les moyens de bien-être particulier et de prospérité commune; soit par des progrès dans les principes de conduite et dans la morale pratique; soit enfin par le perfectionnement réel des facultés intellectuelles, morales et physiques, qui peut être également la suite, ou de celui des instruments qui augmentent l'intensité ou dirigent l'emploi de ces facultés, ou même de celui de l'organisation naturelle?

En répondant à ces trois questions, nous trouverons, dans l'expérience du passé, dans l'observation des progrès que les sciences, que la civilisation ont faits jusqu'ici; dans l'analyse de la marche de l'esprit humain et du développement de ses facultés, les motifs les plus forts de croire que la nature n'a mis aucun terme à nos espérances.

[*The republican principle has made great gains. Exploitation of primitive peoples is dwindling, and slavery is protested. Inequality in distribution of wealth, in security, in education, is being reduced. Applied science is due for a vast, beneficent development.*]

Si nous passons aux arts dont la théorie dépend de ces mêmes sciences, nous verrons que les progrès qui doivent suivre ceux de cette théorie, ne doivent pas avoir d'autres limites; que les procédés des arts sont susceptibles du même perfectionnement, des mêmes simplifications que les méthodes scientifiques; que les instruments, que les machines, les métiers[2] ajouteront de plus en plus à la force, à l'adresse des hommes, augmenteront à la fois la perfection et la précision des produits, en diminuant et le temps et le travail nécessaires pour les obtenir; alors disparaîtront les obstacles qu'opposent encore à ces mêmes progrès et les accidents qu'on apprendrait à prévoir, à prévenir, et l'insalubrité, soit des travaux, soit des habitudes, soit des climats.

Alors un espace de terrain de plus en plus resserré pourra produire une masse de denrées[3] d'une plus grande utilité ou d'une valeur plus haute; des jouissances plus étendues pourront être obtenues avec une moindre consommation; le même produit de l'industrie répondra à une moindre destruction de productions premières, ou deviendra d'un usage plus durable. L'on saura choisir, pour chaque sol, les productions qui sont relatives à plus de besoins entre les productions qui peuvent satisfaire aux besoins d'un même genre,

2. *métiers:* looms.

3. *denrées:* goods.

celles qui satisfont une plus grande masse, en exigeant moins de consommation réelle. Ainsi, sans aucun sacrifice, les moyens de conservation, d'économie dans la consommation, suivront les progrès de l'art de reproduire les diverses substances, de les préparer, d'en fabriquer les produits.

Ainsi, non seulement le même espace de terrain pourra nourrir plus d'individus; mais chacun d'eux, moins péniblement occupé, le sera d'une manière plus productive, et pourra mieux satisfaire à ces besoins.

Mais dans ces progrès de l'industrie et du bien-être, dont il résulte une proportion plus avantageuse entre les facultés, et l'homme, et ses besoins, chaque génération, soit par ces progrès, soit par la conservation des produits d'une industrie antérieure, est appelée à des jouissances plus étendues, et dès lors, par une suite de la constitution physique de l'espèce humaine, à un accroissement dans le nombre des individus; alors, ne doit-il pas arriver un terme où ces lois, également nécessaires, viendraient à se contrarier? où l'augmentation du nombre des hommes surpassant celle de leurs moyens, il en résulterait nécessairement sinon une diminution continue de bien-être et de population, une marche vraiment rétrograde, du moins une sorte d'oscillation entre le bien et le mal?[4] Cette oscillation dans les sociétés arrivées à ce terme, ne serait-elle pas une cause toujours subsistante de misères en quelque sorte périodiques? Ne marquerait-elle pas la limite où toute amélioration deviendrait impossible, et à la perfectibilité de l'espèce humaine, le terme qu'elle atteindrait dans l'immensité des siècles, sans pouvoir jamais le passer?[5]

Il n'est personne qui ne voie sans doute combien ce temps est éloigné de nous; mais devons-nous y parvenir un jour? Il est également impossible de prononcer pour ou contre la réalité future d'un événement, qui ne se réaliserait qu'à une époque où l'espèce humaine aurait nécessairement acquis des lumières dont nous pouvons à peine nous faire une idée. Et qui, en effet, oserait deviner ce que l'art de convertir les éléments en substances propres à notre usage doit devenir un jour?[6]

Mais en supposant que ce terme dût arriver, il n'en résulterait rien d'effrayant, ni pour le bonheur de l'espèce humaine, ni pour sa perfectibilité indéfinie; si on suppose qu'avant ce temps les progrès de la raison aient marché de pair avec ceux des sciences et des arts, que les ridicules préjugés de la superstition aient cessé de répandre sur la morale une austérité qui la corrompt et la dégrade au lieu de l'épurer et de l'élever; les hommes sauront alors que, s'ils ont des obligations à l'égard des êtres qui ne sont pas encore, elles ne consistent pas à leur donner l'existence, mais le bonheur; elles ont pour objet le bien-être général de l'espèce humaine ou de la société dans laquelle ils vivent, de la famille à laquelle ils sont attachés; et non la puérile idée de charger la terre d'êtres inutiles et malheureux.[7] Il pourrait donc y avoir une limite à la masse possible des subsistances, et par conséquent à la plus grande population possible, sans qu'il en résultât cette destruction prématurée, si contraire à la nature et à la prospérité sociale d'une partie des êtres qui ont reçu la vie.

[*We need more secure information, a statistical basis for our sociological determinations. We need a new moral education for free men — and, at long last, for women too.*]

4. *une sorte d'oscillation entre le bien et le mal:* a swinging back and forth between good times and bad times. (This idea about population inevitably outstripping the means of production of food and material goods was in circulation in Condorcet's time and would be popularized shortly thereafter by Thomas Robert Malthus in his 1798 *Essay on Population.* Condorcet, unimpressed by the argument, assumes that the new science of agricultural technology — launched by England's eighteenth-century agronomist Jethro Tull — will save the day.)

5. Would the population explosion, at that point, cancel out efforts at material improvement and leave history stuck in place?

6. Can the technological revolution be counted on to save us forever?

7. Planned parenthood?

Toutes ces observations enfin que nous nous proposons de développer dans l'ouvrage même,[8] ne prouvent-elles pas que la bonté morale de l'homme, résultat nécessaire de son organisation, est, comme toutes les autres facultés, susceptible d'un perfectionnement indéfini, et que la nature lie, par une chaîne indissoluble, la vérité, le bonheur et la vertu?

Parmi les progrès de l'esprit humain les plus importants pour le bonheur général, nous devons compter l'entière destruction des préjugés qui ont établi entre les deux sexes une inégalité de droits funeste à celui même qu'elle favorise. On chercherait en vain des motifs de la justifier, par les différences de leur organisation physique, par celle qu'on voudrait trouver dans la force de leur intelligence, dans leur sensibilité morale. Cette inégalité n'a eu d'autre origine quel l'abus de la force, et c'est vainement qu'on a essayé depuis de l'excuser par des sophismes.

Nous montrerons combien la destruction des usages autorisés par ce préjugé, des lois qu'il a dictées, peut contribuer à augmenter le bonheur des familles, à rendre communes les vertus domestiques, premier fondement de toutes les autres; à favoriser les progrès de l'instruction, et surtout à la rendre vraiment générale; soit parce qu'on l'étendrait aux deux sexes avec plus d'égalité, soit parce qu'elle ne peut devenir générale, même pour les hommes, sans le concours des mères de famille. Cet hommage trop tardif, rendu enfin à l'équité et au bon sens, ne tarirait-il pas une source trop féconde d'injustices, de cruautés et de crimes, en faisant disparaître une opposition si dangereuse entre le penchant naturel le plus vif, le plus difficile à réprimer, et les devoirs de l'homme, ou les intérêts de la société? Ne produirait-il pas enfin ce qui n'a jamais été jusqu'ici qu'une chimère: des mœurs nationales, douces et pures, formées, non de privations orgueilleuses, d'apparences hypocrites, de réserves imposées par la crainte de la honte ou les terreurs religieuses, mais d'habitudes librement contractées, inspirées par la nature, avouées par la raison?

Les peuples plus éclairés, se ressaisissant du droit de disposer eux-mêmes de leur sang et de leurs richesses, apprendront peu à peu à regarder la guerre comme le fléau le plus funeste, comme le plus grand des crimes. On verra d'abord disparaître celles où usurpateurs de la souveraineté des nations les entraînaient, pour de prétendus droits héréditaires.

Les peuples sauront qu'ils ne peuvent devenir conquérants sans perdre leur liberté; que des confédérations perpétuelles sont le seul moyen de maintenir leur indépendance; qu'ils doivent chercher la sûreté et non la puissance. Peu à peu les préjugés commerciaux se dissiperont; un faux intérêt mercantile perdra l'affreux pouvoir d'ensanglanter la terre, et de ruiner les nations sous prétexte de les enrichir. Comme les peuples se rapprocheront enfin dans les principes de la politique et de la morale, comme chacun d'eux, pour son propre avantage, appellera les étrangers à un partage plus égal des biens qu'il doit à la nature ou à son industrie, toutes ces causes qui produisent. enveniment, perpétuent les haines nationales, s'évanouiront peu à peu, elles ne fourniront plus à la fureur belliqueuse ni aliment, ni prétexte.

Des institutions, mieux combinées que ces projets de paix perpétuelle, qui ont occupé le loisir et consolé l'âme de quelques philosophes, accéléreront les progrès de cette fraternité des nations; et les guerres entre les peuples, comme les assassinats, seront au nombre de ces atrocités extraordinaires qui humilient et révoltent la nature, qui impriment un long opprobre sur le pays, sur le siècle dont les annales en ont été souillées.

[*Forecast of beaux-arts, of scientific education, of new political science. Necessity of a universal language.*]

8. The book from which we are quoting was intended as a mere sketch for a much larger work.

Nous pourrions conclure déjà que la perfectibilité de l'homme est indéfinie; et cependant, jusqu'ici, nous ne lui avons supposé que les mêmes facultés naturelles, la même organisation. Quelles seraient donc la certitude, l'étendue de ses espérances, si l'on pouvait croire que ces facultés naturelles elles-mêmes, cette organisation, sont aussi susceptibles de s'améliorer—et c'est la dernière question qu'il nous reste à examiner!

La perfectibilité ou la dégénération organiques des races dans les végétaux, dans les animaux, peut être regardée comme une des lois générales de la nature.

Cette loi s'étend à l'espèce humaine, et personne ne doutera sans doute que les progrès dans la médecine conservatrice, l'usage d'aliments et de logements plus sains, une manière de vivre qui développerait les forces par l'exercice, sans les détruire par des excès; qu'enfin, la destruction des deux causes les plus actives de dégradation, la misère et la trop grande richesse, ne doivent prolonger, pour les hommes, la durée de la vie commune, leur assurer une santé plus constante, une constitution plus robuste. On sent que les progrès de la médecine préservatrice, devenus plus efficaces par ceux de la raison et de l'ordre social, doivent faire disparaître à la longue les maladies transmissibles ou contagieuses, et ces maladies générales, qui doivent leur origine aux climats, aux aliments, à la nature des travaux. Il ne serait pas difficile de prouver que cette espérance doit s'étendre à presque toutes les autres maladies, dont il est vraisemblable que l'on saura toujours reconnaître les causes éloignées. Serait-il absurde, maintenant, de supposer que ce perfectionnement de l'espèce humaine doit être regardé comme susceptible d'un progrès indéfini, qu'il doit arriver un temps où la mort ne serait plus que l'effet, ou d'accidents extraordinaires, ou de la destruction de plus en plus lente des forces vitales, et qu'enfin la durée de

l'intervalle moyen, entre la naissance et cette destruction, n'a elle-même aucun terme assignable? Sans doute l'homme ne deviendra pas immortel, mais la distance entre le moment où il commence à vivre, l'époque commune où naturellement sans maladie, sans accident, il éprouve la difficulté d'être, ne peut-elle s'accroître sans cesse?

[*Man may expect an indefinite increase in longevity, in health and intelligence, transmitted by something like genetic engineering.*]

Telles sont les questions dont l'examen doit terminer cette dernière époque; et combien ce tableau de l'espèce humaine, affranchie de toutes ses chaînes, soustraite à l'empire du hasard, comme à celui des ennemis de ses progrès, et marchant d'un pas ferme et sûr dans la route de la vérité, de la vertu et du bonheur, présente au philosophe un spectacle qui le console des erreurs, des crimes, des injustices dont la terre est encore souillée, et dont il est souvent la victime? C'est dans la contemplation de ce tableau qu'il reçoit le prix de ses efforts pour les progrès de la raison, pour la défense de la liberté. Il ose alors les lier à la chaîne éternelle des destinées humaines; c'est là qu'il trouve la vraie récompense de la vertu, le plaisir d'avoir fait un bien durable, que la fatalité ne détruira plus par une compensation funeste, en ramenant les préjugés et l'esclavage. Cette contemplation est pour lui un asile, où le souvenir de ses persécuteurs ne peut le poursuivre; où vivant par la pensée avec l'homme rétabli dans les droits comme dans la dignité de sa nature, il oublie celui que l'avidité, la crainte ou l'envie tourmentent et corrompent; c'est là qu'il existe véritablement avec ses semblables, dans un élisée[9] que sa raison a su se créer, et que son amour pour l'humanité embellit des plus pures jouissances.

9. *élisée:* elysium, paradise.

Antoine Rivarol

[1753-1801]

The first of our authors to survive into the nineteenth century, Antoine Rivarol was a bourgeois-turned-count from Bagnols-sur-Cèze, in Provence. From the age of eight until the age of 23, he studied in a seminary in Avignon, then abandoned religion for the literary life in Paris. Using a fast wit and faster mouth to great advantage, he elevated himself to salon society and became a renowned satirist. But his one lasting contribution had nothing to do with satire. Rather, he distinguished himself by writing his *Discours sur l'universalité de la langue française* in 1784 for a contest conducted by the Academy of Berlin. Showing themselves to be remarkably good sports, the Germans named Rivarol the winner even though he argued the innate superiority of French over German and all other languages. His writing style is so good that it is easy for the reader to think he might be right. France enthusiastically embraced his thesis that the world needs a universal language, and that it ought to be French. Naturally, this suited the French government's imperialistic aims. Interestingly, now that the world is once again close to having a universal language, and it is American English rather than French, the French government now argues in favor of "multilingualism" and warns of the dangers of linguistic imperialism. Rivarol foresees no such dangers. Certain that French is the destiny of the planet, Rivarol echoes Du Bellay's *Défense et illustration de la langue française* in the following assertions.

⚜ ⚜ ⚜

DISCOURS SUR L'UNIVERSALITÉ DE LA LANGUE FRANÇAISE

[Excerpt from the second part]

Il me reste à prouver que, si la langue française a conquis l'empire par ses livres, par l'humeur[1] et par l'heureuse position du peuple qui l'a parlé, elle le conserve par son propre genie.

Ce qui distingue notre langue des langues anciennes et modernes, c'est l'ordre et la construction de la phrase. Cet ordre doit toujours être direct et nécessairement clair. Le Français nomme d'abord le *sujet* du discours, ensuite le *verbe* qui est l'action, et enfin *l'objet* de cette action: voilà la logique naturelle à tous les hommes, voilà ce qui constitue le sens commun. Or, cet ordre si favorable, si nécessaire au raisonnement, est presque toujours contraire aux sensations qui nomment le premier l'objet qui frappe le premier; c'est pourquoi tous les peuples abandonnant l'ordre direct, ont eu recours aux tournures plus ou moins hardies,[2] selon que leurs sensations ou l'harmonie l'exigeaient; et l'inversion a prévalu sur la terre, parce que l'homme est plus impérieusement gouverné par les passions que par la raison.

Le français, par un privilège unique, est seul resté[3] fidèle à l'ordre direct, comme s'il était tout raison;[4] et on a beau, par les mouvements les plus variés et toutes les resources du style, déguiser cet ordre, il

1. *humeur:* disposition (i.e., the character of the French people.)
2. *recours aux tournures plus ou moins hardies:* recourse to more or less outlandish turns (of phrases.) (Note that *hardi* does *not* mean "hardy" in French.)
3. *est seul resté:* is the only one (of the modern languages) to remain.
4. *tout raison:* entirely reason itself. (Rivarol sees French word order as identical with pure reason.)

faut toujours qu'il existe; et c'est en vain que les passions nous bouleversent et nous sollicitent de suivre l'ordre des sensations: la syntaxe française est incorruptible. C'est de là que résulte cette admirable clarté, base éternelle de notre langue. CE QUI N'EST PAS CLAIR N'EST PAS FRANÇAIS;[5] ce qui n'est pas clair est encore anglais, italien, grec ou latin….

❖ ❖ ❖

Vauvenargues

[1715-1747]

Although his brief life was one of illness and failure, much like Chamfort's, Luc de Clapiers, Marquis de Vauvenargues, did not exhibit the bitterness that might be expected. In fact, the attitude toward life expressed in his maxims falls roughly halfway between La Rochefoucauld's pessimism and Condorcet's optimism. Championed by Voltaire, Vauvenargues was actually a Rousseauist who favored feeling over reasoning, saying "Les choses que l'on sait le mieux sont celles qu'on n'a pas apprises. — Toutes nos démonstrations ne tendent qu'à nous faire connaître les choses avec la même évidence que nous les connaissons par le sentiment." Vauvenargues was first of all a military man from Aix-en-Provence who fought in several campaigns before ill health caused him to retire. An attempt at a diplomatic career was shattered by a case of smallpox that he contracted in 1744. He lived only three more years before a stomach ailment killed him. But, in that time, he was able to write a book of reflections on human nature and diverse authors. Vauvenargue was an amateur philosopher but a highly professional writer of maxims, a few of which are here offered.

❖ ❖ ❖

RÉFLEXIONS ET MAXIMES

[*Selections*]

La raison et la liberté sont incompatibles avec la faiblesse.

Nos plus sûrs protecteurs sont nos talents.

Le sentiment de nos forces les augmente.

La dépendance est née de la société.

Quiconque ose de grandes choses risque inévitablement sa réputation.

L'activité fait plus de fortunes que la prudence.

Il est bon d'être ferme par tempérament et flexible par réflexion.

L'obscurité est le royaume de l'erreur.

Pour exécuter de grandes choses, il faut vivre comme si on ne devait jamais mourir.

5. Capital letters by the author in his third edition.

The Marquis de Sade

[1740-1814]

When Vauvenargues wrote his maxim saying that whoever dares to do great things inevitably risks his reputation, he could have been predicting the life of the Marquis de Sade. Because he dared to experiment with, analyze, and write about the darker side of human sexual impulses, the Marquis was vilified, called an insane monster, and nearly erased from history. His son burned many of his father's works out of shame. The word "sadistic" comes from the Marquis's name, a dubious legacy indeed. Yet in truth he was not just a depraved libertine but an important philosopher of the human psyche. He was also a cultural revolutionary, a man who understood that the right to the pursuit of happiness would mean drastically different things to different people.

Born Donatien Alphonse François de Sade, the young Marquis was educated at an elite military school and fought heroically in the Seven Years' War before getting into trouble over a bit of sexual debauchery. His fondness for prostitutes and bondage games was not unusual in his social class at that time, but his mania for publicizing it made him notorious. Unfortunately for him, the government considered everything he wrote, thought, or spoke to be obscene, and consequently Sade had plenty of time to write while imprisoned in a variety of jails and insane asylums for nearly half his life. His reputation as a sexual torturer and murderer comes more from his books of fiction than from any facts about his life. The worst that actually occurred was when some prostitutes pressed charges against him after falling ill from an aphrodisiac drug that he had supplied. Sentenced to death at least twice, he had the good fortune somehow to avoid a rendez-vous with the guillotine and live to a ripe old age. In his infamous novel *Justine ou les malheurs de la vertu* (1791), the Sade character (Clément) expresses to narrator Thérèse the opinion that sexual practices, even bizarre ones that involve deriving pleasure from feelings of domination, are perfectly normal and just a matter of individual taste. Would you wish to jail a man because he happens to dislike the smell of roses when most people think they smell good? Conforming with the tastes of the majority would just be hypocrisy, he argues. So why jail a man for refusing to be a hypocrite?

✤ ✤ ✤

JUSTINE

[*Excerpts*]

— La chose du monde la plus ridicule sans doute, ma chère Thérèse, me dit Clément, est de vouloir disputer sur les goûts de l'homme, les contrarier, les blâmer, ou les punir, s'ils ne sont pas conformes soit aux lois du pays qu'on habite, soit aux conventions sociales. Eh quoi! Les hommes ne comprendront jamais qu'il n'est aucune sorte de goûts, quelque bizarres, quelque criminels même qu'on puisse les supposer, qui ne dépende de la sorte d'organisation que nous avons reçue de la nature! Cela posé, je le demande, de quel droit un homme osera-t-il exiger d'un autre ou de reformer ses goûts, ou de les modeler sur l'ordre social! De quel droit même les lois qui ne sont faites que pour le bonheur de l'homme, oseront-elles sévir[1] contre celui qui ne peut se corriger, ou qui n'y parviendrait qu'aux dépens de

1. *sévir:* to punish severely.

ce bonheur que doivent lui conserver les lois ? Mais désirât-on même de changer de goûts, le peut-on? Est-il en nous de nous refaire! Pouvons-nous devenir autres que nous ne sommes? L'exigeriez-vous d'un homme contrefait, et cette inconformité de nos goûts est-elle autre chose au moral, que ne l'est au physique l'imperfection de l'homme contrefait....

Il y a l'intolérance la plus stupide et la plus barbare à vouloir sévir contre un tel homme; il n'est pas plus coupable envers la société, quels que soient ses égarements,[2] que ne l'est, comme je viens de le dire, celui que serait venu au monde borgne et boiteux![3] Et il est aussi injuste de punir ou de se moquer de celui-ci,[4] qu'il le serait d'affliger[5] l'autre ou de le persifler[6]....

❖ ❖ ❖

Anonymous

Even though the Marquis de Sade was the most famous for mistreating women, the rest of eighteenth-century society was almost as good at it. Women had virtually no rights. If a writer wanted to have a liberated woman character in a play or novel, it was necessary to make her either a widow or a criminal type; almost all other women in the society lived with their parents until they married and then lived with their husbands. These marriages were often arranged, and the bride was essentially considered, under the law, her husband's property. All this was considered normal by the public at large, and even most of the *philosophes* were basically unconcerned about the condition of women. Nevertheless, the occasional voice could be heard crying out against injustice and proclaiming the value of the female half of the population. Our selection, by an anonymous writer, is an example.

It has been quipped (probably first by Virginia Woolf) that "For most of history, Anonymous was a woman." While that is something of an exaggeration, there is every likelihood that many an anonymous author was female. Was the author of our selection a woman? There is no way to determine that; it falls to the reader to decide. What can be said is that this is a famous poem of unknown date that, in part, gives voice to a quoted female narrator who is bitterly objecting to her engagement. The pending marriage has been arranged for political purposes, with no regard for the feelings of the individuals involved. The prospective bride is a princess, and that alone is enough to make her story irresistible to many readers. In addition, she is being married off to an Englishman, an act which she finds to be an outrage from a patriotic standpoint. The author is thus playing to the nationalistic sentiments of the male French reader who is then supposed to sympathize more with the plight of the young woman. The situation echoes the old tradition of Tristan and Iseut, and yet also expresses the new desire for revolution. Do not fail to notice, however, how drastically the poem reverses in the last stanza, when submission becomes the only option left for the woman. This portends, in a symbolic way, what was about to happen in France. Women were to play a large and active role in the French Revolution, only to end up benefiting from it very little. The struggle for equality would have to be played out again and again.

2. *égarements:* aberrations.
3. *borgne et boiteux:* one-eyed and lame. Thus Sade equates aberrant tastes with physical handicaps that the possessor cannot help being afflicted with.

4. *celui-ci:* the latter (i.e., the one-eyed and lame person)
5. *affliger:* to hurt.
6. *persifler:* to mock.

❧ ❧ ❧

Le Mariage anglais

C'était la fille au[1] roi françois[2]
Que l'on marie à un Anglois:[3]
«O mes chers frères, empêchez
 De m'emmener!
J'aimerais mieux soldat[4] françois
 Que roi anglois.»

Et quand ce[5] vint pour l'épouser,
Dedans Paris fallut[6] passer:
Il n'y a dame de Paris
 Qui ne pleurît
De voir partir la fille au roi
 A un Anglois.

Et quand ce vint pour embarquer,
Les yeux lui a voulu bander:[7]
«Bande les tiens et laisse-moi,
 Maudit Anglois!
Puisque la mer me faut passer,
 Je la verrai.»

Et quand ce vint pour débarquer,
Tambours, violons de tous côtés:
«Retirez-vous, ô tambouriniers
 Et violonniers!
Ce n'est pas le son des hautbois[8]
 Du roi françois.»

Et quand ce vint pour le souper,
Du pain lui a voulu couper:
« Coupe pour toi et non pour moi,
 Maudit Anglois!
Je ne puis boire ni manger
 Quand je te vé.»[9]

Et quand ce vint pour le coucher,
L'Anglois l'a voulu déchausser[10]
«Déchausse-toi et laisse-moi,
 Maudit Anglois!
J'ai bien des gens de mon pays
 Pour me servir.»

Et quand ce vint sur la minuit,
La belle n'est pas endormie:
« Retourne-toi, embrasse-moi,
 Mon cher Anglois!
Puisque Dieu nous a assemblés,
 Faut nous aimer!»[11]

❧ ❧ ❧

1. *au = du.*
2. *françois = français.* Antiquated spelling.
3. *Anglois = Anglais.*
4. *soldat = un soldat.* The absence of articles here is a continuation of the author's stylistic use of archaic language to echo the great medieval tradition of *Tristan et Iseut* and other stories dear to the French reader.
5. *ce = celui,* i.e., the Englishman.
6. *fallut = il fallut.*
7. *bander:* to blindfold.
8. *hautbois:* oboes.
9. *vé = vois.*
10. *déchausser:* to take off (her) shoes.
11. *Faut nous aimer = il faut que nous nous aimions.*

Joseph de Maistre

[1753-1821]

It is well to recognize that not everyone in the eighteenth century was enthralled with the Enlightenment. It is easy for us today, when studying Rousseau, Voltaire, Diderot, and the other *philosophes*, to get the idea that their movement constituted the entire current of philosophy in their century. On the contrary, these philosophers encountered bitter opposition at every turn. A movement known as the Counter-Enlightenment arose to defend the *Ancien Régime* and promote traditional aristrocratic values. The most brilliant of the reactionary thinkers was Maistre.

Joseph-Marie, the Comte de Maistre, was born in Chambéry, in the time before this capital of Savoy became part of France. He never was a French citizen, although he wrote in French. With the coming of the French Revolution, Maistre fled to the Kingdom of Piedmont-Sardinia and became a diplomat. While serving in various posts around Europe, he went twenty years without seeing his wife and children. Educated by the Jesuits, Maistre was a fervent Catholic. He also belonged to the Masonic Lodge, where he acquired a sort of mysticism which he added to his Catholicism. He came to see government, and especially the penal system, as an oddly spiritual entity for carrying out the wrath of God. Whereas Voltaire questioned the justice of a God who would permit the Lisbon Earthquake to cause the deaths of many thousands of innocent men, women, and children, Maistre actually applauded God for inflicting such disasters upon humanity, because, in Maistre's opinion, we deserve it.

In such works as *Considérations sur la France* and *Les Soirées de Saint-Petersbourg*, Maistre argues that war, capital punishment, class hatreds, and state terror are all good. He sees every kind of organized bloodshed as a thrilling religious sacrifice necessary for the expiation of sinful mankind. Even though opposing everything that the French Revolution stood for, he praises the Revolution and especially its Reign of Terror as a divine punishment upon the French people for their sinful support of evil principles such as democracy and egalitarianism.

Although relegated to the scrap heap of the literary world by those who found his ideas barbaric, Maistre was, and remains, a hero in certain Catholic circles who point to his relentless work to have the Pope declared infallible; this effort came to fruition half a century after Maistre's death. There is little doubt that Maistre also influenced the restoration of the monarchy in France, and gave justification for the conduct of countless despotic governments.

The decision to insert into this anthology such an author as Maistre, who so strongly advocates proto-fascistic thinking and societal terrorism, is made with some trepidation. Some might think it better to leave him relatively forgotten. But it is precisely because he helped to shape a sociological framework for the legitimization of future genocidal regimes that Maistre is historically important and therefore must be read and understood by all those who believe that certain evils ought never be forgotten.

Our selection is a typical one in which Maistre defines war as a "necessary evil" of the most useful variety. He explains in considerable detail, shortened here, his conjecture that great progress comes only out of great carnage.

CONSIDÉRATIONS SUR LA FRANCE

CHAPITRE III

[Abridged excerpt]

… L'histoire prouve malheureusement que la guerre est l'état habituel du genre humain dans un certain sens, c'est-à-dire que le sang humain doit couler sans interruption sur le globe, ici ou là; et que la paix, pour chaque nation, n'est qu'un répit[1]….

[Here de Maistre supports his opinion by giving a very long compendium of wars and revolts throughout history. This is a prelude to his metaphorical depiction of warfare as Providence's way of doing the pruning in its global garden.]

Il y a lieu[2] de douter, au reste, que cette destruction violente soit en général un aussi grand mal qu'on ne le croit: du moins, c'est un de ces maux qui entrent dans un ordre de choses où tout est violent et contre nature, et qui produisent ces compensations. D'abord lorsque l'âme humaine a perdu son ressort[3] par la mollesse,[4] l'incrédulité[5] et les vices gangreneux qui suivent l'excès de la civilisation, elle ne peut être retrempée que dans le sang[6]…. Ce qu'on voit clairement, c'est que le genre humain peut être considéré comme un arbre qu'une main invisible taille sans relâche[7] et qui gagne souvent à cette opération…. Or les véritables fruits de la nature humaine, les arts, les sciences, les grandes entreprises, les hautes conceptions, les vertus mâles, tiennent surtout à[8] l'état de guerre. On sait que les nations ne parviennent jamais au plus haut point de grandeur dont elles sont susceptibles[9], qu'après[10] de longues et sanglotantes[11] guerres…. En un mot, on dirait que le sang est l'engrais[12] de cette plante qu'on appelle *génie*.

Il n'y a que violence dans l'univers; mais nous sommes gâtés par la philosophie moderne…. Les spectateurs des grandes calamités humaines sont conduits surtout à ces tristes méditations; mais gardons-nous de perdre courage: il n'y a point de châtiment qui ne purifie; il n'y a point de désordre que l'Amour Eternel ne tourne contre le principe du mal. Il est doux, au milieu du renversement général, de pressentir les plans de la Divinité….

❖ ❖ ❖

1. *répit:* respite.
2. *Il y a lieu:* there is reason.
3. *ressort:* energy.
4. *mollesse:* softness.
5. *incrédulité:* lack of religious belief.
6. *elle … sang:* it (the soul) can be reinvigorated (literally, rewatered) only in blood.
7. *taille sans relâche:* trims relentlessly.
8. *tiennent surtout à:* above all depend on.
9. *susceptibles:* capable.
10. *qu'après:* except after.
11. *sanglotantes:* tear-filled.
12. *engrais:* fertilizer.

L'Assemblée Nationale

[27 août 1789]

When the French Revolution finally came about in 1789, its finest moment was not the famous storming of the Bastille (an act of little real importance at the time, but romanticized later on). Rather, as French President François Mitterrand pointed out in a 1989 Bicentennial Address at the Sorbonne (with your editor of this Third Edition in the audience), the Revolution's great event was actually the National Assembly's ratification of the *Déclaration des Droits de l'Homme et du Citoyen*. This document, adopted on August 26, 1789, laid out for the first time the rights that had been won by the people through their uprising. Louis XVI was still king, but he would have to share power with the legislature and respect what were now considered the natural rights of mankind in general and the French citizen in particular. The primary authors of the document are believed to have been Assembly members Mounier, Sieyès, Lafayette, and Mirabeau. Thanks to them, the theories of thinkers such as Voltaire and Rousseau, both of whom had died a few years earlier, and Americans such as Thomas Jefferson and Benjamin Franklin (with their Declaration of Independence of 1776), were at long last put into effect. It is worth noting that the French *Déclaration des Droits de l'Homme et du Citoyen* was adopted one month before the American Bill of Rights was even submitted to Congress, and two years before the Bill of Rights was ratified, in 1791. Thus it can be said that not only does the U.S. owe its existence to France for its help in the American Revolution, the U.S. also owes a debt to France for defining the human rights that became every American's national rights. See what resemblances you can spot between these *droits* and the first ten amendments to the U.S. Constitution.

❖ ❖ ❖

LA DÉCLARATION DES DROITS DE L'HOMME ET DU CITOYEN

[Selected articles, some slightly abridged,
from this seventeen-article document]

I. Les hommes naissent et demeurent libres, et égaux en droits. Les distinctions sociales ne peuvent être fondées que sur l'utilité commune.

II. Le but de toute association politique est la conservation des droits naturels et imprescriptibles[1] de l'homme. Ces droits sont la liberté, la propriété, la sûreté et la résistance à l'oppression.

VII. Nul homme ne peut être accusé, arrêté ni détenu que dans les cas déterminés par la loi et selon les formes qu'elle a prescrites....

IX. Tout homme étant présumé innocent jusqu'à ce qu'il ait été déclaré coupable, s'il est jugé indispensable de l'arrêter, toute rigueur[2] qui ne serait pas nécessaire pour s'assurer de sa personne doit être sévèrement réprimée par la loi.

X. Nul ne doit être inquiété pour ses opinions, même religieuses, pourvu que leur manifestation[3] ne trouble pas l'ordre public établi par la loi.

XI. La libre communication des pensées et des opinions est un des droits les plus précieux de l'homme. Tout citoyen

1. *imprescriptibles:* inalienable.
2. *rigueur:* severity.
3. *manifestation:* exercise.

peut donc parler, écrire, imprimer librement; sauf à répondre de l'abus de cette liberté, dans les cas déterminés par la loi.

XVI. Toute société dans laquelle la garantie des droits n'est pas assurée, ni la séparation des pouvoirs déterminée, n'a point de constitution.[4]

XVII. La propriété étant un droit inviolable et sacré, nul ne peut en être privé[5] si ce n'est lorsque la nécessité publique, légalement constatée, l'exige évidemment; et sous la condition d'une juste et préalable[6] indemnité.

✦ ✦ ✦

André Chénier

[1762-1794]

When the Revolution that was intended to end injustice turned into a brutal Terror, thousands of persons, innocent and guilty alike, were guillotined or executed in other fashions in an orgy of governmental violence. Among them were the already famous, such as Louis XVI and Marie Antoinette, Danton and Robespierre (revolutionaries who ran afoul of other revolutionaries), as well as the yet to be famous Chénier.

Now widely considered the most talented French poet of the eighteenth century, André-Marie Chénier was a bit ahead of his time and not much appreciated until the following century's Romantic movement. Born in Turkey to a French diplomat father and a French-Turkish mother who fancied herself to be Greek, Chénier had a cosmopolitan upbringing and exposure to many poets and artists. From his mother he learned of the culture of Greece and spent his short life in the study of Greek antiquity, literature, and mythology. Although most of his poetry seems a throwback to that of the sixteenth century, concerning itself with ancient subjects and classical references, the melancholic emotionalism of some poems foreshadows the trend of decades to come. In politics, he was revolutionary but not extreme enough in his convictions to satisfy the radicals; in the end, he was imprisoned and sent to the guillotine. His poem *La Jeune Captive* was written in support of a young woman named Aimée de Coigny, who was arrested on similar charges. It is an eloquent denunciation of her unjust fate, and, by extension, his own.

✦ ✦ ✦

4. *point de constitution:* no legal basis.
5. *privé:* deprived. Obviously, Rousseau, Sade, and other opponents of private property lost out. Not until the Russian Revolution of 1917 would they have their day, and with mostly unsatisfactory results.
6. *préalable:* predetermined.

LA JEUNE CAPTIVE

[This 1794 work is one of the most moving of its era; try not to let the difficulty of the opening stanza deter you from experiencing the poem in full.]

«L'épi naissant mûrit de la faux respecté;[1]
Sans crainte du pressoir,[2] le pampre[3] tout l'été
Boit les doux présents[4] de l'aurore;[5]
Et moi, comme lui[6] belle, et jeune comme lui,
Quoi que[7] l'heure présente ait de trouble et d'ennui,[8]
Je ne veux pas mourir encore.[9]

Qu'un[10] stoïque aux yeux secs vole embrasser la mort,
Moi je pleure et j'espère; au noir souffle du nord
Je plie et relève ma tête.
S'il est des jours amers, il en est de si doux!
Hélas! quel miel jamais n'a laissé de dégoûts?
Quelle mer n'a point de tempête?
L'illusion féconde habite dans mon sein.
D'une prison sur moi les murs pèsent en vain,
J'ai les ailes de l'espérance:
Echappée aux réseaux de l'oiseleur cruel,[11]
Plus vive, plus heureuse, aux campagnes du ciel
Philomèle[12] chante et s'élance.[13]

Est-ce à moi de mourir? Tranquille je m'endors,
Et tranquille je veille, et ma veille aux remords
Ni mon sommeil ne sont en proie.[14]
Ma bienvenue au jour me rit dans tous les yeux;
Sur des fronts abattus, mon aspect dans ces lieux
Ranime presque de la joie.

Mon beau voyage encore est si loin de sa fin!
Je pars, et des ormeaux[15] qui bordent le chemin
J'ai passé les premiers à peine.[16]
Au banquet de la vie à peine commencé,
Un instant seulement mes lèvres ont pressé
La coupe en mes mains encor[17] pleine.

1. *L'Epi ... respecté:* The new-born sprout matured, respected by the scythe (that did not cut it down.)
2. *pressoir:* wine press.
3. *pampre:* vine.
4. *présents = cadeaux.*
5. *aurore:* dawn.
6. *lui = le pampre.*
7. *Quoi que:* Even though.
8. *ennui:* sorrow.
9. *encore:* yet.
10. *Qu'un = Quoi qu'un.*
11. *Echappée ... cruel:* Escaped from the nets of the cruel bird-catcher.
12. *Philomèle:* In Greek mythology, an Athenian princess who was turned into a nightingale.
13. *s'élance:* soars.
14. *et ma veille ... proie:* and neither my waking hours nor my sleep are prey to remorse.
15. *ormeaux:* elms.
16. *j'ai ... à peine:* I have barely passed the first (of the elms.)
17. *encor = encore.* Chénier uses the archaic spelling to keep from having more than the required eight syllables in the line.

Je ne suis qu'au printemps, je veux voir la moisson;[18]
Et comme le soleil, de saison en saison,
Je veux achever[19] mon année.
Brillante sur ma tige et l'honneur du jardin,
Je n'ai vu luire encor que les feux du matin,[20]

Je veux achever ma journée.

O mort! tu peux attendre; éloigne, éloigne-toi;
Va consoler les cœurs que la honte, l'effroi,
Le pâle désespoir dévore.
Pour moi Palès[21] encore a des asiles[22] verts,
Les Amours des baisers, les Muses des concerts;
Je ne veux pas mourir encore.»

✤ ✤ ✤

Napoléon Bonaparte

[1769-1821]

The last word from the eighteenth century must properly come from the man who dominated its finale — Napoléon Bonaparte. Later on, in the nineteenth century, he would become known simply as Napoléon, Emperor of France. But as the eighteenth century drew toward its close, he was still General Bonaparte, called upon in 1799 to become First Consul of the Republic and put an end to the Terror. Brilliantly conveying to the French people the idea that he was embodying the Revolution as well as putting an end to it, Napoléon strove to appeal to everyone. From his supposedly humble origins in Corsica to his meteoric rise in the military to his forceful seizing of power, he lived out a story-book plunge into history that both inspired and terrified. To Americans it is sometimes hard to understand why a military leader and eventual emperor was regarded by the French so differently than a king would have been. The difference can be boiled down to this: a king becomes a king by being born to it, through no virtue of his own; but Napoléon was a self-made leader who rose from obscurity and poverty through talent, ambition, intelligence, industriousness, energy, and a half-dozen other qualities (not all of them exactly admirable) that he developed and exercised in the pursuit of greatness. Had Napoléon been just another general with some glorious conquests, he would surely remain famous. But he was much more than that. Napoléon was the living symbol of the opportunity for all the common people of the world to have a chance in life, to go as far as their abilities and creativity might take them, regardless of the humbleness of their birth. That was, and remains, one of the most powerful and meaningful concepts of modern times. And if all that were not enough, Napoléon also had a most extraordinary way with words. Not a traditional orator, he instead honed a talent for putting memorable ideas into a few simple words. His famous quotations resemble in format the maxims of other writers of his time, but they display a straightforward forcefulness rather than a facile wittiness. His words pack a punch in a simple, direct style made to appeal to the masses. And today's student could do worse than to emulate a simple, direct writing style that actually works.

18. *moisson:* harvest.
19. *achever:* finish out.
20. *feux du matin:* sunrise.

21. *Palès:* Goddess who watches over flocks of sheep.
22. *asiles:* sanctuaries.

CITATIONS

Il faut vouloir vivre et savoir mourir.

Du sublime au ridicule, il n'y a qu'un pas.

Une société sans religion est comme un vaisseau sans boussole.[1]

Le cœur d'un homme d'état doit être dans sa tête.

On gouverne mieux les hommes par leurs vices que par leurs vertus.

Ce n'est pas possible — cela n'est pas français.

Il faut être plus grand, malgré nous.

Le vrai courage, c'est celui de trois heures du matin.

Le meilleur moyen de tenir sa parole est de ne jamais la donner.

Tous les événements ne tiennent qu'à un cheveu.

On ne fait bien que ce qu'on fait soi-même.

L'histoire est une suite de mensonges sur lesquels on est d'accord.

En politique, une absurdité n'est pas un obstacle.

La diplomatie est la police en grand costume.

Il y a tant de lois que personne n'est exempt d'être pendu.

Le temps est le grand art de l'homme.

L'art d'être tantôt[2] très audacieux et tantôt très prudent est l'art de réussir.

L'imagination gouverne le monde.

National Library of France 1788 Renovation Plan. Courtesy of Bibliothèque nationale de France

1. *boussole:* compass. 2. *tantôt:* sometimes

BIBLIOGRAPHY

For further reading about the authors and their works, the following secondary source books are recommended. Some are renowned classics of their kind, while others represent more recent research. Almost all are widely available as of this writing.

French Literature in General

Cabeen, David C., editor. *Critical Bibliography of French Literature.* (Syracuse University Press, 1983.)

Dictionnaire des Oeuvres littéraires de langue française. (Bordas, 1994.)

Harvey, Paul, and Heseltine, J.E., editors. *New Oxford Companion to Literature in French.* (Oxford University Press, 1995.)

Hollier, Denis, editor. *A New History of French Literature.* (Harvard University Press, 1989.)

Lagarde, André and Michard, Laurent, editors. *Le Lagarde et Michard.* (Bordas, four-volume set with CD Rom, 2003.)

Lanson, Gustave and Tuffrau, Paul, editors. *Manuel illustré d'histoire de la litterature francaise.* (Hachette, 1968.)

Levi, Anthony. *Guide to French Literature: Beginnings to 1789* (St. James, 1994.)

Stade, George, editor. *European Writers.* (Scribner, 1989.)

The Eighteenth Century

Althusser, Louis. *Montesquieu, Rousseau, Hegel and Marx.* (NLB, 1972.)

Bradley, Owen. *A Modern Maistre: The Social and Political Thought of Joseph de Maistre.* (University of Nebraska Press, 1999.)

Creech, James. *Diderot: Thresholds of Representation.* (Ohio State University Press, 1986.)

May, Georges. *Le Dilemme du roman au XVIIIe siècle.* (PUF, 1963.)

Miller, Nancy. *The Heroine's Text: Readings in the French and English Novel, 1727-1782.* (Oxford University Press, 1980.)

Mylne, Vivienne. *The Eighteenth-Century French Novel: Techniques of Illusion.* (Manchester University Press, 1965.)

Pomeau, René. *Beaumarchais ou la bizarre destinée.* (PUF, 1987.)

Starobinski, Jean. *La Transparence et l'obstacle.* (Gallimard, 1971, originally 1957.)

Wade, Ira. *Voltaire and Candide: A Study in the Fusion of History, Art and Philosophy.* (Princeton University Press, 1959.)

A BIOGRAPHICAL NOTE ABOUT THE EDITORS

Kenneth T. Rivers is a Professor of French at Lamar University, Beaumont, in the Texas State University System. Born in Oakland, California in 1950, he went on to receive his BA, MA, and PhD in French, with a minor in History, from the University of California at Berkeley. While there in the 1960's and 70's during much social upheaval, he developed an expertise on socially conscious literature and art. He has authored one previous book, *Transmutations: Understanding Literary and Pictorial Caricature,* and many scholarly articles on a variety of subjects including the works of Balzac, Flaubert, and other authors; the art of Daumier; French cinema; French politics; and, perhaps most notably, the effects of climate changes throughout history upon European culture. The journals in which he has published include, among others, the *Stanford French Review, The European Studies Journal, Images,* and *Revue du Pacifique.* He has also authored fourteen biographical encyclopedia entries on French writers and filmmakers from Lesage and Prévost to Cousteau and Godard. He has been awarded two National Endowment for the Humanities fellowships and eight grants. He experienced his fifteen minutes of fame when interviewed on CNN about his research on the effects of the Internet upon language and international relations. In his spare time, he has acted in community theater, won a play-writing contest, and led, or co-led with his wife, Dr. Dianna Rivers, over a dozen study-abroad tours to at least ten European countries. He believes the study of literature and languages, combined with world travel, to be a key to international understanding that ought to be made available to all students. His next project is the subsequent volume of the anthology that you have in your hand.

Kenneth Rivers with Pierre Corneille. Photo by Dianna Rivers

Morris Bishop

Morris Gilbert Bishop (1893-1973) was one of the great literary scholars of his time and an acclaimed biographer. He championed the academic life, not only in books — *A Survey of French Literature* (first and second editions) and *A History of Cornell* — but also by serving as President of the Modern Language Association. He had a unique start in life, being born at Willard State Insane Asylum in Ovid, New York, where his father was a medical doctor. Bishop would remark that he learned early that five out of six of the people he met were insane, and saw little reason to revise his opinion later. Although orphaned as a boy, he went on to attend Cornell University, graduating in the class of 1914. He was an infantry lieutenant in World War I, using his college French to serve as a translator. He gained an abiding love of France — its people, not just its literature. After some time in advertising, he obtained his PhD at Cornell and taught there for the rest of his life, punctuated by sabbaticals in Europe. He wrote light verse for the New Yorker and Saturday Evening Post, hundreds of essays, and biographies of people he admired, including writers such as Pascal, Ronsard and Petrarch, the explorers Champlain and Cabeza de Vaca, and Saint Francis of Assisi. Returning from the devastated Europe of World War II, Bishop declared that "literature, in the broadest sense, is wisdom. It represents the long effort of man to understand himself and, if the youth of today are to guide the world safely through the terrors of the atomic age, they must now serve their apprenticeship to wisdom. If I propose the study of literature as a means to wisdom, it is because I believe that in literature are most clearly written the means for the understanding of man's nature and man's world. And I propose that the teacher of literature take up this dreadful burden, not for the sake of literature, but for the sake of humanity."